Histoire de la contraception

DU MÊME AUTEUR

Birth Control in 19th Century England,
Londres, Croom Helm, 1978

Sexuality and Social Order : The Debate Over the Fertility of Women and Workers in France, 1770 to 1920,
New York, Holmes and Meier, 1983

Reproductive Rituals : Perceptions of Fertility in England from the 16th to the 18th Centuries,
Londres, Methuen, 1984

The Bedroom and the State : The Changing Practices and Politics of Contraception and Abortion in Canada, 1880-1980,
Toronto, McClelland and Stewart, 1986

Our Own Master Race : Eugenics in Canada, 1885-1945,
Toronto, McClelland and Stewart, 1990

A Prescription for murder : The Victorian Serial Killings of Dr. Thomas Neill Cream,
University of chicago Press, 1993

Angus McLaren

HISTOIRE DE LA CONTRACEPTION DE L'ANTIQUITÉ À NOS JOURS

PRÉFACE DU DOCTEUR PIERRE SIMON

TRADUIT DE L'ANGLAIS PAR
ISABELLA MOREL ET JEAN ROSENTHAL

Éditions Noêsis
12 rue de Savoie VIe Paris

Titre original : A History of Contraception from Antiquity to the Present Day
Editeur orginal : Blackwell Publishers

Sommaire

PRÉFACE

C'est un redoutable honneur que de rédiger la préface du livre imposant d'Angus McLaren. En effet, auteur d'une histoire du contrôle des naissances, *Le Contrôle des naissances, Histoire, Philosophie et Morale*[1], je ne me doutais pas que l'on puisse tirer des textes de l'histoire un ouvrage aussi fondamental. Ses lecteurs auront la chance exceptionnelle de découvrir une étude quasi exhaustive du concept de la vie, traitée à travers la contraception, l'avortement et la démographie. Le monde occidental n'a jamais été exploré avec une telle minutie dans sa vie privée.

McLaren n'a négligé aucun des textes fondamentaux qui ont présidé à la pensée de l'Eglise et des religions occidentales dans ce domaine. Rome est ici naturellement teintée de la culture d'Athènes. La morale théologique s'est substituée, en Grèce essentiellement, à une morale polythéiste puis insensiblement devint laïque. Le grand mérite de ce livre est de permettre l'observation de ce glissement, à l'image de la pensée de l'homme occidental.

Cette évolution traduit l'angoisse de l'homme face à l'incertitude de son origine, mais aussi face à son devenir. Le fruit des réflexions de Soranus d'Ephèse et de Galien permet au monde du Moyen Age et de la scolastique de mieux comprendre le fait contraceptif. Les méthodistes, secte à laquelle appartient Soranus, opposés aux écoles dogmatiques et empiriques qui font reposer l'exercice de la médecine sur le raisonnement scientifique ou l'expérience, contribuent à la recherche de l'origine de la conception et, par conséquent, à celle de la contraception.

Selon Soranus, la semence masculine est la plus forte et, à partir de là, des rectifications et des ajustements, à la lueur d'Aristote, demeurent possibles. McLaren retrace magnifiquement toute la partie post-médiévale et décrit, avec un luxe de détail inhabituel, la période victorienne, dont la forte répression à l'encontre de la sexualité nous marque encore.

Je voudrais apporter une optique plus française sur cette question, car il me semble que McLaren l'ait abordée avec beaucoup de timidité. Certes, nous avons une tradition socialiste qui remonte à la fin du siècle dernier et qui, en proie aux sarcasmes de la droite traditionnelle, essaie de soulager la misère ouvrière par la réduction du poids des maternités. Ce combat social, en devenant un combat politique, marquera les Français du XXe s. et les distingue, aujourd'hui encore, des Anglo-Saxons. J'essaie, pour ma part, de faire passer cette image, « dis-moi qui te gouverne, je te dirai comment tu contraceptes[(2)] », dont on me pardonnera la rusticité. McLaren démontre, en effet, qu'il n'y a pas de trajet linéaire dans la signification donnée à ces méthodes. Elles sont balbutiantes jusqu'à ce que Van Leeuwenhoek découvre les spermatozoïdes sous son microscope ; que Vésale et ses contemporains voient pour la première fois les ovaires, et assurent que la femme *pond,* elle aussi.

En cette fin de XXe s., sur un plan philosophique et plus universel, on peut dire que la récente maîtrise de la vie est un des grands moments de l'histoire humaine. Elle a permis à notre nation de devenir adulte.

La contraception implique, d'une part, la limitation de la fécondité, revendication populaire justifiée, et autorise, d'autre part, l'examen par les pouvoirs publics – et notamment les assemblées parlementaires – du concept de la vie et de sa maîtrise.

Réussir la sensibilisation d'une nation à un problème philosophique, voire théologique, est une rude entreprise que nous avons su, mes amis et moi, mener à terme. En effet, le Planning familial, en France, a été le catalyseur de la société nouvelle. Cette histoire de la vie, qui a commencé avec l'accouchement sans douleur et s'est poursuivie avec la contraception, la sexualité, l'avortement et la procréation médicalement assistée, nous enseigne que le genre humain a aujourd'hui la mainmise sur son propre destin.

La réflexion sur la contraception et le Planning familial naissent, en France, à l'initiative du docteur Marie-Andrée Weill-Hallé. Politiques, syndicalistes, religieux et libres-penseurs se greffent ensuite sur notre pôle de regroupement : des gynécologues-obstétriciens concernés et ceux du groupe Littré, où l'on retrouve des francophones de libre recherche ; des communautés protestantes, animées par le pasteur Dumas ; les obédiences maçonniques ; les lecteurs du *Canard enchaîné* ; les militants du PSU ; l'Union rationaliste; les radicaux socialistes, dont Charles Hernu, appartenant aux « Jeunes Turcs » du Parti radical; l'Eglise catholique en la seule personne de l'abbé Oraison, psychiatre et prêtre ; certains membres du mouvement gaulliste, tels Lucien Neuwirth et Alexandre Sanguinetti; le journal *Le Monde*; les mutualités et un particulier, Romain Lavielle.

En 1952, les « Jeunes Turcs » déposent notre proposition de loi, objet de notre recherche. Ferrand, Charles Hernu, Hovnanian et d'Astier de la Vigerie sont, en effet, les premiers à signer la proposition législative demandant l'abrogation de la loi de 1920 interdisant la contraception, la publicité, l'avortement, et les remplaçant par une pédagogie. La guerre d'Algérie place, provisoirement, ces problèmes au second plan. En 1956, le docteur Weill-Hallé fait à l'Académie de médecine la première déclaration en faveur de la contraception, et la même année, mon ami Jacques Derogy publie un livre intitulé *Des enfants malgré nous*[3], qui fait alors grand bruit.

Il ne faut pas oublier l'action du docteur Claudine Escoffier-Lambiotte, esprit rationaliste, responsable de la chronique médicale du *Monde*, qui, par toute une série d'articles, a pesé lourd dans la balance. Enfin, il faut rappeler les prestigieux parrains du Planning familial, François Jacob, Jacques Monod et André Lwoff.

En France, la stratégie adoptée se résume en trois mots : paradigme, systémique et récupération. J'ai mis au point cette méthode, dès 1964, et l'ai menée à bien en 1971, au cabinet de Robert Boulin, alors ministre de la Santé et de la Sécurité sociale.

André Lwoff écrivit que « le progrès de la science implique l'abandon des concepts anciens et la construction des systèmes nouveaux. », incontournable définition d'un paradigme. Les tenants d'une idée ancienne étant inamovibles, ce n'est que par l'extinction de leur cohorte que les nouveaux arrivants adoptent d'emblée la formulation inhérente au nouveau savoir.

Sous la triple présidence d'André Lwoff, de Jacques Monod et de François Jacob – tous trois prix Nobel pour leur découverte de l'ARN messager –, on entre dans une nouvelle ère philosophique. L'époque semblait jusque-là régie par des physiciens tels Einstein ou Heisenberg. La pensée se renouvela, suivant l'exemple de la biologie moléculaire. Une véritable mutation des mœurs s'est, du reste, opérée ces dernières années, sous les auspices du paradigme génétique. Des livres prestigieux tels *Le Hasard et la nécessité*[4], et plus tard, *La Logique du vivant*[5] donnent un nouveau souffle à nos réflexions.

L'approche systémique est également très révélatrice. Si on compare un corps social à un corps biologique, lorsqu'une partie du corps humain est agressé, c'est l'ensemble du système qui réagit. Biologie et sociologie permettent des analogies : pour évoluer, il faut agresser. Ou encore, un système ne peut progresser qu'au contact d'une épine irritative. Instiller cette épine, comme un liquide, goutte à goutte, dans le corps évolutif, fut la stratégie définie il y a quarante ans face à l'Etat, système rigide dont la finalité est de se maintenir et de durer.

C'est parce que le Planning familial et ses épigones, tel le mouvement « Choisir », ont exercé une pression, qu'il y eut émergence de nouveaux systèmes d'organisation comme l'adaptation au changement et l'introduction du fait contraceptif dans le corps social.

Récupération est un terme de sociologie politique. Je l'avais étudié en m'intéressant au gouvernement Kennedy, lorsque ce dernier dut faire face au Green Power et au Black Power, ces révolutions latentes qu'il sut intégrer. Le mouvement contre-culturel qui s'est focalisé en 1968 a constitué un temps fort dans l'histoire du comportement d'un Etat mis en cause : tomberait-on dans une révolution violente, une subversion pacifique, ou choisirait-on la voie de la récupération ?

Nous avons opté pour ce troisième système.

Cette politique de récupération m'avait été enseignée par les professeurs de sociologie politique d'alors : Maurice Duverger, Jean-Pierre Cot, et Roger-Gérard Schwarzenberg. Le principe de la récupération est de faire intégrer par la culture établie les schémas de la contre-culture, qui sont ainsi aisément phagocytables.

De la sorte, on supprime les éléments de tension sociale et on digère les thèmes radicaux. C'est dans cet esprit que j'avais rédigé *Le Comportement sexuel des Français* qui, préfacé par le ministre d'alors, montrait que l'Etat récupérait tous les problèmes de la sexualité jusqu'alors réservés à la contre-culture, puisque, comme on l'a dit à l'époque, « le parlement est dans la rue ». Par conséquent, la sexualité fut en grande partie l'auxiliaire du réformisme ; récupérée, elle a fait bouger la société sans conquérir le pouvoir.

Dans mon livre *De la vie avant toutes choses*[6], je relate la petite histoire de la contraception. Lucien Neuwirth, qui a donné son nom à la loi sur la contraception, était un sénateur, gaulliste inconditionnel. Il s'est intéressé à notre histoire, ainsi que Robert Aron-Brunetière, ancien résistant et chef du service de dermatologie à l'hôpital Rothschild.

Dans notre petit groupe, se trouvait également Alexandre Sanguinetti, qui « avait l'oreille » de Mme de Gaulle. Le Général avait déjà récusé la proposition de loi sur la contraception avec ces mots : « La contraception, c'est comme les automobiles, c'est pour s'amuser. » Or, Sanguinetti est allé consulter Mme de Gaulle qui lui a dit qu'elle se chargeait d'obtenir le consentement de son mari.

A la récente conférence de Pékin sur la femme et la contraception, un rapport de l'Institut Allan Guttmacher a montré que, sur l'ensemble de notre planète, l'écart demeure grand entre les aspirations des femmes en matière de reproduction et la réalité. En effet, rien n'étant jamais acquis, la contestation de l'IVG et de la contraception perdurent. En juin 1995, le premier ministre Alain Juppé a voulu faire bénéficier de l'amnistie les membres des commandos anti-IVG précédemment condamnés : le gouvernement allait-il encourager la désobéissance civile ?

Aujourd'hui, les croisés de l'Ordre moral, même si la justice vient de condamner les membres de l'un de leurs commandos à trois mois de prison ferme, font pression sur les parlementaires. L'un d'eux siège toutes les semaines au Conseil des ministres. Cette lutte n'est que l'un des éléments d'une entreprise politique plus vaste : voyez la récupération de la prochaine célébration du baptême de Clovis, vouée à rechristianiser les foules et à vous renvoyer, mesdames, à vos couches. Ainsi doit-on répondre au cardinal Lustiger, qui faisait allusion à la contraception et à l'IVG dans un récent ouvrage en s'alarmant du fait que la Raison, se substituant à la Foi, dès lors qu'une action est légale, elle devient « moralement bonne ». Il faut dire à l'archevêque de Paris : Non, Monseigneur, la Raison ne fonde plus, mais elle permet de contrôler et peut aider à instaurer une morale du dialogue.

L'accompagnement du particulier vers l'universel est notre base éthique. Catalyseur de notre société, le processus et la signification de la régulation de la fécondité comptent autant que le résultat – McLaren l'a très bien dit, et c'est l'idée, il me semble, la plus importante de son ouvrage. En particulier dans les pays occidentaux, où la contraception est l'un des moyens privilégiés de lutte contre les intégrismes de tous bords, ce qui est aussi la pensée de McLaren et fut également celle de notre groupe du Planning familial. Là où la contraception obtient droit de cité, les intégrismes refluent.

Pierre Simon

1 Pierre Simon, *Le Contrôle des naissances, Histoire, Philosophie et Morale,* Paris, Payot, 1966.

2 Pierre Simon, *Le Comportement sexuel des Français,* dit encore *Rapport Simon,* préface de Robert Boulin, Paris, Julliard, 1972.

3 Jacques Derogy, *Des Enfants malgré nous,* Paris, Editions de Minuit, 1956.

4 Jacques Monod, *Le Hasard et la nécessité,* Paris, Seuil, 1970.

5 François Jacob, *La Logique du vivant,* Paris, Gallimard, 1970.

6 Pierre Simon, *De la vie avant toute chose,* Paris, Mazarine, 1979.

Introduction

La plupart des livres écrits sur l'histoire de la régulation de la reproduction et, notamment, sur les progrès du contrôle des naissances, n'ont pas tant fourni une explication des cultures disparues qu'une caution à la nôtre. La première tâche que s'assignent d'ordinaire leurs auteurs est de dater les débuts de la contraception. Ils entreprennent alors de tenir la chronique des « progrès » effectués dans la mise au point et la divulgation des procédés de contrôle des naissances. Les femmes de la « triste époque » du monde préindustriel, affirme communément ce genre d'ouvrages, étaient harcelées par des grossesses répétées et non souhaitées; dans les sociétés modernes, des contraceptifs fiables leur assurent le contrôle de leur corps.[1] Les familles aujourd'hui sont moins nombreuses ; les forces biologiques ont été maîtrisées par les technologies modernes. Mais a-t-on raison d'interpréter ces changements comme un simple passage de la sujétion à la liberté?

Deux exemples tirés du passé paraissent suggérer tout autre chose. Le premier, qui remonte au IVe s., est celui de saint Augustin, ou plutôt d'Augustin avant sa conversion au catholicisme. Ce grand bourgeois d'Afrique du Nord, bien qu'il ait vécu successivement avec deux concubines sur une période d'une quinzaine d'années, n'engendra qu'un seul enfant. Sans doute une aussi faible fécondité tenait-elle au fait qu'Augustin et ses partenaires avaient recours à ces « exécrables » méthodes « contre nature » que les chrétiens, à sa suite, allaient plus tard condamner.[(2)]

Le second, fourni par deux sociologues, est l'étude d'une population de deux cents patientes d'une clinique prénatale des quartiers pauvres d'une ville américaine, en 1975. Ils ont constaté que 21% de ces femmes avaient avorté, 15% avaient fait une fausse couche, 60% avaient connu une grossesse non-désirée, 25% ne savaient pas pourquoi elles étaient enceintes, 25% ne comprenaient pas les méthodes contraceptives qu'elles employaient, 40% affirmaient qu'elles et leurs partenaires n'étaient pas d'accord sur la méthode à utiliser et 14% affirmaient ne pas en discuter avec leur conjoint.[(3)]

Que nous apprennent ces exemples ? Il serait stupide de laisser entendre qu'en quinze cents ans, on n'a guère fait de progrès dans le domaine du contrôle des naissances. Il serait également abusif de se représenter ces avancées comme une suite de progrès ininterrompus.

Il a souvent été question de deux « révolutions » dans l'histoire de la contraception. La première est le recours par les hommes au XVIIIe et au XIXe s. au coït interrompu :

> « Jusqu'alors, affirme Martine Segalen, les gens n'avaient même pas imaginé la possibilité d'avoir une influence sur l'acte sexuel, qui était un acte naturel : ce fut ce changement d'attitude envers leur corps qui constitua une révolution dans les mentalités. »

La seconde date des années 1960, et correspond à la commercialisation de la pilule et à la légalisation de l'avortement. « La vraie différence entre elles [les deux révolutions] est que la contraception moderne est l'affaire des femmes. Pour la première fois, la responsabilité de créer la vie est confiée à celle qui la donne. »[4] Martine Segalen, ainsi que la plupart des chercheurs qui s'intéressent à l'histoire de la fécondité, s'interroge sur le déclin spectaculaire de la dimension de la famille au siècle dernier. Cette chute vertigineuse de la fécondité occidentale, soigneusement enregistrée par les démographes, est peut-être le changement le plus important à avoir affecté l'ensemble de la population au cours des cent dernières années. On peut soutenir que la famille « nucléaire » moderne est à la fois une cause et une conséquence des méthodes très efficaces de la contraception.

Ceux qui cherchent à dater les débuts du contrôle de la fécondité refusent d'envisager la possibilité qu'il a peut-être existé.

Dans les années 1950, les responsables des politiques familiales se sont penchés sur le problème de la surpopulation des pays du Tiers-monde. La seule solution qu'ils envisagèrent fut d'essayer de leur faire adopter les méthodes contraceptives occidentales, en rendant populaire le soudain et récent succès remporté par la science sur la fécondité. Les sociétés occidentales, ont-ils reconnu avec entrain, étaient jadis tout aussi incapables que ces pays de restreindre de façon « rationnelle » l'effectif d'une famille. Ce qui a sauvé l'Occident, c'est l'émergence d'une « mentalité moderne » ; de lui-même, le Tiers-monde trouvera son salut en adoptant les solutions proposées par la médecine moderne.

Il faut tout d'abord préciser que la plupart des sociologues qui ont énoncé de telles théories sont des hommes. Ils ont fondé leur argumentation sur l'idée – issue des travaux des médecins, démographes et politiciens de la génération précédente – que les changements d'attitude révolutionnaires envers la grossesse se sont produits à la fin du XIXe s. Leurs arguments présentent des faiblesses certaines. En premier lieu, ils sont ethnocentriques et ne reposent que sur l'étude du passé récent. Ne pourrait-on décrire comme

« révolutionnaire » la condamnation chrétienne à la fin de l'Empire romain de l'infanticide,de l'avortement et de la contraception, méthodes depuis longtemps pratiquées et admises? En outre, ils ne tiennent que rarement compte du témoignage apporté par les femmes.

Sans oublier que la maternité a toujours nécessairement une signification différente pour les hommes et pour les femmes, j'ai entrepris de passer en revue la vaste littérature touchant au contrôle de la fécondité. J'ai immédiatement été frappé par le fait qu'il y avait, dans l'histoire des comportements occidentaux envers la maternité, autant de continuités que de ruptures. Force m'a été de conclure que l'idée reçue selon laquelle le contrôle de la reproduction jadis impossible, eet aujourd'hui, une décision facile à prendre, ne correspondait pas à la réalité. La volonté d'influencer ou de modifier la fécondité, de diminuer ou d'augmenter les conceptions et les naissances a toujours été présente.

Une telle hypothèse n'a rien de nouveau. A.M. Carr-Saunders affirmait en 1922 que, même à l'époque préhistorique, on s'efforçait de contrôler l'accroissement de la population :

> « Il existe un autre groupe de facteurs dont la fonction première, et non subsidiaire, est soit de réduire la fécondité, soit de provoquer l'élimination. Ces facteurs sont l'abstention prolongée de rapports sexuels, l'avortement et l'infanticide. L'opinion avancée ici, c'est que normalement, dans toutes les races primitives, une ou plusieurs de ces coutumes sont en usage. »[5]

Norman Himes, dans son travail de pionnier *A Medical History of Contraception,* est allé jusqu'à déclarer que « le désir de contrôle n'est limité ni dans le temps ni dans l'espace. C'est une caractéristique universelle de la vie sociale. »[6] Mais ce que A.M. Carr-Saunders et Norman Himes n'ont pas réussi à monter, c'est l'influence réciproque des mentalités et des pratiques concernant le contrôle de la fécondité sur l'évolution des structures familiales et la répartition des rôles au sein de la famille. En outre, dans son plaidoyer pour le contrôle des naissances, Norman Himes a éludé la question de savoir si le contrôle de la fécondité pourrait ou non être orienté vers des objectifs contradictoires. Il est plus facile de comprendre aujourd'hui que, même s'il peut avoir sur les femmes un effet libérateur, un taux élevé de contrôle de la fécondité ne veut pas nécessairement dire que les femmes jouissent d'une liberté plus grande. Pour mieux saisir les objectifs vers lesquels s'oriente le contrôle de la fécondité, il faut les replacer dans leur environnement culturel.

Ce sont principalement les historiens de la démographie et les économistes qui ont mené des recherches sur la fécondité des sociétés d'autrefois. Leurs modèles déterministes expliquent dans une certaine mesure les variations à long terme de la fécondité. Même si certains reconnaissent que la « culture » doit, d'une façon ou d'une autre, figurer dans leurs équations, la plupart sont manifestement mal à l'aise dès qu'il s'agit d'aborder un sujet aussi délicat. En d'autres termes, on peut aisément esquisser une histoire simple, linéaire, du développement du contrôle de la fécondité, mais à la seule condition d'isoler le problème de la procréation de son contexte culturel.

J'ai puisé dans l'histoire démographique, médicale, littéraire, religieuse de la famille et des femmes pour montrer à quel point la décision de se reproduire est dépendante des rapports sociaux, culturels et des relations entre les sexes. On ne peut comprendre les changements d'attitude envers la limitation du nombre des enfants sans les replacer dans leur contexte. Dans l'Occident moderne, on a tendance à penser que le contrôle des naissances sert simplement à limiter le nombre des grossesses. Mais il a pu s'exercer à d'autres époques et dans d'autres cultures pour des raisons différentes, notamment pour multiplier, plutôt que réduire, le nombre des naissances. Il faut néanmoins rappeler que les moyens employés pour provoquer ces modifications ont longtemps eu des résultats aléatoires.

Cet ouvrage repose sur deux postulats. Le premier, c'est qu'il y a toujours eu des sociétés, ou du moins des groupes importants dans leur sein, qui, pour une raison ou pour une autre, à certaines périodes de leur histoire, ont pris des mesures pour limiter le nombre de leurs enfants. Il n'y a pas eu progrès continu des pratiques de contrôle de la fécondité. On les a vu émerger à certaines époques pour disparaître à d'autres. A l'encontre de ce qu'ont pu penser les progressistes, il me semble que l'évolution du contrôle de la fécondité n'est pas un mouvement qui va de l'ignorance à la connaissance, de formes de contraception « primitives » à des méthodes de plus en plus efficaces. Cette étude révèle que chaque époque, à l'aune de sa conception de la famille, a donné sa propre signification à ces méthodes.

Ce qui ne signifie pas pour autant qu'il n'y a pas eu de changements. La prise de conscience de ce qu'un couple ou une femme pourrait faire délibérément pour influencer la procréation, et la proportion dans laquelle ces mesures ont permis aux gens d'avoir les enfants qu'ils voulaient, quand ils le voulaient, se sont modifiées avec le temps. De même, ce qui constituait une « grande » ou une « petite » famille était affaire de perception, les normes nouvelles étant souvent très vite assimilées. La « révolution » contraceptive moderne est, à certains égards, tout simplement un accroissement du degré de contrôle disponible et du pourcentage de la population susceptible d'exercer de tels contrôles. A l'évidence, elle marque aussi un changement dans le mode de régulation, un passage de l'espacement des naissances à leur arrêt.

Les différentes cultures ont employé des méthodes différentes pour limiter la taille des familles. Il serait présomptueux de prétendre se prononcer sur l'efficacité de certaines stratégies de contrôle de la fécondité employées dans le passé. Selon les médecins, la plupart des produits censés provoquer l'avortement et des contraceptifs à base de plantes ne pouvaient pas donner de résultats. Il faut noter, toutefois, que ce genre de concoctions avait une valeur tout à la fois symbolique et pratique. L'échange de telles recettes entre des réseaux de femmes renforçait un sentiment de solidarité féminine; au mieux certaines fournissaient bel et bien une marge de protection. Mais, si l'on pouvait disposer de méthodes de contrôle, si peu fiables fussent-elles, il faut se demander pourquoi on trouve si rarement trace de leur utilisation dans les récits historiques. Si l'on a minimisé ces preuves, cela est dû en partie au fait que peu de chercheurs ont posé les bonnes questions ou puisé aux bonnes sources. Je me souviens des plaintes récentes du Planning familial affirmant que les réseaux de la télévision américaine consacrent des dizaines de milliers d'heures à représenter des rencontres sexuelles sans jamais mentionner la contraception. Un historien du futur, qui évoquerait les mœurs sexuelles du XXe s. en se fondant sur ces émissions de télévision, en conclurait raisonnablement que l'Amérique ignorait le contrôle des naissances.

Si par restriction de la fécondité, on entend l'emploi de contraceptifs modernes, on ne va évidemment pas en trouver trace dans le passé. Mais si la définition du contrôle s'élargit jusqu'à inclure toutes les méthodes employées pour restreindre la taille des familles, y compris les moyens naturels, on peut aboutir à des conclusions différentes. On trouve dans le passé des preuves abondantes du recours à toute une variété de pratiques de contrôle de la fécondité. L'abstinence, l'avortement, le retrait et l'allaitement prolongé auxquels avaient recours les anciens Grecs devaient bel et bien rester les formes fondamentales de limitation des familles employées par la population jusqu'à une époque récente. Ce n'est que dans les années 1960, avec l'apparition des contraceptifs oraux, des diaphragmes et des stérilets que les couples ont largement contribué au développement des nouvelles techniques de contrôle de la fécondité. Ce fut peut-être un triomphe provisoire. Les femmes de la bourgeoisie américaine, qui avaient été les premières à utiliser la pilule, furent, dès les années 1970, les premières à y renoncer pour revenir aux moyens mécaniques de contraception. Ce sont ces mêmes femmes qui retardèrent l'âge du mariage et revinrent à un allaitement prolongé.(7) C'est à peu près à la même époque que l'on prit conscience que les méthodes modernes de contrôle des naissances ne pouvaient pas être imposées aux pays du Tiers-monde. Plus inquiétante encore fut la découverte qu'elles pouvaient saper la réussite des pratiques traditionnelles de contrôle de la fécondité. Le contraceptif oral, par exemple, mit rapidement un terme à la possibilité pour une femme d'espacer les naissances en prolongeant la durée de l'allaitement. Cela eut l'effet pervers de faire augmenter le taux de natalité.(8)

Le second postulat, qui fonde cette étude, est que la décision de se reproduire recouvre une signification plus importante pour les femmes que pour les hommes.(9) Chercher à savoir qui, dans le couple, souhaite contrôler les naissances est devenu une préoccupation courante, au cœur des débats moraux et légaux que posent la question de l'avortement et l'essor des techniques de reproduction. Mais contrairement à ce qui a pu souvent être affirmé, cette question de la relation entre les sexes – qui contrôle la fécondité et dans quel but ? – n'est pas récente. On peut faire remonter fort loin les origines de ce débat. Il n'y a pas de culture qui soit restée indifférente à cette question et qui n'ait été prête à attribuer toutes les influences à des forces échappant à la libre volonté. Prenez, par exemple, la question de savoir si une mère doit ou non allaiter son enfant. En prolongeant l'allaitement jusqu'à deux ans, non seulement elle a assuré la santé de son enfant, mais elle a également évité une nouvelle grossesse. Dans certaines sociétés, un tabou, frappant toute relation sexuelle avec une femme allaitant, vient renforcer la protection offerte par l'aménorrhée suivant l'accouchement. Et si le mari insiste pour exercer ses droits conjugaux – une revendication soutenue par certaines religions – cela risque de porter préjudice aussi bien à la santé de la mère qu'à celle de l'enfant.

A un niveau plus fondamental encore, on peut affirmer que le fruit de la procréation est le résultat d'objectifs et de prérogatives conflictuels entre les sexes. Le coït hétérosexuel ininterrompu n'est qu'une forme possible d'activité sexuelle, mais cette forme l'a emporté et toutes les autres ont été réprimées. Les démographes évitent simplement l'idée qu'il pourrait en être autrement. Le désir sexuel et le sens des droits conjugaux étant de puissants mobiles, ils jouent un rôle déterminant dans l'accouplement. La sexualité doit donc être traitée non pas comme une donnée mais comme une « variable indépendante ». Les témoignages sur l'idéologie sexuelle sont rares mais il faut en tenir compte dans notre étude.

Les pages suivantes donnent une vue d'ensemble de l'interaction entre les relations changeantes d'un sexe avec l'autre et les diverses formes de contrôle de la fécondité. Dans le monde occidental, les relations entre les sexes ont toujours été des rapports de domination. Cette étude tient compte des moyens par lesquels la société, dans son ensemble, s'est efforcée de détourner à son avantage le pouvoir reproductif des femmes. Cette étude s'efforce aussi de dévoiler et d'analyser les moyens réprimés et non-exprimés par lesquels les femmes, les premières, ont cherché à contrôler, et souvent avec succès, leur fécondité.

Le processus et la signification de la régulation de la fécondité sont souvent aussi importants que le résultat.(10) Les femmes ont acquis un statut grâce à la maternité. Mais ce qui a souvent été le plus important pour les générations précédentes, ce n'était pas tant le nombre d'enfants nés que de savoir qui les engendrait, quand et pourquoi. Le mariage jouait le rôle le plus évident dans la régulation sociale de la fécondité. La fécondité de la femme mariée devenait le couronnement de la réussite familiale en matière de choix du compagnon et de perpétuation de la lignée. Mais la communauté s'efforçait de réprimer la fécondité de la femme non-mariée, en prétextant que la notion de procréation ne servait pas les intérêts individuels mais ceux de la famille. Avoir des familles nombreuses ne signifiait pas que les couples mariés considéraient comme impensable le contrôle de la fécondité; pas plus que le recours à ce que nous estimons être des méthodes inefficaces n'impliquait une résignation irrationnelle. Pour mieux comprendre ce que signifiait l'absence d'enfants pour certaines femmes, il faut prendre au sérieux la vaste gamme de tabous, de potions et de rituels visant à limiter le nombre de grossesses. Il convient également d'analyser leurs diverses tentatives pour accroître la fécondité ou espacer les naissances, déterminer le sexe des enfants et protéger leur propre santé. Les pratiques de procréation des générations passées deviennent intelligibles dès l'instant où nous avons compris ce qu'elles s'efforçaient d'obtenir et les résultats auxquels elles sont parvenues.

Vouloir isoler le problème de la contraception des autres pratiques de régulation de la fécondité serait dangereux. Les partisans du contrôle des naissances du début du XXᵉ s., en partie pour des raisons tactiques, ont tenté d'établir une distinction nette entre la contraception et l'avortement. Mais tout laisse à penser que les femmes ont traditionnellement considéré les deux pratiques comme situées sur un continuum de stratégies de régulation de la fécondité : l'avortement n'a pas toujours été l'ultime recours après l'échec des méthodes contraceptives. La fausse couche provoquée était souvent le premier moyen employé contre des grossesses non-souhaitées. Les femmes préféraient souvent des pratiques qu'elles contrôlaient, et qui ne nécessitaient l'assistance ni du mari ni du médecin.

L'histoire de la famille sert donc de toile de fond à cet ouvrage. En effet, ce sont les formes spécifiques de la famille qui ont imposé l'emploi de différentes formes de contrôle de la fécondité. Aujourd'hui, alors que le partenariat dans le couple est devenu la norme, on s'attend à voir les hommes et les femmes communiquer et s'entendre sur l'usage de contraceptifs dépendants du coït, tels le préservatif ou la douche vaginale. Dans des sociétés où la séparation des cultures masculines et féminines empêchaient de telles discussions, les femmes s'adressaient, non pas à leur époux, mais à leurs amies et parentes pour se faire conseiller sur les méthodes à employer avant ou après les rapports sexuels.[11]

La plupart des historiens de la démographie et de la famille pensent que le déclin des familles nombreuses et l'émergence du partenariat au sein du couple ont été « de bonnes choses », et ont contribué à l'avènement d'un monde plus rationnel. Pourtant ces théories paraissent fragiles, dans la mesure où elles tendent à juger le passé à l'aune du présent. C'est pourquoi une nouvelle génération d'historiens a cherché à fournir un portrait plus sensible des premières formes de la famille. Les chercheurs féministes ont vivement critiqué l'idée que la lutte entre les sexes à propos de la reproduction est moins importante aujourd'hui qu'elle ne l'était aux siècles précédents. Une dichotomie excessive – tradition contre modernisme, irrationnel contre rationnel – ne peut que conduire à l'erreur quand on l'applique à l'histoire du contrôle de la fécondité. Il est certain que la stérilité est toujours vécue comme un échec et que la maternité apporte un statut aux femmes. Mais il est vrai également que l'absence de contrôle des naissances exacerbe les inégalités et que l'apparition de contraceptifs fiables a été un moyen d'améliorer la condition des femmes. On ne prend plus au sérieux l'idée que la contraception peut, à elle seule, triompher des inégalités sociales et économiques. On commence à reconnaître les contradictions et les complexités que posent les hautes technologies du contrôle de la fécondité. Les nouvelles techniques de reproduction risquent de priver les femmes du pouvoir de reproduire : l'avertissement a d'abord été lancé par les féministes, et a fort opportunément rappelé que la régulation de la fécondité n'est pas un problème simple.

Sociologues et anthropologues peuvent poser les questions les plus intimes; l'historien, lui, doit compter sur des témoignages écrits où on ne rencontre que rarement – ce qui n'a rien d'étonnant – des récits détaillés sur l'emploi de contraceptifs. Ce que nous étudions d'ordinaire, c'est la réaction des contemporains à leur utilisation. Même si chaque époque a sur ce point un jugement différent, le contrôle de la fécondité a toujours été un symbole et un symptôme de changement dans les relations entre hommes et femmes, entre la famille et la communauté. Les hommes et les femmes avaient-ils les mêmes motivations pour réguler la fécondité ? Les notions de maternité et de paternité ont-elles changé avec le temps ? La valeur économique des enfants s'est-elle modifiée ? L'Eglise et la communauté dans son ensemble ont-elles cherché à influencer les décisions concernant la reproduction ? Nous comprenons mieux une société quand nous appréhendons le sens qu'elle donne à la limitation de la fécondité et quand nous mesurons pourquoi, même à des époques où on ne recourait pas largement à de telles pratiques, elles attiraient pourtant une telle attention.

Cet ouvrage est la première étude d'ensemble de l'histoire du contrôle de la fécondité, depuis le livre, devenu classique, de Norman Himes, publié en 1936. J'ai attaché une attention toute particulière aux discussions moins connues sur la fécondité dans le monde antique et médiéval. En puisant dans les ouvrages et les travaux les plus récents de l'histoire de la famille, de la médecine et des femmes, j'ai tenté une nouvelle interprétation de histoire de la contraception, à la fois synthétique et accessible.

1 Peter Fryer, *The Birth Controllers,* Stein and Day, New York, 1965; Edward Shorter, *The Making of the Modern Family,* Basic Books, Londres, 1976; John Knodel et Etienne van de Walle, Lessons from the Past : Policy Implications of Historical Fertility Studies, *Population and Development Review,* 5, 1979, p. 227.

2 Brent D. Shaw, The Family in Late Antiquity : The Experience of Augustine, *Past and Present,* 115, 1987, p. 45-46.

3 Shirley M. Johnson et Loudell F. Snow, Assessment of Reproductive Knowledge in an Inner City Clinic, *Social Science and Medecine,* 16, 1982, p. 1657-1662.

4 Martine Segalen, *Historical Anthropology of the Family,* Cambridge University Press, Cambridge, 1986, p. 164 et 166.

5 A.M. Carr-Saunders, *The Population Problem : A Study in Human Evolution,* Clarendon Press, Oxford, 1922, p. 214.

6 Norman E. Himes, *A Medical History of Contraception,* Williams and Wilkins, Baltimore, 1936, p. XII. Pour d'autres analyses, voir John, Pat et Bruce Caldwell, *Anthropology and Demography : The Mutual Reinforcement of Speculation and Research, Current Anthropology,* 28, 1987, p. 25-43.

7 J.E. Goldthorpe, *Family Life in Western Societies,* Cambridge University Press, Cambridge, 1987, p. 164-165.

8 Sous la direction de Malcolm Potts et Pouru Bhiwandiwala, *Birth Control : An International Assessment,* MTP, Lancaster, Massachusetts, 1979, p. 51.

9 Riaz Hassan, *Ethnicity, Culture and Fertility : An Exploratory Study of Fertility Behavior and Sexual Beliefs,* Chopmen, Singapour, 1980.

10 Sous la direction de Lucile F. Newman, *Women's Medicine : A Cross Cultural Study of Indigenous Fertility Regulation,* Rutgers University Press, Brunswick, New Jersey, 1985; William G. Archer, *Songs for the Bride : Wedding Rites of Rural India,* Columbia University Press, New York, 1985.

11 C.H. Brewer et Sandra T. Perdue, Women's Secrets : Bases for Reproductive and Social Autonomy in a Mexican Community, *American Ethnologist,* 15, 1988, p. 84-94.

1

LES RECETTES DES GRECS ANCIENS

« *Comme le font toujours bien des femmes, elles se soignent elles-mêmes.* »
(Hippocrate, *Les Maladies des femmes*)

Polybe (IIe s. av. J.-C.), sans être à proprement parler un produit de l'époque classique, a laissé ce qui allait devenir la description la plus célèbre du problème de la population dans la Grèce antique :

> « Citons, entre autres faits, ce décroissement de population, cette pénurie d'hommes qui, de nos jours, se fait sentir dans toute la Grèce, et qui rend nos villes désertes, nos campagnes incultes, sans que cependant des guerres continuelles ou des fléaux tels que la peste aient épuisé nos forces. Si on s'imaginait d'envoyer consulter les dieux à ce sujet, et de leur demander par quelles paroles et par quels actes la Grèce pourrait être peuplée davantage et les villes plus heureuses, ne serait-ce pas folie de le faire quand la cause est évidente, et les moyens d'y remédier en nous-mêmes ? Au milieu d'une population

> livrée toute entière à l'orgueil, à l'avarice, à la paresse, qui ne veut ni se marier, ni nourrir les enfants nés en dehors du mariage, ou du moins n'en nourrir qu'un ou deux, afin de leur laisser de plus grandes richesses et de les élever au sein de l'abondance, le mal a secrètement grandi avec rapidité. »[1]

Les lamentations pronatalistes de Polybe résonnent d'accents si modernes qu'il est difficile d'échapper à l'idée que les Grecs, dans leur souci d'être sur- ou sous-peuplés, étaient « exactement comme nous ». Mais, pour écrire une histoire culturelle du contrôle de la fécondité, il ne faut pas se contenter de totaliser toutes les références à ce qu'on pourrait interpréter aujourd'hui comme des actes de contraception. La fécondité et les méthodes de contrôle de la fécondité sont des produits culturels. L'historien qui cherche à comprendre les sociétés d'autrefois doit faire un effort délibéré pour éviter de poser la question anachronique : dans quelle mesure partageaient-elles nos valeurs et nos pratiques ? Certaines méthodes employées par les Grecs, à n'en pas douter, freinaient ou encourageaient la fécondité. Mais, pour bien saisir si c'était leur but initial, ou s'il ne s'agissait que d'une conséquence involontaire, il nous faut déterminer comment on les considérait à l'époque. Ce qui comptait souvent, ce n'était pas tant l'acte lui-même que les significations sociales et individuelles qu'on lui attribuait. Pour situer le problème du contrôle de la fécondité dans son cadre social, je commencerai ce chapitre par une analyse du rôle respectif des hommes et des femmes dans la famille grecque. J'étudierai ensuite les attitudes des Anciens envers la procréation. Enfin – à la lumière de ce que nous savons des concepts familiaux et culturels de l'époque – j'examinerai les témoignages dont nous disposons sur le contrôle de la fécondité.

Dans le monde antique, les familles étaient relativement peu nombreuses. Cela tenait à une variété de causes. L'espérance de vie était brève. L'examen de squelettes retrouvés en Grèce donne, pour ceux qui ont survécu à l'enfance, une espérance de vie moyenne de 45 ans pour les hommes et de 36,2 ans pour les femmes. Les taux de natalité et de mortalité oscillaient chaque année entre 35 et 50 pour 1 000. Aux époques les plus favorables, on ne pouvait donc espérer qu'un accroissement modeste de la population. Dans les périodes de guerre et de famine, des générations entières étaient anéanties.(2)

Tous ne considéraient pas la vie conjugale comme un plaisir sans mélange. Bien des hommes choisissaient de ne pas se marier. Ceux qui le faisaient avaient peu d'enfants. Compte tenu de l'âge précoce auquel les femmes se mariaient (entre quatorze et dix-sept ans), cinq à six naissances étaient possibles. Mais on a estimé qu'en moyenne, il ne naissait que quatre enfants par famille, et que deux ou trois seulement survivaient. On a avancé un certain nombre de raisons pour expliquer des chiffres aussi faibles. L'une d'entre elles est peut-être la tolérance générale, voire l'approbation à l'égard de l'homosexualité masculine. En CrèTe, à en croire Aristote, l'homosexualité bénéficiait d'un soutien officiel : on y voyait un moyen de contrôler le développement de la population.(3) Les hétérosexuels résolus avaient le choix entre plusieurs options. Ils pouvaient notamment recourir aux services des courtisanes. Même si des enfants étaient conçus, la malnutrition et les maladies qui frappaient les mères aboutissaient sans doute à un nombre important de morts parmi les fœtus.

La petite taille des familles était donc la conséquence tout à la fois d'un taux de mortalité élevé et de pratiques sociales se traduisant par une restriction de la fécondité. Par ailleurs, nombreux étaient ceux qui cherchaient, consciemment, à limiter le nombre des naissances. On désirait de toute évidence manipuler la fécondité et on estimait la chose possible.[4] Platon, par exemple, répondant à la question de savoir comment on pouvait assurer la stabilité de la population, écrivait :

> « Les moyens sont nombreux : on peut restreindre les naissances quand la génération se répand abondante; on peut, à l'inverse, encourager et promouvoir une forte natalité en agissant par des honneurs, des disgrâces et des avertissements. »[5]

Quantité de preuves montrent que beaucoup d'hommes et de femmes dans le monde antique pensaient que la fécondité devait et pouvait être contrôlée. Mais, étant donné la nature de la famille antique, les hommes et les femmes auraient fort bien pu avoir des raisons différentes et employer d'autres méthodes pour atteindre ce but.

On discute encore beaucoup de la position des femmes dans la famille grecque. Ceux qui ont le point de vue le plus pessimiste se fondent sur la violence et la place dominante accordée aux hommes, qui sous-tendent les mythes antiques.[6] Il est difficile en effet d'ignorer les innombrables allusions au patriarcat et à la misogynie qui parcourent la littérature grecque. A en croire le poète Hésiode (VIIIᵉ-VIIᵉ s. av. J.-C.), Zeus aurait puni l'homme du vol du feu par Prométhée, en créant la femme et en la dotant d'une parole habile, de tendances au vol et d'un esprit licencieux. Sémonide, dans ce que l'on a considéré comme le premier ouvrage consacré aux femmes dans la littérature européenne (VIIᵉ s. av. J.-C.), a décrit la femme comme rivalisant dans le vice avec la truie, la renarde, la chienne, l'ânesse, la fouine, la jument et la guenon.[7] Les hommes, pour leur part, défendaient avec une candide obstination une moralité différente pour les hommes et pour les femmes :

> « Les courtisanes, affirmait un orateur athénien, nous les avons pour le plaisir; les concubines pour les soins de tous les jours; les épouses, pour avoir une descendance légitime et une gardienne fidèle du foyer. »[8]

Des érudits optimistes ont affirmé que la condition féminine n'était pas toujours aussi inférieure que ce que suggèrent de tels propos. Les personnages féminins, comme Pénélope et Clytemnestre, étaient représentés dans les poèmes homériques comme objets de respect dans les unités familiales assez mollement structurées du VIIIe s. av. J.-C. Elles ne se bornaient pas à porter des enfants, et leur rôle procréateur n'était pas aussi essentiel qu'il allait le devenir au Ve s., quand apparut la notion de famille moins nombreuse. Même si les preuves en sont manifestement rares, un historien a conclu que, « puisqu'on pouvait librement faire des héritiers aux concubines ou les adopter sans problème, les services de l'épouse en tant que mère avaient une importance moins essentielle qu'à une époque où seule l'épouse légitime pouvait donner un héritier légitime. »[9] Cette insistance plus marquée sur la chasteté et la mise à l'écart des femmes apparut sans doute avec le remplacement des anciennes aristocraties guerrières des « siècles obscures » par les oligarchies urbaines des Etats-cités. Ces Etats n'étaient guère plus qu'une fédération d'*oikoi*, maisonnée vivant sous l'autorité de patriarches individuels. Il n'existait pas de mot grec pour désigner la « famille » au sens où nous employons ce terme aujourd'hui. L'*oikos* comprenait non seulement l'épouse et les enfants d'un homme, mais aussi ses esclaves et ses biens.

La sujétion des femmes qui s'opéra avec cette configuration particulière de la famille, telle qu'elle est énoncée dans les lois, était évidente. Les femmes respectables n'avaient pas, en théorie, de vie en dehors du foyer. Il est plus difficile de déterminer la réalité de la situation. La position des femmes variait dans des proportions considérables selon la classe sociale, l'époque et le lieu. Il ne faut pas oublier non plus que nous puisons principalement nos témoignages dans des documents concernant la vie d'Athéniens de la haute société. Mais même dans cette fraction de la société, on insistait à tel point sur le respect dû aux femmes qu'il faut bien soupçonner qu'on ne l'accordait que rarement. Certes, la littérature grecque est peuplée de personnages féminins remarquables. Selon qu'on s'attache aux portraits de femmes pratiquant la loi, le théâtre ou la médecine, on arrive à des conceptions radicalement différentes de leur statut.(10) La seule certitude, c'est que pour toutes sortes de raisons, hommes et femmes menaient souvent des existences tout à fait séparées. Les hommes dominaient le monde public du forum, du gymnase et du symposium. Les femmes régnaient sur le domaine domestique. Sparte était célèbre pour les libertés dont jouissaient ses femmes. Mais partout ailleurs en Grèce, l'idéal féminin était une femme asservie, menant une existence de recluse.(11)

La différence d'âge des conjoints présupposait des visions tout à fait différentes de la vie. Un mariage consommé à un âge avancé allait devenir bientôt le principal moyen pour les Européens de maintenir un équilibre de la fécondité. Dans les cités grecques, les hommes se mariaient aux alentours de la trentaine (quand leurs propres pères, s'ils étaient encore en vie, s'apprêtaient à laisser la place à la génération suivante), alors que les femmes n'étaient souvent que des adolescentes. Aristote considérait le mariage tardif comme sain :

> « [...] Il est utile, pour la maîtrise de leur sens, de ne donner les filles en mariage qu'à un âge plus avancé, car celles qui ont eu, dès leur jeunesse, des

> relations sexuelles sont, de l'avis général, plus lascives. Les jeunes gens aussi, semble-t-il, compromettent la croissance de leur corps, s'ils ont des relations sexuelles alors que leur sperme est encore en période de croissance. »[12]

Un mari plus âgé pouvait sans doute plus facilement contrôler une jeune épouse. Mais Aristote exprimait la crainte qu'elle puisse se révéler exigeante sur le plan sexuel. Pour dissuader les hommes de conclure des mariages où il existerait une trop grande disparité d'âge entre les époux, la loi athénienne affirmait, à en croire Plutarque, que l'épouse avait le droit légal d'exiger que son mari fût physiquement capable d'accomplir ses devoirs conjugaux au moins trois fois par mois.[13]

Le mariage arrangé était en fait un marché conclu entre le beau-père et le futur gendre. La jeune épouse arrivait dans une famille étrangère pour obéir à un nouveau patriarche et adorer de nouveaux dieux. On s'attendait à voir l'amour comme un résultat plutôt qu'une cause du mariage. C'était peut-être le cas. L'objet du mariage, toutefois, était la procréation. Anaxandridas, roi de Sparte, refusa, selon Hérodote, dans un premier temps de divorcer d'avec son épouse, stérile mais « très chère », et ne prit une seconde femme que quand il y fut contraint par les magistrats.[14] Xénophon fait dire à Socrate :

> « Tu ne supposes certainement pas que c'est pour une satisfaction sexuelle que les hommes et les femmes engendrent des enfants, puisque les rues sont pleines de gens disposés à satisfaire cet appétit, tout comme les bordels ? Non, il est clair que nous recherchons les femmes pouvant engendrer les meilleurs enfants, puis nous nous unissons et nous les élevons. »[15]

Un héritier mâle était indispensable. Seul un homme pouvait être le propriétaire ou le *kyrios* de ses terres, de ses enfants et de son épouse. Une femme ne pouvait pas être une *kyria* puisqu'elle était en fait une sorte d'invitée dans la maison. Les pères ne renonçaient jamais à leurs filles, mais les « prêtaient » seulement à d'autres familles. En cas de divorce, elles revenaient avec leur dot au foyer paternel. Il importait tant à un père d'éviter que la famille ne voit ses propriétés aliénées que la loi de Solon décrétait qu'une fille – qui n'avait pas encore produit d'héritier mâle mais qui, en perdant ses parents était devenue une « héritière » – était contrainte d'épouser le plus proche parent de son père, même si elle devait pour cela divorcer d'avec son mari.(16) L'héritière, en effet, devenait alors partie intégrante de l'héritage.

Comme seuls les hommes pouvaient être de véritables héritiers, un père avait le droit, s'il n'avait que des filles, d'adopter un jeune homme. Le nouvel héritier, à son tour, était obligé d'épouser une des filles. L'adoption était chose commune dans le monde antique, mais les adoptés étaient généralement des adultes. Le but était non pas de subvenir aux besoins des pauvres, mais plutôt de trouver un prétendant acceptable pour protéger les biens de la famille. Comme on était souvent déçu par ses propres enfants, l'adoption, affirmait le très rationnel Démocrite (Ve-IVe s. av. J.-C.), était le moyen le plus raisonnable de s'assurer des héritiers valables.(17)

Le système familial de la Grèce antique – qui, dans sa véritable forme, ne s'appliquait qu'à l'élite possédante – s'inspirait du double désir de s'assurer qu'aucun foyer ne restait sans hériter mâle et qu'aucune femme ne restait célibataire. Une famille idéale était celle qui subvenait à ses propres besoins, qui avait des enfants capables de préserver les biens de la famille et de continuer à adorer les dieux familiaux. On appréciait la femme féconde. Elle dirigeait les esclaves domestiques, jouissait provisoirement du pouvoir en l'absence de son mari et, quand elle était veuve, exerçait une influence considérable par l'intermédiaire de son fils. Comme le souligne Philip Slater, si les mythes grecs regorgent de redoutables personnages féminins, c'est que les hommes grecs ne se sont jamais remis du choc psychologique causé par des années de réclusion, à l'âge impressionnable de l'enfance, en compagnie de mères qui les terrorisaient et les dorlotaient.[18]

On honorait la fécondité de l'épouse, mais il était non moins important de limiter le nombre des enfants, si l'on ne voulait pas voir la fortune familiale dispersée entre de trop nombreux prétendants. « Puisses-tu n'avoir qu'un fils pour nourrir le bien paternel – ainsi la richesse croît dans les maisons », résumait Hésiode.[19] L'idéal était d'avoir un seul fils pour préserver le nom de la famille et une seule fille pour conclure par le mariage une alliance avec une autre famille. Le but était clair. Les moyens employés pour y parvenir – divorce, remariage, adoption, contraception, avortement, abandon – dépendaient des circonstances.

L'idée que la famille grecque, et plus largement l'Etat-cité, ne pouvait fonctionner qu'avec une procréation contrôlée, se retrouve très fréquemment dans les écrits. Les Anciens ne considéraient pas simplement comme une bénédiction l'arrivée de chaque enfant. Hésiode déclarait qu'il était suffisant d'avoir un seul fils. Antiphon le Sophiste (Ve s. av. J.-C.) exprima la mise en garde suivante :

> « Mais le plaisir même n'est pas loin de la souffrance : les plaisirs ne viennent pas seuls, ils sont accompagnés de chagrins et de problèmes... Imaginez que des enfants naissent : tout alors n'est qu'inquiétude. On oublie vite l'élan de la jeunesse et l'attitude n'est plus la même. »[20]

On trouve aussi une critique de la famille nombreuse dans la condamnation des excès sexuels prononcée par Platon et par les stoïciens.

Platon (ve s. av. J.-C.) et Aristote (ive s. av. J.-C.) comptent parmi ceux qui préconisèrent le contrôle du mariage par l'Etat et l'eugénisme à l'encontre des enfants inaptes. Dans *La République,* Platon évoque la nécessité de réguler la fécondité, de sorte que la progéniture n'excède pas les moyens de la communauté. Dans *Les Lois,* il envisage d'assurer la stabilité du nombre de détenteurs de terres en n'ayant qu'un héritier par famille.[21] A son tour, Aristote suggère que l'on réglemente l'âge du mariage et qu'on ait recours à l'avortement :

> « Il faut, de fait, avoir fixé une limite au nombre d'enfants à procréer; et si, par suite de l'union de tel ou telle malgré ces règles, quelque enfant est conçu, on doit, avant qu'il ait sensibilité et vie, pratiquer l'avortement. »[22]

On considérait comme remarquable la politique de Sparte, qui pénalisait le célibat et récompensait la maternité. A la naissance de son troisième enfant, un homme était libéré de ses obligations militaires, et exempt d'impôts à la naissance du quatrième. Mais, à partir du ive s., on se préoccupa, dans toute la Grèce, de la nécessité de contrôler la population. Phidon de Corinthe voulait que les effectifs des familles restent stables. Philolaüs de Thèbes fit passer des lois qui, en empêchant le parcellement des terres, dissuadaient les couples d'avoir des familles trop nombreuses.[23]

Les Grecs considéraient que leur système familial ne fonctionnait que s'il y avait des héritiers légitimes, mais pas en trop grand nombre. La méthode la plus simple pour parvenir à ce but aurait été de reculer l'âge du mariage des femmes et de limiter ainsi le nombre d'années où elles pouvaient enfanter. Mais, parce qu'on voulait assurer la domination masculine, on mariait les femmes à un âge précoce et on pouvait donc s'attendre à ce qu'elles enfantent de nombreuses fois. En outre, les membres de l'élite féminine semblaient préférer ne pas nourrir leurs enfants au sein, se privant ainsi de toute protection contre de nouvelles conceptions. Aussi les Grecs, privés des méthodes naturelles contre la conception, durent-ils adopter l'idée de contrôler artificiellement la procréation.

Ils cherchèrent tout d'abord à en comprendre le fonctionnement. Ils se révélèrent préoccupés tout autant par la question de savoir qui était responsable de ces êtres nouveaux que par celle de savoir comment ils en venaient à exister. La question fondamentale consistait à déterminer si les hommes et les femmes jouaient dans ce phénomène des rôles similaires. Il faut rappeler que la société grecque était une société patriarcale. Il n'est pas étonnant, donc, que ces discussions aient été influencées par l'idée d'infériorité féminine. Une évidente jalousie en face du pouvoir procréateur des femmes traverse les récits mythologiques. Ainsi, selon la légende, c'est Zeus qui donne naissance à sa fille aînée, Athéna, sortie de sa tête ; c'est lui encore qui engendre Dionysos, dont il a porté l'embryon, cousu dans sa cuisse, jusqu'à terme ; selon Hésiode, Aphrodite naît de l'écume de la mer fécondée par le sang d'Ouranos lors de sa mutilation. Dans *Les Euménides,* Eschyle présente la femme comme n'étant guère plus qu'un nid pour l'enfant en gestation :

> « Ce n'est pas la mère qui enfante celui qu'on nomme son enfant : elle n'est que la nourrice du germe en elle semé. Celui qui enfante, c'est l'homme qui la féconde. Elle, comme une étrangère, sauvegarde la jeune pousse – quand du moins les dieux n'y portent pas atteinte. »[24]

Ceux qui dénigraient la contribution de la femme à la procréation lui refusaient la faculté de produire une semence. Anaxagore (Ve s. av. J.-C.), le philosophe ami de Périclès, prétendait que les mâles fournissaient la semence et les femelles uniquement le « terrain » sur lequel croissent les embryons.(25) Aristote déclara à son propos :

> « Anaxagore, et d'autres naturalistes, disent que le sperme vient du mâle, que la femelle fournit le lieu, et que le mâle vient de droite, la femelle de gauche, comme dans l'utérus les mâles sont à droite et les femelles à gauche. »(26)

Platon, lui aussi, affirma que « ce n'est pas la terre qui a imité la femme dans la conception et l'enfantement, mais la femme qui a imité la terre. »(27) Pour Diogène le Cynique (IVe s. av. J.-C.), l'air est le principe de la vie et la semence masculine « l'écume » du sang. La mère ne fait qu'élever, dans sa matrice, l'enfant engendré par le père.(28)

C'est Aristote qui fournit l'énumération la plus complète des raisons pour lesquelles les femmes ne pouvaient jouer un rôle actif dans la procréation :

> « L'enfant a une forme féminine et la femme ressemble à un mâle stérile. Car la femelle est caractérisée par une impuissance : celle où elle se trouve d'opérer une coction de sperme à partir de la nourriture élaborée (c'est-à-dire le sang ou son analogue chez les non-sanguins), en raison de la froideur de sa nature. »(29)

En d'autres termes, Aristote définissait la femme comme un échec. Il lui refusait la faculté de produire une semence. Si elle le pouvait, concluait-il, elle pourrait se reproduire elle-même. Ses menstrues, il en convenait, étaient analogues à la semence d'un homme : un résidu du sang, mais moins élaboré. Elle ne fournissait que la matière ou la faculté nutritive alors que la semence apportait à l'être nouveau des facultés de perception et d'intelligence. Aristote comparait l'élément mâle, opérant sur la matière inactive de la femme, à un charpentier travaillant le bois ou à la présure changeant le lait en fromage.[30] Si la semence parvenait à imprimer une forme sur la matière, on obtenait un mâle. Si elle échouait, le résultat était une femelle.

Le raisonnement circulaire d'Aristote était le suivant : puisque les femmes manquaient de chaleur, elles ne produisaient pas de semence, et l'incapacité à produire de la semence prouvait qu'elles manquaient de chaleur.[31] En outre, comme elles ne pouvaient émettre de semence, il s'ensuivait que, contrairement aux hommes qui devaient parvenir à l'orgasme pour que la conception ait lieu, le plaisir de la femme n'était pas une nécessité :

> « Ce qui indique aussi que la femelle n'émet pas de sperme comme le mâle et que le produit n'est pas formé du mélange des deux comme certains l'affirment, c'est que souvent la femelle conçoit sans avoir éprouvé de plaisir pendant le coït[32]. »

Aristote affirmait d'ailleurs que « normalement, les règles se produisent plutôt à la fin du mois, [...]. Cette époque [...] est plus froide et plus humide parce que la lune décroît et disparaît. »[33] C'est peut-être la crainte de ne pas satisfaire sexuellement les femmes qui a poussé les hommes à chercher des arguments pour expliquer, de façon rassurante, que l'incapacité d'un homme à exciter les sens de sa partenaire était due, non pas à sa propre incompétence, mais au caractère fondamentalement frigide de celle-ci.

Aristote, comme ses contemporains, n'avait qu'une connaissance limitée de la physiologie humaine. Il ignorait l'existence des ovaires et était persuadé que les testicules ne servaient que de contrepoids au pénis en érection. Mais croire que sa théorie était le résultat d'une observation défaillante serait une méprise.[34] Son intention n'était pas de rassembler des preuves, mais de bâtir un raisonnement logique qui soulignait les polarités sexuelles de la famille. Aristote a fait montre d'un véritable génie en puisant dans un corpus de préjugés antiféminins pour donner une explication complète de la génération et du développement.

La virulence avec laquelle les Grecs proclamaient le rôle dominant de l'homme dans la procréation tend à prouver que ce genre d'affirmation n'allait pas sans contestation. En fait, le postulat aristotélicien du rôle essentiellement passif des femmes dans la procréation n'a jamais été plus que l'opinion d'une minorité. Il allait à l'encontre de l'opinion de bon sens selon laquelle leur contribution était indispensable. Même un misogyne comme Euripide montre Hippolyte se plaindre, dans un passage qui ressemble étonnamment à un plaidoyer pour les bébés-éprouvettes, du rôle crucial des femmes dans la procréation :

> « O Zeus, qu'as-tu mis parmi nous ces êtres frelatés,
> les femmes, mal qui offense la lumière ?
> Si tu voulais perpétuer la race humaine
> il ne fallait pas la faire naître d'elles.
> Nous n'avions qu'à déposer dans les temples
> de l'or, de l'argent ou du bronze pesant
> pour acheter des semences d'enfants, en proportion
> du don offert. Ainsi dans les maisons
> l'on aurait vécu libéré des femmes. »[35]

Mais, affirmait Parménide (VIe s. av. J.-C.), les hommes comme les femmes produisaient de la semence ou de la graine. Une graine provenant du testicule droit, recueillie du côté droit de l'utérus, produisait un garçon;

du côté gauche, c'était une fille. Les autres combinaisons donnaient un garçon ressemblant à sa mère ou une fille ressemblant à son père.[(36)] Alcméon de Crotone, au début du Ve s. av. J.-C., se livra à l'observation d'œufs d'oiseaux, persuadé que la progéniture humaine se développait elle aussi à partir d'un œuf femelle.[(37)] Empédocle (Ve s. av. J.-C.) comparait les œufs aux graines des arbres. Selon lui, les graines des hommes et des femmes se réunissaient dans la matrice; l'emplacement où elles se mêlaient dans la matrice déterminait le sexe du fœtus et la chaleur ambiante, la ressemblance avec tel ou tel des deux parents.[(38)] Démocrite (Ve s. av. J.-C.), connu surtout pour être l'auteur de la théorie atomique, affirmait, lui aussi, que les deux sexes produisaient des graines. C'était leur « collision » dans la matrice qui créait la vie.[(39)]

C'est dans les textes hippocratiques de la fin du Ve s. av. J.-C. que le rôle de la femme dans la procréation fut traité le plus longuement.[(40)] Hippocrate affirmait que les deux partenaires produisaient une semence (même si la semence femelle était moins épaisse que celle du mâle), ce qui expliquait pourquoi les enfants pouvaient ressembler à l'un et l'autre de leurs parents :

> « Des faits apparents permettent de conclure que dans l'homme et dans la femme, il existe de la semence à la fois mâle et femelle : beaucoup de femmes qui avaient des filles avec leurs maris ont eu des garçons avec d'autres hommes ; et les mêmes hommes qui avaient des filles avec ces femmes ont eu des garçons avec d'autres femmes ; et, au rebours, des hommes engendrant des garçons ont, avec d'autres femmes, engendré des filles. Ce discours témoigne que l'homme, comme la femme, a la semence femelle et la semence mâle. »[(41)]

La semence, selon la théorie hippocratique, provenait de toutes les parties du corps de chaque parent. Le sexe de l'enfant et sa ressemblance avec ses géniteurs dépendaient de la qualité et de la quantité de semences fournies. Mais, pour compliquer les choses, il affirmait que la force ou la faiblesse de l'enfant (et peut-être aussi son sexe) étaient prévisibles aussi d'après son environnement dans la matrice, le chaud et le sec s'associant aux mâles, le froid et l'humide aux femelles. Les deux ouvrages étaient d'accord du moins sur la participation essentielle de la femme.[(42)]

Puisque les femmes, comme les hommes produisaient des semences, il s'ensuivait, à en croire la théorie hippocratique, que tous deux devraient éprouver du plaisir pour assurer la conception :

> « Chez la femme, les parties génitales étant frottées et les matrices agitées, il y survient comme un prurit, et le reste du corps en reçoit plaisir et chaleur. La femme a aussi une éjaculation fournie par le corps et se faisant tantôt dans les matrices (alors les matrices deviennent humides), tantôt au-dehors, quand les matrices sont plus béantes qu'il ne convient. »[(43)]

Les textes hippocratiques, en supposant que la procréation exigeait tout à la fois le plaisir et la participation active des femmes, donnaient à penser que c'était là un domaine où l'on considérait communément les femmes à l'égal des hommes.

Les Grecs, certes, n'étaient pas tous d'accord sur le rôle des femmes dans la procréation, mais ni les disciples d'Hippocrate ni ceux d'Aristote ne faisaient appel à la moindre notion d'une intervention surnaturelle. Ils préféraient comparer le processus de la maternité à un certain nombre de tâches agricoles et domestiques qui leur étaient familières. On disait souvent du coït qu'il ressemblait aux semailles, l'orgasme à l'embrasement produit quand on versait du vin sur une flamme, le mélange des semences à la fusion de la cire et de la graisse, la conception au caillage du lait, la matrice à un four, la formation de la membrane autour de l'embryon à un durcissement de la croûte sur le pain ou à l'écume formée sur un liquide en ébullition, le cordon ombilical à une tige, le développement de l'embryon à la croissance d'un légume et la naissance à la chute du fruit mûr.[44] Ces métaphores bien terriennes, étaient puisées notamment dans l'expérience domestique des femmes. Leur usage impliquait que la procréation était une merveille, mais pas un mystère. Cela promettait qu'on pourrait un jour comprendre et maîtriser ce phénomène, comme les autres énigmes posées par la nature.[45]

Quelles étaient les implications de cette représentation de la procréation ? Le raisonnement d'Aristote, en refusant aux femmes tout rôle actif dans la génération, faisait reposer sur l'homme la responsabilité de procréer. Par une ironie du sort, les disciples d'Aristote, tout comme ceux d'Hippocrate, estimaient que c'était la femme qui devait assurer cette charge.

D'après les écrits qui nous restent, on peut penser que les études sur la procréation s'efforçaient d'abord d'assurer la conception. Les sources médicales contenaient bien plus de références écrites à des traitements contre la stérilité qu'à des contraceptifs.[46] C'est peut-être la preuve qu'on redoutait communément la stérilité. L'épouse stérile risquait assurément le délire. Mais les nombreux conseils médicaux, prodigués d'ailleurs par des hommes, jouaient aussi un rôle répressif pour contraindre les femmes à une activité hétérosexuelle.[47] Ainsi, on prévenait les femmes que, si elles ne se mariaient pas, elles allaient souffrir d'hystérie. Le sang, signalait le médecin hippocratique, « monte, en raison de sa quantité, jusqu'au cœur et au diaphragme. Ces parties s'étant remplies, le cœur s'endort. De cette torpeur résulte un engourdissement et de l'engourdissement, le désir... elle a des visions qui la font bondir en tous sens, se jeter dans les puits ou s'étrangler, comme si c'étaient là des actions bonnes ou utiles. » Le coït, concluait-il, était salubre dans la mesure où il maintenait la matrice humide et facilitait donc les menstrues suivantes. « Je recommande aux jeunes filles [...] de se marier le plus tôt possible. En effet, si elles deviennent enceintes, elles guérissent. » « Parmi les femmes mariées, peut-on lire dans *Les Maladies des femmes,* celles qui sont stériles sont le plus sujettes aux afflictions. »[48]

Si grand était le désir de la matrice d'être emplie qu'on la présentait dans les textes comme « aspirant » la semence. Platon, bien sûr, n'utilisait pas un langage anthropomorphique bien différent quand il décrivait le pénis comme « désobéissant et obstiné, comme une créature sourde à la raison et qui tente de tout dominer en raison de ses appétits frénétiques ». Mais la matrice pouvait se montrer dangereusement rebelle. Dans le *Timée,* Platon en parle comme d'une « bête » dont le désir de procréation, s'il est frustré, provoque de graves complications. Les médecins grecs notaient que, dans sa colère, il risquait d'« errer » à travers le corps. Un symptôme couramment observé était l'essoufflement provoqué quand elle venait faire pression sur les poumons.[49] Par chance, la matrice avait un sens de l'odorat et on pouvait soit la faire redescendre en place au moyen de pessaires doux, ou bien la faire remonter en faisant inhaler à la patiente de puissantes fumigations.[50]

Une fois la matrice en place, on pouvait s'occuper-d'assurer la conception. Les théories médicales grecques insistaient sur l'idée que la bonne santé et, par voie de conséquence, une procréation réussie, tenaient à l'équilibre des humeurs, les chaudes et les froides, les sèches et les humides. Forts de ces idées, hommes et femmes avaient recours à un certain nombre d'expédients pour garantir une naissance réussie. Légumes, céréales et noix étaient des aliments réchauffants, qui avaient donc la réputation de renforcer la fécondité. L'épouse devait consommer des fruits contenant de nombreux pépins. On pouvait aussi appliquer des pommades chaudes et effectuer des fumigations pour accroître la réceptivité de la matrice. L'époque de l'année jouait un rôle important car, comme le rapportait Aristote, un temps froid, de l'eau froide et un vent du sud venaient contrecarrer la conception :

> « Le printemps est la meilleure saison, déclaraient les textes hippocratiques. L'homme ne doit pas être ivre, il ne doit pas non plus boire de vin blanc mais un vin fort sans mélange, manger une nourriture solide, ne pas prendre de bain brûlant, être vigoureux, en bonne santé, et éviter les aliments malsains. »(51)

On cherchait encore à prédéterminer le sexe de l'enfant. Un régime chaud donnait des garçons et un régime froid les filles :

> « Les femelles, tenant plus de l'eau, croissent par les choses froides, humides et molles, aliments, boissons et régimes ; les mâles, tenant plus du feu, croissent, bien entendu, par les choses sèches et chaudes, aliments et le reste. Si donc on veut engendrer une fille, il faut user du régime aqueux ; si un garçon, du régime igné ; et non seulement l'homme, mais encore la femme. »(52)

Pour bien comprendre les théories des Grecs sur le contrôle de la fécondité, il faut se rappeler qu'ils croyaient à la possibilité d'influencer la procréation. D'ailleurs, la plupart des allusions à propos de la mise en place de mesures pour réfréner la maternité se retrouvent dans les discussions où sont abordés les problèmes de la stérilité. Beaucoup considéraient ces problèmes comme les deux faces d'une même pièce de monnaie. Mais des différences manifestes surgissaient quant aux points sur lesquels on insistait. Quand on abordait le problème de la stérilité, on mettait en garde les femmes contre les risques que faisait courir à leur santé l'absence de rapports sexuels. Mais quand les hommes choisissaient de limiter ou d'éviter la paternité, on les rassurait en leur affirmant que leur abstinence était à la foi prudente et saine. « Le coït, assurait Démocrite, est une légère attaque d'apoplexie. Car l'homme jaillit de l'homme et n'est pas loin d'être déchiré par une sorte de choc. »[53] La semence, à en croire les pessimistes pythagoriciens, était une « goutte de cervelle qui contient en soi de la vapeur chaude[54] » et tout plaisir sexuel était donc nuisible. Platon, Aristote et le corpus hippocratique insistaient aussi sur la nécessité de pratiquer la modération sexuelle. Alors que, dans les ouvrages médicaux, on décrivait les femmes comme ayant besoin de rapports sexuels pour entretenir leur bien-être, on présentait les hommes comme les plus à même de juger de l'opportunité d'actes susceptibles de saper leur force :

> « Avec cette restriction sur leurs rapports sexuels, écrivait Xénophon à propos des Spartiates, le désir de l'un pour l'autre devait nécessairement s'accroître et leur progéniture ne pouvait manquer d'être plus vigoureuse que s'ils étaient rassasiés l'un de l'autre. »[55]

Ceux qui trouvaient l'abstinence difficile à pratiquer, mais qui tenaient néanmoins à restreindre leur fécondité, devaient avoir recours à d'autres méthodes. Le coït interrompu était, et demeure, parmi les formes les plus simples de contraception, mais il n'y est fait que rarement allusion dans la Grèce ancienne. Platon l'évoquait peut-être quand il déclarait « qu'on ne jette pas la semence parmi les rocs et les cailloux où elle ne prendra jamais racine ». C'est peut-être aussi ce que voulait signifier Hérodote (Ve s. av. J.-C.) quand il mentionnait le cas de Pisistrate, le tyran d'Athènes : « Comme il avait des fils adolescents, et que les Alcméonides passaient pour être maudits, il ne voulait pas qu'il lui naquît des enfants de sa nouvelle épouse et n'avait avec elle qu'un commerce contre nature. »(56) C'est dans la poésie qu'on a trouvé les allusions les plus nombreuses au retrait. Archiloque de Paros, un mercenaire et poète du VIIe s. av. J.-C., semblait bien faire allusion au coït interrompu, quand il décrit sa relation avec la sœur cadette de sa fiancée :

> « Je n'en dis pas plus, mais j'emmenai alors la fille parmi les fleurs épanouies et la couchai sur le sol en la protégeant de mon doux manteau, son cou reposant dans mes bras. Mais par peur, comme une biche, elle faisait obstacle à mon désir. Je l'encourageai donc et serrai doucement ses seins dans mes mains. Alors, sur le champ elle me dévoila sa jeune chair – dans toute l'aube de sa fleur – tout en caressant son corps charmant, je laissai aller ma force, effleurant tout juste son duvet fauve. »(57)

Si le coït interrompu était, dans le monde antique, comme il devait l'être dans l'Europe du XIXe s., la principale forme de contraception, il est possible qu'on n'y ait fait que rarement allusion parce que ni le besoin ni l'occasion ne se faisaient sentir de le décrire ou simplement de l'évoquer. Il se peut aussi que le coït interrompu – parce qu'il exigeait de sacrifier un plaisir auquel peu d'hommes étaient prêts à renoncer – n'était pas couramment pratiqué. L'extraordinaire valeur accordée à la semence mâle dans les textes aristotéliciens justifiait assurément l'hostilité des hommes à recourir à de telles méthodes. Mais, étant donné l'étendue des connaissances des Grecs érudits sur le processus de procréation, il est difficile de croire qu'ils ignoraient l'efficacité de cette méthode. On trouve assurément, dans les textes médicaux, des allusions à des mouvements corporels précis, pendant et juste après le coït, susceptibles d'inhiber ou au contraire de favoriser la fécondation. Dans *De la Génération,* un passage évocateur précise :

> « Après le coït, si la femme ne doit pas concevoir, elle fait d'habitude tomber au dehors, quand elle veut, la semence provenue des deux individus; si, au contraire, elle doit concevoir, la semence ne tombe pas au-dehors, mais demeure dans les matrices. »[58]

La pénétration non vaginale ne donnerait évidemment pas lieu à la procréation. L'enthousiasme des Grecs pour l'homosexualité à fort bien pu populariser les rapports anaux dans les relations hétérosexuelles. K.J. Dover a remarqué que, quand l'art grec dépeignait des scènes hétérosexuelles, il s'agissait souvent de sodomies. Il se demande également si les hétaïres (ou courtisanes) n'employaient pas les rapports anaux comme méthode de contraception.[59] Norman Himes souligne également que ni le Coran ni le Talmud n'interdisent les rapports anaux avec son épouse.[60]

Si le retrait est classé comme forme « masculine » de contraception, on peut considérer comme des formes « féminines » l'emploi de pessaires obstructeurs, de tampons et de potions. Les sources, dans ce domaine, sont plus nombreuses et elles prouvent que la limitation des naissances était principalement l'affaire des femmes.[61] Malgré tout, nous ne disposerons sans doute jamais d'un rapport complet. Les textes écrits par des hommes ne fournissent nécessairement qu'une image un peu vague des actions et des mobiles des femmes. Puisque l'allaitement arrête l'ovulation, la façon la plus « naturelle » dont les femmes auraient pu se protéger d'une nouvelle grossesse suivante aurait été de prolonger la période durant laquelle elle nourrissait au sein un premier enfant. Il semble toutefois que les femmes grecques de la haute société confiaient leurs enfants à des nourrices, ce qui signifiait qu'elles devaient chercher d'autres formes de protection.[62]

Les Grecs croyaient qu'un certain nombre de potions à base d'herbes avaient un effet contraceptif. Il est intéressant de noter, dans ce contexte, que les Grecs avaient un mot pour désigner le contraceptif – *atokion* –, alors qu'en latin, il n'existait qu'un terme vague – *venenum* – qui signifiait « poison ».[63] On ne savait néanmoins pas toujours clairement si une décoction avait pour objet de prévenir la conception ou d'y mettre un terme. Le *De materia medica* de Dioscoride (Iers. ap. J. C.), complétant les informations sur les tisanes fournies par Théophraste (IVe s. av. J.-C.), énumérait de nombreuses recettes de breuvages censés contenir des éléments stérilisants comme l'écorce d'aubépine, les feuilles de lierre, de saule et de peuplier. Une espèce de choux, macéré dans du lait de chèvre, devait exciter l'élan sexuel et le diminuer si on le mangeait sec. Les baies de genièvre placées sur le pénis ou dans la vulve produisaient, affirmait-on, une stérilité temporaire.[64] La Misy, terme qui devait désigner le sulfate de cuivre, était recommandé dans les ouvrages hippocratiques : « si une femme ne veut pas devenir enceinte, délayer dans de l'eau gros comme une fève de Misy, donner à boire; et d'une année elle ne deviendra pas enceinte. »[65]

Des potions venaient renforcer les diverses méthodes de contraception mécanique. Dioscoride conseillait d'oindre les organes génitaux avec de la gomme de cèdre et d'appliquer de l'alun sur l'utérus. Ce type de substance serait considéré aujourd'hui comme inefficace dans la mesure où elle ne peut pas immobiliser le sperme. Mais, comme l'expliquait Aristote dans son *Historia animalium,* « Ainsi enduit-on parfois la partie du vagin où tombe le sperme avec de l'huile de cèdre, ou avec de la céruse ou de l'encens que l'on délaie dans de l'huile », on faisait de la matrice un environnement « lisse », et donc peu accueillant pour la graine.(66)

Dioscoride mentionnait également un suppositoire à la menthe poivrée et au miel avant le coït et un pessaire poivré à utiliser après le coït. Selon la théorie hippocratique, ces suppositoires étaient efficaces, non pas parce qu'ils constituaient une barrière mais dans la mesure où ils desséchaient l'utérus.(67) Plusieurs papyrus égyptiens contenaient des références à des tampons de miel, de gomme, d'acacia et de crottin de crocodile. Ces recettes furent employées par les Arabes et citées plus tard, en Occident, par Constantin l'Africain.(68)

Les femmes grecques ont pu tenter d'employer la méthode des cycles, encore que ce fut sans doute avec de piètres résultats. On croyait que la conception avait des chances de se produire soit juste avant, soit juste après la menstruation. L'auteur hippocratique de *Des Chairs* notait que les courtisanes savaient quand elles avaient conçu. Dans *De la Génération,* on en disait autant des « femmes d'expérience ».(69) Si tout le reste échouait, on pouvait avoir recours à la magie sympathique sous forme d'amulettes et de talismans protecteurs. Dioscoride assurait qu'une amulette à base de racines d'asperge provoquait la stérilité. Les partisans de la magie par analogie affirmaient que des décoctions à base de rognons de mulets et d'urine d'eunuques rendaient aussi impuissant.(70)

La plupart de ces pratiques contraceptives n'étaient souvent que les stratagèmes employés par les femmes. Il s'agissait manifestement de « connaissances féminines » dont les écrivains masculins ne se faisaient souvent que les simples chroniqueurs. De toute évidence, nombre de ces méthodes ne pouvaient pas avoir l'effet physiologique désiré, mais elles jouaient quand même un rôle psychologique positif. Les femmes se considéraient non pas comme passives mais comme ayant une certaine maîtrise de leur destin. Quelle que soit l'efficacité de ces contraceptifs, leur utilisation démontre avec quel sérieux les femmes envisageaient et appliquaient le contrôle de la procréation.

Elles préféraient naturellement contrôler leur fécondité par une forme ou une autre de contraception, car le recours à l'avortement leur faisait courir des risques. Cependant les allusions à l'avortement sont bien plus fréquentes dans le monde antique que les références à la contraception.[71] Il y avait à cela de bonnes raisons. La contraception – notamment le coït interrompu, la pratique d'une sorte de méthode des cycles ou les rapports extra-vaginaux – était un acte intime qui, le plus souvent, n'était ni révélé ni enseigné. L'avortement, en revanche, exigeait souvent une assistance ou des conseils. Les fausses couches provoquées qui tournaient mal, observait Hippocrate, attiraient nécessairement l'attention :

> « Quand la femme est affectée d'une grande plaie à la suite de l'avortement, ou quand la matrice a été ulcérée par des pessaires âcres, ce qui arrive, vu tant de pratiques et de traitements que les femmes font de leur chef, ou quand le fœtus étant chassé par l'avortement et la femme n'ayant pas la purgation lochiale, la matrice s'enflamme fortement, se ferme et ne peut donner issue à la purgation, si ce n'est à ce qui sort tout d'abord avec l'enfant, la malade, si elle est traitée promptement, guérira, mais restera stérile. »[72]

On trouve, dans les textes médicaux grecs, la mention de nombreuses techniques d'avortement, y compris l'usage de perforations, de pessaires, de potions orales, de suppositoires, de fumigations et de cataplasmes. Les sauts, les coïts répétés, les fièvres, les vomissements et les saignements étaient décrits comme jouant un rôle dans le déclenchement des fausses couches.(73) Les médecins savaient que les fausses couches pouvaient être provoquées mais ils ne se livraient à ces pratiques qu'avec beaucoup de prudence. Ainsi, l'auteur de *Maladies de Femmes* soulignait :

> « Les dangers sont plus grands pour la femme qui avorte, les avortements étant plus pénibles que les accouchements. Il n'est pas possible, en effet, qu'il n'y ait pas violence dans l'expulsion de l'embryon, soit par un purgatif, soit par une boisson, soit par un aliment, soit par des pessaires, soit par tout autre chose. »(74)

Les plus grands risques provenaient des méthodes mécaniques qui impliquaient la perforation de la poche afin de précipiter l'expulsion. On employait d'abord des fumigations pour amollir le col de l'utérus et l'on insérait ensuite des dilatateurs en bois, en étain ou en plomb.(75) On utilisait aussi des tampons de laine et de coton et des suppositoires. On recourait également à des pessaires comprenant un mélange de drogues irritantes diluées dans une base huileuse ou graisseuse. On croyait aussi que les cataplasmes – comme de la résine placée sur le bas-ventre – avaient de l'effet en élevant la température de la matrice.

Le papyrus Ebers de l'Egypte ancienne contenait des recettes de douches vaginales pour réguler les menstrues et accélérer le travail au moment de l'accouchement.

Pour l'avortement, on recommandait l'emploi d'un pessaire à base de dattes, d'oignons et du fruit de l'acanthe, broyés dans du miel, le tout étalé sur un tissu et appliqué sur la vulve.[76] C'est dans le traité de médecine par les plantes de Dioscoride qu'on trouve la liste la plus complète de produits propres à déclencher les menstrues : feuilles de bryone utilisées comme tampons, potions à base d'anagyre, fumigations de balsamine et de cardamon, tampons confectionnés avec de la racine de gentiane, des feuilles d'héliotrope, de la garance macérée, infusions vaginales de lupins, ellébore blanc et noir en potion et en pessaire, bâtonnets de salpêtre, décoctions de thym, et diverses mixtures à base de pivoine, de rue, de saponaire, de bourses de vergers, d'absinthe, de cyclamens. Pour bien des auteurs, la rue sauvage avait la faculté de congeler le sperme et de précipiter les fausses couches. Le corpus hippocratique contient plusieurs allusions aux facultés abortives du peuplier crétois, du batrachion et du concombre sauvage.[77]

Les auteurs d'ouvrages médicaux ont décrit l'avortement comme une pratique à laquelle les femmes avaient parfois secrètement recours mais on ne trouve aucune trace de loi contre l'avortement dans les textes des premiers législateurs comme Lycurgue, le fondateur mythique de Sparte, ou Solon d'Athènes. Platon réclamait, dans le cadre d'une politique d'Etat, l'avortement pour toutes les femmes ayant conçu après l'âge de quarante ans. Plutarque raconte que Lycurgue aurait dissuadé son épouse d'avorter de l'enfant conçu avec son premier mari ; il est vrai qu'il s'intéressait davantage à la sécurité de la femme qu'à la condition du fœtus.[78]

L'avortement, comme l'accouchement par ailleurs, était considéré par de nombreux cultes comme une cause d'impureté. Les femmes qui avaient connu l'un ou l'autre se voyaient interdire l'accès des sanctuaires religieux pendant un certain temps. Une inscription sur un temple dédié à Dionysos, à Philadelphie, en Libye, datant d'environ 100 av. J.-C., interdisait l'entrée à ceux qui utilisaient des aphrodisiaques, des produits déclenchant l'avortement et recouraient à des pratiques de magie anticonceptionnelle. Dans l'Egypte hellénistique, naissance, avortement et abandon d'enfant figuraient tous sur une inscription des Ptolémée comme cause d'impureté.(79)

Si les Grecs toléraient le déclenchement de fausses couches, on peut se demander pourquoi le Serment d'Hippocrate contenait sa fameuse injonction interdisant aux médecins de pratiquer l'avortement :

> « Je n'administrerai de poison à personne quand on me demandera de le faire, pas plus que je ne conseillerai de telles pratiques. Je ne donnerai pas non plus de pessaire à une femme pour provoquer l'avortement. Mais je resterai pur et sain, aussi bien dans ma vie que dans mon âme. »(80)

On ne sait pas très bien ce que ces formules recouvraient. Pour Edelstein, il s'agit en fait d'une addition pythagoricienne tardive au corpus, qui reflétait davantage des préoccupations d'ordre philosophique que médical. Le culte pythagoricien ascétique, hostile à la chirurgie, allait à l'encontre d'un grand nombre de théories et de pratiques médicales grecques. La croyance selon laquelle la vie commence au moment de la conception semblait tenir plutôt des religions à mystères. D'autres ont suggéré que l'injonction contre l'avortement, quelle qu'en soit la source, pourrait signifier seulement que les médecins devaient en général laisser aussi bien les naissances que les avortements sous la juridiction des sages-femmes. Le corpus hippocratique contient pourtant une description remarquablement détaillée d'une technique d'avortement recommandée par un médecin :

« Je vais expliquer comment je vis une semence de six jours. Chez une femme de ma connaissance était une baladine fort estimée, qui avait commerce avec les hommes, et qui ne devait pas devenir grosse, afin de ne pas perdre de son prix. Cette baladine avait entendu ce que les femmes disent entre elles, à savoir que, quand une femme conçoit, la semence ne sort pas, mais demeure dedans. Ayant entendu ces dires, elle les comprit et retint. Un jour elle s'aperçut que la semence ne sortait pas; elle le dit à sa maîtresse, et le bruit en vint jusqu'à moi. Ainsi informé, je lui ordonnai de sauter de manière que les talons touchassent les fesses; elle avait déjà sauté sept fois lorsque la semence tomba à terre en faisant du bruit. A cette vue, la femme fut saisie d'étonnement. »[81]

L'auteur continue à décrire en détail la membrane et les caillots de sang de ce qui ressemble à un fœtus de sept à huit semaines, mais qu'il identifie comme un « embryon de six jours ». On n'estimait pas que la vie humaine fût présente à un stade aussi peu avancé de la grossesse : les manœuvres, si tranquillement décrites dans ce récit, pourraient donc avoir été jugées comme d'un caractère plus contraceptif qu'abortif.

Il était de notoriété publique que les sages-femmes pratiquaient les avortements. Dans *Le Théétète,* Platon met en scène Socrate, dont la mère, Phénarètè, était, semble-t-il, une sage-femme, et décrit leurs talents :

Socrate

N'est-il pas vraisemblable encore et nécessaire que discerner celles qui ont conçu de celles qui n'ont point conçu soit plutôt le fait des accoucheuses que des autres ?

Théétète

Certainement.

Socrate

Les accoucheuses savent encore, n'est-ce pas, par leurs drogues et leurs incantations, éveiller les douleurs ou les apaiser à volonté, conduire à terme les couches difficiles et, s'il leur paraît bon de faire avorter le fruit non encore mûr, provoquer l'avortement ?

Théétète

C'est exact.[82]

Pour les Grecs, la vie naissante n'avait que des droits limités. Les philosophes et médecins enseignaient qu'un embryon mâle n'était pas une créature douée de raison ou d'âme avant trente jours (Hippocrate), ou quarante jours (Aristote) après la conception. S'agissant d'un embryon femelle, il fallait attendre quatre-vingts ou quatre-vingt-dix jours. La semence femelle, étant plus fluide que celle du mâle, elle mettait plus de temps à coaguler. Le fœtus mâle commençait à bouger à trois mois, le fœtus femelle à quatre mois. Les Grecs envisageaient l'existence de toute une variété d'âmes, nutritives pour les plantes, sensibles pour les animaux, rationnelles pour les humains. Le fœtus, en passant par ces stades divers, pouvait donc être considéré comme doué de vie à un stade précoce, mais seulement sur le même plan qu'un légume. Les Juifs exprimaient une opinion similaire concernant les stades du développement embryologique. Dans l'Exode 21 (22-23), il est question d'amendes pour les dommages causés au fœtus, mais seulement après qu'on eût déterminé s'il était « vivant ».

Dans le monde antique, l'opinion générale voulait qu'un fœtus ne fût jamais plus qu'un être humain en puissance. Les stoïciens partageaient cette opinion en le considérant jusqu'à sa naissance comme une partie de la mère. L'avortement présentait donc un problème moral moins délicat pour les Anciens que pour nos contemporains, dans la mesure où ils supposaient tout simplement que la vie n'apparaissait qu'avec la venue au monde.[83] D'ailleurs, on s'attendait à voir les filles célibataires chercher à se faire avorter afin de s'épargner le déshonneur, pour elles-mêmes mais aussi pour leur père. A en croire Plutarque, la loi de Solon autorisait le père à vendre en esclavage sa fille déshonorée. Les femmes mariées étaient censées obtenir la permission de leur mari avant de subir un avortement. L'opération n'était considérée comme « mauvaise » que si elle s'effectuait contre sa volonté.

Il ne s'agissait pas de mettre l'avortement hors la loi mais plutôt d'affirmer que le mari était la seule autorité reconnue comme compétente pour juger de son opportunité. Le cas de la femme d'Antigène, accusée d'avoir avorté pour priver son mari d'héritier, en est une parfaite illustration. Cicéron, quant à lui, rapporte l'histoire suivante :

> « Je me souviens que pendant mon séjour en Asie une femme de Milet, pour avoir reçu des héritiers subrogés une somme d'argent et s'être fait avorter en conséquence par des produits médicaux, fut condamnée de la peine capitale. Rien n'était plus juste, puiqu'elle avait anéanti les espoirs d'un père, le souvenir d'un nom, le soutien d'une race, l'héritier d'une famille, un citoyen destiné à la République. »[84]

La méfiance des hommes envers l'avortement reposait aussi sur la crainte de voir le recours à de telles opérations dissimuler le résultat d'adultères. Mais le fait même qu'on menaçât de sanctions les femmes qui se faisaient avorter sans l'autorisation de leur mari indique que celles-ci, en fait, agissaient spontanément. Comme le laisse entendre l'évocation de Lycurgue par Plutarque, il était bien difficile de contrôler ce genre d'activité, et les hommes pouvaient fort bien se voir contraints d'avoir à persuader leur femme d'aller jusqu'au bout d'une grossesse.

On comprend mieux la tolérance générale devant l'avortement – qui pourrait paraître surprenante – quand on la situe dans le contexte de l'abandon des enfants. Aristote, d'ailleurs, affirmait que l'avortement deviendrait une nécessité si l'on ne permettait pas l'abandon des enfants en les exposant.[(85)]

Il est difficile de déterminer dans quelle proportion on abandonnait les nouveau-nés. Assurément, le thème de l'enfant abandonné et sauvé était populaire. Il est, par exemple, à la source de l'histoire d'Œdipe. Pour montrer avec quel naturel les Grecs considéraient cette pratique, rappelons que Platon utilisait en badinant l'image de l'exposition pour examiner une nouvelle idée énoncée par son interlocuteur, Théétète :

Socrate

Est-ce bien cela, Théétète ? Nous faut-il affirmer que nous avons là, toi, ton nouveau-né, moi, un accouchement réussi ? Qu'en dis-tu ?

Théétète

Nécessairement oui, Socrate.

Socrate

Nous avons eu, ce semble, beaucoup de peine à le mettre au jour, quelle que puisse être sa valeur. Mais, l'enfantement achevé, il nous faut procéder à la fête du nouveau-né et, véritablement, promener tout alentour notre raisonnement, pour voir si ce ne serait point, à notre insu, non pas produit qui vaille qu'on le nourrisse, mais rien que vent et mensonge. Ou bien penserais-tu qu'à tout prix il le faille nourrir parce que tien et ne le point exposer ?[(86)]

Comme le laissait entendre Socrate, le père grec n'avait aucune obligation d'accepter son enfant. Il décidait de son sort le cinquième, le septième ou le dixième jour après sa naissance.[87] Une femme divorcée avait le choix d'exposer un enfant si le père ne le reconnaissait pas. La cérémonie de l'attribution d'un prénom marquait l'acceptation publique du nouveau-né. Etant donné le taux élevé de mortalité chez les nouveau-nés, cette attitude d'expectative, avant d'accueillir un nouveau membre dans le sein de la famille, pouvait fort bien revêtir une signification psychologique. Comme la plupart des récits d'abandon proviennent d'œuvres littéraires, il est difficile de dire si cette pratique était ou non communément répandue. Il est peu probable que l'élite s'y adonnait. Sans doute la plupart des enfants exposés étaient-ils nés dans des familles pauvres ou étaient de naissance illégitime et leur abandon était-il un acte de désespoir. Dans les comédies et les tragédies, l'enfant abandonné était le plus souvent le fruit d'un viol.

Les témoignages montrent aussi que l'exposition (pour lesquels les Grecs utilisaient par euphémisme le mot *apothesis* qui signifie « disposition ») était utilisé comme méthode d'eugénisme. « Quant aux enfants à exposer ou à élever dès leur naissance, que ce soit une loi de n'élever aucun enfant difforme ; et, dans le cas d'un trop grand nombre d'enfants, si la règle des mœurs l'interdit, qu'on n'expose aucun des nouveau-nés. »[88] Les enfants difformes de Sparte étaient abandonnés, rapporte Plutarque : « On était persuadé que la vie de celui que la nature n'avait pas dès l'abord convenablement équipé en lui donnant force et santé n'était un avantage ni pour l'enfant ni pour l'Etat ».[89] Mais il est difficile de préciser si ces mesures étaient couramment pratiquées. Les érudits qui contestent l'ampleur des abandons dans le monde gréco-romain font remarquer que ce sont surtout les adversaires chrétiens du paganisme qui ont fait croire au caractère courant de cette pratique barbare. Les païens, aussi, considéraient l'abandon comme cruel et contre nature.[90]

Les nouveau-nés abandonnés étaient d'ordinaire déposés avec un jouet ou une babiole à un endroit précis – à proximité d'un temple ou à un carrefour, par exemple – où pourraient facilement les trouver ceux qui cherchaient à recueillir un enfant. Si l'enfant survivait, il pouvait être élevé soit comme un homme libre, soit comme un esclave. Comme les droits des parents biologiques ne s'éteignait jamais, il ne pouvait être adopté. Dans les comédies grecques, on laissait entendre que de riches épouses stériles faisaient passer ces enfants trouvés pour les leurs. Selon toute probabilité, la plupart de ceux qui étaient sauvés avaient un sort moins enviable et se retrouvaient mendiants, esclaves ou prostitués.

L'abandon, bien entendu, n'affectait pas la santé des femmes. Toutefois, pour des raisons psychologiques et morales, on ne l'envisageait sans doute qu'en dernier ressort. C'était bien entendu le père grec, et non pas la mère, qui avait le droit d'exposer le nouveau-né.[91] L'abandon et l'infanticide servaient probablement à se débarrasser surtout des enfants du sexe féminin. « Même un homme pauvre élèverait un fils, observait Posidippe (v. 300 av. J.-C.), mais même un homme riche se débarrassera d'une fille. »[92] Le fait est que, quand un père dressait la liste de ses enfants, il « oubliait » souvent les filles. Certains ont même avancé que si les Grecs avaient besoin de prostituées en si grand nombre, c'était que l'abandon et l'infanticide des bébés du sexe féminin créaient un sérieux déséquilibre entre les deux sexes.[93] Cette analyse a fait l'objet de controverses.[94] Ajoutons que les tirades prononcées par les femmes à l'encontre des hommes, dans les œuvres telles *Médée* ou *Lysistrata,* ne mentionnent pas l'abandon.[95] Si on l'avait pratiqué à un tel point aux dépens des bébés de sexe féminin, on s'attendrait à le trouver ne serait-ce que mentionné. On a avancé aussi que les garçons, qui pouvaient prétendre à une répartition équitable des biens familiaux, risquaient plus que les filles d'être abandonnés.[96] C'est un argument valable si l'on suppose que le préjugé sexuel ne l'emportait pas sur le calcul économique. Mais, quelle que soit la réalité de la situation, en reconnaissant au père le pouvoir théorique d'abandonner ses enfants, on démontre sans équivoque jusqu'à quel point les Grecs étaient prêts à aller pour élaguer la famille de ses membres superflus.

La question de l'abandon apporte la preuve la plus spectaculaire de l'idée, abordée dès les premières pages de ce chapitre, que les Grecs étaient incapables de séparer le contrôle de la fécondité de leur conception du rôle respectif des hommes et des femmes au sein de la famille. Si hommes et femmes estimaient, sans aucun doute, qu'il pouvait s'avérer nécessaire de limiter la conception, ils n'étaient assurément pas d'accord sur le « comment » et le « pourquoi ». Les hommes étaient soucieux de protéger leur patrimoine. Il leur était difficile d'être sensibles aux préoccupations féminines, notamment celles touchant le taux élevé de mortalité infantile, les enfants morts-nés, les maladies affectant les jeunes mères et les enfants, d'un caractère plus médical qu'économique. Les médecins ne s'intéressaient guère aux méthodes de contrôle de la fécondité comme le coït interrompu, qui exigeait de l'homme un certain effort. On accordait beaucoup plus d'attention aux droits du père d'abandonner son enfant. De leur côté, les femmes essayaient des méthodes contraceptives. Même dans les textes écrits par des hommes, on a bien l'impression que pour les femmes, et malgré tous les risques que cela présentait, l'avortement offrait une certaine marge d'indépendance. La tendance naturelle était de passer des méthodes jugées les moins efficaces – les diverses potions contraceptives – à celles qui pouvaient donner les meilleurs résultats : avortement et abandon. Il serait toutefois parfaitement erroné de conclure que les premières avaient moins d'importance que les dernières.

Dans le contexte de la culture populaire grecque, on attendait manifestement des femmes qu'elles assument la responsabilité des naissances, ce qui était en contradiction avec l'idée que toutes les grandes décisions devaient être prises par les hommes. Dans la théorie aristotélicienne de la génération, on affirmait que dans la procréation, comme dans la politique, les femmes jouaient un rôle fondamentalement passif. On considérait donc les tentatives des femmes pour exercer un certain contrôle sur leur corps comme une menace éventuelle. Les prostituées, estimait-on, connaissaient particulièrement bien ces problèmes. Apollodore, dans son discours condamnant la courtisane Nééra, affirmait que, si elle était acquittée, d'autres pauvres femmes seraient attirées vers la prostitution et auraient l'impunité d'élever des enfants à leur gré.[97] Les ouvrages d'Hippocrate, contrairement à ceux d'Aristote, montrent les femmes jouant un rôle actif dans la conception, et déplorent que des femmes ordinaires « n'obéissent » pas à leur médecin et qu'elles mentent à propos de leurs avortements et de leurs fausses couches.[98] « Car elles sont de tout point et toujours afirmatives, et rien, ni fait ni parole, ne pourrait les persuader qu'elles ne savent pas ce qui se passe dans leur corps. Les femmes qui décident et qui donnent les preuves victorieuses assureront constamment qu'il y a des naissances à sept mois, huit mois, à neuf mois et à dix mois, et que les enfants nés à huit mois ne vivent pas. »[99]

1 Polybe, *Histoire Générale,* traduit par Félix Bouchot, Paris, 1847, tome III, Livre 37, 4, p. 286-287.

2 J. Lawrence Angel, The Basis of Paleodemography, *American Journal of Physical Anthropology,* 30, 1969, p. 427-438; Sarah B. Pomeroy, *Goddesses, Whores, Wives, and Slaves in Classical Antiquity,* Schocken, New York, 1975, p. 68 ; Peter Garnsey, *Famine and Food Supply in the Graeco-Roman World: Responses to Risk and Crisis,* Cambridge University Press, Cambridge, 1988, p. 64-68.

3 Aristote, *Politique,* texte établi et traduit par Jean Aubonnet, Les Belles Lettres, Paris, 1960, Livre 2, 10, 1272a .

4 Voir Emiel Eyben, Family Planning in Graeco-Roman Antiquity, *Ancient Society,* 11-12, 1980-1981, p. 5-81.

5 Platon, *Les Lois,* 5, 740d dans Platon, *Œuvres Complètes,* texte établi et traduit par Edouard des Places, tome II, 2, Les Belles Lettres, Paris, 1951.

6 Eva C. Keuls, *The Reign of the Phallus: Sexual Politics in Ancient Athens,* Harper and Row, New York, 1985.

7 Hésiode, Théogonie (591-612) dans *Théogonie* et *Les Travaux et les Jours,* texte établi et traduit par Paul Mazon, Les Belles Lettres, Paris, 1944.

8 Démosthène, *Contre Nééra,* 122, dans Démosthène, *Plaidoyers Civils,* textes établis et traduits par L. Gernet, Les Belles Lettres, Paris, 1960, tome IV.

9 Marilyn B. Arthur, *Origins of Western Attitudes Towards Women,* Arethusa, 6, 1973, p. 17.

10 S. C. Humphrey, *The Family, Women and Death: Comparative Studies,* Routledge, Londres, 1983.

11 Sur Sparte, voir Cicéron, *Tusculanes,* texte établi et traduit par J. Humbert, Les Belles Lettres, Paris, 1931, tome I, Livre 2, 15, p. 96.

12 Aristote, *Politique,* Livre 7, 16, 1335a.

13 Plutarque, *Solon,* dans *Vies Parallèles,* traduit par Bernard Latzarus, Garnier, Paris, tome I, p. 94.

14 Hérodote, *Histoires,* texte établi et traduit par P.-E. Legrand, Les Belles Lettres, 1946, Livre 5, 39.

15 W.K. Lacey, *The Family in Classical Greece,* Thames and Hudson, Londres, 1968, p. 107.

16 David M. Schaps, *Economic Rights of Women in Ancient Greece,* Edinburgh University Press, Edimbourg, 1979, p. 31-41.

17 Kathleen Freeman, *Ancilla to the Pre-Socratic Philosophers,* Harvard University Press, Cambridge, Massachusetts, 1984, fragment 276-277, p. 116.

18 Philip Slater, *The Glory of Hera: Greek Mythology and the Greek Family,* Beacon, Boston, Massachusetts, 1968.

19 Hésiode, *Les Travaux et les Jours,* 376-377. Voir supra.

20 Kathleen *Freeman, Ancilla,* fragment 49, p. 149-150.

21 Platon, *La République,* 5, 459d-461c, dans *Œuvres Complètes,* texte établi et traduit par Emile Chambry, Les Belles Lettres, Paris, 1933, tome VII, 1.

22 Aristote, *Politique,* Livre 7, 16, 1335b.

23 L. P. Wilkinson, *Classical Attitudes to Modern Issues,* Kimber, Londres, 1979, p. 18-20.

24 Eschyle, *Les Euménides,* 658-662, dans Eschyle, texte établi et traduit par Paul Mazon, Les Belles Lettres, Paris, tome II, 1965, p. 157. Voir aussi Euripide, *Oreste,* 550-558; Platon, *Timée,* 91. Dans la pratique, les lois sur l'inceste interdisaient le mariage entre les enfants d'une même mère, alors qu'elles toléraient ceux entre enfants d'un même père.

25 Kathleen Freeman, *The Pre-Socratic Philosophers,* Blackwell, Oxford, 1949, p. 272.

26 Aristote, *De la Génération des Animaux,* texte établi et traduit par Pierre Louis, Les Belles Lettres, Paris, 1961, Livre IV, 1, 763b.

27 Platon, *Ménexène,* 238a dans *Œuvres Complètes,* texte établi et traduit par Louis Méridier, Les Belles Lettres, tome V, Paris, 1931.

28 Kathleen Freeman, *Pre-Socratic Philosophers,* p. 283.

29 Aristote, *De la Génération des Animaux,* Livre I, 20, 728a; Mary Anne Cline Horowitz, Aristotle and Women, *Journal of the History of Biology,* 9, 1976, p. 183-214.

30 Dans Job 10:10, on employait la même métaphore : « Ne m'as-tu pas coulé comme du lait et fait cailler comme du fromage ? ».

31 Anthony Preus, Science and Philosophy in Aristotle's Generation of Animals, *Journal of the History of Biology,* 3, 1970, p. 1-52; Prudence Allen, *The Concept of Woman : The Aristotelian Revolution,* 750 BC-AD

1250, Eden Press, Montréal, 1985.

32 Aristote, *De la Génération des Animaux,* Livre 1, 19, 727b.

33 Aristote, *De la Génération des Animaux,* Livre 4, 2, 767a.

34 Les traités hippocratiques affirmaient que la semence venait de toutes les parties du corps et ne faisait que passer par les testicules. On croyait que la castration ne provoquait la stérilité que dans la mesure où elle obstruait les conduits séminaux. On croyait aussi qu'une incision, pratiquée dans l'oreille, interrompait de même l'arrivée de la semence en provenance du cerveau. Voir Hippocrate, *De la Génération,* 2,1, dans *Œuvres Complètes* d'Hippocrate, texte traduit par E. Littré, Paris, 1839-1861, tome VII, p. 473.

35 Euripide, Hippolyte, 616-624, dans *Euripide,* texte présenté et traduit par Marie Delcourt-Curvers, Gallimard, Paris, 1962.

36 Leonardo Taran, *Parmenides,* Princeton University Press, Princeton, New Jersey, 1965, p. 171-172; voir aussi p. 263-265.

37 Kathleen Freeman, *Pre-Socratic Philosophers,* p. 138.

38 Kathleen Freeman, *Pre-Socratic Philosophers,* p. 193-195.

39 Kathleen Freeman, *Pre-Socratic Philosophers,* p. 306-307.

40 Il est peu probable qu'aucun des ouvrages existant encore de l'école hippocratique ait vraiment été écrit par Hippocrate de Cos (env. 469-399 av. J.-C.), le « père de la médecine grecque ».

41 Hippocrate, *De la Génération,* VII; voir aussi Hippocrate, *Du Régime,* I, 328-29, dans *Œuvres Complètes* d'Hippocrate, tome VI.

42 *Du Régime,* I, 27.

43 *De la Génération,* IV. Des comédies comme la *Lysistrata* d'Aristophane affirmaient aussi que les femmes s'intéressaient au moins autant que les hommes à l'amour.

44 *De la Nature de l'Enfant, 12.6, 17.1, 22.1,* dans *Œuvres complètes* d'Hippocrate, op. cit., tome VII, 12.6, 17.1, 22.1, et voir aussi G.E.R. Lloyd, *Polarity and Analogies,* Cambridge University Press, Cambridge, 1966, p. 345, 347, 367, 369.

45 Le plus fameux exemple était l'auteur de *De la Nature de l'Enfant,* 29, qui assurait que si pendant une période de vingt jours, chaque jour, on ouvrait un œuf fécondé, on découvrirait les merveilles du développement de l'embryon, « compte tenu, naturellement, de la mesure dans laquelle on peut comparer le développement d'un œuf de poule avec celui d'un être humain ».

46 Certains cas de stérilité ont pu être causés par des lésions et des intoxications dues à l'utilisation de puissants contraceptifs, de potions abortives et de pessaires, comme on le verra plus loin. Voir Marie-Thérèse Fontanille, *Avortement et contraception dans la médecine gréco-romaine,* Laboratoires Searle, Paris, 1977, p. 146-148.

47 Voir Aline Rousselle, *Observation féminine et idéologie masculine : le corps de la femme d'après les médecins grecs,* Annales 35, 1980, p. 1089-1115.

48 Hippocrate, *Des Maladies des Jeunes Filles* dans *Œuvres Complètes* d'Hippocrate, tome VII, p. 469.

49 Platon, *Timée,* 91c. Voir aussi Mary R. Lefkowitz, *Heroines and Hysterics,* Duckworth, Londres, 1981, p. 12-18; Helen King, *Bound to Bleed : Artemis and Greek Women,* dans *Images of Women in Antiquity,* Averil Cameron and Amelie Kuhrt, Croom Helm, Londres, 1983, p. 109-127.

50 Il fallut attendre Hérophile (env. 300 av. J.-C.) pour comprendre la fonction des ovaires ; voir Paul Potter, Herophilus of Chalcedon : An Assessment of his Place in the History of Anatomy, *Bulletin of the History of Medicine,* 50, 1976, p. 45-60.

51 Aristote, *De la Génération des Animaux, 4, 2* et *Politique* 7, 16; Anthony Preus, *Biomedical Techniques for Influencing Human Reproduction in the Fourth Century BC,* Arethusa, 8, 1975, p. 243.

52 *Du Régime, 1, 7*; Hans Licht, *Sexual Life in Ancient Greece,* Routledge, Londres, 1932, p. 364-371.

53 Kathleen Freeman, *Ancilla,* fragment 32, p. 99.

54 Michel Foucault, *Histoire de la sexualité* (II), *L'Usage des plaisirs,* Gallimard, *Bibliothèque des Histoires,* 1984, p. 146.

55 Xénophon, *Constitution des Lacédémoniens,* 1.5-6.

56 Platon, *Les Lois,* Livre 7, 838e, dans Platon, *Œuvres Complètes,* texte établi et traduit par A. Diès, Paris, Les Belles Lettres, tome XII, 1956; Hérodote, *Histoires,* Livre 1,61.

57 Cité par Mary Lefkowitz et Maureen B. Fant eds, *Women in Greece and Rome,* Samual Stevens, Toronto, 1977, p. 74.

58 Hippocrate, *De la Génération,* V, 1, p. 477.

59 K.J. Dover, *Greek Homosexuality,* p. 100-101.

60 Norman E. Himes, *A Medical History of Contraception,* p. 17.

61 Dix seulement, sur les quatre cent treize recettes pour réguler la fécondité puisées à des sources grecques et romaines, devaient être employées par des hommes : toutes se présentaient sous forme d'onguents à appliquer sur les parties génitales. Voir Thérèse Fontanille, *Avortement et contraception,* p. 78-119.

62 Certaines femmes de l'élite grecque allaitaient bel et bien : voir Mark Golden, *The Effects of Slavery on Citizen Households and Children, Historical Reflections / Réflexions historiques,* 15, 1988, p. 456.

63 L.P. Wilkinson, *Classical Attitudes,* p. 41.

64 John M. Riddle, *Dioscorides on Pharmacy and Medicine,* University of Texas Press, Austin, 1985, p. 59-63.

65 Hippocrate, *De la Nature de la Femme,* 98, dans *Œuvres Complètes* d'Hippocrate, tome VII, p. 415.

66 Robert T. Gunther, *The Greek Herbal of Dioscorides,* Oxford University Press, Oxford, 1934; Aristote, *Histoire des Animaux,* texte établi et traduit par Pierre Louis, Les Belles Lettres, Paris, 1968, Livre 7, 3, 583a.

67 Hippocrate, *De la Nature de la Femme,* Littré, p. 415.

68 Norman E. Himes, *Contraception,* p. 59-68. La vessie de chèvre utilisée par Minos, roi de Crète, fait penser à un préservatif. Voir John Scarborough, *Roman Medicine,* Cornell University Press, Ithaca, New York, 1969, p. 209; B. E. Finch and H. Green, *Contraception Through the Ages,* Thomas, Springfield, Massachusetts, 1963, p. 47.

69 G. E. R. Lloyd, Science, *Folklore and Ideology: Studies in the Life Sciences in Ancient Greece,* Cambridge University Press, Cambridge, 1983, p. 78.

70 Dioscoride, *De materia medica,* 1.104.

71 Enzo Nardi, *Procurato aborto nel mundo Greco Romano,* Giuffre, Milan, 1971, p. 136-137.

72 Hippocrate, *Des Maladies des Femmes,* dans *Œuvres Complètes,* tome VIII, p. 141.

73 Hippocrate, *De la Génération,* 10.1.

74 Hippocrate, *Des Maladies des Femmes,* p. 153.

75 John Stewart Milne, *Surgical Instruments in Greek and Roman Times,* Clarendon, Oxford, 1907, p. 81-82.

76 Cyril P. Bryan, *The Ebers Papyrus,* Bles, Londres, 1930, p. 82-83.

77 M. Moissides, *Contribution à l'étude de l'avortement dans l'Antiquité grecque,* Janus 26, 1922, p. 59-85 et 129-34; Wolfgang Jochle, *Menses-Inducing Drugs : Their Role in Antique, Medieval and Renaissance Gynecology and Birth Control, Contraception,* 10, 1974, p. 425-439.

78 Plutarque, *Lycurgue,* 3, dans Vies Parallèles.

79 R. Crahay, *Les moralistes anciens et l'avortement,* L'Antiquité classique, 10, 1941, p. 17.

80 Ludwig Edelstein, The Hippocratic Oath, *Supplement to the Bulletin of the History of Medicine,* I, 1943, p. 1-64; Paul Carrick, *Medical Ethics in Antiquity : Perspectives on Abortion and Euthanasia,* D. Reidel, Dordrecht, 1985.

81 Hippocrate, *De la Nature de l'Enfant,* 13, p. 491.

82 Platon, *Théétète,* 149 c-d, dans *Œuvres Complètes,* texte établi et traduit par Auguste Dies, tome VIII, 2, p. 167; Julius Tomen, *Socratic Midwifery,* Classical Quarterly, 37, 1987, p. 97-102.

83 Sheila K. Dickinson, *Abortion in Antiquity,* Arethusa, 6, 1973, p. 159-160.

84 Richard Harrow Feen, *Abortion and Exposure in Ancient Greece: Addressing the Status of the Fetus and "Newborn" from Classical Sources,* dans Abortion and the Status of the Fetus, sous la direction de William B. Bondeson and H. Tristram Engelhardt, D. Reidel, Dordrecht, 1983, p. 290 ; A. R. W. Harrison, *The Law of Athens,* Clarendon, Oxford, 1968, p. 72-73; Cicéron, *Pour Cluentius* 11, 52, dans *Discours,* texte établi et traduit par Pierre Boyancé, Les Belles Lettres, tome VIII, Paris, 1953.

85 Aristote, *Politique,* 7, 16, l335b.

86 Platon, *Théétète,* 159e-161a.

87 A.R.W. Harrison, *The Law of Athens,* p. 70-71.

88 Aristote, *Politique,* 7, 16, 1335b.

89 Richard H. Feen, *Abortion and Exposure,* p. 286.

90 H. Bolkestein, *The Exposure of Children at Athen,* Classical Philology, 17, 1922, p. 222-239; A. Cameron, *The Exposure of Children and Greek Ethic,* Classical Review, 46, 1932, p. 104-114.

91 A Sparte, c'était l'Etat plutôt que le père qui décidait de l'abandon des enfants difformes. Voir Emiel Eyben, *Family Planning,* p. 23.

92 Emiel Eyben, *Family Planning*, p. 16; Sarah B. Pomeroy, Goddesses, p. 46; Sarah B. Pomeroy, Women in Hellenistic Egypt, Schocken, New York, 1984, p. 111.

93 Claude Vatin, *Recherches sur le mariage et la condition de la femme mariée à l'époque hellénistique*, Boccard, Paris, 1970, p. 239; et voir aussi Sarah B. Pomeroy, *Infanticide in Hellenistic Greece*, dans Cameron and Kuhrt, *Images of Women in Antiquity*, p. 207-222.

94 Louis R. F. Germain, *Exposition des enfants nouveau-nés dans la Grèce ancienne : aspects sociologiques*, Recueils Jean Bodin, 35, 1975, p. 211-246.

95 Richard H. Feen, *Abortion and Exposure*, p. 287.

96 A.W. Gomme, *The Population of Athens in the Fifth and Fourth Centuries* BC, Oxford University Press, Oxford, 1933, p. 79-80.

97 Démosthène, *Contre Nééra*, 113.

98 Voir Paul Diepgen, *Die Frauenheilkunde der Alten Welt,Bergmann,* Munich, 1937.

99 Hippocrate, *Du fœtus de sept mois*, 4, dans *Œuvres Complètes*, tome VII, p. 441.

2

Lois et médecines des Romains

« Car une femme s'interdit de concevoir et fait tous ses efforts dans ce sens »
(Lucrèce, *De la nature*)

Rome différait des Etats-cités grecs en ce qu'elle a parfois cherché activement à encourager le développement de la population. Dans son célèbre discours de 131 av. J.-C., Metellus Macedonicus proposait de rendre le mariage obligatoire. Cicéron reprendra cette idée en 46 av. J.-C., dans son discours *Pro Marcello,* et plus tard encore, l'empereur Auguste la fera figurer dans ses écrits. Les lois romaines reflétaient l'intérêt que l'on portait à la fécondité. En 59 av. J.-C., Jules César institua la distribution de terres aux pères de trois enfants ou plus. Auguste, par les lois de 18 av. J.-C. et de l'an 9 de notre ère, s'efforça de réformer la moralité d'une élite riche et ambitieuse. Ces textes pressaient les veuves de se remarier, en même temps qu'ils punissaient le célibat et l'absence d'enfant. On accordait aux pères des privilèges politiques ; les mères de trois enfants ou plus échappaient à la mise sous tutelle. Seuls les nantis étaient touchés par des décrets limitant les droits des célibataires et des ménages sans enfant à faire des testaments ou des legs. Ils ne tardèrent pas à trouver dans la loi des échappatoires.[1]

Le système de l'empereur Trajan (Ier s. ap. J.-C.) était plus novateur, puisqu'il se proposait d'apporter une aide aux basses classes prolifiques. Ses effets étaient, cependant, limités.[2] La loi romaine ne prévoyait que de maigres récompenses pour les familles nombreuses. Elle ne réprima jamais sérieusement le recours à des mesures de contrôle de la fécondité. En définitive, l'adhésion des Romains à l'idée d'un père jouissant d'un pouvoir sans borne sur sa famille – *patria potestas* – limitait la possibilité pour l'Etat d'intervenir dans des questions touchant au mariage, à l'abandon des enfants, à la contraception et à l'avortement.

Ce qui donnait à la famille romaine son caractère unique, c'était l'apparente tyrannie exercée par le père. A la stupéfaction des Grecs, les pères romains avaient juridiquement pouvoir absolu, jusqu'à leur mort, sur leurs enfants, aussi bien mariés que célibataires. On estimait même que les pères avaient le droit d'infliger la mort à leur progéniture. Dès l'époque de Tite-Live (Ier s.), on voyait d'un mauvais œil une telle sévérité. Elle ne s'appliquait plus dans l'Empire.[3] Mais, en théorie, on pouvait encore traiter les enfants comme des esclaves. La naissance de nouveaux héritiers, issus d'un second mariage, s'accompagnait toujours de la menace de déshéritement.

Les Romains étaient obsédés par l'idéal de l'homme viril, agressif et maître de lui. Aussi soumettaient-ils les garçons à une éducation cruelle et exigeante.[4] Dans la pratique, la plupart des familles ne se trouvaient confrontées qu'aux habituelles frictions entre générations. Mais l'existence de familles en proie à une multitude de tensions, où seule la mort du patriarche assurait pleinement l'indépendance des enfants, permet de mieux comprendre l'importance que recouvre chez les Romains l'idée de parricide.

En théorie, le père était tout-puissant. Dans les familles plus pauvres, il ne l'était pas. Les familles plébéiennes se conformaient davantage à un modèle matriarcal, où les enfants prenaient le nom de leur mère. Elles ne reconnaissaient le père que s'il était vraiment un membre de la maison. Quant aux enfants de l'élite, dès qu'ils avaient quitté le domicile paternel, ils étaient pratiquement libérés de cette tyrannie. En outre, le redoutable pouvoir du père se trouva bientôt réduit par les limites de son espérance de vie. Seule la moitié environ des filles qui se mariaient avant vingt ans avaient encore un père vivant.[5]

Les mâles romains se préoccupaient avant tout de la transmission des biens. Ils ne considéraient pas la famille comme un édifice « naturel ». Le maintien de la richesse et du prestige de la famille exigeait, selon eux, l'adoption de tactiques conjugales par lesquelles, idéalement, femmes et enfants n'étaient que des pions aux mains des hommes. La famille romaine, même si elle constituait un noyau essentiellement conjugal, était donc, comme son homologue grecque, une unité flexible, susceptible d'être étendue ou restreinte. La *familia* pouvait comprendre esclaves, nourrices, tuteurs et enfants adoptés venant s'ajouter à ses membres naturels – l'épouse et les enfants – tous soumis aux diktats du *pater familias.*[6] Les membres de la famille étaient liés principalement par des intérêts matériels. Pour éviter que les biens ne passent à des étrangers, on pouvait recourir à un mariage endogame.[7] Rome, à la différence de l'Egypte, n'admettait pas les unions entre frères et sœurs, mais un Romain pouvait, comme un Grec, épouser sa nièce.[8]

Le mariage romain était un arrangement purement privé. Pour les gens nantis, son aspect le plus important concernait la dot. Il n'y avait en effet aucune raison, estimait-on, pour qu'un mariage ne puisse pas être tout à la fois arrangé et heureux. Cette intervention des parents était nécessaire car les Romains pensaient aussi, comme les Grecs, que la meilleure façon d'assurer l'ordre familial était qu'il existe une différence d'âge d'environ dix ans entre les deux époux. Les témoignages recueillis sur des épitaphes suggèrent que, même si les filles romaines n'atteignaient pas la maturité sexuelle avant au moins quatorze ans, on en mariait beaucoup dès douze ans et qu'à quinze ans, la moitié étaient des épouses. Leurs maris, en revanche, se mariaient entre vingt et trente ans. Ces disparités d'âge et d'expérience pouvaient amener de jeunes épouses terrifiées à être bel et bien violées le soir de leurs noces.(9) Plus récemment, des chercheurs ont suggéré que ces mariages précoces n'étaient pas si courants. On mariait les jeunes filles de l'élite, à un âge tendre, pour des raisons dynastiques. Les femmes, situées plus bas dans l'échelle sociale, dont on attendait qu'elles fussent des compagnes de travail autant que des épouses, se mariaient plutôt après quinze ans.(10) Dans l'Egypte romaine, les filles se mariaient vers quinze ou seize ans et les garçons à partir de dix-huit.

On vantait les mérites de l'affection conjugale, mais on ne l'estimait pas absolument nécessaire à une union réussie. Qu'un mariage échouât, et le divorce était facile. On rendait la dot avec la femme. Mais la tradition grecque du père retirant sa fille au mari ne se pratiquait pas. La fréquence des divorces n'était pas nécessairement un signe que les Romains s'attachaient à rechercher l'amour et l'affection. On recourait parfois au divorce simplement pour permettre de conclure de nouvelles alliances matrimoniales. Mais, si ces divorces venaient briser une union solide, et si leur seul but était d'obtenir un gain matériel, on les considérait comme moralement répréhensibles.(11)

Selon Paul Veyne, une légère évolution s'est produite au Ier s. de notre ère. De l'idée de se marier simplement pour avoir des enfants, on passa à celle de le faire par penchant. Sénèque (Ier s ap. J.-C.), le philosophe stoïcien, et Pline le Jeune (Ier-IIe s ap. J.-C.), le célèbre épistolier, ont assurément trouvé des accents sentimentaux pour évoquer le mariage. De plus en plus, on décrivit l'épouse – naguère pas plus considérée qu'une domestique – comme une amie. Mais on se tromperait en supposant que cela marquait l'avènement d'une conception romanesque du couple. La volonté de concorde continuait de l'emporter sur la passion. On tendait à associer l'amour avec les élans déraisonnables des aventures extra-conjugales.[12] Plutarque (Ier s ap. J.-C.), par exemple, voyait dans le mariage un frein mis aux passions sexuelles et un exemple de vie domestique ordonnée et harmonieuse. Bien sûr, ce type de représentation demeurait l'apanage de l'élite. Comme la tradition interdisait aux esclaves de convoler, les couples légalement mariés ne constituaient qu'une faible proportion de la population. Pour les masses vivant en union libre, il est douteux qu'une évolution dans ce domaine se soit jamais produite. On observa quand même, dans la pratique, un changement spectaculaire à partir du IIe s., quand on étendit même aux esclaves le droit au mariage légal.[13]

Les femmes romaines n'ont laissé aucun témoignage écrit direct mais nous en savons plus sur elles qu'on ne le croyait autrefois.[14] Tout indique qu'elles étaient plus libres que leurs sœurs grecques, vivant en recluses. Vers le milieu du Ve s. av. J.-C., à condition d'être officiellement représentées par un homme, elles pouvaient hériter, posséder et léguer des biens. Même s'il convient de ne pas exagérer la « liberté » dont jouissaient les femmes romaines, il semble que, si autrefois elles se mariaient sous le système du *cum manu* – qui accordait au mari le contrôle de la dot –, à partir du IIe s., elles ont de plus en plus conservé ce contrôle, en se mariant *sine manu*.[15] Les filles de l'élite romaine, selon Hallett, se voyaient aussi tenues en plus haute estime que leurs homologues grecques. Elles conservaient des liens avec leur père, dont elles portaient le nom.[16] Même après le mariage, elles continuaient à appartenir à leur famille d'origine.

On ne trouvait pas extraordinaire que les épouses de la haute société n'aient que des contacts limités avec leur époux. Les rapports conjugaux n'étaient pas nécessairement une source d'anxiété.[17] C'était auprès de leurs enfants, notamment de leurs fils soumis, que les femmes venaient chercher un soutien affectif. L'aîné pouvait d'ailleurs être plus proche d'elles par l'âge que leur mari. Malgré tout, la culture romaine glorifiait la mère idéale en faisant d'elle une créature énergique et rationnelle, et pas nécessairement plus tendre envers ses enfants que le père. Si le mariage était un échec, une femme romaine pouvait, avec l'assistance de son père, obtenir le divorce. Lors de la séparation, on lui restituait sa dot. Après la mort de son père, elle pouvait se marier comme elle l'entendait. Les veuves riches étaient libres de convoler de nouveau ; certaines préféraient prendre des amants. La loi proclamait la soumission et la déférence des femmes envers les hommes. Dans la pratique, comme en témoignent les carrières de Fulvie, de Messaline et d'Agrippine, certaines Romaines jouissaient d'une grande indépendance. La croyance populaire attribuait même aux femmes des pouvoirs quasi magiques. Leur lait, affirmait Pline l'Ancien, collecteur crédule d'informations mystérieuses, pouvait guérir des fièvres et de la goutte. Leurs cheveux, si on les brûlait, apaisaient les vers et les plaies. Et leur flux menstruel, extrêmement puissant, pouvait anéantir vermine, verres et insectes, détruire des récoltes, semer la mort dans les ruches, faire rouiller le cuivre, ternir les miroirs, émousser les rasoirs et provoquer des fausses couches chez les juments.[18]

Malgré tous les pouvoirs qu'on leur attribuait, les femmes romaines, tout comme leurs compagnons, n'avaient pas une longue espérance de vie. Environ la moitié de la population atteignait l'âge de vingt ans, un tiers celui de quarante ans, et un sixième seulement atteignait la soixantaine. Ces taux de mortalité élevés signifiaient de nombreux veuvages et remariages.[19] Rares étaient les enfants qui avaient des grands-parents en vie. Assurer la continuité de la lignée familiale, c'est-à-dire avoir au moins un héritier passant le cap de l'adolescence, ne pouvait être qu'une ambition, jamais une certitude.

Les Romains se mariaient pour avoir une famille ou, comme le disait sans romantisme le médecin Soranus, « les femmes se marient d'ordinaire pour avoir des enfants et non pas par simple plaisir. »[20] Aulu-Gelle (Ier s. ap. J.-C.) rapporte que les couples faisaient serment de se marier pour engendrer une progéniture, et rappelle qu'un mari avait divorcé d'une épouse aimée parce qu'elle s'était révélée stérile.[21] Mais il y avait des raisons d'ordre bien plus pratique pour expliquer que le premier souci du couple romain était d'avoir des enfants et d'assurer sa descendance. C'est des enfants, en effet, que dépendait la préservation de la famille, des biens, la perpétuation du nom, la conclusion d'alliances familiales, l'entretien des parents âgés et l'exécution des rites funéraires après leur décès.[22] Le fils portait ainsi les espoirs et les projets de la famille. Le contrat de mariage d'une fille était, disait-on, un fardeau. Mais l'assurance d'une dot et l'alliance qu'elle cimentait assuraient à la famille son éclat social. On louait et on récompensait la fécondité.

Il était si important d'avoir des héritiers que les Romains toléraient toute une gamme d'étranges arrangements conjugaux afin d'en obtenir. Il y avait des cas exceptionnels d'épouses fécondes que l'on « partageait ». Plutarque a laissé le récit du divorce de Caton. Celui-ci se sépara de sa femme Marcia pour lui faire épouser un ami. Après qu'il lui eût donné un héritier, il se remaria avec elle.[23] Il y avait aussi un certain nombre d'exemples célèbres d'hommes qui forgeaient des alliances en donnant en mariage leur épouse déjà enceinte à des amis. Ainsi Livia, enceinte de Claudius Néron, épousa Auguste.[24] Augustin (IVe-Ve s. ap. J.-C.) signale également des cas de « mères porteuses » dans l'Empire. Quand une épouse stérile autorisait son mari à avoir un enfant avec une autre femme, elle l'élevait alors comme le sien.[25] Les hommes redoutaient de ne pouvoir transmettre leur fortune à des héritiers légitimes. Cela donnait lieu à des pratiques tout aussi novatrices. Les maris s'inquiétaient d'histoires d'adultère, qui donnaient des prétendants illégitimes à l'héritage, et d'avortements qui étouffaient dans l'œuf les héritiers légitimes. On exerçait parfois un contrôle quasiment policier sur les grossesses. Sous la pression de la famille, on confinait chez elles jusqu'à la naissance des veuves soupçonnées d'être enceintes ou prétendant l'être, pour éviter qu'on ne substitue des enfants trouvés à ces descendants espérés. [26]

Faute d'enfant naturel, on pouvait toujours recourir à l'adoption. D'ailleurs, la législation augustienne, qui exigeait qu'on fût « père » pour occuper certains postes, imposait parfois cette mesure. L'adoption, dans l'ensemble, était utilisée par les Romains, comme par les Grecs, pour assurer le contrôle des héritages. On adoptait, par exemple, des gendres. Auguste, le petit neveu de César, fut, pour des raisons politiques, déclaré dans le testament de ce dernier comme son fils. L'adoption était un signe supplémentaire du pouvoir du père, dans la mesure où il pouvait y recourir pour dépouiller de ses droits un héritier légitime. Cicéron et Ulpien (IIIe s.) ont tous deux condamné la cruauté de ces hommes qui adoptaient afin de déshériter leurs enfants naturels.[27] Dans le cours normal des événements, un Romain se mariait « pour avoir des fils », comme le disait la formule, et il ne songeait ni à l'adoption ni aux « mères porteuses ». S'il s'avérait nécessaire de freiner ou d'accroître la fécondité, un couple se tournait d'abord vers la magie ou la médecine.

Les Romains s'appuyèrent principalement sur la médecine grecque pour comprendre les mécanismes de la reproduction. Les principaux médecins de l'Empire étaient d'ailleurs grecs. Les textes hippocratiques supposaient que le corps était fondamentalement sain et n'insistaient pas sur le besoin de modération. Mais les médecins exerçant à Rome, tels Galien, présentaient le corps comme en état de perpétuelle détérioration et assimilaient simplement la santé à l'absence de maladie. Leurs clients étaient manifestement préoccupés de la fragilité de leur corps et témoignaient d'un vif intérêt pour la nutrition et les régimes.[28] C'est dans ce contexte qu'il faut situer la réflexion des Romains sur la procréation.

Soranus d'Ephèse, un médecin grec qui exerça sous le règne de Trajan et d'Hadrien, fut le plus grand auteur de Rome dans le domaine de la gynécologie. Il utilisa les connaissances des anatomistes d'Alexandrie pour écarter l'idée de la matrice voyageuse et repoussa les théories hippocratiques sur les humeurs et les polarités sexuelles. Il nia l'existence de semence chez les femmes, en même temps qu'il combattit l'opinion aristotélicienne qui établissait une différence radicale entre les espèces mâle et femelle. A l'encontre des auteurs hippocratiques, qui affirmaient que la santé des femmes dépendait de menstruations régulières, Soranus alla jusqu'à affirmer que c'était là un phénomène fondamentalement nuisible. Il fit remarquer que les chanteuses, les athlètes du sexe féminin et nombre de femmes robustes, jeunes ou vieilles, n'avaient pas de menstrues. Soranus n'insista pas non plus sur la nécessité pour les femmes d'avoir des rapports sexuels. La virginité était saine, déclarait-il, et les rapports épuisants : « La menstruation, comme la grossesse, sont utiles à la propagation des hommes, écrivait-il, mais assurément pas saines pour la mère. »[29]

Selon lui, la grossesse s'accompagnait de divers inconvénients et d'envies qui menaient à une sénilité précoce. La femme, qui avait de nombreuses fois accouché, devenait vieille avant l'âge ; il la comparait à un champ épuisé. Soranus reconnaissait que les pressions exercées par la société pour aboutir au mariage et à la maternité étaient accablantes. Il conseillait à la bonne épouse et à la bonne mère d'avoir la sagesse de préserver sa santé en multipliant les périodes d'abstinence.[30]

Galien de Pergame (IIe s. ap. J.-C.), le plus influent des anatomistes de l'Antiquité, faisait partie de la cour de l'empereur Marc Aurèle. Il proposa une interprétation légèrement différente des rapports sexuels. Il apporta essentiellement une synthèse des théories aristotéliciennes et hippocratiques concernant la conception, en reconnaissant l'importance des humeurs ainsi que la théorie de la procréation par l'union des deux semences.[31] Même si, comme Aristote, Galien supposait que la femme manquait de chaleur et s'il confondait le flux menstruel avec la « semence » féminine, il reconnaissait quand même l'importance des ovaires.[32] Il niait à la matrice la faculté de « voyager », tout en retenant l'idée que cet organe était le siège de la plupart des maladies féminines.[33] Il affirmait, contrairement à Soranus, que si la semence ou les menstrues n'étaient pas expulsées, elles pouvaient devenir dangereusement toxiques. La rétention de la semence, déclarait-il, était pour les femmes un « fardeau », susceptible de provoquer l'hystérie. Les rapports sexuels étaient donc nécessaires à la santé[34] :

> « Il est tout à fait évident que les hommes chastes n'usent pas des plaisirs vénériens pour la jouissance qui y est attachée, mais pour guérir une incommodité, comme si, en réalité, il n'y avait aucune jouissance. »[35]

La littérature médicale suggérait que les Romains, loin d'être des hédonistes irréfléchis, se posaient bien des questions à propos de la sexualité. Que l'on ait suivi Soranus ou Galien, on en ressortait avec la conviction que la procréation était une entreprise problématique. Mais en même temps, de tels écrits apportaient l'assurance que les médecins pouvaient donner des conseils à ceux qui cherchaient à concevoir, conseils qui venaient conforter la sagesse populaire quand ils ne rivalisaient pas avec elle.

Certains se donnaient beaucoup de mal pour assurer la fécondité de l'épouse.[36] Soranus affirmait que, même avant le mariage, la famille du fiancé envoyait des sages-femmes examiner l'utérus et la constitution de la future épouse. Soranus n'était pas hostile à ces coutumes, mais il condamnait comme inutile la pratique consistant à éprouver la fécondité de la femme au moyen de fumigations et de suppositoires. Une fois le couple uni et le mariage consommé, la question se posait de savoir quelles positions étaient les plus propices à la reproduction. Soranus déclarait, comme l'avait fait le philosophe Lucrèce, que les conjoints devaient s'accoupler comme des animaux, *a tergo,* s'ils souhaitaient s'assurer d'une conception. Artémidore (Ier s. av. J.-C.) avançait l'opinion contraire dans *L'Interprétation des rêves,* où il énumérait un certain nombre de positions. Il concluait que « les hommes ont inventé toutes les autres par libertinage, licence et ivresse et que seule la position face à face leur était enseignée par la nature. »[37]

Quel était le moment le plus propice ? Paul d'Egine suivait Galien, en affirmant que l'acte sexuel était « le meilleur remède à la mélancolie », dans la mesure où il soulageait la pléthore, c'est-à-dire l'excès d'humeurs dans l'organisme. Il favorisait la croissance, rendait l'appétit et libérait l'esprit. Les aliments réchauffants comme les mollusques, les tisanes, la roquette, le navet, les haricots et les pois étaient conseillés. Le meilleur moment pour les rapports sexuels, prétendait-il, se situait après le repas et avant le sommeil : « C'est également le moment le plus approprié pour la procréation pour bien des raisons, notamment parce que la femme qui s'endort a plus de chances de conserver la semence. »[38] Selon Soranus, un bain chaud ou une friction qui détendait le corps de la femme étaient également un élément favorisant.

Les médecins romains avaient tendance à suivre Hippocrate et à croire qu'aussi bien les hommes que les femmes produisaient de la semence. Le vocabulaire sexuel latin contenait de nombreuses comparaisons agricoles. On décrivait l'homme comme celui qui « labourait » et la femme, comme celle qui « moulait le grain ».[39] On représentait les deux sexes comme jouant chacun un rôle actif. Oribase et Galien affirmaient que les femmes savaient quand elles concevaient. Pline l'Ancien et Lucrèce observaient que certaines formes de stérilité étaient dues à l'incompatibilité.[40] Comme Soranus et Galien, il estimait que le plaisir de la femme était indispensable pour que la procréation ait lieu. Selon Soranus, l'utérus se dilatait « comme dans le désir des rapports sexuels pour mieux accueillir la semence ».[41] On comprenait fort bien aussi la fonction décisive du clitoris.

En cas d'impuissance, les médecins recommandaient de consommer de la racine de narcisse, des pois chiches, des pignons, des graines d'orties ou d'anis, des infusions de poivre, de roquette et de safran. Pline l'Ancien faisait mention de croyances populaires d'après lesquelles le satyrium, les pattes de crocodile, la myrrhe, la roquette, le poivre, la sueur de jument et les testicules de cheval desséchés avaient tous des vertus aphrodisiaques ; le gui était censé aider les femmes à concevoir et les breuvages à base de sève d'herbes à puces et de chardon assuraient la naissance de garçons.[42]

La maternité jouait un rôle si important que certaines

femmes – persuadées que leur stérilité était provoquée par la magie noire que pratiquaient contre elles leurs ennemi(e)s – cherchaient à se protéger avec des talismans et des pendentifs. Le poète Ovide parlait de charmes, au moyen de nœuds, de boissons empoisonnées et d'incantations, qu'on utilisait pour provoquer l'impuissance.(43) Comme antidote, suggérait Pline l'Ancien, on pouvait utiliser l'urine, en particulier « celle des eunuques pour contrer la sorcellerie qui empêche la fécondité ».(44) Mais Plutarque mettait en garde les femmes contre l'utilisation de philtres d'amour et de « magie sympathique » sur la personne de leur époux.(45) Pendant l'accouchement, on pouvait faire appel aussi à la magie imitative. S'asseoir auprès d'une femme enceinte, en croisant les jambes ou en nouant les doigts, était censé entraver la mise au monde. « On prétend, rapporte Pline l'Ancien, que dans les accouchements laborieux la délivrance est immédiate lorsqu'on lance, par dessus le toit qui abrite la parturiente, une pierre ou un trait ayant tué, en trois coups, trois animaux : un homme, un sanglier et un ours. »(46) On croyait aussi que la racine de certaines plantes, portée en amulette, accélérait l'expulsion.(47)

Si le premier souci des couples romains était d'avoir des enfants, la seconde préoccupation était de ne pas en avoir trop. Certes, on s'attendait communément à voir des enfants survenir après le mariage, mais l'élite romaine n'appréciait guère la perspective de voir son mode de vie raffiné être compromis par une invasion de bébés. La coutume exigeant un partage égal de l'héritage entre les enfants était la principale raison qu'on avançait d'ordinaire pour expliquer la dimension réduite des familles romaines. Même les tentatives intermittentes de l'Etat pour encourager le développement de la population se révélèrent vaines. L'abolition des ces sanctions, qui auraient obligé le poète Sextus Properce (Ier s. av. J.-C.) à renoncer à sa maîtresse, le remplit de joie :

> « Grande, certes, fut la joie de Cynthie de voir abroger cette loi qui causa longtemps nos pleurs et menaçait de nous séparer. Pourtant Jupiter lui-même ne saurait malgré eux désunir deux amants... Comment, moi, donnerais-je des fils aux triomphes de la patrie ? Jamais soldat ne sortira de mon sang... C'est toi, toi seule, qui me plais ; puissé-je te plaire, ô Cynthie, seul ! Plus qu'aux liens du sang, je tiendrai à mon amour. »(48)

Mais la plupart de ceux qui mettaient en doute l'opportunité de maternités trop nombreuses étaient motivés par l'idée qu'un trop grand nombre d'enfants constituait une menace pour la famille. Mais Pline le Jeune observait qu'il vivait à une époque où l'on « estime qu'enfant unique est un fardeau ».(49) Sénèque précisait qu'il constituait un « fardeau civique ».(50) Les veuves sans enfant et les veufs dont l'âge assurait que leur héritage n'aurait pas à être partagé avec des descendants étaient, à en croire les auteurs satiriques, les cibles préférées du chasseur d'héritage. « Ici personne n'élève d'enfants, affirmait Pétrone (Ie s.), car quiconque a des héritiers naturels n'est invité ni aux dîners ni aux spectacles. »(51) On mettait même en doute les avantages supposés d'avoir des enfants. « La chose la plus ridicule du monde, concluait amèrement Sénèque, c'est de se marier et d'avoir des enfants afin de perpétuer son nom, d'avoir un soutien dans sa vieillesse et de s'assurer d'avoir un héritier. »(52)

Bien que le petit nombre de témoignages ne permette pas d'avancer des chiffres précis, il est probable que les couples de l'élite romaine connaissaient en moyenne au moins quinze ans de vie conjugale, mais qu'ils avaient rarement plus de deux ou trois enfants. En fait, presque tous les empereurs entre l'an 14 et l'an 200 de notre ère durent adopter des héritiers. La plupart des inscriptions funéraires ne faisaient mention que d'un ou deux enfants par famille. En avoir trois ou plus passait pour exceptionnel.[53] On a attribué à bien des causes le remarquable manque de fécondité de l'élite romaine : de la dégénérescence raciale au saturnisme, l'empoisonnement par le plomb. L'absence de preuve conduit à écarter ce genre d'interprétations.[54] Mais il est tout aussi difficile de déterminer avec précision les résultats des efforts conscients pour contrôler la fécondité. Ce qui semble clair, c'est que les Romains ont fait des efforts dans ce sens. En raison des taux élevés de mortalité infantile, les Romains ne pouvaient évidemment pas concentrer la maternité sur quelques brèves années, avec l'assurance qu'un ou deux héritiers survivraient.[55] Il fallait trouver des solutions plus flexibles selon les circonstances, en admettant que toute intervention dans la période allant de la conception à la naissance était légitime. Le plus souvent, on prenait des mesures pour espacer les grossesses ou pour y mettre un terme quand elles se révélaient incommodes ou dangereuses. A Rome, il ne s'agissait pas seulement de concevoir ou non, mais d'entraver ou d'encourager la conception, la gestation, l'avortement et la survie du jeune enfant :

> « Le contrôle de la fécondité, affirme Brent D. Shaw, se réduisait pour la plupart des familles à des solutions pratiques : élimination physique, vente ou abandon des enfants survivants en surnombre. »[56]

L'abandon était la façon la plus dramatique de se débarrasser des enfants non souhaités. Un aperçu de cette pratique, certes romancé, est fourni par le récit, que fait Longus, de Daphnis élevé par une chèvre et de Chloé abandonnée à des nymphes.[57] L'historien Tacite (Ier s. ap. J.-C.) était plus direct quand, s'interrompant dans sa description des coutumes ridicules et perverses des Juifs, il reconnaissait : « L'accroissement de la population est un de leurs soucis ; en effet, c'est un sacrilège de tuer tout enfant qui vient en surnombre. »[58] Les Egyptiens, eux aussi, étaient hostiles à l'abandon des nouveau-nés non-désirés, méthode considérée comme une coutume grecque. Dans l'Egypte romaine, les enfants trouvés que l'on sauvait se voyaient souvent donner le nom de Kopreus, qui signifiait « issu du tas de fumier », par allusion à l'endroit où on les avait trouvés.[59]

Quand il parlait d'« enfant tardif », Tacite désignait un enfant venu inopinément au monde après que le père ait fait son testament. Et un père romain était dans son droit s'il l'abandonnait. Le rituel, pour un citoyen romain, consistait à « enlever » un enfant en le ramassant du sol où la sage-femme le déposait juste après la naissance. Les intérêts de la famille, tels que les interprétait le *pater familias,* imposaient la décision d'accepter ou non le bébé. Les femmes veuves ou célibataires, appartenant à l'élite, jouissaient du même droit.

Soranus parlait avec mépris des Germains et des Scythes qui n'élevaient les nouveau-nés que s'ils survivaient à l'épreuve d'un bain glacé. Mais, à l'en croire, les bébés romains anormaux étaient éliminés par la sage-femme, ou abandonnés.[60] « Nous supprimons les rejetons monstrueux, reconnaissait avec calme Sénèque, et nous noyons les bébés trop faibles ou anormaux. »[61] Exemplaire de l'ambivalence des Romains envers l'abandon, Sénèque déclarait encore :

> « Est-il un père assez injuste appréciateur de ses enfants pour préférer tel fils bien portant à tel autre d'un tempérament maladif, celui qui est grand et bien pris à celui qui a la stature courte ou ramassée ? [...] L'affection des parents penche du côté où elle est mêlée de compassion. C'est ainsi que la vertu, sans aimer davantage celles de ses œuvres

qu'elle voit exposées aux tribulations et aux violences, les entoure, comme font les bons parents, de plus de soins et de complaisances. »[62]

« Les pauvres n'élèvent pas d'enfant », déclarait Plutarque, mais il y a peu de preuve que l'on ait recouru à l'abandon, sauf dans des cas désespérés.[63] Il ne faudrait pas supposer non plus que, sous prétexte que certains enfants étaient abandonnés, on ne chérissait pas les autres. « Certains les exposent dans quelque endroit désert, assurait Philon (Ier s.), le philosophe du judaïsme hellénistique, dans l'espoir que les bébés pourront être recueillis, mais les laissant en réalité exposés au plus terrible destin. »[64] Même les plus pauvres se berçaient du faible espoir qu'un enfant abandonné serait trouvé et adopté. Et, de fait, bien des enfants trouvés survivaient, comme le prouve l'existence de textes traitant de leurs droits et de leurs obligations.[65]

Il semble qu'on exposait plus volontiers les filles que les garçons. Dans une lettre, écrite en Egypte sous le joug romain, Hilarion donnait à sa femme Alis les instructions suivantes : « Si, comme cela peut fort bien être le cas, tu donnes naissance à un enfant, si c'est un garçon laisse-le vivre, si c'est une fille, expose-la. »[66] De même, dans les *Métamorphoses,* Ovide fait dire à son épouse : « Donc, si par hasard, mauvais augure que je repousse, tu donnes le jour à une fille, j'exige (et c'est bien à contrecœur, ô devoir paternel, pardonne-moi) qu'elle soit mise à mort. »[67] Certains sont allés jusqu'à avancer que peut-être dix à vingt pour cent des bébés du sexe féminin étaient abandonnés. Il n'existe, à l'appui de cette thèse, que bien peu de preuves.[68] Quels que soient les chiffres, l'acceptation générale de l'exposition démontrait clairement le pouvoir du père romain. L'abandon des nouveau-nés de sexe féminin n'était qu'un maillon dans la chaîne de l'exploitation sexuelle des femmes, qui aboutissait à l'esclavage et à la prostitution.

A la fin de la République, le souci d'accroître la population conduisit apparemment à la promulgation de la « loi de Romulus » pour mettre un terme à l'exposition des fils et des premières filles.(69) Sous le règne des Sévère, on décrivait l'abandon comme un meurtre, même si on ne le condamnait pas officiellement. En l'an 318, Constantin déclara que c'était un crime pour un père que de tuer ses enfants. Toutefois, aucune position claire sur l'infanticide ne paraît avoir été prise. A la fin du IVe s., Valentinien, Valence et Gratien décrétèrent criminel le meurtre des enfants ; les pères qui abandonnaient leurs enfants perdaient désormais tout droit sur eux. Mais même les empereurs chrétiens conservèrent vis-à-vis de l'exposition une attitude ambiguë. En l'an 529 de notre ère, Justinien se contenta de déclarer hors la loi l'esclavage des enfants trouvés.(70)

Pour le père égocentrique, l'exposition était la forme la plus simple de contrôle de la fécondité. Il pouvait engendrer autant d'enfants qu'il le désirait puis en abandonner certains. Les femmes romaines, semble-t-il, partageaient stoïquement l'opinion selon laquelle, pour protéger le bien-être de la famille, les circonstances pouvaient exiger l'exposion du nouveau-né.(71) Mais il aurait été manifestement plus dans l'intérêt des femmes d'employer des contraceptifs afin d'éviter des grossesses ou de recourir à des produits abortifs pour y mettre fin, que d'encourir les risques physiologiques de mener une grossesse à terme et de vivre l'abandon d'un bébé.

Les femmes de la haute société avaient de bonnes raisons de s'intéresser tout particulièrement à la contraception. Elles avaient tendance à se marier plus tôt que les plébéiennes, et pouvaient donc s'attendre à enfanter de plus nombreuses fois. Il semble qu'elles avaient également moins tendance à allaiter, ce qui les privait de la protection naturelle d'un allaitement prolongé. Enfin, elles comptaient fermement sur la limitation de leur fécondité pour assurer à leurs enfants un meilleur héritage. Leurs tentatives pour contrôler la taille de la famille n'impliquaient pas tant une hostilité envers les jeunes qu'un souci de leur bien-être.

Cela ne veut pas dire, évidemment, que les femmes pauvres n'avaient pas, non plus, de bonnes raisons de chercher à éviter des grossesses non souhaitées. Dio Chrysostome, après avoir noté que certaines femmes nées libres recueillaient des enfants abandonnés pour dissimuler leur stérilité, déclarait :

> « En revanche, dans le cas d'esclaves femmes, certaines détruisent l'enfant avant la naissance et d'autres après – à condition de pouvoir le faire sans risque d'être prises – ou parfois même avec la complicité de leur mari. Cela pour s'éviter les problèmes d'avoir à élever des enfants dans le cadre de leur vie d'esclave. »(72)

Malheureusement, les sources décrivant les expériences de maternité des basses classes sont extrêmement rares.

L'homme s'intéressait principalement au nombre d'enfants entre lesquels serait partagé son héritage. La mère, à chaque nouvelle naissance, se préoccupait davantage du nombre d'enfants qu'elle avait déjà et de sa santé. L'appel lancé par Oranus et Oribase en faveur de l'espacement des naissances, ou à tout le moins pour ajourner le mariage des jeunes filles, est révélateur de ces angoisses maternelles.(73)

Le moyen le plus simple de reculer ou d'espacer des naissances, c'était de s'abstenir de relations sexuelles. Certains maris étaient de vrais ascètes. Plutarque vantait la pratique de l'abstinence avec son épouse comme une méthode pour s'entraîner à se passer d'autres femmes.(74) Les plus prudents recouraient à des régimes pour diminuer le désir. Soranus recommandait un régime sec, un lit dur et des récits sombres. Paul d'Egine signalait que des légumes refroidissants comme la rue, la laitue ou la graine de lin émoussaient les appétits vénériens. Une plaque de plomb, attachée aux reins, prévenait les rêves excitants, tandis que des poudres de rue ou de petits-poivres, répandues sur le lit, assuraient la continence.[75]

Les hommes semblent s'être plus intéressés aux bienfaits que l'abstinence procurait à leur santé qu'à la protection contre les grossesses qu'elle promettait à leur épouse. Epicure condamnait totalement le coït. Rufus d'Ephèse n'était pas loin de partager son avis. Il fit remarquer que la perte de chaleur, décelée chez les hommes – mais non chez les femmes – provoquait l'indigestion, la perte de mémoire, des crachements de sang et un déclin de la vue et de l'ouïe.[76] Soranus reconnaissait que les excès sexuels étaient dangereux. Caelius Aurelianus, qui traduisit et condensa l'œuvre de Soranus, affirmait que l'assouvissement des désirs sexuels favorisait la pleurésie, l'apoplexie, la folie, la paralysie, la néphrite et l'hémorragie. Il affirmait, contrairement à Esculape selon qui le coït pouvait guérir l'épilepsie, que l'acte sexuel était en soi une « forme mineure d'épilepsie » :

> « Il provoque en effet un mouvement de certaines parties du corps qui ressemble à l'épilepsie : diverses régions sont sujettes à des spasmes. On observe en même temps que le sujet est essoufflé, transpire, roule des yeux et que son visage se congestionne. L'achèvement de l'acte sexuel apporte un sentiment de malaise accompagné de pâleur, de faiblesse ou de dépression. »

L'acte sexuel, concluait-il, exacerbe la folie, « car non seulement il dépouille le corps de ses forces mais il agite aussi l'âme ».[77] Celse adopta une attitude plus modérée en soulignant que, même si les rapports sexuels étaient fatigants, il suffisait de les éviter « durant la journée, en été et avant le travail ou les repas. ». « A de rares intervalles, ils relèvent les forces, mais ils les abattent s'ils sont trop répétés. »[78]

Aline Rousselle affirme que cette crainte des excès sexuels était importante car elle aboutissait à une diminution de la fréquence des rapports. « C'est sans doute, écrit-elle, un aspect du versant masculin de la stagnation démographique dans les classes supérieures de l'Empire romain. »[79] Il est toutefois difficile d'imaginer comment on pourrait prouver ou contester une telle théorie.

On ne recourait peut-être à l'abstinence qu'aussi longtemps qu'une femme donnait le sein pour s'assurer qu'une conception nouvelle n'allait pas assécher ses réserves de lait. Les médecins recommandaient que les enfants des familles de l'élite fussent allaités jusqu'à l'âge de trois ans.[80] On conseillait la continence sexuelle puisque l'acte était censé « gâter » le lait. Si les femmes avaient suivi de tels conseils, les naissances auraient dû être moins fréquentes. Mais les femmes de la haute société choisirent de ne pas donner le sein. A l'opposé, Tacite chantait les louanges des mères germaines. A l'en croire, elles élevaient de nombreuses familles dont les enfants « grandissent, nus et sales, jusqu'à cette membrure, jusqu'à ces corps qui nous étonnent. La mère nourrit elle-même son enfant à la mamelle, et ils ne sont pas confiés à des servantes ou à des nourrices. »[81] Pline le Jeune et Sénèque, qui n'avaient pas d'enfant, suggéraient que les femmes, dans leur frivolité, recouraient au contrôle des naissances par pur égoïsme.[82] Tout donne à penser qu'on serait plus près de la vérité en disant que les femmes sont passées des méthodes naturelles à des méthodes artificielles de protection.[83]

Si une femme décidait d'allaiter ou, pour quelque autre raison, souhaitait interrompre les rapports, son mari risquait de chercher son plaisir ailleurs. De fait,

Plutarque assurait que, si un homme se montrait dissolu avec d'autres femmes, c'était en fait par respect pour son épouse.[84] Les cas d'hystérie chez les femmes mariées étaient peut-être dus à ce que leurs maris préféraient couramment la compagnie des autres.[85] Un homme pouvait évidemment se tourner vers les prostituées ou les esclaves, qui n'avaient pas le droit de se refuser. La notion de viol n'existait en effet pas pour ces dernières. On pouvait toujours les obliger, comme l'ont noté Pétrone, Martial et Horace, à céder aux caprices de leurs maîtres. Les enfants qu'on avait avec des esclaves n'étaient pas reconnus. Même si certains étaient affranchis et d'autres élevés dans la famille comme des animaux familiers, ils n'apportaient pas de véritable charge à l'économie familiale. L'esclavage influençait la vie privée des couples en favorisant chez les hommes un comportement sexuel grossier et abusif. Ce qui explique le point de vue idéaliste sur l'amour homosexuel masculin, c'est qu'il fallait le gagner. Les rapports sexuels avec des créatures inférieures, contraintes ou soumises, comme les femmes et les esclaves, étaient forcément corrompus.[86]

C'étaient peut-être les prostituées qui enseignaient aux hommes mariés les méthodes de contraception. Lucrèce évoque le coït interrompu comme « l'intérêt seul [qui] pousse les filles à s'agiter ainsi – elles ne veulent pas subir la langueur de grossesses trop fréquentes ».[87] Les nourrices, pour qui il était essentiel de ne pas être fécondées afin de continuer à gagner leur vie, ont peut-être employé le coït interrompu. Les contrats romains de nourrice obligeaient couramment la femme à ne pas tomber enceinte durant une période allant de six mois à trois ans. « Dès l'instant où elle est dûment payée, pouvait-on lire dans un de ces documents, elle veillera aussi bien sur elle-même que sur l'enfant, à ne pas nuire à son lait, à ne pas coucher avec un homme et tomber enceinte. »[88] Les rabbins juifs recommandaient de la même façon de

« battre le blé à l'intérieur et de le vanner à l'extérieur » quand une femme allaitait.[89] Peut-être la pratique quasi universelle du coït interrompu explique-t-elle qu'on la mentionne si peu souvent. Il est frappant toutefois que les quelques allusions faites à l'époque romaine au retrait, que l'on considère d'ordinaire comme une forme masculine de contraception, s'appliquaient à des femmes jouant alors un rôle actif. Il semble prudent de conclure que les hommes remettaient essentiellement entre les mains des femmes le problème d'éviter la grossesse.[90]

C'est sans doute pourquoi les auteurs romains attribuaient la faible fécondité de leur société à l'égoïsme présumé des femmes. Sénèque déclarait que, dans leur poursuite du plaisir, les femmes devenaient aussi mauvaises que les hommes. Bien que destinées par nature à être des partenaires faciles, elles faisaient preuve d'un esprit de compétition, même dans l'amour.[91] L'écrivain satirique, Juvénal (Ier s. ap. J.-C.), se plaignait de voir les femmes recourir facilement à des drogues pour prévenir les conceptions ou pour y mettre un terme.[92] Mais, comme l'a fait remarquer un historien, s'appuyer sur ce genre de témoignage littéraire peut conduire à ne s'intéresser qu'aux mœurs de la « société mondaine » du monde antique.[93] La littérature médicale donnait un aperçu plus sérieux des options qui s'offraient aux femmes.

Soranus conseillait à celles qui cherchaient à éviter la conception de prendre garde à « ne pas avoir de rapports sexuels durant ces périodes qu'on disait propres à la conception ». Il faisait allusion à la méthode des cycles, consistant à éviter tout rapport sexuel durant les jours suivant la menstruation.[94] Caelius Aurelianus, Mustio et Oribase partageaient cet avis. Galien affirmait que certaines femmes savaient quand elles avaient conçu.[95]

On croyait aussi que certains mouvements et certaines positions pouvaient entraver la conception :

« Car la femme s'empêche elle-même et s'interdit

> de concevoir, si de ses déhanchements lascifs elle stimule le désir de l'homme, et fait jaillir de son corps disloqué les flots de sa liqueur. Elle rejette ainsi le soc de la ligne du sillon et détourne de son but le jet de la semence. »[96]

Et c'est cette variante du coït interrompu que recommandait Soranus :

> « Durant l'acte sexuel, au moment critique du coït, quand l'homme est sur le point de décharger sa semence, la femme doit retenir son souffle et se mettre un peu en retrait de façon que la semence ne soit pas précipitée trop profondément dans la cavité de l'utérus. En se levant aussitôt et en s'accroupissant, elle devrait provoquer chez elle un éternuement et s'essuyer avec soin tout le contour du vagin. Elle pourrait même boire quelque chose de froid. »[97]

On continue, semble-t-il, à croire aujourd'hui encore à l'efficacité de l'éternuement.

L'allusion de Soranus à une boisson froide a peut-être un lien avec le fait que les Romains, comme les Grecs, avaient recours à des tisanes contraceptives. Pline l'Ancien notait que Homère nommait le saule « celui qui perd son fruit », car il perdait rapidement ses graines. En effet, continuait Pline, « [...] il est certain que la graine de saule provoque la stérilité chez la femme. »[98] La bryone mélangée à l'urine de bœuf provoquait l'impuissance.[99] Soranus décrivait aussi l'usage du vin, de la rue, de la graine de girofle, du nyste, de la myrrhe ou du poivre blanc.[100] Dioscoride énumérait neuf plantes dotées de vertus contraceptives.[101] Pline l'Ancien déclarait à propos du cèdre : « on en raconte un effet prodigieux : si on en enduit la verge avant le coït, c'est un contraceptif. » Sans doute faisait-il allusion à la gomme de cèdre, tout comme Dioscoride.[102] L'apologiste chrétien Tertullien (IIe s. ap.J.-C.) observe que les Romains employaient des pessaires. On recourait aussi à des tampons et à des bouchons. Dioscoride fournissait des recettes pour confectionner des pessaires et de poisseux mélanges de menthe poivrée, de gomme de cèdre ou d'alun avec du miel.[103] Oribase et Aetius d'Amida prescrivaient sensiblement les mêmes recettes.[104] Les obturateurs étaient, en général, constitués de laine imprégnée d'une substance visqueuse comme le miel, l'huile d'olive, la céruse ou l'alun. C'est Soranus qui fournit le compte rendu le plus complet sur l'emploi de ces substances :

> « Cela aide aussi à prévenir la contraception que de badigeonner l'orifice de l'utérus avec de la vieille huile d'olive, du miel, de la résine de cèdre, du jus de balsamine, seuls ou mélangés à de la céruse. Ou à un cérat humide à base d'huile de myrte et de céruse. Avant l'acte, utilisez de l'alun humide ou du galbanum mélangé avec du vin. Ou encore introduisez dans l'orifice de l'utérus un tampon de laine fine. Ou bien, avant les relations sexuelles, utilisez des suppositoires vaginaux qui ont le pouvoir de provoquer des contractions. Car toutes ces méthodes aux vertus astringentes, occluantes et refroidissantes amènent l'orifice de l'utérus à se fermer avant le moment du coït, empêchant ainsi la semence de pénétrer jusqu'à son tréfonds. »[105]

Les médecins d'aujourd'hui s'accorderaient pour dire que ces substances, capables d'immobiliser ou de bloquer l'entrée du sperme, pourraient en effet être efficaces. Mais Soranus, comme ses prédécesseurs grecs, était convaincu que la base de leurs pouvoirs contraceptifs tenait à la faculté humorale de ces produits de refroidir et de fermer l'utérus – et non pas au simple obstacle physique qu'elles fournissaient. Il allait même jusqu'à conseiller d'ôter certains suppositoires avant les rapports.

Les Romains semblent avoir utilisé les douches vaginales. Soranus mentionnait un mélange d'alun et de vin. Le poète Martial faisait allusion à l'usage de l'eau de mer comme spermicide.[106] Ovide suggérait que l'eau froide était aussi importante pour les femmes que le coït interrompu pour les hommes.[107] Caelius Aurelianus recommandait un mélange de saumure et de vinaigre.[108] Les partisans du contrôle des naissances, au début du XXe s., conseillaient encore l'emploi de solutions vinaigrées ou citronnées. Si les Romains ne les utilisaient qu'après l'acte sexuel, elles ne devaient avoir qu'un effet limité ; employées avant et après, elles auraient également donné des résultats positifs.

Soranus se moquait de l'usage d'amulettes et de talismans prophylactiques. Mais les Romains avaient recours aussi bien à la magie qu'à la médecine pour contrôler la procréation. Aetius décrivait l'efficacité du port d'un foie de belette.[109] Si, avant le lever du soleil, on s'enveloppait d'une peau de daim avec une certaine araignée contenant deux vers, ce stratagème, rapportait Pline l'Ancien, empêchait toute conception pour un an. Pline, tout en étant personnellement hostile à la contraception, fournissait ce genre d'information en reconnaissant que certaines femmes avaient manifestement besoin de se protéger contre une fécondité excessive.[110]

La plupart des femmes romaines partageaient sans doute l'opinion de Soranus selon laquelle « il est bien préférable de ne pas concevoir que de détruire l'embryon ».[111] Mais, si la contraception échouait, elles pouvaient tenter de se faire avorter. Aucune loi ne l'autorisait, mais elles bénéficiaient d'un vide juridique et de l'assentiment de la communauté qui leur reconnaissait le privilège de prendre des mesures défensives. Certains hommes considéraient avec méfiance le recours à de telles pratiques qui confirmaient la capacité des femmes à contrôler leur corps. Un homme tenait tellement à ne pas être privé de « son » enfant qu'au IIe s., Rutilius Sévère obtint un jugement lui permettant de faire surveiller la matrice de la femme dont il avait divorcé.(112) Ovide affirmait que des matrones romaines entreprirent un jour, avec succès, une « grève des naissances » pour imposer le retour d'un privilège perdu :

> « Puis ce privilège leur fut retiré : aussitôt, toutes, elles décidèrent qu'elles cesseraient de faire revivre, dans leur progéniture, des époux qui ne leur agréaient plus. Et, pour ne pas enfanter, chacune d'elles se débarrassait audacieusment du fardeau qui croissait dans son sein, en lui infligeant une blessure secrète. Les sénateurs censurèrent, dit-on, la cruauté téméraire de ces épouses, mais ils leur rendirent le droit supprimé. »(113)

Ammien Marcellin, historien du IVe s., raconte l'histoire de l'impératrice Eusébie, l'épouse de Constantin, administrant des produits abortifs pour empêcher sa rivale, Hélène, de produire un héritier.(114)

La plupart des moralistes attribuaient aux femmes des motifs plus banals. Sénèque louait sa mère de ne pas, comme tant d'autres, recourir à la légère à l'avortement :

> « Tu n'as jamais rougi du nombre de tes enfants, comme cela trahissait ton âge. Tu n'as pas non plus, comme ces autres femmes qui n'ont comme recommandation que leur beauté, tenté de dissimuler une grossesse comme un fardeau inconvenant. Tu n'as pas non plus anéanti les espoirs des enfants qui grandissaient dans ton sein. »(115)

Plutarque condamnait les femmes « sans retenue qui usent de drogues et de moyens abortifs en vue de se faire remplir de nouveau et de satisfaire leur sensualité ».[116] Pline l'Ancien se montrait moralisateur : « Dans l'espèce humaine, les mâles ont des moyens détournés de goûter les plaisirs vénériens, inventions qui toutes outragent la nature ; et les femmes l'avortement. Combien nous sommes à cet égard plus coupables que les bêtes. »[117] C'est Ovide qui a, sans doute, donné les plus célèbres descriptions de l'avortement dans les poèmes XIII et XIV de *L'Art d'aimer.* Le narrateur déclarait ostensiblement que l'avortement, motivé par l'égoïsme féminin, menaçait la société de dépeuplement. Mais il ne cachait pas que ce qui le préoccupait vraiment, c'était son bonheur personnel, compromis par l'audace de sa maîtresse.[118] Les Romains mentionnaient rarement le cas d'une femme contrainte par son époux à se faire avorter.[119] Cela ne posait naturellement pas de problème, dans la mesure où une femme était obligée d'obéir à son mari. Mais une femme avortant, pour des raisons personnelles, agitait le spectre de l'insubordination.

Si les hommes s'opposaient à l'avortement, c'était parce qu'ils estimaient qu'il menaçait leurs intérêts et non pas parce qu'il s'attaquait à la vie du fœtus. Les Romains estimaient, comme les Grecs, que le foetus n'avait pas d'existence indépendante avant la naissance. Ainsi, le philosophe néoplatonicien Porphyre (IIIe s.) affirmait, dans *Pros Gauron,* que l'embryon n'était guère plus qu'un légume.[120] Les stoïciens comme Sénèque considéraient les fausses couches provoquées comme une faiblesse féminine comparable à l'emploi du maquillage. Il n'y avait donc pas dans l'esprit des Romains de distinction très marquée entre l'avortement et la contraception. Soranus, de toute évidence, prêchait des non-convertis. Il estimait nécessaire d'insister :

> « Un contraceptif est différent d'un produit abortif : le premier ne laisse pas la conception s'effectuer alors que le dernier détruit ce qui a été conçu. Appelons donc l'un « abortif » (*phtorion*) et l'autre « contraceptif » (*atokion*). Un « expulsif » (*ekbolion*) est, disent certains, synonyme d'abortif. »[121]

Il est rare qu'on fasse des distinctions aussi subtiles. Selon Soranus, un certain nombre de produits végétaux « non seulement prévenaient la conception, mais détruisaient aussi toutes celles existant déjà ».[122] Pline l'Ancien remarquait que le lycopode était appelé « abiga » car il provoquait l'avortement. Il en allait de même des potions à base de diverses racines de fougère.[123] L'herboriste Dioscoride a décrit plus de vingt-cinq plantes ayant des propriétés abortives. Paul d'Egine a donné les recettes d'une dizaine de tisanes.[124]

Les médecins romains discutaient des mêmes méthodes que celles évoquées dans le corpus hippocratique : exercices violents, saignements, pessaires et injections.[125] Aretaeus citait « l'application d'un pessaire pour provoquer l'avortement ». [126] Soranus a décrit le recours à des suppositoires vaginaux, à des saignements, à des bains très chauds, à des injections d'huile tiède et de rue, à des cataplasmes de graines de lin, d'origonelle, de mauve et d'armoise, mais mettait en garde contre les dangers de toute intervention chirurgicale. Il indiquait aussi que les femmes se soignaient elles-mêmes quand il leur déconseillait l'usage de certaines variétés de concombres, de l'ellébore noire, du pyrèthre, drogues que les femmes ont souvent utilisées aussi pour l'avortement ».[127]

A lire les écrits de Soranus et de Galien, il semble clair que, même quand un docteur était présent, c'était une sage-femme qui procédait à l'examen d'une femme. Pour les aider à avorter, les femmes riches pouvaient s'adresser aux sages-femmes – *obstetrices* – et aux femmes médecins – *medicae.*[128] Juvénal affirmait que les femmes pauvres pouvaient s'adresser à des charlatans mais préféraient s'en abstenir :

> « Celles-là du moins acceptent les dangers de l'accouchement et toutes les fatigues d'une nourriture : leur pauvreté les y oblige. Mais sur un lit doré on ne voit guère de femmes en couche, tant sont efficaces les pratiques et les drogues qui rendent les femmes stériles et tuent à prix fait les enfants dans le sein de leur mère. »[129]

Il y avait des docteurs qui pratiquaient des avortements, mais Soranus observe que certains n'approuvaient pas cette attitude et que d'autres, comme lui, n'acceptaient de provoquer une fausse couche que si la mère était en danger. Galien se montrait tout aussi circonspect.[130]

Ni la contraception ni l'avortement en soi n'étaient considérés comme illégaux. Certes l'avortement en tant que cause, plutôt qu'en tant que résultat, fut pénalisé à la fin du IIe s. :

> « Les divins Sévère et Caracalla décrétèrent qu'une femme qui pratiquait un avortement devrait être exilée pour une période fixée par le juge car il semblerait indigne qu'elle eût privé son mari d'une progéniture sans encourir de châtiment. »[131]

Brunt laisse entendre que l'avortement effectué contre la volonté du mari était un crime matrimonial, punissable de l'abandon d'un huitième de la dot après le divorce.[132] On considérait que c'était le mari, et non pas le fœtus qui en pâtissait. C'est ainsi que Néron trouva possible de justifier une demande de divorce en accusant son épouse, Octavie, d'avoir avorté. De même, les produits abortifs furent mis hors la loi sous le règne de Caracalla, non pas parce qu'ils menaçaient l'embryon mais parce qu'on estimait que – comme les philtres d'amour et les aphrodisiaques – ils mettaient en danger la femme qui les utilisait.[133]

Les témoignages prouvent que le contrôle de la fécondité fut ouvertement pratiqué aussi longtemps que la femme a joui d'une marge de liberté dans l'Empire prospère et urbanisé. Dans une société qui se vantait de son rationalisme et de son individualisme, de telles méthodes avaient manifestement leur place. Ce n'était pas, pour autant, une période de sensualité païenne et de luxure débridée. Les hommes et les femmes de cette époque souffraient, on l'a vu, des angoisses et des contraintes particulières à leur temps. A partir du IVe s., on porta un intérêt moindre à la contraception et à l'avortement, et peut-être même les pratiqua-t-on moins également. On vit se développer le sentiment religieux et l'irrationalisme. Le statut des femmes amorça alors son déclin. Dès le IIe s., on observa une évolution dans l'esprit du temps, marquée par un retour à l'introspection. Le stoïcien Musonius Rufus montra la voie, en condamnant l'égoïsme qui jusque-là avait marqué la stratégie conjugale. Il proposa une nouvelle forme de mariage, monogame, dépourvu de tout hédonisme et procréateur.[134] Les rapports sexuels au sein du couple marié n'étaient légitimes que si on les entreprenait à des fins de procréation. Les empereurs, affirma-t-il, avaient déjà tenté de promouvoir une telle situation :

> « Pour cette raison [la crainte du dépeuplement], ils interdisaient aux femmes de se faire avorter et infligeaient un châtiment à celles qui désobéissaient. Pour cette raison, ils leur interdisaient d'utiliser des contraceptifs et de prévenir la grossesse. Pour cette raison encore, ils récompensaient tout à la fois le mari et la femme qui avaient des familles nombreuses et punissaient l'absence d'enfant. »[135]

Ce résumé un peu confus de la législation d'Auguste décrivait en fait la loi non pas comme elle existait, mais comme Musonius Rufus aurait voulu qu'elle fût. Hiérocle, stoïcien du IIe s., était sans doute plus proche de l'opinion contemporaine en affirmant que la nature souhaitait voir les familles élever « tous ou du moins la plupart de leurs enfants ».[136]

Paul Veyne a avancé qu'il était de plus en plus à la mode, pour un homme, d'être stoïcien et de cacher sa concubine au regard de ses enfants. Marc Aurèle allait être le nouveau type d'empereur à se féliciter de maîtriser sa sexualité. Ce n'est pas dire pour autant qu'on observa un changement nécessaire dans les pratiques de l'élite : mais les styles évoluaient, l'ascétisme et l'esprit conjugal étaient en vogue. La célèbre description par Tacite des femmes germaines, qui contenait une attaque contre la contraception, est un exemple classique de cette attitude moralisatrice :

> « Elles vivent donc dans une vertu bien close, ne connaissant pour leur perte ni les séductions des spectacles, ni les excitations des festins... Elles ne prennent qu'un mari, comme elles n'ont qu'un corps et qu'une vie, pour qu'aucune de leurs pensées ne se porte au-delà, que leurs désirs s'y renferment, pour qu'elles l'aiment non pas comme un mari, mais comme le mariage même. Limiter le nombre de ses enfants ou tuer un de ceux qui naissent après les héritiers passe pour un crime honteux, et là-bas les bonnes mœurs ont plus d'empire qu'ailleurs les bonnes lois. »[137]

Les médecins soutenaient l'émergence de cette nouvelle moralité. Comme les autres excès, on présentait de plus en plus les plaisirs sexuels comme dangereux. Pline l'Ancien pouvait s'exclamer : « Et il est bon en vérité de ne s'y livrer que rarement. »[138] On vantait la salubrité de la virginité, alors qu'on condamnait la masturbation dont on pensait qu'elle accélérait le vieillissement sexuel.

Pourquoi cette évolution ? Paul Veyne suggère que les rôles dans la famille ont changé lorsque les guerriers des Etats-cités devinrent les citoyens d'un Empire, quand l'aristocratie militaire devint une aristocratie de fonctionnaires. Le compromis politique remplaçant l'affrontement comme moyen de résoudre les conflits, il fallut bien faire des tentatives pour élaborer une nouvelle moralité protectrice. Elle se manifesta en déplaçant l'approbation publique de la bissexualité à l'hétérosexualité, du concubinage à la vie conjugale.[139] Le mariage, qui jadis était une affaire strictement privée, devint un rite public. On le rendait accessible aux pauvres, afin de renforcer les relations personnelles et, indirectement, l'ordre social.

Le stoïcisme prêchait cette nouvelle moralité du couple. Comme toujours, l'acte sexuel avait pour justification d'avoir des enfants légitimes, mais la femme était maintenant une amie. On formulait de nouvelles exigences pour un usage raisonnable du mariage. Comme le déclarait Antipater de Tarse, il était institué pour donner des citoyens ; pour la procréation, affirmait Musonius Rufus ; pour éviter l'adultère, qui n'était que du vol proclamait Epictète ; pour inculquer des obligations morales équitables, affirmait Sénèque. Selon Musonius et Athénagoras, le sexe non-procréateur était « mauvais ». Philon décrivait les parents qui abandonnaient leurs enfants comme des bêtes qui s'accouplaient pour le plaisir.[140] Pline l'Ancien déplorait l'avarice dont faisait montre une civilisation qui aboutissait à une « absence d'héritier ». [141]

Le stoïcisme n'était pas seul en cause. En fait, on pourrait penser que le stoïcisme, qui prêchait l'autarcie personnelle, aurait formulé une critique de la famille unie dans le sentiment.(142) Assurément, le stoïcisme était bien différent du christianisme. La philosophie avait un côté fonctionnaliste. Pourquoi coucher ensemble si ce n'est pas pour procréer ? Ce genre d'approche n'impliquait pas tant l'aspiration à l'ascétisme qu'un usage rationnel du temps et des ressources. Il n'existait pas d'activité sexuelle particulière – ni la masturbation, ni l'avortement, ni l'homosexualité – qui préoccupât spécialement les Romains. Ce qui les troublait, c'était l'idée d'« excès ». Le souci d'une victoire sur les pouvoirs de la chair précéda le christianisme et ne devrait pas être confondu avec lui : le but était l'hygiène et non la sainteté. Les chrétiens et les païens semblaient dire à peu près la même chose – surtout en ce qui concerne la sexualité non-procréatrice – mais pour des raisons radicalement différentes.

1 Suzanne Dixon, *The Roman Mother,* Croom Helm, Londres, 1988, p. 91 ; Karl Galinsky, *Augustus' Legislation on Morals and Marriage,* Philologus, 125, 1981, p. 126-144 ; Pal Csillag, *The Augustan Laws on Family Relations,* Akademiai Kirdo, Budapest, 1976 ; L. F. Raditsa, *Augustus' Legislation Concerning Marriage, Procreation, Love Affairs, and Adultery,* Aufstieg und Niedergang der Romischen Welt, II, 13, 1980, p. 278-339.

2 P. A. Brunt, *Italian Manpower,* 225 BC-AD 14, Oxford University Press, Oxford, 1971, p. 151 ; Richard Duncan Jones, *The Economy of the Roman Empire : Quantitative Studies,* Cambridge University Press, Cambridge, 1974, p. 295.

3 W. V. Harris, *The Roman Father's Power of Life and Death,* in *Studies in Roman Law in Memory of A. Arthur Schiller,* sous la direction de R. S. Bagnall and W. V. Harris, Dordrecht, Leiden, 1986, p. 87-93.

4 Aline Rousselle, *Gestes et signes de la famille dans l'Empire Romain,* dans *Histoire de la famille,* sous la direction d'André Burguière, C. Klapisch-Zuber et M. Segalen, Colin, Paris, 1986, vol. I, p. 231-272 ; Saara Lilja, Homosexuality in Republican and Augustan Rome, *Societas, Scientiarum Fennica : Commentationes Humanarum Litterarum,* 74, 1982, p. 82-134.

5 J. A. Crook, *Patria Potesta,* Classical Quarterly, 17, 1967, p. 113-122 ; Richard P. Saller, *Patria Potestas and the Stereotype of the Roman Family,* Continuity and Change, 1, 1986, p. 7-22 ; Richard P. Saller, *Men's Age of Marriage and its Consequences in the Roman Family,* Classical Philology, 82, 1987, p. 32-33.

6 Richard Saller, *Familia, Domus and the Roman Conception of Family,* Phoenix, 38, 1984, p. 336-355 ; Keith R. Bradley, Child Care in Rome: The Role of Men, *Historical Reflections / Réflexions historiques,* 12, 1985, p. 485-516.

7 Beryl Rawson, *The Family in Ancient Rome : New Perspectives,* Croom Helm, London, 1986 ; Paul Veyne, *L'Empire romain,* dans *Histoire de la vie privée,* sous la direction de Philippe Ariès et Georges Duby, Seuil, Paris, 1985, vol. I, p. 23-196.

8 Naphtali Lewis, *Life in Egypt under Roman Rule,* Clarendon, Oxford, 1983, p. 44.

9 M. K. Hopkins, *The Age of Roman Girls at Marriage,* Population Studies, 18, 1965, p. 309-327 ; N. M. Kay, Martial : *Book XI : A Commentary,* Duckworth, Londres, 1985, p. 237.

10 Brent D. Shaw, The Age of Roman Girls at Marriage : Some Reconsiderations, *The Journal of Roman Studies,* 77, 1987, p. 30-46 ; Gillian Clark, *Roman Women, Greece and Rome,* 28, 1981, p. 193-212.

11 Martial, *Epigrammes,* texte établi et traduit par H.J. Izaac, Les Belles Lettres, Paris, 1961, 6, 7, p. 178 ; Sénèque, *Des Bienfaits,* texte établi et traduit par François Préchac, Les Belles Lettres, Paris, 1927, tome I, 3, 16, p. 74-75.

12 Paul Veyne, *L'élégie érotique romaine : L'amour, la poésie et l'Occident,* Seuil, Paris, 1983.

13 P. E. Corbett, *The Roman Law of Marriage,* Clarendon, Oxford, 1930 ; Susan Treggiari, *Contubernales in CIL 6,* Phoenix, 35, 1981, p. 43.

14 M. I. Finley, *The Silent Women of Rome,* dans Finley, *Aspects of Antiquity,* Viking, New York, 1968, p. 129-142.

15 A. J. Gratwick, *Free or Not So Free ? Wives and Daughters in the Late Roman Republic,* dans *Marriage and Property,* Elizabeth M. Craik, Aberdeen University Press, Aberdeen, 1984, p. 43-44.

16 Judith P. Hallett, *Fathers and Daughters in Roman Society : Women and the Elite Family,* Princeton University Press, Princeton, New Jersey, 1984, p. 79-81 ; Susan Treggiari, *Digna Condicio : Betrothals in the Roman Upper Class,* Classical Views, 3, 1984, p. 419-451.

17 Suzanne Dixon, *The Marriage Alliance in the Roman Elite, Journal of Family History,* 10, 1985, p. 353-378. Le fait que des taux de mortalité élevés provoquaient chez les enfants une grande insécurité affective et chez les adultes des mariages en série est évoqué par K. R. Bradley, dans Dislocation in the Roman Family, *Historical Reflections / Réflexions historiques,* 14, 1987, p. 33-62.

18 Pline, *Histoire Naturelle,* texte établi et traduit par A. Ernout, Les Belles Lettres, Paris, 1962, Livre 28, 72-75.

19 Bruce Frier, *Roman Life Expectancy : The Pannonian Evidence,* Phoenix, 37, 1983, p. 328-344.

20 Soranus, *Gynecology,* traduit en anglais par Oswei Temkin, Johns Hopkins University Press, Baltimore, 1956, 1.9.34.

21 Aulu-Gelle, *Les Nuits Attiques,* Livre 4.3.

22 Keith R. Bradley, Child Labor in the Roman Worldv, *Historical Reflections / Réflexions historiques,* 12, 1985, p. 311-325.

23 Plutarque, *Vies Parallèles, Caton le Jeune,* 25 et 52.

24 Yan Thomas, *A Rome, pères citoyens et cité des pères,* dans Burguière et al., *Histoire de la famille,* vol. I, p. 218-219.

25 Saint Augustin, *Des Bienfaits du Mariage,* 15.

26 Eva Cantarella, *Pandora's Daughters,* traduit par Maureen B. Fant, Johns Hopkins University Press, Baltimore, 1987, p. 149.

27 Jack Goody, Adoption in Cross-Cultural Perspective, *Comparative Studies in Society and History,* 11, 1969, p. 60.

28 Sénèque, *Lettres à Lucilius,* lettre 95, 18-19 ; Plutarque, *Préceptes de Santé,* 126A-134A, dans *Œuvres Morales,* Les Belles Lettres, 1985, tome II.

29 Soranus, *Gynecology,* 1.11.42, et voir aussi 1.4.23, 1.7.32.

30 Monica Helen Green, *The Transmission of Ancient Theories of Female Physiology and Disease Through the Early Middle Ages,* thèse non publiée de la Princeton University, 1985, p. 23-36.

31 Galien, *Des Facultés Naturelles,* tome II, Livres 2 et 3 dans *Œuvres* de Galien, traduit par Ch. Daremberg, Paris, 1856.

32 Galien, *Utilité des Parties du Corps,* Livre 14 dans *Œuvres* de Galien, *op. cit.* ; Anthony Preus, *Galien's Criticism of Aristotle's Conception Theory, Journal of the History of Biology,* 10, 1977, p. 65-85 ; Michael Boylan, Galen's Conception Theory, *Journal of the History of Biology,* 19, 1986, p. 47-78.

33 Voir aussi *The Extant Worts of Aretaeus the Cappadocian,* traduit par Francis Adams, Sydenham Society, Londres, 1856, *Acute Diseases,* 2.11 ; *Chronic Diseases,* 2.11 ; *Therapeutics of Acute Diseases,* 2.10.

34 *Des lieux affectés,* livre 6,5, dans *Œuvres* de Galien, tome II. L'interprétation vitaliste et téléologique du développement de l'embryon affirmait que des facultés « innées » provoquaient le développement. Avec le déclin de l'expérimentation, ces vastes théories se révélèrent populaires. Ses travaux furent copiés par l'encyclopédiste Oribase et par les compilateurs byzantins, Aetius d'Amida (527-567 de notre ère) et Paul d'Egine (610-641 de notre ère).

35 Galien, *Des Lieux affectés,* livre 6,5.

36 Soranus, *Gynecology,* 1.3.8, 1.11.35. Les maîtres avaient un intérêt évident à encourager la fécondité des esclaves ; voir Keith Bradley, *Slaves and Masters in the Roman Empire : A Study in Social Control,* Oxford University Press, Oxford, 1987, p. 51.

37 Artémidore, *Oneirocritica : The Interpretation of Dreams,* traduit par Robert J. White, Noyes, Park Ridge, New Jersey, 1975, p. 63.

38 Paul d'Egine, *The Seven Books of Paulus Aegineta,* traduit par Francis Adams, Sydenham Society, Londres, 1844-1847, 1.35 ; voir aussi extraits de *Sur les Rapports sexuels* d'Aetius, Livre 3.8 dans les *Œuvres* de Rufus d'Ephèse, traduit par Charles Daremberg, Imprimerie nationale, Paris, 1879.

39 J. N. Adams, *The Latin Sexual Vocabulary,* Duckworth, Londres, 1982.

40 Pline, *Histoire Naturelle ;* Lucrèce, *De la Nature,* texte établi et traduit par A. Ernout, Les Belles Lettres, Paris, 1920, 4.1190-1270.

41 Soranus, *Gynecology,* 1.3.10.

42 Pline, *Histoire Naturelle,* 24.11 ; 28.30, 80 ; 20.159.

43 Ovide, *Les Amours, 3.7.27-37 ;* voir aussi Horace, *Satyres,* 1.8.23-45 ; Horace, *Odes et Epodes,* 1.13 ; 4.25.

44 Pline, *Histoire Naturelle,* 28.65.

45 Plutarque, *Préceptes de Mariage,* 139A, dans *Œuvres Morales,* tome II ; voir aussi Ovide, *Les Fastes,* 2.425-426.

46 Pline, *Histoire Naturelle,* 28. 33-34.

47 Pline, *Histoire Naturelle,* 25.114-115. Sur l'utilisation de l'astrologie pour assurer des conceptions, prévenir la naissance d'enfants mal formés et déterminer le sexe, voir *Ptolemy's Tetrabiblos, sous la direction de* J. M. Ashmond, Foulsham, Londres, 1917, 3.2, 3.7, 3.9-10.

48 Properce, *Elégies,* texte établi et traduit par D. Paganelli, Les Belles Lettres, Paris, 1964, Livre 2. 7.

49 Pline le Jeune, *Lettres,* texte établi et traduit par Anne-Marie Guillermin, Les Belles Lettres, Paris, tome II, 1923, Livre 4.15 ; Plutarque, *Caton le Jeune,* dans *Vies Parallèles,* 25.3.

50 Sénèque, *Ad Marciam,* 19.32, ans *Dialogues,* texte établi et traduit par René Waltz, Les Belles Lettres, Paris, 1961, tome III.

51 Pétrone, *Satyricon,* texte établi et traduit par Alfred Ernout, Paris, Les Belles Lettres, ch. 116 ; voir aussi Martial, *Epigrammes,* 6.63 ; Juvénal, *Satyres,* 1.37-9.

52 L. P. Wilkinson, *Classical Attitudes to Modern Issues,* Kimber, Londres, 1979, p. 28 ; et voir Sénèque, *Des Bienfaits,* 3.11.1.

53 En Egypte, sous le joug romain, les éléments du recensement révèlent l'existence de familles de deux à cinq enfants, et une maison sur quatre avait un ou deux esclaves. Lewis, *Life in Egypt under Roman Rule,* p. 53 ; Deborah Hobson, *House and Household in Roman Egypt,* Yale Classical Studies, 28, 1985, p. 211-229.

54 Keith Hopkins, *Death and Renewal : Sociological Studies in Roman History,* Cambridge University Press, Cambridge, 1984, vol. II, p. 70-88.

55 Mark Golden, Did the Ancients Care When their Children Died ?, *Greece and Rome,* 35, 1988, p. 152-163.

56 Brent D. Shaw, The Family in Late Antiquity : The Experience of Augustine, *Past and Present,* 115, 1987, p. 46.

57 Longus, *Daphnis et Chloe,* 4.35 ; voir aussi les comédies de Plaute, *Cistellaria* et *Casina.* L'étude la plus complète sur l'abandon d'enfants est celle de John Boswell, *The Kindness of Strangers : The Abandonment of Children in Western Europe from Late Antiquity to the Renaissance,* Pantheon, New York, 1988.

58 Tacite, *Histoires,* texte établi et traduit par Henri Goelzer, Les Belles Lettres, Paris, Livre 5.5, p. 296

59 N. Lewis, *Life in Egypt under Roman Rule, p.* 54.

60 Soranus, *Gynécology,* 2.5.10.

61 Sénèque, *De Ira,* 1.15.2, dans *Dialogues,* texte établi et traduit par A. Bourgeois, Les Belles Lettres, Paris, 1922, tome I.

62 Sénèque, *Lettres à Lucilius,* lettre 66, 26-28, texte établi par F. Préchos et traduit par H. Noblot. Traduction revue par Paul Veyne, Bouquins, Paris, Robert Laffont, 1993.

63 William Harris, *The Theoretical Possibility of Extensive Infanticide in the Graeco-Roman World,* Classical Quarterly, 32, 1982, p. 116.

64 Philon, *Des Lois spéciales,* 3.115.

65 H. S. Nielsen, Alumnu's : A Term of Relation Denoting Quasi-Adoption, *Classica et Mediaevalia,* 38, 1987, p. 141-188.

66 John Garret Winter, *Life and Letters in the Papyri,* University of Michigan Press, Ann Arbor, 1933, p. 31.

67 Ovide, *Métamorphoses,* texte établi et traduit par Georges Lafay, Les Belles Lettres, Paris, 1928, tome II, Livre 9, 677-679, p. 115 ; voir aussi Apulée, *Les Métamorphoses,* Livre 10.23 ; Térence, *The Self-Tormenter,* traduit par John Sargeaunt, Harvard University Press, Cambridge, Massachusetts, 1983, p. 637-642.

68 Jérôme Carcopino, *La Vie quotidienne dans la Rome antique,* Hachette, Paris, 1939, p. 60 et 98 ; W. den Boer, Demography in Roman History, *Mnemosyne,* 26, 1973, p. 29-46.

69 Emiel Eyben, Family Planning in Graeco-Roman Antiquity, *Ancient Society,* 11-12, 1980-1981, p. 26.

70 John Boswell, *Kindness of Strangers,* p. 69-73 ; William Langer, Infanticide : A Historical Survey, History of Childhood, *Quarterly,* 1, 1974, p. 355.

71 Les récits littéraires présentaient souvent la mère s'efforçant de sauver la fille. Voir Ovide, *Métamorphoses,* 9.680 et s. ; Apulée, *Les Métamorphoses,* 10.23.

72 Dio Chrysostome, *Discours,* 15.8.

73 Cité dans Danielle Gourevitch, *Le mal d'être femme : la femme et la médecine à Rome,* Les Belles Lettres, Paris, 1984, p. 133.

74 Aline Rousselle, *Gestes et signes de la famille dans l'Empire Romain,* dans Burguière et al., *Histoire,* vol. I, p. 253.

75 Paul d'Egine, *The Seven Books,* 1.38, 3.66 ; Soranus, *Gynecology,* 3.12.46.

76 Extrait de *Sur les Rapports sexuels d'Aetius,* Livre 3.8, dans Rufus d'Ephèse, *Œuvres* traduit par Charles Daremberg, Imprimerie Nationale, 1879, p. 318.

77 Caelius Aurelianus, *On Acute Diseases and on Chronic Diseases,* traduit par. I. E. Drabkin, University of Chicago Press, Chicago, 1950, *Acute Diseases,* 2.13.87, 3.5.48 ; *Chronic Diseases,* 1.17, 1.127, 1.147, 1.178, 2.79, 2.182.

78 Celse, *Traité de médecine,* traduit par M. Nisard, Paris, 1852, Livre I, p. 11.

79 Aline Rousselle, *Porneia,* PUF, Paris, 1983, p. 32.

80 Paul d'Egine, *The Seven Books,* 1.5.

81 Tacite, *La Germanie,* traduit par Jacques Perret, Les Belles Lettres, Paris, 1949, ch. 20, p. 82.

82 Suzanne Dixon, *The Roman Mother,* p. 61-62.

83 Keith Bradley, *Wet Nursing in Rome,* dans Rawson, *The Family in Ancient Rome,* p. 216-220.

84 Plutarque, *Préceptes de Mariage, op. cit.,* 140B.

85 N. M. Kay, *Martial,* p. 222.

86 Paul Veyne, *L'Homosexualité à Rome, Communications,* 35, 1982, 26-33 ; John Boswell, *Christianity, Social Tolerance and Homosexuality : Gay People in Western Europe from the Beginning of the Christian Era to the Fourteenth Century,* University of Chicago Press, Chicago, 1980, p. 28-64.

87 Lucrèce, *De la Nature, op. cit.,* 4.1274-1276.

88 Keith Bradley, *Sexual Regulations in Wet Nursing Contracts from Roman Egypt, Klio,* 62, 1980, p. 321-325 ; Bradley, *Slaves and Masters,* p. 70.

89 John T. Noonan Jr., *Contraception : A History of its Treatment by Catholic Theologians and Canonists,* Harvard University Press, Cambridge, Massachusetts, 1965, p. 20 et 50.

90 Certains esclaves mâles étaient castrés. Paul d'Egine déclarait que les médecins s'opposaient à de telles opérations. « Mais, comme nous sommes parfois contraints contre notre gré par des personnes de haut rang de pratiquer l'opération, nous allons brièvement décrire la façon de procéder. », *The Seven Books,* 6.68. Martial prétendait que les femmes préféraient la compagnie des eunuques ; Cf *Epigrammes,* 6.67.

91 Sénèque, *Lettres à Lucilius,* lettre 6. 26-28.

92 Juvénal, *Satyres,* 6.595-597. L'hypothèse selon laquelle les femmes s'intéressaient nécessairement à ce genre de questions a donné naissance à l'un des traités de médecine les plus populaires, qui mentionnait tout à la fois les aides à la fécondité et les moyens abortifs ou contraceptifs. C'est le Gynaecia Cleopatra, qu'on attribue à la reine d'Egypte. On ne dispose d'aucune édition moderne ; on peut toutefois se reporter à *Gynaeciorum, hoc est, de mulierum tum aliis,* ed. H. K. Wolf, Thomas Guarinum, Bâle, 1566, p. 91-94, et Green, *The Transmission of Ancient Theories,* p. 156-159.

93 Gardener, *Women in Roman Law,* p. 1.

94 Soranus, *Gynecology,* 1.10.36.

95 Keith Hopkins, Contraception in the Roman Empire, *Comparative Studies in Society and History,* 8, 1965-1966, p. 140 ; Ann Ellis Hanson, The Eighth Month's Child and the Etiquette of Birth : Obsit Omen !, *Bulletin of the History of Medicine,* 61, 1987, p. 589-602.

96 Lucrèce, *De la Nature, op. cit.*, 4.1269-4.1274.

97 Soranus, *Gynecology,* 1.19.61.

98 Pline, *Histoire Naturelle, op. cit.*, 16.110.

99 Pline, *Histoire Naturelle, op. cit.*, 24.72.

100 Soranus, *Gynecology,* 64-5.

101 Sur l'efficacité de certaines de ces potions à base d'herbes, voir John M. Riddle, *Dioscorides on Pharmacy and Medicine,* University of Texas Press, Austin, 1985, p. 59-63, et Marie-Thérèse Fontanille, *Avortement et contraception dans la médecine gréco-romaine,* Laboratoires Searle, Paris, 1977.

102 Pline, *Histoire Naturelle, op. cit.*, 24.18.

103 Robert T. Gunther, *The Greek Herbal of Dioscorides,* University of Texas Press, Austin, 1985, 2.189 ; 3.146, 5.123.

104 M.K. Hopkins, *Contraception in the Roman Empire,* p. 167.

105 Soranus, *Gynecology,* 1.19.61.

106 N. M. Kay, *Martial,* p. 117 ; et voir Martial, *Epigrammes,* 2.1 ; 6.69.

107 Ovide, *Amours,* 3.90-6, et voir Paul Veyne, *La famille et l'amour sous le Haut-Empire Romain,* Annales ESC, 33, 1978, p. 46.

108 M. K. Hopkins, *Contraception in the Roman Empire,* p. 132.

109 Emiel Eyben, *Family Planning,* p. 9.

110 Pline, *Histoire Naturelle, op. cit.*, 29.85.

111 Soranus, *Gynecology,* 1.19.60.

112 Eva Cantarella, *Pandora's Daughters,* p. 149.

113 Ovide, *Les Fastes,* traduit par Emile Ripert, Garnier, Paris, Livre 1, 621-626, p. 39.

114 Ammien Marcellin, *Histoire,* Livre 16-10. 18.

115 Sénèque, *Ad Helviam matrem,* dans *Dialogues,* 16.3.

116 Plutarque, *Préceptes de santé,* 134F.

117 Pline, *Histoire Naturelle, op. cit.*, 10.172.

118 W. J. Watt, *Ovid, the Law and Roman Society on Abortion,* Acta Classica, 16, 1973, p. 89-101.

119 Une exception : la description par Suétone de Domitien forçant à avorter sa nièce, Julia, avec laquelle il avait eu une liaison. Suétone, *Vie des Douze Césars,* Dom. 22.2.

120 Porphyre, *A Gauros. Sur la manière dont l'embryon reçoit l'âme,* dans A. M. Fustugière, *La révélation d'Hermès Trismegiste,* Lecoffre, Paris, 1953, vol. II, p. 268-276.

121 Soranus, *Gynecology,* 1.19.60.

122 Soranus, *Gynecology,* 1.19.63.

123 Pline, *Histoire Naturelle,* 27.34 ; 27-80. Pline affirmait aussi que le flux menstruel pouvait, par magie, provoquer des avortements.

124 Paul d'Egine, *The Seven Books,* 3.61

125 R. Etienne, *La conscience médicale antique et la vie des enfants, Annales de démographie historique,* 1973, p. 15-29.

126 Aretaeus, *The Extant Works,* 2.11.

127 Soranus, *Gynecology,* 3.1.12.

128 Danielle Gourevitch, *Le mal d'être femme,* p. 224 ; Natalie Kampen, *Image and Status : Roman Working Women in Ostia,* Gebr. Mann Verlag, Berlin, 1981, p. 35, 69, 116.

129 Juvénal, *Satyres,* texte établi et traduit par P. de Labriolle et François Villeneuve, Les Belles Lettres, Paris, 1921. Dans Aristène, *Lettre d'amour,* texte traduit par J. Brénous, Paris, Les Belles Lettres, 1938, lettre 19, p. 41, où une avorteuse faisait le récit des services qu'elle avait rendus à une courtisane.

130 Enzo Nardi, *Procurato aborto nel mundo Greco Romano,* Giuffre, Milan, 1971, p. 367-379.

131 Digest 47.11.4, cité dans Suzanne Dixon, *The Roman Mother,* p. 102, ft. 37. Voir aussi Cicéron, *Pour Cluentius,* dans *The Speeches,* traduit par H. G. Hodge, Harvard University Press, Cambridge, Massachusetts, 1927, 11.32.

132 P. A. Brunt, *Italian Manpower,* p. 147.

133 Emiel Eyben, *Family Planning,* p. 29.

134 Cora E. Lutz, *Musonius Rufus, "The Roman Socrates"*, Yale Classical Studies, 10, 1977, p. 87-101 ; Michel Foucault, *Histoire de la sexualité,* vol. 3, *le Souci de soi,* Gallimard, coll. Bibliothèque des Histoires, Paris, 1984, p. 177-180.

135 Musonius Rufus cité dans Eyben, *Family Planning,* p. 41 ; voir aussi Keith Hopkins, *A Textual Emendation in a Fragment of Musonius Rufus,* Classical Quarterly, 15, 1965, p. 72-74.

136 Emiel Eyben, *Family Planning,* p. 43.

137 Tacite, *La Germanie,* 19, p. 82.

138 Pline, *Histoire Naturelle,* 28.58.

139 Paul Veyne, *La famille et l'amour sous le haut Empire Romain,* p. 35-63.

140 A. Cameron, *The Exposure of Children and Greek Ethics,* Classical Review, 46, 1932, p. 112.

141 Pline, *Histoire Naturelle,* 14.5.

142 Paul Veyne, *L'Empire romain,* p. 54-55.

3

La politique des pères de l'Église

« *Pratique qui est contre nature* »
(Saint Augustin, *Des Bienfaits du mariage*)

L'historien qui s'efforce d'étudier les rapports entre l'évolution des structures familiales et les restrictions de la fécondité à l'époque gréco-romaine rencontre un problème majeur : l'apparent silence des femmes. Quand il se penche sur les premiers siècles chrétiens, l'historien se heurte à un autre type de difficulté. Les sources ne fournissent plus de simples descriptions des méthodes employées pour limiter les naissances ; elles ne les mentionnent que pour les condamner farouchement. Est-il raisonnable d'espérer qu'une littérature aussi prescriptive et fréquemment doctrinale, œuvre le plus souvent d'ecclésiastiques célibataires, puisse nous apprendre quoi que ce soit sur ce qui se pratiquait réellement ? Si les panneaux d'interdiction impliquent l'existence de la circulation, les perpétuelles condamnations par le clergé de l'avortement et de la contraception peuvent être considérées comme la preuve d'un recours fréquent à de telles pratiques.

L'analyse de l'abondante littérature religieuse des six premiers siècles de notre ère ouvre des horizons nouveaux. Les premiers Pères de l'Eglise, obsédés qu'ils étaient par les méfaits de la sexualité, se sont révélés souvent plus disposés que leurs homologues païens à reconnaître les problèmes, très réels, posés par la procréation. Il se pourrait fort bien d'ailleurs que, par une ironie du sort, leur façon de prêcher la continence conjugale ait eu, malgré eux, la conséquence inverse de légitimer les tentatives de limitation des grossesses.

Augustin, membre de l'élite romaine de l'Afrique du Nord et plus tard évêque d'Hippone, fut le plus influent des auteurs qui ont formulé les premières positions chrétiennes concernant le contrôle de la fécondité. Il savait de quoi il parlait. En effet, de dix-huit à vingt-neuf ans, il fut novice ou « auditeur » de la secte manichéenne. Les manichéens avaient, aux IIIe et IVe s., repris les attaques contre la procréation, lancées au Ier s. par les gnostiques. En dualistes convaincus, qui haïssaient la matière et s'efforçaient de protéger la « lumière » en maintenant la pureté du corps, ils rejetaient la procréation comme un acte mauvais, n'aboutissant qu'à rendre les âmes prisonnières des corps. Les chrétiens orthodoxes les accusaient d'aller au-delà de l'hérétisme, qui condamnait le mariage tel un péché. Certains, affirmaient les chrétiens, ne condamnaient pas les rapports sexuels mais les pratiquaient tout en recourant à des manœuvres contraceptives.

Augustin connaissait de telles pratiques. Sans doute y avait-il eu recours, lui aussi. Dans sa jeunesse, alors qu'il n'était pas encore membre des « élus » manichéens, il prit une concubine. Comme bien d'autres membres masculins de l'élite romaine, il espérait ainsi repousser la question du mariage jusque vers la trentaine. Dès la première année de cette relation, il eut un fils ; les treize années qui suivirent furent stériles.[1] Après s'être converti au christianisme et avoir renoncé à sa maîtresse, il accusa les manichéens d'instruire les gens mariés sur les moyens d'éviter la conception :

> « N'est-ce pas vous qui considérez la procréation, qui rend l'âme prisonnière de la chair, comme un péché plus grave que l'union sexuelle ? N'est-ce pas vous qui nous pressiez d'observer, dans la mesure du possible, le moment où une femme après sa menstruation est susceptible de concevoir et de nous abstenir durant cette période de tout rapport, de crainte qu'une âme ne tombe dans les pièges de la chair ? »(2)

L'idée, erronée, selon laquelle la conception a le plus de chances de se produire après la menstruation, était fort répandue dans le monde antique. C'était sans doute aux moyens de protection plus efficaces, utilisés par sa concubine, qu'Augustin faisait allusion dans *Contre Secundinus,* quand il évoquait les prostituées qui « prennent des mesures pour ne pas concevoir ».(3) D'ailleurs, dans une de ses premières attaques contre le coït interrompu, il accusait les manichéens de se retirer avant l'orgasme, procédé qui permet à la semence « de se déverser dehors par un honteux glissement ».(4)

Que signifiaient au juste de telles condamnations chrétiennes ? On ne saurait accepter simplement l'idée qu'Augustin et les autres Pères de l'Eglise ont révolutionné la moralité. Les premiers chrétiens n'ont pas rompu, de façon spectaculaire, avec la plupart des positions éthiques de l'époque. En fait, la réussite de leur prosélytisme a tenu, en grande partie, à ce qu'ils apportaient des réponses à des problèmes dont on débattait déjà à la fin de l'Antiquité, et notamment la crainte que le déclin de l'Empire n'eût quelque rapport avec la dégénérescence morale.

Dans la deuxième moitié du IIe s., les Romains ont défendu avec moins d'assurance leur puritanisme hédoniste. Les progrès du christianisme accompagnèrent plus qu'ils ne provoquèrent ce changement d'attitude vis-à-vis de la sexualité. La ruralisation de l'Empire constitua un facteur plus important. Le manque de main-d'œuvre, accompagnant le déclin de l'esclavage et l'interruption du commerce, dû aux pressions étrangères sur les frontières avec la Germanie et la Perse, paralysaient l'économie. Les barbares ne se sont pas abattus sur Rome ; ils ont été véritablement aspirés dans un Empire qui montrait de nombreuses failles. L'Empire qui se défendait de plus en plus avec des troupes étrangères et qui avait déplacé sa capitale à Milan, puis à Ravenne, n'avait de romain que le nom. Les dépenses, en effet, pour faire face à l'agitation aux frontières se révélèrent exorbitantes. A compter du IIIe s., l'Empire dut extirper aux citadins des charges et des impôts croissants. L'élite civile, exsangue, fut remplacée au pouvoir par l'armée et les potentats provinciaux. Le passage de la simple toge de la classe gouvernante républicaine aux emblèmes héraldiques de la nouvelle société, organisée en hiérarchie, symbolise ce changement. On supprima la classe moyenne des affranchis. Les masses rurales, celles du moins qui ne préféraient pas se soumettre au joug des barbares, furent réduites à la pauvreté et asservies aux latifundia, les grandes propriétés.(5)

Soumis à une pression accrue, l'Empire insista sur la nécessité de l'ordre et de la discipline, et utilisa vers la philosophie pour assurer le contrôle de la société. En réaction contre une perte de la confiance en soi croissante, on vit émerger de nouveaux cultes magiques et mystérieux. Jadis sceptiques, les Occidentaux s'intéressaient désormais, avec passion, aux philosophies spirituelles de l'Orient. A une époque si peu sûre – où les individus devaient implorer la protection d'un Etat à la bureaucratie opprimante ou soumettre leurs mouvements, voire leurs occupations, aux contôle des seigneurs de la guerre locaux – l'abnégation et l'austérité prêchées par les chrétiens et les stoïciens semblaient apporter quelque réconfort. Le christianisme attira des Romains instruits, tels Augustin, en se présentant comme une croyance tout à la fois rationnelle et supra-rationnelle. L'Edit de Milan, promulgué par Constantin en l'an 314, en garantit la tolérance. Quelques décennies plus tard, Théodose proclama le christianisme religion d'Etat.

Ce retour aux préoccupations intérieures s'accompagna d'un déplacement d'intérêt du public vers le privé. On prôna les mérites de la famille, comme clé de l'édifice social. On insista donc sur l'ordre et la concorde qui devaient y régner. Au IIIe s., une vie de famille respectable était la norme et, en Occident, elle avait le pas sur la vie mondaine. La vie privée fit son apparition à mesure que l'Etat déclinait. Des opinions plus négatives vinrent éclipser les points de vue rationnels et optimistes sur la sexualité. De plus en plus, on condamna les excès sexuels comme affaiblissants. En peinture, on remplaça les nus par des personnages habillés.

Les chrétiens ne furent pas tant les créateurs de cette nouvelle moralité qu'ils ne s'en firent les propagandistes. Déjà les stoïciens avaient mis en place une croyance « puritaine ». La métaphysique des néoplatoniciens et les cultes à mystère avaient popularisé la notion d'un autre monde. Les passions étaient devenues suspectes. On considérait la sexualité comme s'opposant nécessairement à la raison. Jean Chrysostome (IVe s.), évêque de Constantinople, fut précédé par les moralistes païens dans ses attaques contre les bains publics et la nudité. Sénèque avait condamné l'adultère en raison des troubles et des désordres qu'il provoquait. Jérôme (IVe s.) le dénonça comme immoral et dangereux. Les critiques lancées par Musonius Rufus et Sénèque contre la poursuite du plaisir sexuel furent suivies de celles de Jérôme, d'Origène et de Clément.[6]

Les Anciens avaient déjà largement défini la plupart

des vertus dites chrétiennes. Mais les chrétiens n'étaient pas simplement des philosophes. Ils formaient aussi un mouvement social. Ils pratiquaient, ils prêchaient.[7] Ce qui est particulièrement frappant, c'est la vigueur avec laquelle ils énuméraient et attaquaient toute une liste de vices. Ils reprenaient l'horreur que portaient les juifs aux perversions sexuelles, et ils se vantaient d'éviter la « *porneia* » cataloguée dans la *Didaché* ou *Enseignements des douze apôtres* (vers 100), l'un des plus anciens documents de la littérature chrétienne primitive. *L'Epître de Barnabé,* du IIe s., en puisant dans l'histoire naturelle hellénique, comparait l'adultère à la hyène qui changeait de sexe chaque année ; celui qui pratiquait la fellation à la belette qui concevait par la gueule et le corrupteur d'enfants au lièvre qui « augmente indûment chaque année sa décharge et possède ainsi autant d'orifices que d'années d'âge ».[8] Les penseurs chrétiens les plus extrêmes finirent par protester contre presque toutes les manifestations de la sexualité, depuis l'avortement, la contraception, le divorce et l'adultère jusqu'au port de perruques et l'utilisation de maquillage.[9] Le but avoué de telles condamnations était de mettre un terme à la débauche. Les païens avaient exprimé des préoccupations analogues. Les chrétiens insistèrent, en outre, sur d'autres points. Ils transformèrent en problème éthique ce qui n'avait été tout d'abord que préoccupation de propriétaire. Les Anciens cherchaient à contrôler la sexualité dans le but, conservateur, de soumettre chaque individu au patriarche familial. L'Eglise, quant à elle, avait l'intention radicale de libérer les chrétiens d'un monde où ils étaient prisonniers d'ambitions séculières et de querelles familiales.

L'Eglise innova véritablement quand elle fit de la sexualité le symbole de la différence entre chrétiens et païens, et le grand indicateur de la moralité individuelle. Mariés et célibataires, riches et pauvres, tous voyaient dans l'importance de contrôler les désirs sexuels un nouveau commun dénominateur moral. Des actes, jusque-là considérés comme n'ayant guère plus d'importance que de manger ou de boire, revêtaient maintenant une énorme charge éthique. Les païens n'avaient pas été des hédonistes insouciants. Mais l'idée de considérer des pratiques sexuelles banales comme les indices privilégiés d'un spirituel avait jusqu'alors paru inconcevable. Les chrétiens faisaient d'une différence de nuance le fondement d'une rupture culturelle fondamentale.(10)

Cette étrange obsession chrétienne de la sexualité tenait aux problèmes liés à la réconciliation des exigences contradictoires de l'esprit et du corps. Le Nouveau Testament, en dénigrant toutes les préoccupations familiales et conjugales, faisai preuve d'une nette coloration eschatologique. Il était marqué tout à la fois par le pessimisme des stoïciens et le puritanisme du judaïsme radical. Les Esséniens, une secte juive austère décrite par l'historien Flavius Josèphe, au Ier s. ap. J.-C., ont peut-être fourni l'inspiration initiale de ce refus du monde.(11) Assurément Philon, un érudit juif familier avec les milieux grecs d'Alexandrie du Iers., présenta des arguments proches de ceux des chrétiens, quand il s'attaqua au divorce, à l'inceste, à l'adultère, à la pédérastie et au mariage entre conjoints stériles.(12) John Noonan laisse entendre, non sans raison, que la révulsion à l'égard du corps fut une idée « dans l'air » dès les premiers siècles.(13) Le christianisme n'a pas créé cette ambiance, mais assurément, il a contribué à la répandre.

Les stoïciens avaient à l'égard du corps une attitude pessimiste. Plus sombres encore furent les chrétiens gnostiques orientaux. Ils proclamèrent que la « chute » de l'homme était, d'une certaine façon, le résultat direct des péchés de la chair. Le salut exigeait donc l'extinction des passions sexuelles, comme l'imposait une hiérarchie chrétienne pratiquant le célibat obligatoire. L'idéal androgyne et stérile, prôné par les ascètes, exerçait manifestement un puissant attrait. Tertullien ne comprenait pas pourquoi les relations sexuelles étaient autorisées. Grégoire de Nysse, Jean Chrysostome, Ambroise et Jérôme déclarèrent tous la virginité supérieure au mariage.

Par tradition, on avait toujours tenu en respect la virginité chez les femmes ; le célibat chrétien consolida le pouvoir masculin et fut lié à une violente misogynie qui se répandit notamment en Orient, au IVe s. Origène déclara que c'était un péché de prier dans le lit conjugal, souillé comme il ne pouvait manquer de l'être. Les moines demandèrent ouvertement si les gens mariés pourraient jamais être sauvés, impliqués dans « cet accouplement bestial, ce coït éhonté, cette infamie d'actes puants et inconvenants ».[14] C'étaient là des opinions extrêmes, en partie teintées de croyances eschatologiques. Les reclus du désert – certains suffisamment convaincus de leur indifférence à la sexualité pour approuver même le mélange des moines et des vierges – étaient considérés par les laïcs comme des gens résolument bizarres. Néanmoins, la moralité du monachisme du désert filtra jusqu'en Occident. La littérature de direction spirituelle était très en vogue et le jeûne couramment pratiqué pour dompter la chair.[15] Mais en réalité, le clergé tarda à adopter le célibat. Le concubinage, chez les ecclésiastiques, continua d'être pratiqué. Ce n'est qu'à partir du IVe s. qu'on fit des tentatives pour y mettre un terme.

Quelle était, dans ce contexte, la place qui revenait au mariage ? Pour les juifs traditionnels, le mariage laïque était un devoir religieux. Les chrétiens adoptèrent une attitude plus ambiguë. Paul n'avait défendu que parce qu'il était préférable à la débauche. « Dieu, déclarait Origène, nous a permis de prendre épouse car tout le monde ne peut accéder à l'état supérieur, celui où on atteint l'absolue pureté. »[16] Ambroise, évêque de Milan au IVe s, ne parvenant pas à comprendre comment le sexe pouvait même faire partie des plans divins, assimila la virginité au paradis. Mais alors que les chrétiens orthodoxes insistaient sur la supériorité morale de la virginité, ils reconnurent le scandale public déclenché par l'opposition des gnostiques à toute procréation. Clément d'Alexandrie (IIe s.) attaquait ceux qui « blasphèment par leur continence aussi bien la Création et le saint Créateur... et qui enseignent qu'on doit repousser le mariage et la procréation des enfants. »[(17)]

L'Eglise reprit l'argument judéo-stoïcien d'après lequel la nécessité de procréer apportait une rationalisation au mariage. Clément, à cet égard, représentait bien cette tendance. Il a strictement soutenu le mariage dans la mesure où cette institution pouvait produire des enfants, mais il n'a cessé d'affirmer qu'un mariage chaste était supérieur à une union prolifique. Au IVe s., Jean Chrysostome reconnut que le mariage avait son utilité, dans la mesure où la procréation évoquait l'ombre de l'éternité.[(18)] Ambroise considéra contre nature les rapports sexuels stériles des gens âgés et des femmes enceintes. Le plaisir en soi était un mal. Il fallait contrôler sa recherche dans le cadre du mariage. En partant de tels postulats, Jérôme était donc tout à fait logique quand il affirmait qu'« un homme adultère est quelqu'un qui est un amant trop ardent de son épouse. »[(19)]

Le rôle d'Augustin fut essentiel, car il cristallisa une doctrine qui allait jouir d'une très longue vie dans la pensée chrétienne. On pouvait défendre le mariage s'il engendrait une progéniture, la fidélité et la continence. Il ne mentionnait pas l'amour mutuel. Les chrétiens, comme jadis les païens, tenaient l'amour pour une passion subversive et destructrice, et donc dangereuse dans le cadre du mariage. L'Eglise s'intéressait d'avantage à assurer la « *caritas conjugalis* » : amitié, charité et fidélité. Augustin établit une distinction entre « le sage engagement conjugal contracté en vue de transmettre la vie, [et] ces pactes d'amour sensuel ».[(20)] Le sexe continuait à symboliser la perte de l'état de grâce et l'avènement du désordre.

L'impuissance, la frigidité et les érections, affirmait Augustin, échappaient à tout contrôle ; elles démontraient toutes l'asservissement de l'homme au désir. Si le mariage était recommandé, le célibat l'était davantage. Adam et Eve eurent peut-être des rapports sexuels au Paradis, déclarait Augustin, mais leurs organes furent sans doute soumis au gouvernement de la raison :

> « A l'heure de l'enfantement, la seule maturité du fruit et non le gémissement de la douleur eût dilaté les entrailles maternelles ; ainsi dans la conception, le bon plaisir de la volonté, et non l'appétit de la volupté, eût décidé de l'union des sexes. »[21]

Augustin n'était pas aussi misogyne que les moines qui reprochaient aux femmes d'épuiser les hommes. Il voyait les hommes tout aussi asservis par leur corps.[22] Mais il déplorait que :

> « bien des matrones, sans être des adultères, obligent leur mari, qui souvent aspirent à la continence, à régler leur dette à la chair, non pas dans l'espoir de procréer, mais par un usage intempéré d'user de leurs droits, poussées par l'ardeur de la concupiscence. »[23]

Augustin, comme d'autres Pères de l'Eglise, ne désirait pas voir des familles nombreuses. Il espérait que si les chrétiens devaient se marier, ils auraient un ou deux enfants puis, par consentement mutuel, mèneraient une vie de continence.

Peter Brown a fait remarquer, non sans pertinence, qu'Augustin se montrait volontiers « lyrique » dans sa défense de la virginité, mais seulement consciencieux dans sa défense de l'état de mariage.[24] Si, avec le recul, ces arguments paraissent manquer de force, il ne faudrait pas en négliger l'importance. Augustin et les premiers chrétiens orthodoxes se rendirent bien compte qu'ils traçaient un chemin semé d'embûches entre deux extrêmes, l'hostilité à la chair des gnostiques et l'indulgence des païens à son égard.[25] Augustin joua un rôle clé en élaborant le subtil argument chrétien d'après lequel le mal n'était pas dans l'accouplement en soi, mais dans le désir qui l'accompagnait. Sa thèse combinait la préoccupation des Romains pour le danger des passions irrationnelles avec la défiance monocale du plaisir. La procréation devenait le coït obligatoire du mariage. Furent déclarés péchés véniels les rapports sexuels dont la seule fin était le plaisir, quand bien même ils avaient lieu entre époux. Augustin jugea sévèrement tout recours délibéré à une méthode visant à prévenir la conception.

Les chrétiens condamnèrent tout contrôle de la fécondité qui permettait le plaisir mais empêchait la procréation.[26] On s'attaqua plutôt à l'aspect pervers de la recherche d'un « plaisir stérile et vain » plutôt qu'au moyen précis employé.[27] Quelle menace ces pratiques constituaient-elles pour l'Eglise ? Les historiens catholiques ont tendance à supposer que l'Eglise se montra hostile à de telles pratiques dans les premiers siècles, à peu près pour les mêmes raisons qu'elle le fut au XXe s. Mais une telle approche isole le problème de son contexte.

Il convient d'abord de noter que ces doctrines ne soulevaient guère le problème de la population. Bien des convertis, persuadés qu'ils vivaient leurs derniers jours, ne se souciaient nullement d'avoir des héritiers. Plus tard, le commandement « croissez et multipliez » allait être brandi comme une volonté de Dieu de voir des familles nombreuses. Les premiers chrétiens l'interprétèrent comme une injonction à un développement raisonnable de la famille. Il était plus important d'avoir des descendants spirituels que des enfants. On rechercha la perfection dans la virginité, plutôt que dans l'état conjugal. Comme l'affirmait Jean Chrysostome :

> « Ce n'est pas la virginité qui peut causer l'extinction du genre humain, mais le péché et les unions dénaturées, comme le prouve bien l'extermination qui eut lieu, au temps de Noé, des hommes, des bêtes, en un mot de tout ce qui respirait sur la terre. »[28]

Tertullien a pu paraître tout aussi « malthusien » quand il affirmait qu'il n'était nul besoin d'augmenter la taille des familles :

> « Comme témoignage décisif de l'accroissement du genre humain, nous sommes un fardeau pour le monde ; à peine si les éléments nous suffisent ; les nécessités deviennent plus pressantes, cette plainte est dans toutes les bouches : la nature va nous manquer. Il est bien vrai que les pestes, les famines, les guerres, les gouffres qui ensevelissent les cités doivent être regardés comme un remède, espèce de tonte pour les accroissements du genre humain. »[29]

On retrouve les mêmes accents dans les lamentations de Jérôme : « On sème des graines dans un champ afin d'obtenir une récolte. Le monde est déjà plein : la terre est trop petite pour nous. »[30] Jean Chrysostome affirmait que le monde entier était déhà peuplé[31].

Les chrétiens avaient quelque doute sur la valeur de la famille. Tertullien demandait, dans *A sa Femme,* pourquoi on voudrait des enfants qui n'étaient que des charges « périlleuses pour la foi » dans ce « monde pervers ».[32] Césaire, évêque d'Arles (VIe s.), avait une conception tout aussi sombre de la paternité quand il affirmait que « les enfants charnels, lorsqu'ils sont devenus grands, il est difficile que beaucoup d'entre eux ne désirent pas la mort de leurs propres parents. »[33]

C'est dans ce contexte que Constantin, le premier empereur chrétien, révoqua les lois mises en place par Auguste, pour pénaliser l'absence d'enfants. Par une ironie du sort, l'Eglise prêcha la continence à l'époque même où le déclin démographique du défunt Empire le contraignait d'accepter la menaçante assistance des émigrants barbares.

La plupart des chrétiens n'étaient pas hostiles aux enfants. Bien mieux, l'Eglise se vantait d'être la seule à s'opposer à l'abandon et à l'infanticide. Clément d'Alexandrie évoqua le spectre de l'inceste qui se dressait quand les filles abandonnées, élevées comme des prostituées par des entremetteuses, étaient, à l'insu de tous, vendues à leur propre famille.(34) Tertullien, repoussant les affirmations des détracteurs païens qui prétendaient que les chrétiens tuaient et dévoraient des enfants dans le cadre de leurs cérémonies religieuses, répliqua :

> « Vous les exposez au froid, à la faim, aux bêtes, ou bien vous les plongez dans l'eau, pour les faire mourir plus lentement. »(35)

De telles pratiques constituaient essentiellement le dernier recours des désespérés, et l'hostilité à ce genre d'action était déjà fort répandue. Philon fut l'un des plus célèbres adversaires de ces comportements : « Si un enfant était protégé dans la matrice, déclarait-il, on avait d'autant plus de raisons de le protéger quand il en était sorti(36). » L'empereur Constantin considéra l'infanticide comme un meurtre, mais on n'a aucune preuve que ce décret ait eu des effets marqués. D'ailleurs William E. Lecky suggéra par la suite que la pruderie chrétienne, en rendant plus impératif de dissimuler les preuves de liaisons extra-conjugales, aurait bien pu aboutir à un accroissement de l'abandon et de l'infanticide.(37) « Ils se marient comme tout le monde, déclara l'auteur de l'*Epître à Diognète,* ils ont des enfants, mais ils ne détruuisent pas les fœtus. »[38] Les chrétiens se souciaient-ils particulièrement de la nécessité de protéger la vie du fœtus ? Des historiens catholiques comme John Noonan, qui défendent la contraception mais s'opposent à l'avortement, ont affirmé que les premiers chrétiens, comme leurs homologues du XXe s., condamnaient l'avortement, car il entraînait la mort d'un fœtus vivant. Mais ce n'était pas tout à fait le cas. Avortement et contraception furent considérés, par les premiers chrétiens, comme des pratiques similaires, à savoir des tentatives pour profiter des plaisirs du sexe, sans engendrer d'enfant.

Il est vrai que Tertullien condamna les avortements des païens dans *Ad nationes,* en arguant qu'ils répandaient le sang de l'avenir.[39] L'apologiste chrétien Athénagoras, dans son *Legatio,* voyait, dans la condamnation de l'avortement par les chrétiens, un signe de leur supériorité morale :

> « Une fois de plus, à quoi bon nous tenir pour des meurtriers quand nous disons que les femmes qui pratiquent l'avortement commettent un meurtre et devront rendre compte à Dieu de leur acte ? »[40]

Mais ces condamnations ne s'appuyaient pas sur la notion de vie du fœtus. Dans la loi romaine, on qualifiait le fœtus, non pas d'*homo* (être humain) ou d'*infans* (enfant) mais de *spes animantis* (ce qui espère vivre ou être doué d'une âme). Jusqu'à sa mort, on le considérait comme faisant partie de la mère et ne méritant donc aucun égard particulier. On peut faire remonter au IIIe s. av. J.-C., date du début de la traduction en grec de l'Ancien Testament (la Septante), la préoccupation chrétienne pour la vie intra-utérine. L'Exode (21, 22-3) demandait qu'on punisse par des amendes l'avortement accidentel.[41] Un dédommagement, déterminé en fonction du développement du fœtus, devait être versé par la partie accidentellement responsable de la fausse couche. En cas de décès de la mère, le châtiment était la mort. La traduction grecque, établie par les Juifs hellénisants, déplaçait le centre d'intérêt de la mère au fœtus.[42] On déclarait désormais que la destruction d'un fœtus formé était un meurtre. Philon d'Alexandrie suivait le raisonnement aristotélicien en estimant que l'apparition de la vie se situait entre le quarantième et le quatre-vingtième jour, et les stoïciens en affirmant que, jusqu'à la naissance, un fœtus était partie intégrante de la femme.[43] Mais, en même temps, il allait au-delà des injonctions bibliques en condamnant violemment l'abandon, l'infanticide et l'avortement d'un fœtus déjà formé. Les chrétiens comme Jérôme adoptèrent la même attitude en estimant qu'il fallait protéger le fœtus déjà formé.

Comme ses contemporains païens, Augustin ne croyait pas qu'un fœtus fût pleinement formé au moment de la conception. Il évoquait les divers stades de développement en décrivant ceux qui « par un moyen quelconque suppriment et détruisent le fœtus dans la matrice, en préférant que leur progéniture meure avant de voir le jour ou, si elle était déjà vivante dans la matrice, de la tuer avant sa naissance ».[44] Il affirmait que la femme qui avortait était coupable, non pas d'homicide, mais de perversion :

> « Comme il n'est pas encore possible de parler d'une âme vivant dans un corps privé de sensation si ce corps n'a pas une enveloppe charnelle, elle n'est donc pas dotée de sensation. »[45]

Jean Chrysostome n'était guère plus clair sur l'attitude à adopter envers l'avortement :

> « Un acte encore pire que le meurtre car je n'ai pas de nom à lui donner : il ne supprime pas en effet un être venu au monde mais l'empêche de naître ».[46]

Tertullien comparait l'avortement tardif à l'infanticide :

> « C'est un homicide prématuré que d'empêcher la naissance. Et, dans le fond, arracher l'âme déjà née, ou troubler sa naissance, n'est-ce pas la même chose ? C'était un homme qui allait naître : tout le fruit était dans le sperme. »[47]

Mais Tertullien, comme Augustin, partageait l'avis des médecins de l'Antiquité en reconnaissant qu'on ne pouvait parler d'un fœtus qu'au bout d'un certain temps – « pas tant qu'on puise dans le sang de la mère pour constituer l'être humain » – et qu'un avortement était justifié pour sauver la vie de la mère.[48]

Certains défendaient une ligne plus dure. Basile, l'avocat du monachisme grec, dans une lettre de 374, donna pour instruction à Amphilochius, récemment nommé au siège épiscopal d'Iconium, d'ignorer ce genre de subtilités. « Celle qui a délibérément détruit un fœtus doit subir le châtiment d'une meurtrière. Et nous n'avons pas à nous demander entre nous si le fœtus était ou non formé. »[49] La peine était de dix ans de pénitence, la même que pour une tentative de suicide. Césaire d'Arles affirmait également que les femmes « seront tenues pour coupables devant le tribunal du Juge éternel d'autant d'homicides qu'elles auront tué d'enfants, déjà conçus ou déjà nés. Et parce que certaines femmes, en essayant de tuer en elles leurs enfants par des potions sacrilèges, périssent également, elles se rendent coupables de trois crimes : d'homicide envers elles-mêmes, d'adultère envers le Christ et d'infanticide envers des enfants non encore nés. »[50]

Lors des conciles d'Elvira (305) et d'Ancyra (314) et des synodes de Lérida (546) et de Trulla (629) – autant de réunions plutôt locales qu'œcuméniques – on ne tint pas compte des distinctions concernant le stade de développement du fœtus et l'on assimila avortement et infanticide. « Et nous n'accordons aucune attention, déclara l'évêque du dernier conclave, à la subtile distinction de savoir si le fœtus est formé ou non. »[51] Mais, en fait, le droit canonique suivit Augustin en déclarant que, dès le deuxième mois, l'embryon était « doté d'une âme », et « doté d'un sexe » au quatrième. Ce que même les écrits des auteurs plus conservateurs exprimaient clairement, c'est qu'ils n'avaient aucun moyen de fonder leur condamnation de l'avortement sur le concept d'animation au moment de la conception. Leur condamnation se fondait plutôt sur l'argument plus général qu'il s'agissait d'un acte non procréateur.

Au XXe s., les défenseurs occidentaux de la contraception se sont généralement efforcés de bien démarquer le contrôle des naissances de l'avortement. A la fin de l'Antiquité, on faisait rarement ce genre de distinction. Etant donné qu'on utilisait les mêmes produits aussi bien comme contraceptifs que comme abortifs, il était bien naturel pour les chrétiens de ne pas éprouver la nécessité de distinguer l'une de l'autre. Ainsi la contraception sous forme de remèdes était-elle attaquée dans la *Didachê* parce qu'elle était employée par les « assassins des enfants, meurtriers de la créature de Dieu ».[52] Marcus Minucius Felix, dans *Octavius,* opposait les admirables matrones chrétiennes aux païennes : « Il est des femmes pour étouffer dans leurs entrailles mêmes la naissance de l'être à venir, en absorbant des drogues, et pour commettre ainsi un infanticide avant d'enfanter. »[53] Césaire d'Arles avertissait : « Quel est celui qui ne peut mettre en garde les femmes contre toute potion destinée à les empêcher dorénavant de concevoir, à contrarier leur nature que Dieu a voulu féconde ? ».[54] Augustin, dans *Mariage et Concupiscence,* rapprochait la contraception de la magie noire et de l'avortement :

> « Les pécheurs sont ceux qui, dans l'intérêt du désir, font obstacle à leur procréation par une prière maléfique ou un acte diabolique... Parfois cette cruauté lubrique, ou cette lubricité cruelle en arrive au point que des femmes vont jusqu'à se procurer des poisons qui rendent stériles et, s'ils restent sans effet, trouvent un moyen d'anéantir le fœtus dans la matrice, préférant que leur progéniture meure avant de venir au monde ou bien, si elle était déjà vivante dans la matrice, de la tuer avant la naissance. »[55]

Recourir à de tels procédés, accusait encore Augustin, faisait de la femme une prostituée et du mari un adultère. Jean Chrysostome mentionnait aussi les couples ayant recours à des libations, à des incantations et à des philtres d'amour. L'épouse, déclarait-il, se livrait dans ce cas à des activités auxquelles s'adonnent les prostituées :

> « Car ces sorcelleries portent atteinte non pas à la matrice qui est déjà prostituée, mais à la femme blessée : il y a des complots sans nombre, des invocations s'adressant aux démons et aux nécromanciens. Aussi des guerres quotidiennes, des combats sans trêves et des jalousies soigneusement entretenues. »[56]

Clément d'Alexandrie parlait de créatures qui « entretiennent des commérages de vieilles femmes, apprennent des diseuses de bonne aventure des charmes et des incantations, tout cela pour aboutir à la ruine des liens conjugaux ».[57] Césaire condamnait l'usage par les Gallo-Romains d'herbes, d'amulettes et de « signes diaboliques ». Faisant allusion à l'usage d'un « médicament sacrilège » pour guérir la stérilité, il s'opposait à tout ce genre de tentatives pour réguler la fécondité[58] :

> « Et c'est pourquoi, que ceux auxquels Dieu n'a pas voulu donner d'enfant, n'essayent pas d'en avoir au moyen d'herbes ou de grimoires diaboliques ou d'amulettes sacrilèges. [...] En effet, de même que les femmes auxquelles Dieu veut donner de nombreux enfants ne doivent prendre aucun médicament propre à les empêcher d'avoir ce qui a été conçu, de même aussi celles dont Dieu a voulu qu'elles demeurent stériles ne doivent désirer d'enfants que de Dieu seul et ne les demander qu'à lui. »[59]

Les chrétiens, en fait, avaient leur propre rituel pour promouvoir la fécondité. Augustin se moquait de la croyance païenne en des dieux protégeant les diverses étapes de la procréation : Janus ouvrant la matrice, Saturne protégeant la semence, Mena, présidant au flot menstruel, et ainsi de suite. Mais, dans les pays chrétiens, on faisait appel aux saints et aux pèlerinages pour venir à bout de la stérilité.[60]

C'étaient surtout les femmes que visaient les condamnations chrétiennes du contrôle de la fécondité. On parlait peu des pratiques contraceptives masculines. Les savants chrétiens se montraient tout aussi préoccupés que les païens de voir se perdre la semence du mâle. Clément d'Alexandrie affirmait : « Nous qui avons part à cette fonction divine de la création, ne jetons pas le sperme n'importe où, ne l'avilissons pas. » Il faisait véritablement écho à Platon quand il affirmait : « Moïse a dit : “qu'on ne jette pas la semence parmi les pierres et les cailloux parce que jamais elle n'y prendra racine.” » [61] Tout en semblant s'attaquer à l'homosexualité, ce genre d'injonction aurait aussi bien pu viser les pratiques sexuelles « contre nature ». Non seulement c'était mal de « répandre la semence », mais on condamnait aussi les rapports sexuels durant la menstruation, l'allaitement et la grossesse, car la matrice refuse la semence quand les rapports sont contraires à la nature.[62]

Augustin, on l'a vu, accusait les manichéens de se retirer avant l'orgasme, méthode par laquelle, au prix d'un « glissement honteux », la semence est répandue. Epiphane, un évêque cypriote du IVe s., fut le premier des Pères de l'Église à se concentrer sur l'histoire d'Onan, racontée dans la Genèse, pour condamner de tels actes.[63] Rappelons qu'Onan fut tué par Dieu pour avoir refusé de donner des enfants à l'épouse de son frère mort et pour avoir « répandu sa semence sur le sol ». Les érudits juifs affirmaient que la désobéissance d'Onan était la cause de son châtiment. Les chrétiens réduisirent son geste à l'acte précis d'éjaculer *ex utero.* La traduction, par Jérôme, de la Genèse joua un rôle capital dans la condamnation chrétienne de cette pratique. Dans sa version, Onan fut tué parce qu'il avait commis un « acte détestable ». Le texte original mentionnait simplement qu'Onan « avait déplu à Dieu[64]. » Les références des premiers chrétiens au coït interrompu étaient rares. Seuls Epiphane, Jérôme et Augustin condamnèrent sans équivoque cette pratique.

Les chrétiens pouvaient qualifier de « meurtre » la contraception et traiter les homosexuels de meurtriers. Ils savaient pourtant que la semence ne possédait pas une âme rationnelle. Ils utilisaient manifestement ces termes dans un sens moral plutôt que juridique. Les docteurs juifs continuaient à soutenir que la désobéissance d'Onan comptait plus que l'acte précis qui la symbolisait. Il se trouva donc quelques rabbins, comme R. Eliezer (v. 100) et R. Meir (v. 150), pour déclarer qu'il fallait recourir au retrait pour protéger d'une nouvelle conception une mère qui allaitait. « Durant les vingt-quatre mois [durant lesquels la mère allaite son enfant], il doit battre le grain à l'intérieur et le vanner à l'extérieur. »[65] La bonne épouse ne devait pas seulement être féconde mais prudente et charitable. On n'a jamais trouvé de plaidoyer chrétien pour défendre de telles pratiques.

Comme l'ont clairement montré leurs allusions à Platon, Aristote, Hippocrate et Soranus, les Pères de l'Eglise, tout en s'opposant au contrôle de la fécondité, ne rejetaient pas les textes médicaux dans lesquels on avait tant de fois abordé ces problèmes. La crainte et le dénigrement des femmes, exprimés par tant de Pères de l'Eglise, se trouvaient renforcés par des allusions aux écrits des médecins antiques.[66]

Des Pères comme Origène et Ambroise, condamnaient les contraceptifs auxquels pouvaient avoir recours les femmes, mais recherchaient des extraits de plantes pouvant servir à l'élaboration de drogues, comme le saule et le chanvre, susceptibles de favoriser la continence. Méthode d'Olympe citait Homère évoquant le pouvoir du saule de supprimer « et de rendre inefficace tout effort de procréation ».[67] Clément, de même, se faisait l'écho de Théophraste, qui était convaincu que les haricots pouvaient provoquer la stérilité.[68] Les moines évitaient soigneusement des aliments (viande, vin et légumes flatulents), que les auteurs païens recommandaient pour la production de la semence. Les Anciens craignaient que la perte de la semence ne mît en danger la santé ; les moines redoutaient de la voir menacer leur vertu.

Le rhéteur Lactance (IIIe s. ap. J.-C.) donna, avec *Le Travail de Dieu,* le traité le plus complet d'embryologie des débuts du christianisme. Il puisait dans Aristote, Varron, Cicéron et Lucrèce pour affirmer que la procréation apportait la preuve du plan magistral de Dieu. Les deux semences, puisées dans les deux sexes, se mêlaient, se figeaient, se coagulaient et étaient finalement consommées le quarantième jour. Le sexe de l'enfant dépendait de la semence la plus forte. Le caractère était déterminé selon que les semences mélangées adhéraient au côté droit (masculin) ou gauche (féminin) de la trompe de l'utérus.[(69)] Augustin, Clément et Jérôme, soutenaient une idée plus aristotélicienne de la conception, en insistant sur la semence masculine. Si Lactance notait que « l'excitation du plaisir » était nécessaire à la procréation, on trouve, exprimée par Clément, la crainte de voir les rapports sexuels mettre les hommes en danger. Ce dernier citait Démocrite, qui comparait l'orgasme à « une petite crise d'épilepsie »:

> « Un homme tout entier est arraché, prévenait-il, au cours de la perte qui se produit dans l'accouplement. [...] Ce qui est sûr, c'est qu'on peut constater qu'à la suite de ces relations, les nerfs, comme les chaînes des tisserands, sont relâchés et ensuite brisés par la tension inséparable de la vie en commun. Davantage, le commerce sexuel répand un brouillard sur les organes des sens, et il abat aussi l'énergie. »[(70)]

Macrobe (Ve s.) prêtait aux femmes, dans ses *Saturnales,* une physiologie plus faible et plus humide, reprenant les enseignements des classiques sur les humeurs.[(71)] Au VIe s., les ouvrages médicaux grecs se firent rares en Occident, mais quelques éditions abrégées de Soranus, d'Hippocrate et de Galien continuaient à circuler. Par une ironie du sort, c'étaient les moines célibataires qui devaient compiler et transmettre une grande partie des informations gynécologiques détaillées que contenaient ces ouvrages.

Quel rapport y avait-il entre la discussion par les chrétiens du contrôle de la fécondité et le statut des femmes ? On croyait autrefois que l'Eglise exerçait un attrait particulier sur les opprimés, notamment les esclaves et les femmes. En fait, elle s'attachait nettement à convertir l'élite masculine urbaine.[72] En outre, les Pères de l'Eglise les plus ascétiques voyaient les femmes d'un œil craintif et méprisant. Leur plus grand souci était d'épargner aux jeunes gens les ravages de leur séduction. La célébration du célibat s'accompagnait d'un dénigrement des facultés reproductrices des femmes. Même chez les chrétiens modérés, la misogynie était très frappante. « Si ce n'est pas pour engendrer des enfants que la femme a été donnée à l'homme comme compagne, demandait Augustin, en quoi pourrait-elle bien lui être utile ? »[73]

Mais les premiers Pères de l'Eglise manifestaient souvent une attitude ambiguë envers les femmes. Jérôme et Jean Chrysostome décrivaient la nature maléfique des femelles en général, mais comptaient, parmi leurs meilleurs amis, des personnes du sece faible.[74] Aux premières années de la persécution, des docteurs chrétiens comme Tertullien et Clément leur lancèrent des appels tout particuliers. Les femmes, pour leur part, semblaient ignorer la misogynie du christianisme et découvraient, dans les Ecritures, des arguments susceptibles d'être utilisés pour défier maris et pères.

Qu'y avait-il donc dans le message chrétien qui pouvait attirer les femmes ? La défense par les chrétiens du célibat de la vie contemplative qui exerçaient manifestement un puissant attrait spirituel, proposait la possibilité d'éviter tout à la fois le mariage et la grossesse. Les femmes, attirées par une telle existence n'agissaient pas par pur masochisme. On peut voir là un sincère désir de dépasser et de redéfinir les rôles de chacun des sexes. Par tradition, les hommes avaient réglementé, à leur avantage, le mariage et la grossesse. Voilà maintenant que s'offrait, du moins aux femmes une alternative légitime.[75]

Et les femmes mariées ? Les condamnations chrétiennes de l'infanticide et de l'abandon auront sans doute eu pour résultat qu'un moins grand nombre de mères ont envisagé le sacrifice de leurs bébés. De même, les attaques de l'Eglise contre la prostitution, l'esclavage, l'adultère, le divorce ont pu servir les intérêts des femmes.[76] Le monde antique fut avant tout une société monogame, qui a toléré les formes de polygamie afin d'assurer la descendance. Les chrétiens « radicalisèrent » la monogamie en condamnant le concubinage et le divorce.[77] Comme, aux yeux de l'Eglise, la procréation n'était plus essentielle, les stratagèmes conçus pour l'encourager n'étaient plus nécessaires. Augustin n'allait pas, comme les Romains, justifier un divorce simplement parce qu'une épouse était stérile. Les chrétiens envisageaient bien des mariages se terminant par une séparation s'il y avait adultère, mais ils ne toléraient pas l'idée d'un remariage.[78] Athénagoras assimila même les seconds mariages des veuves à des unions adultères.

Quelle était la situation des femmes devant la condamnation par l'Eglise du contrôle de la fécondité ? Les ecclésiastiques savaient à quel point la grossesse était pour les femmes un problème préoccupant. Jean Chrysostome remarquait le cycle inévitable des douleurs de l'accouchement et des enfants. La période où l'homme fait sa cour et la question du montant de la dot constituaient des obstacles, observa-t-il. « Cette inquiétude dissipée, donc, la crainte de la stérilité aussitôt pénètre en son cœur et aussi, inversement, celle d'une trop nombreuse progéniture. »[79] Une femme redoutait toujours la colère de son mari si elle était soit trop féconde, soit pas assez. Jérôme reconnaissait que la ronde frénétique de la femme riche, qui devait plaire à son mari, élever ses enfants, recevoir des invités, calculer ses dépenses et diriger toute une maisonnée de tisserands, de cuisinières et de domestiques, était épuisante, et qu'elle ne devenait elle-même que quand « elle n'était plus sujette aux angoisses et aux douleurs de l'enfantement ».[80] En défendant les vertus de la continence, suggère Aline Rousselle, le christianisme séduisait directement ce genre de femme.[81]

A n'en pas douter, il y en avait beaucoup comme Paula, dont Jérôme écrivait qu'elle continuait « à remplir son devoir d'épouse mais qu'elle ne cherchait qu'à satisfaire le désir de son mari d'avoir une descendance mâle. »[(82)] Les femmes, qui se retrouvaient dans des unions précoces et forcées, étaient attirées par l'ascétisme et l'égalité prêchés par les chrétiens. Les matrones romaines, rendues hystériques par des mariages malheureux, trouvaient dans ce message une consolation.

La plus importante innovation de l'Eglise fut d'insister sur la continence du couple marié, pendant toute la durée du mariage ou seulement après les années propres à la grossesse. On a des preuves que, à la suite d'une conversion, certains couples ont décidé de mener des existences que Tertullien qualifiait de « libres ». Ce choix, en premier lieu, a fort bien pu n'avoir pas été aussi pesant, dans la mesure où c'était surtout celui de gens âgés et notamment de veuves.

Pour les couples plus jeunes, l'Eglise espérait limiter les rapports sexuels à des fins de procréation :

> « En effet, déclarait Athénagoras, de même que l'agriculteur qui a jeté sur la terre les semences attend patiemment la moisson sans recommencer à semer, la procréation des enfants est notre mesure à tous. »[(83)]

Un tel idéal attirait certaines femmes. Jérôme et Ambroise s'opposaient aux rapports sexuels durant la menstruation et la grossesse, sources de pollution, et de telles interdictions ne firent que s'affirmer avec le temps. Au VIe s., Césaire d'Arles déclarait qu'un bon chrétien devait à tout le moins observer la chasteté quelques jours avant la communion et durant le carême. On espérait en fait qu'il « ne connaîtrait sa femme que dans l'intention d'avoir des enfants ». Les enfants, nés de parents ayant des rapports trop fréquents, risquaient d'être maladifs :

> « Si ceux qui ne veulent pas se contrôler ne cessaient de labourer ou d'ensemencer leurs terres où on a déjà fait les semailles, voyons un peu quel genre de fruits ils se réjouiraient de récolter[84]. »

Les enfants conçus durant la menstruation, prévenait-il, risquaient de naître « soit lépreux, soit épileptiques, soit même peut-être possédés du démon ».[85] Césaire conseillait de réfréner les passions par le jeûne. Mais Augustin doutait sincèrement de la possibilité d'une réussite totale :

> « Jamais, je n'ai entendu dire à personne qui est ou qui a été marié qu'il n'a jamais eu de rapports avec sa femme sauf quand il espérait une conception. »[86]

Néanmoins, un tel idéal fournissait de nouveaux arguments que les femmes pouvaient employer pour repousser les exigences excessives de leur époux et qui se traduisaient par de nouvelles grossesses. Même si l'Eglise reconnaissait les fardeaux que le mariage et la maternité imposaient aux femmes, elle n'admettait pas leurs tentatives pour réguler leur fécondité. Bien au contraire, les gens d'Eglise insistaient pour tenir les femmes presque uniquement responsables de pratiques aussi coupables. Ils conservaient cette attitude même si le contrôle de la fécondité, dans le monde chrétien comme dans le monde païen, était avant tout pratiqué pour protéger le bien-être de toute la famille. Lactance, précepteur du fils de Constantin, attaquait les païens qui s'adonnaient à des pratiques non procréatrices, allant de l'amour oral à l'autocastration, mais il reconnaissait que, pour des raisons économiques, on puisse souhaiter limiter les dimensions de la famille. La seule raison, selon lui, pour laquelle Dieu avait donné à l'homme des organes génitaux, était qu'il puisse se reproduire. Les chrétiens condamnaient l'avortement, l'infanticide et l'abandon et, dans des périodes de difficultés économiques, regardaient la continence comme la seule pratique autorisée.[87] Augustin remarquait également qu'on maîtrisait d'ordinaire la fécondité par crainte d'appauvrir la famille.

Les Pères de l'Eglise avaient tendance à minimiser l'argument économique, parce qu'il aurait impliqué les hommes. Ils préféraient attribuer la seule responsabilité du contrôle de la fécondité aux femmes, en les représentant comme poussées par l'avarice et le désir. L'ironie du sort voulut que la première attaque chrétienne en règle contre la contraception fut lancée contre le pape Calixte (IIe s.), quand il permit aux femmes libres chrétiennes d'avoir des rapports sexuels avec leurs esclaves, pourvu qu'elles aient pris des précautions :

> « Ainsi de prétendues femmes fidèles commencèrent à essayer des produits contraceptifs, et à se donner énormément de mal dans l'espoir d'avorter car elles ne voulaient pas avoir un enfant d'un esclave ou d'un homme de condition modeste en raison des liens familiaux et de l'importance de leur fortune. »[88]

De même, au IVe s., Ambroise accusa les femmes riches d'avorter alors que les pauvres abandonnaient tout simplement leurs enfants. Il décrivit l'usage continuel de potions contraceptives et abortives par les riches qui, « de crainte de voir leur patrimoine partagé entre plusieurs héritiers, refusent d'admettre l'existence dans leur utérus de leur propre fœtus et, au moyen d'une potion parricide, font taire les demandes de leur matrice : la vie est ainsi retirée avant même d'être transmise ».[89]

Césaire d'Arles imputait à la cupidité des femmes la responsabilité des avortements :

> « N'est-il pas vrai, très chers, que le diable pratique ouvertement ses tromperies, quand il persuade des femmes, après qu'elles ont eu deux ou trois enfants, soit de tuer une fois nés ceux qui viennent ensuite, soit de prendre un breuvage pour avorter ? Elles craignent peut-être, si elles ont davantage d'enfants, qu'ils ne puissent être riches. »[90]

Césaire demandait alors pourquoi de nobles matrones, qui comprenaient la nécessité de faire se reproduire leurs esclaves, s'efforçaient de limiter leur propre fécondité :

> « De plus, les femmes ne doivent pas davantage absorber ces drogues diaboliques qui les rendent désormais incapables de concevoir. Que la femme qui aura fait cela apprenne qu'elle est capable d'autant d'homicides, qu'elle aurait pu avoir d'enfants. Je voudrais bien savoir si une femme de condition libre, qui absorbe des drogues porteuses de mort pour ne pas concevoir, voudrait que ses servantes ou ses fermières en fassent autant. »[91]

Son devoir, conclut Césaire, était de porter ses propres enfants, puis de les nourrir ou de les mettre en nourrice. On citait aussi les désirs des femmes comme cause de restriction de la fécondité, dans la mesure où les chrétiens associaient d'ordinaire les contraceptifs avec la prostitution, l'adultère, les perversions et la fornication. En outre, les concubines, les femmes divorcées, les veuves et les remariées ou non, dont les enfants ne jouiraient que d'un statut juridique ambigu, étaient particulièrement suspectes de vouloir éviter des grossesses. Les chrétiens s'efforçaient donc de faire tomber la barrière qui séparait concubinage et mariage et d'instaurer une seule règle sexuelle. Cela eut l'étrange effet de sexualiser le mariage.

On disait désormais des femmes qui avaient recours aux contraceptifs qu'elles se comportaient comme des putains et qu'elles s'efforçaient de dissimuler les preuves de leur fornication. D'ailleurs, Augustin déclara que, dans la mesure où le destin des épouses étaient d'être engrossées, l'emploi de ces procédés « contre nature » par celles-ci était un crime plus condamnable que leur usage par une prostituée ».[92] De même Jean Chrysostome faisait-il le lien entre la contraception et la prostitution. Il commença par demander à la putain :

> « Pourquoi sèmes-tu là où le champ n'a envie que de détruire le fruit ? Où sont les médicaments qui assurent la stérilité ? Où est le meurtre avant la naissance ?... C'est même pire que le meurtre et je ne sais quel nom lui donner, car elle ne tue pas ce qui est déjà formé, mais en empêche la formation. »

C'est ensuite au tour des épouses et des maris d'être la cible de sa colère :

> « L'indifférence des hommes mariés est plus abominable encore, car on prépare alors des poisons, non pour agir sur la matrice d'une prostituée, mais sur sa propre femme blessée. »[93]

Martin de Braga (mort en 579) mettait lui aussi dans le même panier ceux qui « prennent des mesures pour ne pas pouvoir concevoir ni dans l'adultère ni dans le mariage légitime ».[94]

Ainsi c'était la femme qui supportait tout le poids de l'hostilité de l'Eglise envers le contrôle de la fécondité. Dans la *Didaché*, on la mettait en garde contre le péché d'utiliser des produits abortifs. Dans *L'Apocalypse de Pierre*, on décrivait une fosse de torture où l'on précipitait les femmes « qui avaient provoqué la venue au monde prématurée de leurs enfants et corrompu l'œuvre de Dieu qui les avait créés ».[95] Tertullien demandait comment on pouvait ne pas reconnaître la vie au fœtus qu'elles portaient. Jérôme dénonçait ceux qui buvaient la stérilité et tuaient un homme qui n'est pas encore né.[96] Ambroise condamnait les mères cruelles « qui retiraient la vie avant qu'elle ne fût transmise ».[97] Saint Basile semblait faire allusion aux femmes s'assistant entre elles quand il déclarait : « En outre, celles-là qui donnent des drogues provoquant l'avortement sont elles aussi des meurtrières, au même titre que celles qui reçoivent le poison pour tuer le fœtus. »[98] Les moines du Moyen Age continuèrent à accuser les femmes d'employer des potions et des « *maleficia* » pour se rendre stériles.

Jamais les premiers chrétiens n'ont exprimé l'idée que le recours à un contraceptif pourrait être un moindre mal pour protéger la femme des dangers d'une grossesse. Mais d'autres émirent de telles hypothèses. On a trouvé dans le *Tosephta* (v. 230) des allusions formulées par des rabbins à propos de l'utilisation d'éponges :

> « Il y a trois sortes de femmes qui doivent utiliser une éponge : une mineure, une femme enceinte et celle qui nourrit son enfant. Une mineure, parce qu'elle pourrait tomber enceinte et en mourir. Une femme enceinte, parce que le fœtus pourrait devenir un *fœtus compressus* (ou papyracée). Celle qui nourrit son enfant, parce qu'elle pourrait le tuer. »[99]

Ce dernier point reflétait l'opinion que le lait d'une femme pouvait être gâté si elle concevait. De même cherchait-on à empêcher l'enfant déjà conçu d'être « aplati » dans le cas d'une nouvelle grossesse se superposant à la première. Même si les rabbins tenaient en haute estime la procréation, ils pouvaient envisager des situations où il fallait éviter les grossesses. Dieu avait ordonné à l'homme de se multiplier. Il fallait peut-être aussi considérer les besoins de la femme. Les chrétiens, au contraire, rendaient surtout la femme responsable de la procréation.

Nous avons jusqu'ici examiné surtout la littérature prescriptive. La plupart des idées chrétiennes discutées dans ces pages reflétaient des normes au caractère répressif, comme les lois et les enseignements. Mais d'autres, comme celles contenues dans les sermons et dans les lettres, sont plus évocatrices dans la mesure où elles semblent vraiment traiter de la réalité. La question demeure : les masses acceptaient-elles en fait ces enseignements , Et, si oui, était-ce parce qu'elles y étaient préparées pour d'autres raisons ?

Dans l'Empire romain d'Orient, les relations conjugales semblent n'avoir pas tellement évolué. On permettait toujours les séparations et la présence des concubines était un phénomène commun.(100) Les femmes continuaient de vivre à part en recluses, et on les mariait de bonne heure pour protéger leur vertu. Les stratégies familiales restaient importantes. Puis une nouvelle préoccupation apparut, celle de la « virginité » masculine. On réclamait des restrictions croissantes concernant les rapports sexuels, durant la menstruation et la grossesse, même si les médecins continuaient d'insister sur la nécessité du plaisir pour la procréation.(101) Il semble que la pratique de l'abstinence se soit développée. On ne cherchait pas à augmenter la population. C'étaient surtout des groupes hérétiques, comme les gnostiques et plus tard les bogomiles, qui affichaient de telles préoccupations.(102) Mais les enfants en surnombre, à moins qu'on ne les marie ou qu'on ne les castre, pouvaient désormais être envoyés dans un monastère ou dans un couvent.

En Occident, au VIe s., l'administration impériale avait disparu. Les cités, si elles n'étaient pas détruites, connurent une période de déclin et de dépeuplement. Les propriétaires des latifundia constituaient la nouvelle élite du système féodal émergeant. Constantin jeta les bases juridiques de l'Empire chrétien. L'infanticide, le divorce et l'adultère furent punis, mais seul l'infanticide fut considéré comme un meurtre. On révoqua les lois d'Auguste, punissant ceux qui n'avaient pas d'enfant. On mit hors-la-loi l'enlèvement et le concubinage.[103] L'Eglise n'institua pas de nouvelles formes de mariage, elle se contenta de reprendre les anciennes. Même si le consentement mutuel suffisait, au IVe s., l'Église énonça de nouvelles règles ; les mariages étaient désormais bénis. Mais la cérémonie ne devint un sacrement qu'au Moyen Age. Même si dans le monde antique il n'y eut pas de mariage chrétien au sens formel du terme, il y eut des mariages entre chrétiens.

Souvent les Anciens ne se mariaient pas mais vivaient en concubinage. Sous l'influence chrétienne, on fit de la bigamie un crime et l'on supprima la démarcation entre concubinage et mariage. Au Ve s., la conjugalité remplaça la consanguinité comme principe central des relations sociales. L'exogamie se développa et l'endogamie déclina en même temps que de nouvelles lois sur l'inceste exigèrent que l'on tînt compte des relations de parenté.[104] Le noyau conjugal fut plus que jamais l'unité essentielle de production et de reproduction. Le « mariage-viol » des Romains fut remplacé par la fiction de l'égalité entre époux. L'Eglise insista sur la régularisation des unions. Qu'elles fussent plus équitables et plus conviviales, c'est là un point que l'on peut discuter. Certains chiffres donnent à penser que les épouses chrétiennes avaient moins de différences d'âge avec leurs époux. Ce qui peut également s'expliquer par leur situation sociale inférieure, ou parce que, dans l'ensemble, on se mariait à un âge plus avancé. Dans la culture chrétienne, comme dans la culture classique, on insistait encore sur la soumission de la femme à l'homme.

Ce n'est manifestement pas pure coïncidence si l'on a ouvertement discuté du contrôle de la fécondité pendant la période hellénique et au début de l'Empire, quand les femmes jouissaient de pas mal de liberté. Elles bénéficiaient d'une certaine éducation, assistaient à diverses cérémonies religieuses et jouaient un rôle actif dans les arts et la médecine. Beaucoup ont dû, à leur tour, être attirées à l'origine par le christianisme qui prêchait l'égalité des sexes. Mais vers l'an 200 de notre ère, l'Eglise changea de cap pour soutenir l'ordre politique et social.[(105)] Elle devint une institution hiérarchique, à dominance masculine, réclamant en termes de plus en plus conservateurs le retour des femmes à leur rôle « naturel » de créatures silencieuses et soumises.[(106)] Seuls les hérétiques gnostiques et manichéens furent sensibles aux préoccupations des femmes, en leur permettant de prêcher et de prophétiser.[(107)] Irénée, Tertullien et Augustin accusèrent ces hérétiques d'aller jusqu'à favoriser l'avortement et la contraception.[(108)] Le plus intéressant dans ces affirmations, ce n'est pas qu'elles soient vraies ou fausses – ce que l'on ne parvient pas à établir – mais qu'elles témoignent de ce que leurs auteurs s'attendaient clairement à établir un tel lien entre idées religieuses et pratiques sociales.

Même si le christianisme devint la religion établie, il est difficile de déterminer l'effet de ses condamnations répétées du contrôle de la fécondité. Si l'on a observé un déclin dans le recours à la contraception et à l'avortement, ce fut sans doute parce que le style de vie raffiné des familles nombreuses, qui était considéré comme un fardeau, se trouva balayé. Les raisons économiques du contrôle des naissances pratiqué par les Romains eurent beau disparaître, les femmes continuèrent à vouloir contrôler leur corps. Les censures de l'Eglise montrent clairement que cette « question des femmes » n'allait pas disparaître. Césaire d'Arles rapportait que les femmes gallo-romaines prétendaient pouvoir avaler toutes les potions qu'elles voulaient : « elles pensent que ce poison qui a été transmis à travers leur boisson leur est étranger. »[109] Jérôme ne réussit pas non plus à inculquer aux matrones romaines ses opinions sur de tels méfaits. En réponse à ses attaques contre l'avortement, il fut scandalisé de les entendre répliquer : « Tout est pur pour les purs. Ma conscience me suffit. »[110]

1 Brent D. Shaw, The Family in Late Antiquity : The Experience of Augustine, *Past and Present,* 115, 1987, p. 45-46.

2 Saint Augustin, *De Moribus Manichaeorum,* 18, 65. Pour évoquer la façon dont les premiers chrétiens réagissaient au contrôle de la fécondité, ce chapitre s'inspire largement de l'ouvrage de John T. Noonan Jr., *Contraception : A History of its Treatment by Catholic Theologians and Canonists,* Harvard University Press, Cambridge, Massachusetts, 1965.

3 John Noonan, *Contraception : A History,* p. 122 ; pour une référence nord-africaine contemporaine à la femme qui, quand elle se prostituait, s'efforçait de ne pas avoir d'enfant mais qui, quand elle se maria chercha à en avoir, voir Quodvultdeus, *Livre des promesses et des prédictions de Dieu,* traduit par René Braun, Editions du Cerf, Paris, 1964, 2.15.28.

4 Saint Augustin, *Contre Faustus,* cité dans John Noonan, *Contraception : A History,* p. 121. Voir aussi Samuel N. C. Lieu, *Manichaeism in the Later Roman Empire and Medieval China : A Historical Survey,* Manchester University Press, Manchester, 1985, p. 117-153.

5 Geza Alfoldy, *The Social History of Rome,* traduit par David Braund and Frank Pollock, Croom Helm, Londres, 1985, p. 157.

6 Voir aussi Lactance, *Les Institutions Divines,* 1,17 et 6,20 ; Marcia L. Colish, *The Stoic Tradition from Antiquity to the Early Middle Ages,* Brill, Leiden, 1985, vol. II.

7 Peter Brown, *Antiquité tardive,* dans *Histoire de la vie privée,* sous la direction de Philippe Ariès et Georges Duby, Seuil, Paris, 1985, vol. I, p. 286-295 ; Ramsay MacMullen, *Christianizing the Roman Empire* (AD 100-400), Yale University Press, New Haven, 1984, p.10-79.

8 *Didaché* 2.2 ; *Epître à Barnabé,* 10.6-8.

9 Voir, par exemple, Tertullien, *De l'Ornement des Femmes,* Livre 2, 1.

10 Wayne A. Meeks, *The First Urban Christians : The Social World of the Apostle Paul,* Yale University Press, New Haven, 1983. On trouvait aussi, évidemment, dans certains cultes païens, des vierges consacrées et des prêtres célibataires, des sibylles et des prophètes.

11 Flavius Josèphe, *La Guerre des Juifs,* 2, 120-121.

12 Philon, *Des Lois Spéciales (De specialibus legibus),* traduit par Claude Mondésert, Editions du Cerf, Paris ; voir aussi D. M. Feldman, *Birth Control in Jewish Law,* New York University Press, New York, 1968, p. 65.

13 John Noonan, *Contraception : A History,* p. 52-54.

14 Eusèbe de Césarée déclara qu'Origène avait une telle peur de la sexualité qu'il se castra ; voir Gerard E. Caspary, *Politics and Exegesis : Origen and the Two Swords,* University of California Press, Berkeley, Californie, 1979, p. 60-62.

15 Aline Rousselle, *Porneia,* Paris, PUF, 1983, p. 183-226.

16 Origène, *Contre Celse,* traduit par Marcel Borret, Paris, Editions du Cerf, 1969, 8.55.

17 Clément d'Alexandrie, *Sur le Mariage,* 7.57 ; voir aussi Willy Rordorf, Marriage in the New Testament and in the Early Church, *Journal of Ecclesiastical History,* 29, 1969, p. 193-199.

18 Eric Osborn, *Ethical Patterns in Early Christian Thought,* Cambridge University Press, Cambridge, 1976, p. 53-58 et 119-128.

19 Cité par John Noonan, *Contraception : A History,* p. 80.

20 Saint Augustin, *Confessions,* texte établi et traduit par Pierre de Labriolle, Les Belles Lettres, Paris, 1925, p. 67, Livre 4, 2.

21 Saint Augustin, *La Cité de Dieu,* traduit par Louis Moreau et Jean Claude Eslin, Le Seuil, Paris, 1994, 14, 26. Particulièrement utiles pour comprendre la conception chrétienne de la sexualité, les ouvrages d'Elaine Pagels, *Adam, Eve, and the Serpent,* Random House, New York, 1988 ; Peter Brown, *The Body and Society : Men, Women and Sexual Renunciation in Early Christianity,* Columbia University Press, New York, 1988.

22 A propos de l'idée que le mariage était une sorte de châtiment infligé aux hommes pour leur faire expier la désobéissance d'Adam, voir Jean Chrysostome, *La Virginité,* texte traduit par Bernard Grillet, Editions du Cerf, Paris, 1966, Livre 17, 5.

23 Saint Augustin, *Des Bienfaits du Mariage,* 5.

24 Peter Brown, *Augustine of Hippo : A Biography,* University of California Press, Berkeley, Californie, 1967, p. 388-390.

25 Les Gnostiques, qui étaient opposés au mariage et pratiquaient même l'autocastration, furent condamnés en l'an 325 de notre ère par le Concile de Nicée. Ils devinrent le symbole de l'antithèse des Chrétiens en recourant délibérément à des contraceptifs plutôt qu'au contrôle de soi.

26 A propos de l'insistance des religions monothéistes concernant la procréation, voir Carol Delaney, *The Meaning of Paternity and the Virgin Birth Debate,* Man, 21, 1986, p. 502.

27 Lactance, *De Opificio Dei,* chap. 13.

28 Jean Chrysostome, *La Virginité,* Livre 18.1 ; voir aussi Cyprien, *De habitu virginum.*

29 Tertullien, *De l'Ame,* 30, traduit par H. de Genoude, Paris, 1841, Les Pères de l'Eglise, tome VI.

30 Jérôme, *Contre Helvidius,* 21.

31 Jean Chrysostome, *La Virginité,* 19.1.

32 Tertullien, *A sa femme,* Livre 3.5.

33 Césaire d'Arles, sermon 51,3 dans Césaire d'Arles, *Sermons au Peuple,* traduit par Marie-José Delage, Editions du Cerf, Paris, 1978.

34 Clément d'Alexandrie, *Le Pédagogue,* traduit par Claude Mondésert, Editions du Cerf, Paris, 1967, Livre 3, 2.

35 Tertullien, *Aux Nations,* Livre 1, 15 ; et sur les sacrifices d'enfants, voir *Apologetics,* traduit par T. R. Glover, Harvard University Press, Cambridge, Massachusetts, 1931, p. 9.

36 Philon, *Des Lois spéciales,* Livre 3, p. 110-119.

37 William E. Lecky, *History of European Morals,* Longman, Londres, 1880, vol. 2, p. 24.

38 *Epître à Diognète.*

39 Tertullien, *Aux Nations,* Livre 1,15.

40 Athénagoras, *Suppliques au sujet des chrétiens,* traduit par Gustave Bardy, Paris, Editions du Cerf, 1943, ch. 35.

41 John Noonan, *Contraception : A History,* p. 86 ; et pour une récapitulation récente, voir Norman M. Ford, *When Did I Begin ?,* Cambridge University Press, Cambridge, 1988.

42 John Boswell, *Christianity, Social Tolerance and Homosexuality : Gay People in Western Europe from the Beginning of the Christian Era to the Fourteenth Century,* University of Chicago Press, Chicago, 1980, p. 99.

43 Philon, *Des Lois spéciales,* Livre 3,108-109, et 3,117.

44 Saint Augustin, *Mariage et Concupiscence,* cité dans John Noonan, *Contraception : A History,* p. 136.

45 Daniel A. Dombrowski, St. Augustine, Abortion, and Libido Crudelis, *Journal of the History of Ideas,* 4 , 1988, p. 156.

46 Jean Chrysostome, *Homélie,* 24, sur l'*Epître aux Romains.*

47 Tertullien, *Apologétique,* traduit par M. de Genoude, Paris, 1841, Livre 9.8.

48 Emiel Eyben, *Family Planning in Graeco-Roman Antiquity, Ancient Society,* 11-12, 1980-1981, p. 69. Mais John Noonan n'est pas d'accord ; voir *An Almost Absolute Value in History,* dans *The Morality of Abortion : Legal and Historical Perspectives,* John T. Noonan, Harvard University Press, Cambridge, Massachusetts, 1970, p. 15.

49 Saint Basile, *Lettre 188 à Amphilochius concernant les Canons* (première lettre canonique).

50 Césaire d'Arles, *Sermons,* 51,4.

51 Joseph Needham, *A History of Embryology,* Cambridge University Press, Cambridge, 1934, p. 58-59.

52 La *Didachê,* 5.2, dans *Les Pères Apostoliques,* traduit par France Quéré, Le Seuil, Paris, 1980 ; et voir John Noonan, *An Almost Absolute Value in History,* p. 10.

53 Minucius Felix, *Octavius,* texte établi par Jean Beaujeu, Paris, Les Belles Lettres, 1964, 30, 2.

54 Césaire d'Arles, *Sermons,* 1.12.

55 Saint Augustin, *Mariage et Concupiscence,* cité par John Noonan, *Contraception : A History,* p. 136.

56 Jean Chrysostome, *Homélie,* 24 sur l'*Epître aux Romains.*

57 Clément d'Alexandrie, *Le Pédagogue,* 3.4.

58 Césaire d'Arles, *Sermons,* 51.1.

59 Césaire d'Arles, *Sermons,* 51.4.

60 Saint Augustin, *La Cité de Dieu,* Livre 7.2.

61 Clément d'Alexandrie, *Le Pédagogue,* Livre 2.10.91.

62 Clément d'Alexandrie, *Le Pédagogue,* Livre 2.10.90.

63 Epiphane accusa les femmes gnostiques de recevoir l'éjaculation masculine dans leurs mains et de l'avaler dans une sorte de communion. Mais si elles s'accouplent, elles interdisent la procréation. Dans leur avide poursuite de la séduction, elles recherchent la jouissance et non la procréation, puisque le diable se moque de ce genre de gens et s'amuse de la créature façonnée par Dieu. Elles parviennent à l'orgasme mais absorbent la semence dans sa souillure : non pas pour l'implanter en elles et favoriser la procréation mais pour le simple plaisir de l'avaler. Cf Epiphane, *Panarion,* 26,5.2-3.

64 John Noonan, *Contraception : A History,* p. 100.

65 Norman E. Himes, *A Medical History of Contraception,* Williams and Wilkins, Baltimore, 1936, p. 71.

66 Amundsen, *Medicine and Faith in Early Christianity,* p. 326-350.

67 Méthode d'Olympe, *Le Banquet,* traduit par Victor Henry Debidour, Paris, Editions du Cerf, 1967, Discours 4,3.

68 Clément d'Alexandrie, *Sur le Mariage,* 7.

69 Lactance, *De Opificio Dei (Le Travail de Dieu),* chap. 12. Lactance déclarait que le développement de l'embryon était censé commencer par le cœur, mais qu'on constatait que, dans les œufs d'oiseau, les yeux étaient les premiers organes à apparaître. Cela montre qu'il se livrait réellement à des observations.

70 Clément d'Alexandrie, *Le Pédagogue,* Livre 2.10, 94.

71 Macrobe, *Saturnales,* 7.6.11-13.

72 Dimitris J. Kyrtatas, *The Social Structure of the Early Christian Community,* Verso, Londres, 1987.

73 Saint Augustin, *La Cité de Dieu,* 14.22.

74 Rosemary Rader, *Breating Boundaries: Male-Female Friendships in Early Christian Communities,* Paulist Press, New York, 1983.

75 Jo-Ann McNamara, Cornelia's Daughters : Paula and Eustochium, *Women's Studies,* 11, 1984, p. 9-27.

76 Aline Rousselle, *Gestes et signes de la famille dans l'Empire Romain* dans *Histoire de la famille,* A. Burguière, C. Klapisch-Zuber et M. Segalen, Colin, Paris, 1986, p. 268.

77 Wayne A. Meeks, *The First Urban Christians : The Social World of the Apostle Paul,* Yale University Press, New Haven, 1983, p. 101.

78 Saint Augustin, *Des Bienfaits du Mariage,* 3.

79 Jean Chrysostome, *La Virginité,* 45.4.

80 Jérôme, *Contre Helvidius,* 19.

81 Aline Rousselle, *Porneia,* p. 244.

82 Jérôme, *Lettre 108 à Eustochium, 4.*

83 Athénagoras, *Supplique au sujet des chrétiens,* Livre 33.

84 Césaire d'Arles, *Sermons,* 44.3.

85 Césaire d'Arles, *Sermons,* 44.7.

86 Saint Augustin, *Des Bienfaits du Mariage, 13-14.*

87 Lactance, *Les Institutions Divines* Livre 5,9, 17 et Livre 6. Voir aussi Minucius Felix, *Octavius,* 28.

88 Hippolyte, *Réfutation de toutes les hérésies,* chapitre 9.

89 Saint Ambroise, *Hexaméron,* 5.18.58.

90 Césaire d'Arles, *Sermons,* 52.4.

91 Césaire d'Arles, *Sermons,* 44.2

92 Saint Augustin, *Des Bienfaits du Mariage,* 13.

93 Jean Chrysostome, *Homélie,* 24 sur l'*Epître aux Romains.*

94 Martin de Braga, *Opera,* 142, cité par John Noonan, *Contraception : A History,* p. 149.

95 John Noonan, *An Almost Absolute Value in History,* p. 10.

96 Tertullien, *De l'Ame,* 25 ; Jérôme, *lettre 22 à Eustochium,* 13.

97 Saint Ambroise, *Hexaméron,* 5.18.58.

98 Saint Basile, *Lettres,* 188.

99 Norman Himes, *op. cit.,* p. 72.

100 Evelyne Patlagean, *Byzance : X^e^-XIe siècles,* dans Philippe Ariès et Georges Duby, *Histoire de la vie privée,* p. 574-595.

101 Peter Brown, *Antiquité tardive,* p. 290.

102 Evelyne Patlagean, *Sur la limitation de la fécondité dans la haute époque byzantine,* Annales ESC, 24, 1969, p. 1353-1369.

103 J.H.W.G. Liebeschuetz, *Continuity and Change in Roman Religion,* Clarendon, Oxford, 1979, p. 295. Voir aussi T. D. Barnes, *Constantine and Eusebius,* Harvard University Press, Cambridge, Massachusetts, 1981, p. 52 et 219-220.

104 Jack Goody, *The Development of the Family and Marriage in Europe,* Cambridge University Press, Cambridge, 1983.

105 Sur les efforts pour restreindre la vie publique active des premières femmes chrétiennes, voir Cyprien, *De habitu virginum.*

106 Elaine Pagels, *Adam and Eve, Christ and the Church : A Survey of Second Century Controversies,* in *The New Testament and Gnosis : Essays in Honour* of Robert McL. Wilson,sous la direction de A. H. B. Logan et A. J. M. Wedderburn, Clark, Edinburgh, 1983, p. 146-175 ; Jean Laporte, *The Role of Women in Early Christianity,* Mellen, New York, 1982.

107 Elaine Pagels, *The Gnostic Gospels,* Random House, New York, 1979, p. 59-65.

108 Irénée, *Contre les Hérésies,* 1.6.2-3.

109 Césaire d'Arles, *Sermons,* 52.4.

110 Jérôme, *Lettre 22 à Eustochium,* 13.

4

Le rôle du mariage au Moyen Age

Vers l'an 600, le déclin des villes d'Europe occidentale – où il semble que les habitants aient largement recouru au contrôle de la fécondité – était déjà bien avancé. Une grande partie des connaissances médicales des Grecs s'était perdue et l'analphabétisme était fort répandu. Les tribus germaniques avaient brisé l'unité du monde méditerranéen ; l'Occident était coupé de la culture de l'Empire d'Orient, qui se perpétuait à Constantinople. La rupture officielle finit par être consommée en 751, quand la chute de Ravenne contraignit les papes à se tourner, à regret, vers les Francs comme nouveaux protecteurs du christianisme latin.

Les Etats barbares d'Occident ont commencé à émerger au Ve s. C'étaient des sociétés violentes, païennes ou influencées par l'arianisme, caractérisées par l'endogamie. Les principaux problèmes d'ordre sexuel auxquels se heurtaient ces populations étaient la crainte du viol, de l'enlèvement et de l'inceste.[1] Les tribus germaniques fondaient leurs droits sur la responsabilité collective de la famille et la vengeance réciproque. Essentiellement rurales, ces tribus étaient constituées de bandes errantes de jeunes hommes célibatairesqui, contrairement à leurs homologues romains, étaient considérés comme indépendants dès qu'ils avaient atteint la majorité. L'Europe avec sa culture urbaine et son commerce avec les pays lointains n'existait plus. Une civilisation rurale de moindre envergure était venue la remplacer.

Entre l'an 542 et l'an 750, plusieurs épidémies ravagèrent le continent, diminuant de moitié la population : elle ne regagna lentement son niveau précédent, soit trente-deux millions d'habitants, que vers l'an 1000. Une croissance rapide se produisit alors, jusqu'à ce qu'une autre désastreuse pandémie, la fameuse Peste noire, vint s'abattre sur elle au XIVe s.[(2)]

Luc Buchet, dans une étude démographique reconstituant la vie d'un village normand, a livré un aperçu des risques que devait affronter, au cours de son existence, un citoyen du début du Moyen Age. Son ouvrage révèle un taux de mortalité infantile de 45 % et une espérance de vie de trente ans.[(3)] Plus de la moitié de la population n'avait pas vingt-cinq ans; les trois quarts étaient des femmes et des enfants. Les filles se mariaient dès treize ans ; la moitié seulement d'entre elles supportaient vingt ans de maternité. Les taux de survie infantile, tout au long du Moyen Age, étaient si remarquablement bas que la taille des familles ne pouvait être que modeste. Les donateurs des grandes abbayes n'avaient en moyenne qu'une descendance de 2,6 enfants. Près de la moitié n'avait aucune descendance.[(4)]

La plupart des historiens en ont conclu qu'on n'avait pas dû pratiquer la limitation des grossesses à la « période sombre » du Moyen Age. Norman Himes, dans son étude *A Medical History of Contraception,* estime que l'époque ne présente pas d'intérêt pour un historien du contrôle des naissances. Les chercheurs qui l'ont suivi ont eu tendance à partager cet avis. Ne s'agissait-il pas d'une époque de brutalité et de superstition où la raison n'avait que peu de place, où l'on ignorait les demandes des femmes et où l'on accueillait volontiers des hordes d'enfants comme une source de main-d'œuvre bon marché ? L'esprit médiéval, décida-t-on, ne pouvait envisager ni la nécessité ni les moyens de contrôler la procréation.(5)

Etait-ce si simple ? De toute évidence, les hommes du Moyen Age n'ont pas poursuivi la discussion sophistiquée, engagée par les Grecs et les Romains, portant sur les problèmes de reproduction. En tant que gardienne de ce qui subsistait de la culture occidentale, l'Eglise condamnait toutes les pratiques sexuelles contre nature. Toutefois, entre le VIe s. et le XIVe s., l'idée de contrôle de la fécondité ne fut jamais complètement abandonnée. Ce qui disparut bel et bien, ce fut le modèle traditionnel et romain de la famille. Avec le changement des conditions matérielles, des pressions idéologiques et la force des normes culturelles, de nouveaux groupes ont émergé peu à peu. Parmi les changements les plus importants, il y eut le déclin de l'esclavage. L'emploi de main-d'œuvre servile dans les fermes n'avait jamais donné de résultats très probants ; avec la chute de l'Empire, l'approvisionnement en esclaves et leur contrôle se trouvèrent fortement compromis. Les propriétaires terriens ne pouvaient désormais espérer exploiter pleinement leur domaine qu'en y installant des familles de serfs qui y travaillaient en métayers. Les énormes latifundia furent peu à peu remplacées par de multiples manoirs familiaux. La création de nouvelles formes de famille aboutit nécessairement à une révision des stratégies traditionnelles de reproduction.

L'historien Tacite louait les Germains d'avoir des épouses monogames et travailleuses, qui ne recouraient pas aux contraceptifs et qui allaitaient leurs nombreux enfants.(6) En fait, la monogamie n'émergea que lentement dans l'Europe du Nord. Les Gallo-Romains avaient recours au concubinage avec des esclaves et à des remariages – « *friedlehe* » – pour renforcer les alliances familiales. Charlemagne eut quatre épouses officielles successives et six concubines. Les chefs barbares prenaient fréquemment des concubines, car les enfants qui naissaient de ces unions ne pouvaient aucunement prétendre à la fortune familiale. Césaire attaqua cette conception ambiguë, tolérant l'homme qui « se vautre avec quantité de servantes dans le cloaque de la débauche ».(7) On eut aussi recours à l'endogamie pour consolider la famille. Cette pratique ne connut un déclin chez les Carolingiens qu'après le concile de Mayence, en 829. Les femmes avaient tendance à être attirées par les hommes puissants. Le mariage était scellé par un échange de biens et par des rapports sexuels. La femme désormais appartenait au mari. Le décret de 614 promulgué par Clotaire III, qui déclarait que la femme consentir au mariage, tomba lettre morte. Elles n'avaient pas grand-chose à dire dans ce genre d'union. On acceptait la polygamie et le rapt était chose courante. On ne sait pas très bien si les Francs connaissaient le divorce, mais les Burgondes pouvaient renvoyer une épouse pour adultère, pour « maléfice » (emploi de drogues pour provoquer l'avortement) ou si elles avaient été violées.(8) Partout les femmes étaient soumises au pouvoir de l'homme : une femme adultère risquait d'être étranglée, brûlée vive ou soumise à l'épreuve de l'eau.

Le christianisme fournit aux Germains et aux Romains un moyen de communication, mais n'exerça d'influence réelle sur les Francs qu'après 751, quand la lignée mérovingienne s'éteignit avec Pépin. A partir du règne de Louis Ier le Pieux, empereur d'Occident de 814 à 840, l'Eglise dénonça sévèrement la polygamie et le concubinage. Elle condamna aussi l'inceste. L'élite mit longtemps à renoncer au concubinage pour limiter le nombre d'héritiers légitimes ou à l'endogamie pour protéger la propriété. L'aristocratie tenait pour acquis qu'elle devait produire des héritiers mâles et donc abandonner les épouses stériles. Quand l'archevêque de Reims, Hincmar, et le pape Nicolas Ier cassèrent les décisions du concile de Metz en empêchant le divorce de Lothaire II au IXe s., ce fut un tournant. A titre de compromis, l'Eglise autorisa désormais les séparations et les remariages mais seulement si on invoquait l'inceste comme raison de mettre un terme au premier mariage.(9) Au Xe s., le mariage monogame et indissoluble finit par s'ancrer dans les mœurs, d'abord dans le Sud, plus tard dans le Nord.

Le mariage était restreint par la nécessité d'apporter une dot. Les Grecs et les Romains donnaient des dots à leurs filles, mais l'empereur Majorien s'inquiéta, en 458, de voir le développement des contre-dots chez les futurs époux retarder les mariages et faire diminuer le taux de natalité. Certains témoignages montrent que, à la fin de l'Antiquité, l'âge des jeunes mariées augmentait quelque peu tandis que celui des époux diminuait. Les Romains se préoccupaient surtout de l'augmentation du nombre de femmes célibataires. Elles étaient peu nombreuses dans le monde antique, puisque l'on supposait que toute femme finirait par se marier. Dans la société germanique, plus turbulente, les hommes par tradition « achetaient » les femmes en versant une somme à la famille de la jeune fille. Même si le décret de 614 de Clotaire III stipulait que la femme devait donner son accord au mariage, la famille continuait à en discuter l'arrangement et une somme était versée par la famille du marié. Le mari fournissait le « cadeau du matin » à titre de paiement de la virginité de l'épouse, somme que ses parents redonnaient à la femme pour lui servir de dot.

On a affirmé qu'au début du Moyen Age, les femmes avaient des pouvoirs plus étendus que leurs homologues romaines, pouvoirs qu'elles perdirent au XIIIe s. Bien qu'il soit toujours dangereux de rechercher « le bon vieux temps » des femmes, il semble pourtant que les femmes franques jouissaient bien de certaines libertés.[10] On ne les considérait pas juridiquement comme des mineures et elles pouvaient assurer la tutelle de leurs enfants. Les Germains, qui reconnaissaient les liens de parenté du côté masculin comme du côté féminin, léguaient donc des héritages aussi bien aux fils qu'aux filles. La ligne maternelle était importante : le frère de la mère faisait souvent office de protecteur de ses enfants. Les reines détenaient des pouvoirs réels, comme les veuves. Les relations féodales, fondées sur la parenté, conféraient aux femmes de l'aristocratie une influence réelle.

Les femmes se tournaient aussi vers l'Eglise pour qu'elle protège leurs intérêts. Elles en étaient souvent les premières recrues.[11] L'Eglise, en insistant sur l'importance du consentement individuel au mariage, devint sans le vouloir le champion de « l'amour ». En outre, le clergé, en partie parce qu'il était toujours en quête d'aumônes, défendait le droit des femmes à rédiger des testaments et se posait en défenseur de la veuve et de l'orphelin. Les riches veuves, à leur tour, apportaient leur aide à l'Eglise, beaucoup finissant par se retirer dans des couvents. Certes, on attaquait les épouses des membres du clergé et les femmes qui prêchaient : la religion n'en offrait pas moins aux femmes un refuge légitime loin de la vie conjugale qui manquait aux païens.

Jack Goody a laissé entendre que l'Eglise chrétienne joua un rôle considérable dans l'établissement d'une nouvelle forme de la famille en Europe. L'Eglise reconnaissait qu'en prenant le contrôle du mariage, elle pouvait saper le paganisme : « comme la religion était ancrée dans le domaine domestique, la conversion impliquait le contrôle de la vie familiale. »[12] Mais l'enjeu était plus grand. Jack Goody affirme qu'en condamnant les mariages consanguins, le concubinage et l'adoption – les stratégies familiales traditionnelles utilisées par les Romains pour produire des héritiers, assurer la lignée familiale et consolider les biens de la famille – l'Eglise découvrit une façon de jeter les bases de son propre pouvoir économique. Maintenant que les anciennes méthodes d'héritage étaient supprimées, bien des individus n'avaient d'autre choix que de céder leurs terres à la paroisse locale. On obtint des résultats analogues quand l'Eglise prit la défense des droits de la femme et de sa capacité à tester. Les veuves, dont on reconnaissait le douaire, mais que l'Eglise empêchait de se remarier, avaient tendance à léguer leur fortune à l'Eglise. En d'autres termes, selon Jack Goody, l'Eglise avait de bonnes raisons de favoriser les droits de la parenté et de défendre l'autonomie du noyau familial.[(13)]

Au XIIe et au XIIIe s., le recours par l'Eglise au thème du « Christ en tant que mère », affirme Carolyn Walker Bynum, remettait en valeur le mariage et la maternité. L'intérêt pour les enfants était manifeste. En témoignent les récits de cures miraculeuses de bébés malades et les nouvelles tendances affectives qu'on observait dans les représentations de la nativité. Mais le statut des vraies femmes semble en fait avoir décliné au XIVe s. La dévotion à la mère pouvait souvent s'accompagner de misogynie.[(14)] Le penchant des femmes pour la spiritualité dans le Moyen Age plus tardif et le développement des couvents pourraient bien n'être dus qu'à la suppression d'autres options.

Les tribus germaniques reconnaissaient les liens de parenté du côté paternel comme du côté maternel, mais à la fin du IXe s., la famille européenne adopta une structure plus « verticale ». On observa un déclin dans le droit de la femme à la propriété. Avec le temps, le prix versé pour acquérir une épouse diminua. Dans l'ambiance paisible et prospère du XIe s, on vit réapparaître comme dot le modeste trousseau donné à la jeune mariée. Le cadeau « matinal » offert par le jeune marié en échange de la virginité de la jeune épouse, qui constituait le fondement de l'association des biens du couple, se développa également. On protégeait aussi de plus en plus l'héritage des filles, leur dot étant en effet considérée comme un legs entrevifs qui mettait un terme à toute autre demande sur les biens familiaux.[15] La réapparition de la dot était le signe d'une évolution sur le marché du mariage. On faisait pression sur toutes les filles pour qu'elles prennent un mari, mais seuls les fils aînés étaient recherchés. Les femmes se trouvaient ainsi en compétition. En même temps, le mariage leur semblait d'autant plus important qu'elles étaient exclues du nouveau régime des institutions masculines : armée, bureaucratie étatique et guildes.[16]

Dans l'élite apparut un système de lignée, se transmettant principalement par les hommes, dans lequel le rôle des parents de la femme ne cessait de diminuer. La bilatéralité ne disparut pas, mais elle fut dotée de fonctions nouvelles. Georges Duby observe un important changement dans la structure de la famille aristocratique aux environs de l'an 1000. On se mit à élaguer les branches collatérales, en décourageant le mariage des plus jeunes fils que l'on faisait entrer dans l'Eglise ou que l'on envoyait en croisade. On appliqua le principe de la primogéniture pour transmettre la plus grande partie de l'héritage à un unique héritier mâle. Le système patronymique – l'utilisation par tous les membres de la famille du nom du père – émergea avec le système seigneurial et la révolution féodale. Il y avait, bien entendu, des différences régionales. C'était dans les régions où l'on pouvait efficacement exploiter des fermes prospères et plus vastes, qu'on tendait à limiter le nombre des héritiers. Dans les régions boisées, où il fallait un travail plus intensif, on avait plus de chances de rencontrer des héritages divisés entre les enfants.

L'âge auquel l'on se mariait changea aussi. Il semble

que les hommes barbares se mariaient plus tôt que les Romains. Selon Devroy, les femmes continuaient à se marier dès quatorze ou quinze ans. Zerner suggère un âge plus mûr. Les Carolingiens ont assurément commencé à retarder l'âge du mariage. A l'époque du haut Moyen Age, on se mariait assez tard en Angleterre. J. Hajnal en concluait que l'Angleterre, comme la Bulgarie et la Roumanie, avaient connu des mariages précoces au Moyen Age et qu'on était passé à un âge plus mûr au début des temps modernes. Le système matrimonial qui émergea finalement en Europe occidentale se caractérisa par l'âge tardif de la mariée et le faible écart avec celui de son conjoint. Il semble, en réalité, que l'âge auquel on se mariait au Moyen Age ait été très variable.(17) David Herlihy a découvert qu'en Italie, il pouvait descendre jusqu'au début de l'adolescence en période de prospérité, mais qu'il remontait à vingt ans et plus en période de crise. La structure des propriétés, le contrôle patriarcal et la proportion des sexes, tous ces éléments jouaient un rôle. Dans la Florence du XIIe s., les hommes se mariaient en général après vingt-sept ans, et les femmes avant vingt-deux ans. Partout les hommes semblent s'être mariés aux alentours de la trentaine au cours du désastreux XIVe s.(18) Beaucoup ne se mariaient jamais. Les foyers très peuplés étaient souvent dus, non à une croissance de la population, mais aux enfants qui ne pouvaient pas se marier. Les filles célibataires cherchaient refuge dans les fondations religieuses, les couvents et les « béguinages » ou communautés de femmes laïques. En Angleterre, l'accès des couvents était interdit aux paysannes et le mariage demeurait la seule option.

Cette apparition au Moyen Age d'une forme de famille particulière, unique à l'Europe occidentale, continue à fasciner les théoriciens de la société. On se demande encore si elle encourageait ou non, comme le prétendent ses enthousiastes défenseurs, la mobilité, l'individualisme et l'amour. Ce qui est clair, c'est qu'elle différait des structures familiales non occidentales, en ce qu'elle tenait compte de la lignée maternelle aussi bien que paternelle et qu'elle combinait des liens conjugaux forts avec ceux de parentés beaucoup plus faibles. Elle comprenait un système de mariage exogame où les femmes circulaient et elle encourageait, non pas la réclusion, mais l'activité publique des femmes. Sa particularité sur le plan démographique – que J. Hajnal fut le premier à signaler – c'est l'âge tardif auquel en moyenne on se mariait et la proportion non négligeable de célibataires. Dans l'ensemble, à la fin du Moyen Age, les femmes étaient moins nombreuses à se marier et celles qui prenaient époux avaient tendance à être plus âgées que leurs homologues romaines. On y a vu la preuve de ce qu'elles jouissaient d'une certaine indépendance économique, une indépendance qui aurait bien pu se manifester aussi dans un désir de prendre le contrôle de leur propre corps.[19] La structure familiale de l'Europe occidentale qui finit par émerger reposait assez fortement sur la notion d'indépendance.[20] En Angleterre et dans le Nord de la France, les familles réduites à un couple étaient les plus répandues. On observait manifestement un grand désir d'avoir des maisons séparées. Les parents faisaient de gros efforts pourque leurs enfants puissent vivre de façon autonome, et, quand ils prenaient leur retraite, ils cherchaient des contrats avec leurs enfants pour conserver autant d'indépendance que possible. L'Europe du Nord et de l'Ouest se distinguait ainsi de plus en plus de l'Europe du Sud, où l'on a pu observer des tendances différentes. Sur le littoral méditerranéen, la parenté se déterminait simplement par la lignée mâle; en Europe du Nord, par les deux côtés. Dans le Sud, on continuait à rencontrer davantage de foyers multiples, une plus grande disparité d'âges au sein des couples, une domination des hommes plus marquée et une vie publique moins accessible aux femmes.

Toutefois, on ne peut réduire l'évolution de la structure familiale au simple passage d'une famille étendue à une famille « nucléaire ». Le processus fut plus complexe, dans la mesure où il était étroitement dépendant des conditions économiques. Les familles individuelles étaient plus libres dans le haut Moyen Age ; à la suite des catastrophes du XIVe s., elles accordèrent davantage d'importance à la protection offerte par la lignée paternelle élargie. En fait, chaque fois que des problèmes se posaient – par exemple, la mort d'un des soutiens du foyer – on pouvait s'attendre à voir intervenir la famille élargie, si elle vivait dans les parages.[21]

Georges Duby souligne qu'il existait au XIe s. deux modèles de mariage : le profane et le religieux. Les époux unis par un mariage profane recouraient à toutes les tactiques nécessaires pour protéger le patrimoine et assurer la perpétuation de la lignée familiale. Le modèle religieux était proposé par l'Eglise, qui menait la guerre contre l'endogamie et le divorce. Elle considérait le mariage en soi avec méfiance mais finit par l'utiliser comme arme contre le désir et par en faire un sacrement. Georges Duby précise bien que, même si nous n'avons trace que de mariages célébrés par l'Eglise, il est clair, à en juger l'opposition qu'ils provoquaient, que d'autres modèles existaient :

> « La résistance ne venait pas, comme les prêtres affectaient de le croire, d'une indocilité maligne, du désordre. Elle venait d'un autre ordre, d'un autre ensemble de règles, de principes, indigène celui-ci, non point importé comme l'avait été le christianisme, vénérable, et dont nous ne savons rien, sinon par cette résistance même qu'on le voit opposer, puisqu'il n'était pas conservé par l'écriture, mais dans les mémoires et manifesté par les seules dispositions du cérémonial, par des paroles,

par des gestes fugaces. »[22]

L'Eglise rencontrait-elle une résistance analogue à ses enseignements sur la procréation ? Georges Duby et Jack Goody ont amené les chercheurs à étudier les moyens par lesquels l'Eglise s'efforçait de limiter les tentatives des hommes de l'aristocratie pour avoir des héritiers : par le divorce, le remariage, la polygamie, le concubinage et l'adoption. Mais on n'a guère mentionnait les efforts de l'Eglise pour empêcher les femmes de recourir aux moyens traditionnels de limiter les naissances. L'Eglise finit par adopter un compromis avec l'aristocratie sur la nécessité d'avoir des héritiers. Existe-t-il une trace d'un compromis analogue avec les femmes concernant la nécessité de limiter les grossesses ?

Georges Duby ne se penche pas sur la question. Selon lui, les mariages prolifiques étaient le point sur lequel la morale ecclésiastique et la morale laïque s'entendaient.[23] Il est frappant, en effet, que, si les premiers Pères de l'Eglise avaient considéré le mariage et la maternité avec un parfait manque d'intérêt, sinon avec dégoût, l'Eglise médiévale en vint à partager la ferveur des tribus du Nord pour les familles nombreuses. Comme les barbares avaient la réputation d'avoir une progéniture abondante, on pourrait supposer que l'injonction de l'Eglise à « croître et multiplier » aurait été superflue. Isidore de Séville n'était pas seul à penser que les « Germains » tiraient leur nom du fait qu'ils étaient doués pour engendrer les enfants.[24]

On ne défendait plus le « malthusianisme » dynastique du monde antique. Les barbares ne s'intéressaient manifestement pas autant que les Romains à limiter le nombre de leurs enfants, pour la simple raison qu'ils n'investissaient pas dans leur éducation. On considérait les enfants comme un produit précieux ; la procréation devenait une obsession. Les amendes imposées par les Germains aux personnes responsables d'une mort violente fournit une indication de l'importance qu'ils attribuaient à la reproduction : pour la mort d'une vieille femme, 200 sous et pour une mère de famille, 400 sous ; pour une femme enceinte, 700 sous et pour un avortement à la suite d'une agression, 100 sous.[25] Si on ne pouvait avoir de progéniture naturelle, on trouvait des remplaçants lors des razzias et on les faisait travailler comme esclaves. On en plaçait de nombreux dans des monastères qui faisaient office, comme l'a montré clairement Bède le Vénérable, de véritables nurseries. A des époques où on avait particulièrement besoin d'effectifs, comme lors de la reconquête chrétienne de la péninsule ibérique sur les musulmans, on chantait particulièrement les louanges de la fécondité.

Même si elles donnèrent rarement naissance avant d'avoir dépassé vingt ans, nombre de reines du Moyen Age se mariaient entre dix et quatorze ans. Ainsi, Blanche de Castille épousa Louis VIII à douze ans. Elle eut son premier enfant à dix-neuf ans et douze autres avant d'avoir atteint l'âge de quarante ans.[26] La « bonne » épouse était l'épouse féconde. Certaines, reconnaissant la « valeur politique d'une grossesse voyante », prirent l'habitude de mettre en avant leur ventre. Barbara, épouse de Ludovic Gonzaga, qui lui donna onze enfants en vingt-deux ans, écrivait : « Je crois qu'il y a peu d'épouses qui font un tel honneur à leur mari, surtout en étant enceinte à l'âge où je suis[27]. » Les gens du peuple partageaient ce point de vue. Dans l'Italie du XIVe s., les femmes se mariaient en moyenne à quatorze ans et les hommes à trente. Une fois mariés, la procréation était rapide, surtout parmi l'élite. Jusqu'à un quart des premières naissances se situaient dans les neuf premiers mois du mariage.

Les fabliaux français et les devinettes anglo-saxonnes du IXe s. illustrent le naturel populaire paillard qui vantait ces pratiques. Ainsi, dans une de ces devinettes, il est demandé : « Qu'est-ce qui est raide, vigoureux, ardu, effronté et percé sur le devant ? ».[28] On espérait évidemment obtenir une réponse plus intéressante que le mot « clé ». L'idée qu'il fallait s'acquitter du « devoir conjugal » était prise si au sérieux qu'en 1068, Guillaume le Conquérant permit à ses troupes de retourner en Normandie après que les soldats aient signé une pétition pour obtenir satisfaction.[29] Les médecins, pour leur part, continuaient d'affirmer que le coït était essentiel à la bonne santé du corps.

Le public applaudissait une vigoureuse sexualité conjugale. A la cérémonie du mariage, on criait des obscénités pour exciter les passions. Toute la parenté accompagnait le jeune couple jusqu'à son lit conjugal et le lendemain on exposait les draps souillés. Une telle surveillance de la communauté avait une conséquence : même si l'amour avant le mariage était chose courante, les taux de naissances illégitimes étaient faibles. Bien sûr, il y avait des variations importantes selon les régions. Le folklore de l'Europe du Sud insistait beaucoup plus sur l'importance de la virginité, le mariage après la puberté et l'endogamie que la culture anglaise.

Curieusement, ce désir d'enfants ne se manifestait pas par des adoptions. Pour les Anciens, il était aussi important d'élever des enfants que d'en porter, et ils eurent largement recours à l'adoption. Les notions de maternité et de paternité se trouvaient ainsi diluées et diffuses. Si l''Eglise se contentait de critiquer l'accueil des enfants dans une famille qui n'était pas la leur et la mise en nourrice, elle cherchait activement à mettre un terme à l'adoption, et elle finit par y réussir. Pourquoi ? Par peur de l'inceste ? Parce que l'adoption était liée au culte des ancêtres ? Parce que l'on associait des héritiers fictifs à la notion de plusieurs mariages ? Tous ces éléments, à n'en pas douter, ont joué un rôle, mais ce sont les chrétiens qui ont le plus insisté sur l'idée que les héritiers n'étaient pas aussi importants qu'une progéniture spirituelle. Le parrainage apparut comme une institution dont l'importance ne cessa de croître.[30] Par une ironie du sort, ces attaques contre l'adoption amenèrent les chrétiens à insister plus que jamais sur le caractère biologique de la procréation, comme le faisaient les barbares.

Dans le but d'encourager les conceptions, les couples eurent recours à toute une diversité de méthodes médicales et magiques. Les ouvrages des guérisseurs anglo-saxons contenaient des renseignements sur la façon dont on pouvait employer potions et prières pour exciter ou réduire la passion, faciliter et assurer la grossesse, prévenir les fausses couches, déterminer le sexe de l'enfant, garantir un accouchement sans problème et un allaitement suffisant.[31] A travers l'Europe, on continuait à pratiquer les rites païens traditionnels de fécondité, faisant appel à des puits, des bois et des pierres sacrés.

On exploitait aussi les théories classiques des humeurs. Ainsi, dans le *Conte du marchand*, G. Chaucer mentionnait les mesures qu'un homme pourrait prendre pour s'assurer de sa puissance sexuelle, ou « courage » : « Il boit de l'hypocras, du vin de Bordeaux et des mélanges de fortes épices pour accroître son courage. »[32] Ce genre de renseignements sur les moyens de favoriser la conception était popularisé dans des traités comme le *De secretis mulierum,* attribué à Albert le Grand (1206-1280) et le *Trésor de santé* de Jean XXI (1276). Dans ce dernier ouvrage, sur cent seize prescriptions, trente-quatre concernaient des aphrodisiaques, vingt-sept des anaphrodisiaques, cinquante-six assuraient la fécondité et vingt-six la contraception. On donnait aussi des conseils sur la façon de traiter « l'inflammation de la verge », « l'enflure des bourses », « la défloration ».[33] Au XVe s., le *Traité de la matrice* d'Antonius Guainerius décrivait des médecins expliquant aux sages-femmes comment répondre aux demandes des patientes concernant la stérilité, les descentes d'organes et l'arrêt des menstrues. Pour assurer la conception, on conseillait des emplâtres réchauffants et des pessaires. Pour combattre l'ardeur excessive qui aboutissait à l'excitation, on conseillait des régimes rafraîchissants et le jeûne.(34) On lisait, dans ce genre d'ouvrage, qu'une sensation de « succion » sur le pénis impliquait une union réussie et qu'on pouvait vérifier si une femme était enceinte en lui faisant boire du miel et de l'eau. Si cela provoquait des coliques, on la déclarait enceinte. On estimait aussi que des envies et une titillation de la matrice étaient des signes propices. Pour vérifier la stérilité, on ajoutait de l'urine à du son : s'il germait, c'était signe de fécondité.(35) L'Eglise fermait les yeux sur les tentatives de magie pour déterminer le sexe et faciliter la fécondité.(36) Guibert de Nogent (1053-1124) approuva même un cas où on avait eu recours à la magie pour mettre un terme à l'impuissance. Un homme affirmait que son infortune était manifestement causée par la magie noire car « coucher pour le plaisir avec une ancienne concubine était possible, mais c'était impossible avec son épouse légitime ». Au bout du compte, « un traitement ecclésiastique » lui rendit sa virilité.(37) Philippe II de France souffrait de la même affection.(38) La « magie blanche » à des fins thérapeutiques n'était pas condamnée par l'Eglise. Les premières fois où l'Eglise intervint dans le mariage – bénédiction du lit, etc. – il s'agissait en fait de formes d'exorcisme. Le pèlerinage et les prières effectuées en vue de guérir la stérilité étaient choses communes.

Georges Duby laisse entendre que la tradition médiévale de l'hypergamie – des aristocrates épousant des femmes de condition supérieure – sous-entendait des craintes d'impuissance. Il faut reconnaître aussi que l'intérêt des hommes pour les pouvoirs reproductifs des femmes – mais aussi la crainte que cela leur inspirait – alimentait largement la misogynie marquée du Moyen Age. Paradoxalement, si c'est la santé et le bien-être des femmes qui étaient menacés par le mariage et les problèmes causés par la grossesse, c'est la sexualité féminine que l'Eglise choisit de présenter comme dangereuse. Les rapports réguliers, disait-on, ruinaient la santé des hommes et en amenaient certains à se retirer, épuisés, dans des monastères. Guibert de Nogent citait un de ces nobles « d'un âge avancé, physiquement épuisé, qui avait – ce qui est mortel pour de tels hommes – une femme ayant plus d'entrain pour la vie conjugale ».[39] Les prêtres, en outre, déclaraient les menstrues polluantes et l'on avançait l'idée que les hommes, contrairement aux femmes, pouvaient contracter la lèpre à la suite de rapports sexuels.[40]

La vieille idée de l'insatiabilité sexuelle des femmes était encore fort répandue. La masturbation masculine valait dix jours de pénitence et la masturbation féminine, puisqu'elle permettait aux femmes d'éviter leur devoir vis-à-vis des hommes et de la procréation, méritait une année de pénitence. Burchard de Worms, le célèbre spécialiste en droit canon, faisait montre de la même indulgence envers les hommes qui forniquaient avec une « femme vacante ». C'était un péché plus grave de se montrer trop empressé envers son épouse, puisque le mariage était censé maîtriser le désir.[41] On retrouve ces tendances anti féministes chez John de Salisbury et chez Walter Map, qui en faisaient remonter l'origine à Théophraste et à saint Jérôme. Dans ces écrits, on comparait les femmes à des adultères, à des gloutonnes et à des putains. *Le Decretum* de Burchard de Worms s'étendait sur leur recout aux lesbiennes, aux godemichés et à la bestialité aussi bien qu'à leur pratique de l'avortement et de la contraception.

L'humour populaire raillait communément le mariage et les responsabilités qu'il impliquait : « l'homme est un âne aiguillonné par le désir de nourrir les rejetons produits par sa femme. » Les attaques sur l'impudeur dans le mariage en attribuaient d'ordinaire la responsabilité à la femme. Celle-ci s'intéressait au sexe pour d'autres raisons que pour la procréation. On réclamait donc qu'on la formât à se montrer timide :

« Les femmes furent conçues pour aider
leur compagnon,
Pour conserver la semence de l'humanité.
A part cela, quelle épreuve d'avoir une femme
Si l'on n'est pas maître chez soi. »[42]

Les rites du mariage et de l'hommage se ressemblaient de plus en plus, tous deux insistant sur la nécessité d'établir l'ordre et la hiérarchie. L'Eglise ainsi s'efforçait de protéger les hommes de la domination des femmes. En élaborant, au XIIe s., la doctrine de l'immaculée conception de Marie, on mit l'accent sur l'abîme qui séparait les vraies femmes sexuellement dangereuses du parangon des vertus féminines.[43]

Malgré toutes les tentatives pour renforcer la docilité des femmes et toutes les méthodes médicales et magiques employées pour développer la fécondité, les familles au Moyen Age étaient de taille modeste. Les contraintes économiques jouaient un rôle capital. En réalité, les hommes et les femmes du Moyen Age vivaient dans une société très fortement rurale. L'existence de petites fermes signifiait qu'il pouvait difficilement y avoir autre chose que des familles relativement peu nombreuses. Leur taille était déterminée dans l'ensemble par un mariage tardif. Comme la terre constituait la principale source de richesse, les fils devaient généralement attendre la mort ou la retraite d'un père pour acquérir l'indépendance économique qui leur permettrait de fonder un nouveau foyer. En outre, une forte proportion d'entre eux ne se mariaient jamais. Pour ceux qui choisissaient quand même le mariage, une brève espérance de vie alliée à un mariage tardif aboutissait à des unions qui ne duraient que de quinze à dix-sept ans. Cela signifiait une faible faculté de reproduction. En outre, le taux élevé de mortalité infantile diminuait encore le nombre des enfants. En Sicile, seulement 1,7 enfant survivait par famille, comparé à 4 dans le Quercy.[44] En Europe, la moitié seulement de la population atteignait l'âge de vingt ans. La plupart des familles était peu nombreuses. Dans la société carolingienne, la famille moyenne comptait deux ou trois enfants en Provence et en Champagne, trois ou quatre plus au nord.[45] Dans l'Angleterre du XIIIe s., il y avait environ cinq résidents par foyer ; au début du XVe s., ce chiffre tomba à quatre.[46]

Bien des familles nobles connurent avoir de réelles difficultés à se perpétuer. La lignée carolingienne s'éteignit en 987. Celle d'Otton en 1002 et celle de Rodolphe de Bourgogne en 1032. Comme les rivalités fraternelles se révélaient souvent la plus grande menace pour l'harmonie de la famille, on tenta de n'avoir qu'un seul fils. Bobo et Hughes, de la famille des rois de Provence, n'eurent chacun qu'un fils légitime et, par un « choix conscient » se tournèrent vers des concubines.[47] Dès l'instant où l'héritage divisible dominait, comme ce fut le cas dans presque toute l'Europe jusqu'au XIe s., les familles nanties qui ne voulaient pas voir leurs terres divisées avaient intérêt à limiter le nombre de leurs héritiers. L'émergence au XIe s. de la primogéniture, qui permettait la transmission de l'héritage intact au fils aîné, dissipa ce genre de pression.

On a principalement attribué le nombre relativement faible d'enfants dans la famille médiévale au mariage tardif et au taux élevé de mortalité infantile. Mais la limitation des grossesses a fort bien pu jouer aussi un rôle.

K. J. Leyser, se penchant sur le cas des familles nobles de la Saxe ottonienne, trouvait frappant « que les enfants des souverains ottoniens du Xe s. étaient nés en rapide succession et que les maternités cessaient complètement avant que la mère ait même atteint l'âge de trente ans ».[48] Des témoignages analogues ont été recueillis par David Herlihy, qui montrent bien que la taille des familles dans la Toscane du XIVe s. était contrôlée. Les femmes qui se mariaient jeunes ne faisaient pas plus d'enfants que celles qui se mariaient tard; à partir de vingt-sept ans, leur fécondité déclinait. En outre, les femmes de Florence, notamment celles des classes populaires et de la bourgeoisie, cessaient d'avoir des enfants plus tôt que les femmes de la campagne. A trente-cinq ans, la moitié des épouses citadines étaient stériles, contre un tiers seulement des femmes de la campagne. Saint Bernardin, le grand prédicateur siennois du XVe s., savait parfaitement ce qui se passait quand il déplorait :

> « Oh, de quelle nombreuse façon indicible et incroyable les maris abusent-ils de leurs épouses. Qui pourrait jamais les évoquer sans tomber dans l'indécence ? »[(49)]

Les traditionalistes ont considéré avec méfiance les découvertes comme celles de David Herlihy. On a suggéré que les populations du Moyen Age, incapables de séparer la procréation du plaisir, n'avaient pas une « mentalité contraceptive ». Et puisqu'il existait un ensemble dominant de pratiques familiales visant à engendrer des enfants, il faut bien s'attendre à trouver parallèlement un groupe opposé visant à en limiter le nombre. Les contemporains ne croyaient manifestement pas que la procréation était le seul but des rapports sexuels. On voit bien que, dans les histoires d'amour courtois du milieu du XIIe s., les naissances n'étaient pas le fruit de séductions. Ceux qui couchaient « plus pour le plaisir que par souci de se multiplier » étaient l'objet du courroux de Chaucer dans le *Conte du prêtre et de la nonne.*[(50)] De même Bartholomée Anglicus notait, au XIIIe s., que certains utilisaient leur membre sexuel non pour avoir des enfants, « mais pour se vautrer dans le plaisir et la luxure ».[(51)] La littérature populaire française du XVe s. montrait aussi qu'on regrettait souvent les grossesses.[52] On voit apparaître dans ces textes des différences culturelles. Dans le folklore français, on se plaignait fréquemment de grossesses trop nombreuses. On évoquait souvent comme une catastrophe l'arrivée d'un enfant supplémentaire, surtout à compter du XIIIe s. Ce genre de doléances était moins courant dans les contes anglais.

On attribuait principalement aux femmes les tentatives faites pour contrôler la procréation. Saint Bernardin reprochait aux maris d'utiliser des moyens « contre nature et contre le bon usage du mariage », mais c'est aux épouses qu'il réservait ses commentaires les plus sévères :

> « Et je dis ceci aux femmes à cause de qui les enfants qu'elles ont conçus sont anéantis : pire encore, celles parmi elles qui s'arrangent pour qu'ils ne puissent être conçus. Qui, si elles ont conçu, les détruisent dans la matrice. Vous que cela concerne, vous êtes plus maléfiques que des meurtriers... ô maudites par Dieu, quand ferez-vous pénitence ? Ne voyez-vous donc pas que, comme le sodomiste, vous êtes à l'origine du rapetissement du monde. Entre vous et lui, il n'y a pas de différence. »[53]

L'Eglise traitait la régulation de la fécondité comme « une question féminine », car on supposait que c'étaient elles qui en prenaient l'initiative. Les pénitentiels montraient qu'on estimait la femme seule responsable des avortements et de la contraception. Pourquoi s'efforçait-on de contrôler la fécondité ? Les hommes d'Eglise reconnaissaient que des pressions économiques n'étaient pas étrangères au désir aussi bien des hommes que des femmes de limiter les grossesses. Hostiensis (Henri de Suse) accusait :

> « Que la progéniture soit accueillie avec reconnais-

sance, qu'il s'agisse d'un garçon ou d'une fille. Que l'on remercie le créateur sans un murmure, même en face d'une excessive pauvreté. »

Pierre de Palude notait, au XIVe s. que le mari avait recours au coït interrompu pour éviter « d'avoir plus d'enfants qu'il ne peut en nourrir ». On retrouve ces mêmes propos, au XVe s., sous la plume de John Nider et de Trovamala.[(54)]

Les femmes, estimait-on, avaient d'autres raisons de chercher à limiter les grossesses. La première était de protéger leur santé. Une poétesse provençale du XIIIe s. donne une idée claire de ce que la maternité coûtait à l'organisme :

« certes un mari me plairait
mais porter des enfants est, à mon avis, une grande pénitence
puisque les seins pendent et que le ventre devient lourd et encombrant. »[(55)]

La littérature hagiographique véhiculait le même message. On racontait que la sœur de sainte Catherine mourut en mettant un enfant au monde. La mère de saint Pierre Damien était décrite comme « épuisée par la maternité ». Après que son frère l'eut accusée d'engendrer tant d'enfants, elle repoussa son bébé nouveau-né et les domestiques furent contraints d'intervenir.[(56)] Que les femmes aient apprécié ou non la notion mystique qui considérait qu'elles se déchiraient pour donner la vie, elles se rendaient assurément compte que la grossesse était une menace pour l'organisme.[(57)]

Les misogynes répliquaient que les femmes étaient motivées par des préoccupations frivoles. On les accusait souvent de limiter leurs grossesses par seul souci de protéger leur beauté ou leur réputation. Thomas de Chobham (XIIIe s.), auteur d'un populaire manuel du confesseur au XIIIe s., affirmait qu'elles avaient recours à divers moyens pour dissimuler la preuve de liaisons illégitimes et s'épargner les risques d'un accouchement.[58]

Les femmes, supposait-on, non seulement avaient leurs raisons de restreindre leur fécondité, mais elles possédaient les connaissances secrètes pour y parvenir. En 1150, le moine Hermann de Tournai raconte que Clémence, l'épouse de Robert II, comte de Flandres, qui avait eu trois enfants en trois ans, décida de ne plus en avoir et y parvint grâce à l'« *arte muliebri* »[59] Ces procédés étaient minutieusement décrits par l'auteur anonyme du *De Secretis mulierum.* Les femmes n'en savaient manifestement pas plus que les hommes sur la reproduction. Le théologien dominicain Albert le Grand, tout en suivant, en bon scolastique, les enseignements physiologiques de Galien et d'Aristote, déclarait qu'il fallait « accorder un grand crédit aux femmes dignes de confiance qui ont engendré de nombreux enfants ».[60]

La façon la plus facile pour les femmes d'éviter les familles nombreuses n'avait rien de secret. Il suffisait simplement d'éviter les rapports sexuels. L'Eglise, en encourageant la continence périodique, a sans doute joué un rôle dans la croissance si lente de la population qu'on observa en Europe avant le Xe s. Comme le montre un passage d'un pénitentiel irlandais, l'Eglise imposait de nombreuses restrictions à la fréquence des rapports :

> « Pour quiconque vit dans une union légitime, voici quelles doivent être ses règles de conduite : la continence durant les trois carêmes de l'année, ainsi que le vendredi, le mercredi et le dimanche. Egalement entre les deux Noël et les deux Pâques s'il va recevoir le sacrement le jour de Noël et le jour de Pâques et le jour de la Pentecôte, [...] à l'époque de la maladie mensuelle [...] et de la de grossesse. Pour trente nuits aussi après la naissance d'une fille et

vingt nuits après la naissance d'un garçon. »[61]

Le principal objectif des pénitentiels était de réguler le rythme des rapports. Ils étaient interdits à certaines étapes précises du cycle physiologique de la femme – durant les menstrues, la grossesse, la naissance et l'allaitement – et à des moments précis du cycle liturgique – dimanche, mercredi, vendredi, carême, avent et Pentecôte, durant les jours fériés et les vigiles ainsi qu'avant et après la communion. Le but de ces recommandations était non pas de limiter la fécondité mais de prévenir l'immoralité. Certains se sont quand même demandés si un couple scrupuleux aurait pu vivre un tel calendrier et avoir quand même des enfants. Jean-Louis Flandrin a déterminé que c'était mathématiquement possible.[62]

Mais, peut-on se demander encore, quels étaient les effets psychologiques des enseignements condamnant tout rapport qui n'avait pas lieu la nuit, entre partenaires partiellement vêtus, et dans la position du missionnaire ? Même dans la vie des saints plus récents, on fustigeait la sensualité maritale. Sainte Françoise Romaine (morte en 1440) avait la réputation de vomir chaque fois qu'elle était contrainte d'avoir des rapports avec son mari.[63] Les artistes de l'Eglise n'ont fait qu'illustrer des accouplements monstrueux et le *Hali Meidenhad* qualifiait le mariage d'« indécent embrasement de la chair, cette même inflammation de désir charnel précédant cet acte infâme, cette copulation bestiale, ce coït éhonté, cette abomination d'ordures puantes et d'actions inconvenantes ».[64] Jean-Louis Flandrin affirme que ces enseignements servaient à créer une paysannerie sérieuse et pleine de remords. Mais comment réglementer un tel comportement personnel ? Les preuves ne manquent pas que, face aux conseils de l'Eglise, les masses étaient indifférentes ou ignorantes. Et, semble-t-il, la paysannerie avait ses propres idées sur les périodes favorables et défavorables à la conception. Les témoignages donnent à penser qu'on s'efforçait d'éviter d'avoir des enfants l'été, quand les femmes étaient occupées aux travaux des champs. Selon toute probabilité, les variations saisonnières dans les conceptions n'étaient donc pas tant le résultat des enseignements chrétiens qu'une réponse aux exigences de l'économie rurale. Et des femmes comme Margery Kempe, qui trouvaient en fait « le devoir conjugal [...] abominable », pouvaient en outre s'efforcer d'utiliser la doctrine de l'Eglise pour obtenir des périodes de continence à défaut d'union totalement chaste.(65)

Les couples choisissaient souvent d'être continents à l'époque où la femme allaitait. Un allaitement prolongé assurait une marge de protection contraceptive, mais on ignore si les gens en avaient pleinement conscience. Quand Favorinus d'Arles demandait aux femmes de Gaule de nourrir leurs enfants, sa principale préoccupation n'était sans doute pas le bien-être des mères, mais celui de leur progéniture.(66) Son appel, en tout cas, soulignait le fait que l'allaitement était une pratique déterminée par la culture et non pas le fait de tous les Germains, comme le laissait entendre Tacite. Quand on y avait recours, l'allaitement était souvent prolongé de dix-huit à vingt-quatre mois, et reculait en moyenne de onze mois la naissance suivante. On trouvait donc couramment des cycles de trois ans entre les naissances.

Les pénitentiels véhiculaient divers tabous, notamment l'interdiction pour une mère venant d'enfanter de reprendre les rapports sexuels. On attendait en général plus longtemps si c'était une fille qui était venue au monde. Certains parents s'abstenaient de tout rapport jusqu'au sevrage du premier enfant. L'Eglise préférait voir les couples s'abstenir, mais n'imposait pas une telle restriction. Les historiens, semble-t-il, ignorent la protection assurée aux femmes et aux enfants par un allaitement prolongé et par le tabou qu'on lui associait sur le plan des rapports sexuels. « Les femmes bien nanties, écrit James Brundage, pouvaient toutefois éviter cette interdiction puisque, en général, elles confiaient leur bébé à des nourrices peu après la naissance. »(67) De fait, dans la Toscane du XVe s., les femmes les plus riches étaient les plus fécondes. Elles mettaient leurs enfants en nourrice et recommençaient rapidement à concevoir. Mais c'était le mari qui avait sans doute le plus grand intérêt à reprendre les rapports conjugaux puisque, sans risque pour sa propre santé, il y trouvait la promesse d'héritiers supplémentaires. Si les femmes s'efforçaient, pour une raison ou pour une autre, de s'abstenir des rapports, on ne s'attendait pas à voir leur mari les imiter nécessairement. Ils pouvaient se rendre auprès des prostituées, dont on reconnaissait qu'elles étaient une aide précieuse pour la libération de la passion sexuelle masculine. On admettait explicitement qu'il y eût deux poids et deux mesures entre les deux sexes. Les pénitentiels, tout en condamnant le désir et l'adultère, ne mentionnaient pas les prostituées. En fait, la prostitution était défendue par la théologie à la fin du Moyen Age. L'élite passa d'une tolérance à leur égard à un intérêt vivace. On installa dans les villes des bordels pour soutenir le mariage, combattre l'adultère et l'homosexualité.(68) Ces établissements bénéficiaient de la protection royale et municipale en Espagne et dans le Sud de la France, où leurs propriétaires nobles ou bourgeois les confiaient en « fermage » aux tenanciers.

Les prostituées avaient peu d'enfants. Guillaume de Conches croyait que leur stérilité était simplement due à leurs excès sexuels :

> « Les prostituées, à la suite de coïts fréquents, ont une matrice encrassée *(oblimata)* et les villosités dans lesquelles la semence doit être retenue sont recouvertes; c'est pourquoi, à la manière du marbre lubrifié, la matrice rejette immédiatement ce qu'elle reçoit. »(69)

D'autres croyaient que les prostituées connaissaient

l'art de prévenir ou de mettre un terme aux grossesses. Manifestement, les rapports conjugaux et extra-conjugaux n'étaient pas les mêmes; dans le second cas, on était plus motivé pour éviter la grossesse. On croyait traditionnellement que les prostituées, les proxénètes et les sages-femmes avaient accès à de secrètes connaissances dans le domaine sexuel. A Venise, par exemple, on racontait que les prostituées détenaient le secret de remèdes à base d'herbes.[70] Même s'il importe de ne pas en exagérer la signification, il est probable que la renaissance du monde citadin à compter du XIIe s. et le développement des bordels qui l'accompagna ont pu jouer un rôle dans la transmission de ces méthodes traditionnelles de régulation de la fécondité.

Quelle sorte de technique de contrôle des naissances connaissait-on au Moyen Age ? Dans le *Conte du pasteur,* G. Chaucer en fournit une liste impressionnante. Il évoque le cas d'une femme qui avalait des potions, « buvant des herbes vénéneuses qui l'empêcheraient de concevoir » ; utilisant des pessaires et des suppositoires, introduisant « certains objets dans des endroits secrets pour chasser l'enfant » ; il mentionne aussi les rapports contre nature « où l'homme ou la femme satisfont leurs désirs d'une manière ou à des endroits qui ne permettent pas la conception d'un enfant » ; et enfin l'avortement[71]. Dans d'autres ouvrages, on peut déceler une évolution dans le compte-rendu des méthodes employées. Les Germains et les Celtes, semble-t-il, recouraient à des potions pour contrôler la fécondité. Les textes grecs et romains, réintroduits en Europe au Moyen Age par des traductions arabes, insistaient sur l'emploi de pessaires et de suppositoires. Mais, du XIIIe au XVe s., il semble y avoir eu une évolution. On condamnait plus souvent les « péchés de nature » et moins souvent le recours à « des poisons de stérilité ». Voilà qui suggère un déclin dans l'utilisation de philtres végétaux, du moins pour des raisons de contraception, et un développement du coït interrompu.

Que le coït interrompu apparaisse ou non comme une évidence ou comme une technique de contraception acquise avec le temps, il est clair qu'au Moyen Age, on croyait que certaines positions pouvaient gêner ou faciliter la conception. On en trouve une preuve amusante dans un récit allemand en vers, au cours duquel un serviteur explique à son maître naïf, qui vient d'avoir pour la première fois des rapports sexuels, que quiconque se trouve dessous portera un enfant. « Pauvre de moi, pleura le moine, qui se rendait compte à présent de son infortune. Hélas, se disait-il, que puis-je faire ? Quel malheur, c'est moi qui étais dessous ! Je vais avoir un enfant. »(72) L'Eglise condamnait la femme qui montait l'homme, tout comme le sexe oral et le sexe anal, en y voyant des actes contre nature qui frustraient la procréation.

On ne trouve pas mention du coït interrompu dans les pénitentiels, mais Théodolphe, évêque wisigoth d'Orléans, dans la législation diocésaine de 813, l'appelle « fornication irrationnelle » :

> « Ne pas avoir de relations avec une femme de façon naturelle est qualifié d'impureté ou de péché détestable : ainsi a-t-on lu qu'Onan, le fils de Juda, fut frappé par Dieu après avoir pénétré sa femme et répandu sa semence sur le sol. »(73)

Même si certains devaient confondre le péché d'Onan avec la masturbation, les commentaires français du XIIe s. sur la Bible expliquaient clairement que le déplaisir de Dieu fut provoqué par la pratique contraceptive du coït interrompu.(74) John de Gaddesden, médecin d'Edouard II, prévint les femmes qu'elles devaient éviter le péché de « sauter en arrière ou avoir des mouvements trop brusques après le coït ».(75)

Certains témoignages montrent qu'on avait recours au coït interrompu tout particulièrement dans les relations incestueuses. Un homme avoua avoir souillé la mère de sa jeune épouse par « une pollution externe » qui aurait bien pu être un retrait. Yves de Chartres déclara que, dans ce cas, un divorce n'était pas nécessaire puisque « les époux deviennent une seule chair dans le mélange des spermes ».(76) L'injonction reprise par Montaillou, « à cousine du second degré, enfonce-lui tout ! », donne à penser qu'on ne tentait pas toujours une pénétration complète.(77)

On croyait que les Cathares hérétiques ou les troubadours avaient popularisé des techniques de contraception comme le coït interrompu. Mais les deux mouvements étaient fort différents et il faut éviter la confusion. Sous sa forme la plus rigoureuse, le catharisme, un nouveau manichéisme, s'opposait même à ce que l'on touchât une personne du sexe opposé; l'amour courtois, en revanche, envisageait la totale possession sexuelle. Les Cathares étaient actifs dans le midi de la France depuis le début du XIe s. et attirèrent l'attention du public dans les années 1140. « S'ils s'adonnent aux rapports entre époux, déclarait Eckbert de Schonau, ils évitent néanmoins la conception et la génération par tous les moyens qu'ils connaissent. »(78) Innocent III, en 1215, lança une croisade pour écraser les hérétiques. Grégoire IX, en 1233, déchaîna contre eux l'Inquisition. L'amour courtois était l'art d'exciter. Il menait peut-être à l'emploi du coït interrompu puisque l'amant ne voulait pas féconder sa maîtresse. C'est ainsi qu'on a interprété le *De Amore* d'Andreas Capellanus, à l'origine écrit en latin en 1170 et traduit en français en 1290.(79)

Même si l'Eglise condamnait le coït interrompu, saint Antonin de Florence, au XVe s., autorisait le *coitus reservatus,* c'est-à-dire la pénétration sans éjaculation. « Car nul n'est obligé d'avoir plus d'enfants qu'il ne peut en entretenir. »[80] Ce fut ce point de vue qu'adoptèrent Huguccio et Pierre de Palude, prudemment suivis par Trovamala et John Nider. L'Eglise avait jadis été fort explicite pour préciser quelles positions coïtales étaient condamnables. A partir du XIe s., elle se montra plus discrète et condamna simplement « les actes contre nature ». Le peuple voyait avec plus en plus d'indignation les prêtres venir se mêler des affaires conjugales.[81]

L'Eglise s'inquiétait de voir que certaines pratiques non procréatrices étaient non seulement « contre nature », mais diaboliques. On accusait fréquemment les femmes de recourir à la magie pour prévenir chez elles ou chez leurs ennemies la conception. Les chroniques regorgent d'allusions à des princes victimes d'intrigues féminines et de sorts jetés par les femmes. Sainte Godelive fut étranglée sur ordre de son mari, alors qu'elle se rendait chez une sorcière qui devait lui procurer une potion magique pour le mariage.[82] On rapporta que l'épouse divorcée du duc Colman avait eu recours à des incantations pour supprimer la progéniture de sa nouvelle femme[83].

Burchard de Worms mentionnait les femmes employant la magie pour « changer de haine en amour ou inversement la *mens* de l'homme ».[84] On condamnait la maîtresse désespérée qui utilisait la magie pour inciter à l'amour. Elle avait obtenu, prétendait-on, des succès en servant à un homme du pain qu'elle avait pétri avec ses fesses ou un poisson qu'elle avait au préalable introduit dans son vagin.[85] Guibert, dans ses *Mémoires* du début du XIIe s., déclarait que les laïcs avaient couramment recours à la magie et qu'il était convaincu qu'il fallait y voir la cause de mariage sans consommation. L'impuissance de son propre père, qui dura sept ans, ne se termina qu'avec « l'aide d'une certaine vieille femme ».[86] On mentionnait fréquemment ce genre de crime dans les pénitentiels. On estimait que faire des nœuds était un procédé efficace, où la magie sympathique pouvait provoquer l'impuissance des ennemis. Joannes Andreae (1270-1348) et Nicholas de Tudeschi (mort en 1453) exprimèrent la même crainte de voir ainsi se venger les concubines congédiées et les prostituées.

L'Eglise condamnait de tels recours à la magie, mais utilisait des tactiques similaires. Il n'était pas rare de voir des saints maudire leurs ennemis et leur semence. Une telle scène était décrite dans le Codex de Salamanque, où l'on montrait saint Kiernan sauvant une nonne de ses ravisseurs :

> « Quand l'homme de Dieu revint au monastère avec la fille, celle-ci confessa qu'elle avait conçu dans sa matrice. Alors l'homme de Dieu, poussé par un désir de justice, ne voulant pas voir se développer la semence des vipères, fit le signe de la croix sur sa matrice, l'amenant ainsi à se vider. »(87)

Cette intéressante idée que l'Eglise pourrait autoriser certaines actions après la conception, mais avant le développement ou la naissance d'une âme, est un problème sur lequel nous reviendrons.

Les femmes utilisaient aussi la magie pour se protéger des grossesses. Potions magiques, amulettes, tisanes de saule étaient employées dans l'espoir de provoquer la stérilité. Quand, sous le règne de Guntram (567-593), on procéda à la révision de la loi salique des Francs, on déclara dans l'article 19, section 4 : « Si une femme à commis un maléfice qui l'empêche d'avoir des enfants, on la condamnera à une amende de soixante-deux semis d'or. »(88) « A propos de *l'herbe* en question, Béatrice de Plainisolles donne ensuite quelques détails :

> « Quand Pierre Clergue voulait me connaître charnellement, il portait [cette herbe] enveloppée dans un linge de lin, de la grosseur et de la longueur

> d'une once, ou de la première phalange de mon petit doigt. Et il avait un long fil [ou cordelette] qu'il me passait au cou pendant que nous faisions l'amour ; et cette chose-herbe, au bout du fil, descendait entre mes seins, et jusqu'à l'orifice de mon estomac. »(89)

Les textes médiévaux parlaient peu des pessaires et des suppositoires mentionnés par les Anciens. Les habitants d'Europe occidentale se tournèrent surtout vers les méthodes de barrage de la fécondité, préconisées par la médecine grecque et connues grâce à des traductions de l'arabe effectuées à Salerne et à Montpellier à partir du XIe s. En Occident, certains textes médicaux latins avaient survécu, mais étaient si fortement réduits à des problèmes pratiques que la biologie européenne était fort appauvrie au niveau de la théorie. Il fallut en effet redécouvrir une grande partie des œuvres d'Aristote et de Galien. Particulièrement importantes furent les traductions de Constantin l'Africain, de Michael Scot et de Gérard de Crémone.(90) *Le Canon* d'Avicenne fut traduit par Gérard de Crémone au milieu du XIIe s. Ce compendium fondamental de la médecine antique faisait allusion à une grande variété de méthodes de contrôle des naissances : spermicides à base d'huile de cèdre, pessaires à la menthe, potions de présure, basilic et limaille de fer, suppositoires à l'huile de cèdre, alun, saule, poivre et choux, talismans à base de saxifrage. Puisant dans Soranus, Avicenne citait les références classiques au saut en arrière et à l'éternuement et, dans Aristote, l'emploi d'huile de cèdre sur le pénis.(91) Pour combattre le désir, il énumérait des anaphrodisiaques aussi classiques que la jusquiame noire et blanche, le melon, le plomb, la graine de laitue, le lys, le coriandre, la rue et le camphre.(92)

Albert le Grand suivit Aristote dans le domaine de l'embryologie, mais puisa dans le commentaire d'Avicenne l'idée que les femmes aussi produisaient de la semence.[93] La théorie du plaisir et de la double semence fut adoptée par Bernard de Gordon, John de Gaddesden, Michel Savonarole et Jacques Despars, mais non par Gilles de Rome.[94] Albert le Grand croyait qu'on pouvait prévenir la conception si la femme était dessus ou si elle urinait immédiatement après les rapports. Dans le livre IV de *Des Végétaux et des Plantes,* sont recensées des recettes susceptibles d'empêcher ou de favoriser la conception. Les *Secreta mulierum,* publiés à Augsbourg en 1492 et attribués à Albert le Grand, connurent une grande diffusion et contenaient les formules de deux potions contraceptives.

On trouvait dans des compilations médiévales les mêmes références classiques aux contraceptifs. L'étrange ouvrage de Jean XXI, *Le Trésor de santé,* énumérait vingt-six recettes de méthodes contraceptives. Le médecin catalan, Arnold de Villanova, décrivait de même des anaphrodisiaques, des fumigations et des potions puisées chez Dioscoride.[95] Pour réduire la fréquence des rapports sexuels, les ouvrages de Trotula conseillaient un certain nombre d'herbes « rafraîchissantes » : camphre, saule, peuplier, verveine, ancolie, graine de laitue, jusquiame, colza, rue et herbe de saint Jean.[96] On trouvait aussi des allusions à des herbes similaires utilisées par les Cathares.[97] John de Gaddesden fournit, dans *La Rose anglaise,* un assortiment de recettes pour des potions et des talismans. Magnino de Milan, dans son *Régime de Santé* (1300) explique comment les femmes pouvaient employer des talismans – cœur de chevreau, présure de lièvre, matrice de mule – pour obtenir ou empêcher la grossesse. On mentionnait aussi des suppositoires, sans doute aborifs. L'idée que des femmes jeunes ou affaiblies pouvaient éviter la grossesse était admise par Guillaume de Saliceto. Il recommandait des sauts pour provoquer l'avortement et l'usage de certaines huiles pour la contraception.[98]

Les textes médiévaux traitaient de la sexualité avec une étonnante candeur. Ainsi Avicenne insiste-t-il fidèlement sur les délices de la conception.[(99)] Et, malgré les condamnations par l'Eglise de la contraception, les érudits ecclésiastiques mentionnaient d'ordinaire les références des Anciens à ce genre de pratiques, sans témoigner d'approbation ni d'hostilité. Vincent de Beauvais, qui ignorait les allusions d'Avicenne à la contraception et à l'avortement, se montrait d'une réticence inhabituelle. Ces compilations ecclésiastiques, qui puisaient dans l'astronomie arabe et la science aristotélicienne, témoignent d'une curiosité encyclopédique.[(100)] On trouvait toutefois une différence de ton. Avicenne invoquait la peur chez les femmes d'une mort provoquée par la grossesse comme un argument en faveur des diverses méthodes de contrôle de la fécondité, y compris l'avortement thérapeutique. Ses disciples dans l'Eglise, à l'exception de Guillaume de Saliceto, passaient sous silence ce genre de raisonnement.[(101)] Le clergé s'efforçait de réconcilier les enseignements de la Bible avec les découvertes scientifiques des Anciens et des Arabes. Cela aboutit à l'avènement de la philosophie naturelle. Les clercs allaient bientôt affirmer que la « nature » avait conçu la semence pour produire des enfants. Aller à l'encontre de ces intentions était donc plus qu'un simple péché. C'était une violation des lois de la nature.

A la fin du XIIIe s., on trouvait des exposés sur la reproduction en langue vulgaire.[(102)] Nul n'irait affirmer que ces textes étaient lus, ni que les masses utilisaient leurs recettes. Ils étaient essentiellement écrits par et pour des clercs. Néanmoins, l'intérêt qu'ils éveillaient impliquent qu'ils représentaient plus que la simple répétition d'idées anciennes. On les établissait pour répondre aux demandes de laïcs lettrés, soucieux de s'instruire, mais ne connaissant pas le latin. Les événements et les préoccupations des contemporains, notamment le continuel désir des gens ordinaires de limiter leur fécondité, expliquaient clairement le soin avec lequel les clercs préparaient ce genre de texte.

Si toute l'armada de potions, de positions et de suppositoires n'avait pas réussi à prévenir une conception, une femme pouvait avoir recours à l'avortement. Hanawalt cite les conclusions d'une enquête officielle :

> « Le 12 décembre 1503, Joan Wynspere de Basford, "célibataire", se trouvant enceinte, absorba divers breuvages empoisonnés et dangereux pour détruire l'enfant qu'elle portait dans son ventre, ce qui provoqua immédiatement son trépas. Ainsi commit-elle le crime de se suicider en s'empoisonnant et de causer ainsi la mort de l'enfant qu'elle portait. »[103]

On supposait que les femmes célibataires séduites étaient plus susceptibles que les femmes mariées de braver de tels risques. Mais la pratique ne se limitait pas aux célibataires. On trouve clairement l'intention d'espacer les grossesses dans le récit racontant que la mère de saint Germain de Paris tenta de se débarrasser de lui en avortant « parce qu'elle avait conçu peu après une précédente grossesse. »[104]

On associait fréquemment l'avortement avec les potions et les incantations stérilisantes. Dans la péninsule ibérique, le second concile de Braga de 572, accusait les femmes d'avorter et d'avoir recours à la magie. On retrouve de semblables rapports tout au long du IXe et du XIe s. dans les références que font les pénitentiels à « la petite coupe », l'usage de potions magiques pour la contraception et l'avortement.[105] C'étaient parfois des complices qui procuraient de tels breuvages. En 1285, le synode de Riez, en pays cathare, frappa d'excommunication quiconque « vend, donne des poisons ou des herbes mortelles pour provoquer la mort et l'avortement ».[106] Ce qui semble être une référence similaire aux avorteurs figure dans le *Confessionel* de saint Antonin, qui posait la question de savoir si les médecins assuraient un avortement thérapeutique et si les vendeurs d'onguents « apprennent à confectionner ou vendent ce qui provoque l'avortement... ou s'ils vendent des poisons à ceux dont ils croient qu'ils vont en abuser ».[107]

Les théories de Galien sur les humeurs, réintroduites en Europe à dater du XIe s., servaient à la régulation des menstrues. Dans l'ouvrage de Jean XXI, on trouvait un certain nombre de recettes pour des potions à base d'herbes. Au XIVe s., l'afflux de traductions du latin en langue vulgaire permit à un public plus large de consulter les recommandations classiques sur le contrôle de la fécondité. Les ouvrages de Trotula, traduits en anglais, contenaient une recette pour confectionner un pessaire aux vertus abortives, à base d'iris, de genièvre, de vin blanc, de lierre et de miel :

> « La racine d'iris introduite dans la matrice ou absorbée par elle grâce à des fumigations amène une femme à perdre son enfant. En effet, les racines d'iris sont chaudes et sèches et ont la vertu d'ouvrir, de chauffer, de consumer et de détruire. Car, quand une femme est faible et que l'enfant ne peut sortir, il vaut mieux alors tuer l'enfant plutôt que de voir mourir aussi la mère. »[108]

Si potions et pessaires ne donnaient pas de résultat, on pouvait recourir à des méthodes plus violentes. Le prédicateur populaire Gerson mentionnait des avortements causés par « des vêtements, des danses, des coups, des potions ou autres procédés ».[109]

Au début, l'avortement jouissait d'un statut moral ambigu. Comme le montre la citation de Trotula, certains médecins suivaient les autorités classiques en estimant qu'il fallait procéder à des avortements thérapeutiques. A Byzance, le droit canon continuait, comme au temps des Romains, à considérer l'avortement, non pas comme un meurtre, mais comme une faute commise envers le mari : il pouvait au IXe s. divorcer d'une épouse qui avait avorté.[110] Les lois anglo-saxonne et wisigothe ne mentionnaient que l'avortement, pas la contraception. Le roi Gontran infligea un jour une amende de soixante-deux sous et demi pour avoir donné des renseignements sur les méthodes d'avortement.[111] Mais, au Moyen Age, c'était l'Eglise, et non pas un gouvernement, qui dictait la morale. Jean-Louis Flandrin affirme qu'au XIIIe et au XIVe s., on condamnait l'avortement, que l'«animation» ait eu lieu ou non. Toutefois, on comprend clairement, à voir le clergé répéter sans cesse les mêmes arguments, que les laïcs n'acceptaient pas vite l'immoralité de tels actes. L'ambiguïté du concept d'« animation » ou de « naissance de l'âme » ajoutait à la confusion. Un compte-rendu particulièrement détaillé de la génération, intitulé *Anatomia Ricardi Anglici,* affirmait qu'à sept jours, il n'y avait qu'un peu d'écume. Qu'à douze jours, le sang commençait à circuler. Qu'à trente jours, la formation était achevée. Mais qu'on ne décelait les signes de vie qu'aux alentours du soixantième ou soixante-dizième jour.

> « Tout ce qu'on a dit sur la durée de la formation, est le fruit d'observations pratiquées lors d'avortements effectués à différentes époques, où les stades successifs de formation sont apparus aux yeux des médecins antiques. »[112]

On citait Augustin dans le recueil de lois du droit canon rédigé par Gratien, en lui faisant dire qu'il n'y avait « pas d'âme avant la forme ». De même Thomas d'Aquin suivait Albert le Grand pour accepter la théorie d'Aristote selon laquelle l'âme rationnelle n'était donnée au fœtus qu'à compter du moment où on était parvenu à un certain niveau de développement. L'« animation », disait-on, se produisait au quarantième jour, et les premiers mouvements du fœtus au cent vingtième jour. Pour légitimer un avortement précoce, on recourait à cette représentation d'une succession d'âmes, également décrite dans la *Divine Comédie* de Dante.(113) L'avortement antérieur à l'« animation » n'était certainement pas considéré par l'Eglise comme un homicide et ne devait pas l'être avant 1917.(114)

Au début du XIIIe s., Bracton et le compilateur anonyme du traité de loi connu sous le nom de *Fleta* ont été les premiers commentateurs juridiques anglais à écrire sur l'avortement. Dans *Fleta* (1.23) il était apparent que la confusion à propos de l'« animation » avait gagné les traités juridiques :

> « Il est lui aussi un homicide au sens strict, celui qui a fait pression sur une femme enceinte, qui lui a donné du poison ou qui l'a frappée afin de provoquer un avortement ou de prévenir la conception, si le fœtus était déjà formé et s'il remuait. De même est coupable celui qui a donné ou accepté du poison avec l'intention de prévenir la procréation ou la conception. Un femme se rend également coupable d'homicide si, au moyen d'une potion ou de quelque autre moyen analogue, elle détruit dans la matrice un enfant qui remuait déjà. »(115)

Autrement dit, on déclarait, au mépris de toute logique, que seul l'avortement après l'« animation » était un crime aussi sérieux que la contraception. C'est seulement le fait qu'on a si rarement appliqué la loi qui a permis à de telles confusions de passer inaperçues.

L'Eglise médiévale, afin de fournir une alternative aussi bien à l'avortement qu'à l'infanticide, accordait l'asile dans des monastères aux enfants abandonnés. Dans la société germanique, comme dans la société romaine, l'enfant n'était considéré comme faisant partie de la famille que quand il avait été formellement accepté. En Scandinavie, cela continuait d'être le droit des pères que d'abandonner des enfants mal formés. On raconte que le père de sainte Odile voulait la tuer parce qu'elle était née aveugle.(116) Il est peu probable, étant donné les amendes appliquées par les Alémans et les autres tribus à ceux qui blessaient des femmes et des bébés, qu'on ait recouru si souvent à l'infanticide.

Les historiens dans la mouvance de Philippe Ariès, selon qui, au Moyen Age, on ne chérissait pas les enfants, risquent de se méprendre sur cette période.(117) Coleman a suggéré qu'à l'époque médiévale, comme dans l'Antiquité, le déséquilibre entre les sexes résultait de l'infanticide des bébés de sexe féminin. Sans aucun doute, on accueillait plus chaleureusement les garçons; mais on a écarté la théorie du sacrifice d'un grand nombre de filles.(118) Le fait que l'infanticide a toujours été présenté comme une horrible tragédie donne à penser que c'était seulement le recours des désespérés.(119) Grégoire de Tours mentionne bien l'infanticide, mais dans les archives de l'Eglise et des tribunaux, on n'y trouve que de rares allusions. Dans ces documents, c'était presque toujours aux femmes qu'on en attribuait la responsabilité.(120) Les pénitentiels se montraient assez libéraux envers une forme d'infanticide, l'étouffement de l'enfant, qu'on ne punissait que de trois ans de pénitence. En France et en Angleterre, ce ne fut qu'au XVIe s. que la loi déclara clairement qu'une femme était coupable de la mort de son enfant.

Et si le meurtre des enfants était rare, leur abandon par des parents pauvres et désespérés était, du moins jusqu'au XIe s., un phénomène courant. Au Moyen Age, comme dans l'Antiquité, on abandonnait des enfants dans l'espoir qu'ils seraient recueillis. John Boswell a noté que l'Eglise, en effet, a « institutionnalisé » l'abandon des enfants. Elle y voyait une alternative à l'infanticide en permettant aux beaux enfants, aux mal-formés, et à la progéniture issue de rapports illégitimes et incestueux d'être donnés en « oblation » ou en offrande à un monastère. John Boswell affirme d'ailleurs que l'abandon était sans doute « le principal moyen dont disposaient les familles de l'Antiquité et du Moyen Age pour contrôler l'ampleur de la famille. »[(121)] Cette méthode offrait aux parents une échappatoire, aux époques de crise économique, en même temps que l'espoir de ne pas perdre tout contact avec l'enfant.

Les gens d'Eglise soupçonnaient toujours certains d'abandonner simplement leurs enfants afin de protéger l'héritage familial. A partir du XIVe s., on commença à imposer des limites d'âge pour protéger aussi bien les monastères des perturbations provoquées par l'afflux d'enfants que les enfants de se voir imposer de force une vocation religieuse. John Boswell affirme que l'oblation permettait aux parents de se montrer tout à la fois flexibles dans leur attitude à l'égard de la taille idéale d'une famille et fidèles aux enseignements de l'Eglise.

Même s'il est difficile de déterminer combien d'enfants étaient recueillis, il est clair qu'en mettant un terme à cette pratique, on contraignit les femmes à chercher d'autres solutions. Mais ce que John Boswell a tendance à minimiser, c'est le coût psychologique de l'abandon. Nombre de femmes, à n'en pas douter, préféraient courir le risque d'employer des contraceptifs dangereux et des breuvages abortifs douteux avant d'envisager une telle mesure.

Sans doute ressentit-on, vers 1300, un nouveau besoin de limiter l'ampleur des familles en raison de la surpopulation et du manque de terres qui l'accompagnaient. Certes, le Moyen Age s'acheva sur la Grande Peste de 1347-1348, qui réduisit de 50 à plus de 60 % la population de l'Europe. Il faut néanmoins relativiser ces données, dans la mesure où l'épidémie survint après plusieurs siècles de progression démographique. Entre le XIIe et le début du XIVe s., la population de l'Angleterre passa d'environ 1 à 4 millions. La France de 5 à 9 millions. Et l'Italie de 4 à 8 millions. Les

Européens avaient davantage d'argent et de confiance en l'avenir. A partir du XIIIe s., l'optimisme ambiant permit l'apparition d'un mode de vie civilisé. La vie raffinée reprit et, avec elle, une nouvelle époque de « courtoisie », où troubadours et fabliaux se moquaient des cocus, des prostituées et des séducteurs. Boccace faisait l'éloge de la sensualité, et certains humanistes, comme Lorenzo Valla, trouvaient dans les classiques de nouveaux arguments pour défendre les passions. Toutefois, la prospérité du temps n'alla pas sans un certain coût social : tout indiquait une diminution du sens de la communauté. En France, les familles prirent le pas sur les lignées. En Angleterre, au XIVe s., on observa tout à la fois un déclin marqué du respect et du maintien de la communauté, en même temps qu'une augmentation des accusations d'atteinte à la propriété. A mesure qu'une autorité royale centralisée s'instaurait, on créait une société plus individualiste.

Cet esprit d'individualisme était considéré comme hostile au développement de grandes familles. Voilà qui pourrait expliquer pourquoi, comme le fait observer Biller, une campagne contre le coït interrompu se déclencha au début du XIVe s. Il cite les condamnations de cette pratique par les confesseurs Guillaume de Pagula, John Bromyard, Nicolas de Lyra, Pierre de Palude et Alvarus Pelagius.(122) On sait, en outre, que bien des communautés ne se reproduisaient pas dans les limites du maximum malthusien.(123) Dante affirmait dans *Le Paradis* (1318-1321) que la morale corrompue de Florence était le résultat de maisons vides. Sainte Catherine de Sienne affirmait que le coït interrompu était le péché le plus communément commis par les gens mariés : autant d'affirmations qu'il faut envisager sous cet angle.(124)

Le renouveau en Occident ne fut pas seulement un phénomène séculier. Il entraîna aussi la réforme de l'Eglise amorcée par les papes Léon IX (1048-1084) et Grégoire VII (1073-1085). Ces réformes comprenaient de nouvelles compilations de droit canon, qui condamnaient sévèrement toute déviation sexuelle ainsi que le mariage des prêtres. Au Xe s., Régino de Prün avait inventé un texte d'Augustin, *Si aliquis,* qui déclarait :

> « Si, pour satisfaire son désir ou par haine délibérée, quelqu'un fait quelque chose à un homme ou à une femme de telle sorte qu'il ou elle n'engendre pas d'enfant, ou s'il leur fait boire un breuvage qui l'empêche, lui d'engendrer ou elle de concevoir, que cela soit considéré comme un homicide. »[(125)]

Si aliquis fut utilisé par les confesseurs et figura même dans les décrets pontificaux de 1230. Des condamnations du même genre suivirent : en 1230, Raymond de Peñafort condamna l'avortement. En 1272, Richard de Middleton assimila le contrôle des naissances au meurtre. Et en 1227-1234, le décret du pape Grégoire IX *Si conditiones* déclara nul et non avenu le mariage de ceux qui avaient l'intention de ne pas avoir d'enfant.[(126)] Mais les arguments de l'Eglise étaient plus impressionnants que cohérents. D'un côté, elle condamnait la contraception en l'assimilant à l'homicide; de l'autre, elle affirmait que seul l'avortement après la formation pouvait être assimilé au meurtre. Innocent III déclara qu'un moine qui avait fait avorter sa maîtresse avant que le fœtus ait pris vie n'avait pas failli à la règle.[(127)]

Selon John Noonan, les accusations renouvelées de l'Eglise catholique contre la contraception étaient dues à deux préoccupations : d'abord, à son hostilité traditionnelle envers la sensualité, qui retrouva vigueur pendant le haut Moyen Age grâce à un regain d'augustinisme. Et ensuite, par la nécessité de réagir devant une nouvelle hérésie du XIIe s. perçue comme hostile à la procréation, le catharisme. Innocent III considérait comme suspect tout rapport sexuel conjugal, comme en témoigne sa question :

« Qui ignore que les rapports sexuels entre conjoints

> n'ont jamais lieu sans démangeaison de la chair, chaleur et abominable concupiscence, au risque de souiller et de corrompre les graines conçues ? »[128]

Les hérétiques, qui s'opposaient délibérément à la procréation, se trouvèrent donc doublement condamnés. Comme Augustin avant eux, les ecclésiastiques du XIIe et du XIIIe s. réagirent aux efforts de ces sectes, en défendant la maternité comme seule justification au mariage. En même temps, ils condamnèrent sans relâche la contraception. Cela ne pouvait aller sans provoquer une certaine division au sein du clergé lui-même. C'est ce que laissait entendre Pierre Cantor, spécialiste parisien de la controverse, quand il discutait contre des adversaires anonymes qui affirmaient qu'une femme, à qui la grossesse faisait courir des risques, pouvait en toute légitimité se procurer un poison provoquant la stérilité.

Pourquoi l'Eglise à la fin du Moyen Age a-t-elle redoublé d'efforts pour faire pièce au contrôle de la fécondité ? S'il est vrai que les ecclésiastiques ne se montraient pas aussi hostiles au mariage que les premiers Pères de l'Eglise, il ne faudrait pas croire qu'ils avaient adopté une position pronataliste. Durant tout le Moyen Age, l'Eglise se préoccupa plus du plaisir résultant d'actes contre nature que de leurs effets contraceptifs. Pierre Abélard fut le seul scolastique a dénoncer l'idée que la sexualité était un péché en soi. Pour les autres, en raison de leurs conceptions des risques inhérents à tout rapport sexuel, les excès, sous la forme de passion exagérée, de positions contre nature et de la fréquence des accouplements, étaient tous condamnés. Mais, comme le fait remarquer James Brundage, la contraception en soi était considérée comme un problème moral mineur. Elle n'entraînait assurément pas, comme la sodomie à partir du XIIIe s., de cruels châtiments. La condamnation par l'Eglise du contrôle de la fécondité faisait simplement partie de sa campagne pour réformer le mariage. On la comprend assurément mieux dans le contexte du développement de la liturgie du mariage, de la confession comme moyen de mieux contrôler la morale et des efforts tentés pour imposer les codes du christianisme à ceux qui restaient dans une forte proportion fidèles aux coutumes sexuelles d'antan.

1 Michel Rouche, *Haut Moyen Age occidental,* dans *Histoire de la vie privée,* sous la direction de Philippe Ariès et Georges Duby, Seuil, Paris, 1985, vol. I, p. 439-446.

2 Josiah Cox Russell, *The Control of Late Ancient and Medieval Populations,* American Philosophical Society, Philadelphie, 1985, p. 169.

3 Luc Buchet, La nécropole gallo-romaine et mérovingienne de Frénouille, Calvados, étude anthropologique, *Archéologie médiévale,* 1978, p. 5-53.

4 Pierre Guichard et J. P. Cuvillier, *L'Europe barbare, dans Histoire de la famille,* A. Burguière, C. Klapische-Zuber et M. Segalen, Colin, Paris, 1986, vol. I, p. 311. Ces statistiques peuvent être biaisés en raison des offrandesfaites par les clercs et les mineurs célibataires.

5 Philippe Ariès, *Interprétation pour une histoire des mentalités,* in *La prévention des naissances dans la famille,* ed. Hélène Bergues, Institut national d'études démographiques, *Travaux et documents,* 35, Paris 1960, p. 311-327.

6 Sur la prédominance des petites familles parmi l'élite de la Gaule, voir André Pelletier, *La femme dans la société gallo-romaine,* Picard, Paris, 1984, p. 31-32 ; sur les conseils de Favorinus en faveur de l'allaitement, voir Ludovic Legré, *Favorin d'Arles,* Aubertin, Marseille, 1900, p. 213-220.

7 Césaire d'Arles, *Sermons,* traduit par M. M. Mueller, 42.3.

8 Michel Rouche, *Haut Moyen Age occidental,* p. 456.

9 Sur la question des femmes et du mariage, voir les différents ouvrages de Georges Duby,.

10 Judith M. Bennett, *Women in the Medieval English Countryside : Gender and Household in Brigstock Before the Plague,* Oxford University Press, New York, 1987, p. 4-5.

11 Suzanne Fonay Wemple, *Women in Frankish Society : Marriage and the Cloister,* 500-900, University of Pennsylvania Press, Philadelphie, 1981.

12 Jack Goody, *The Development of the Family and Marriage in Europe,* Cambridge University Press, Cambridge, 1983, p. 42.

13 La prédication en faveur de la chasteté, de la virginité et de la continence aurait pu aller à l'encontre des stratégies familiales et amener les gens sans enfant à léguer leurs biens à l'Eglise. D'un autre côté, l'Eglise protégeait les fortunes familiales dans la mesure où couvents et monastères offraient des asiles où l'on pouvait abriter les enfants en surnombre, où la défense de la monogamie renforçait l'autorité des patriarches en supprimant toute confusion concernant la légitimité de leur descendance, et où les sanctions

prises par l'Eglise contre l'inceste permettaient aux chefs de récuser leurs obligations envers leur parenté. Il y a aussi le risque d'exagérer le pouvoir du clergé. Certaines familles aristocratiques faisaient volontiers don de leurs terres à l'Eglise dans le seul but de les mettre à l'abri des revendications de certains parents. Quand, au XIe s., l'Eglise fut assez forte pour commencer à se libérer de l'exploitation séculière, les chefs trouvèrent dans la primogéniture le moyen de protéger leur héritage de revendications concurrentes. Voir Katherine Verdery, A Comment on Goody's Development of the Family and Marriage in Europe, *Journal of Family History,* 13,1988, p. 265-270, et Brent D. Shaw et Richard P. Saller, *Close-Kim Marriage in Roman Society,* Man, 19, 1984, p. 432-449.

14 Carolyn Walker Bynum, *Jesus as Mother : Studies in the Spirituality of the High Middle Ages,* University of California Press, Berkeley, Californie, 1982, p. 112-118 et 142-143.

15 Diane Owen Hughes, *From Brideprice to Dowry* in *Mediterranean Europe,* dans *The Marriage Bargain : Women and Dowries in European History,* Marion A. Kaplan, Harrington Park Press, New York, 1985, p. 13-58.

16 On autorisait parfois les veuves à continuer l'affaire de leur mari afin d'éviter que la famille ne perde sa place dans la guilde des marchands : certaines des guildes artisanales au début étaient ouvertes aux femmes.

17 J. Hajnal, *European Marriage Patterns in Perspective,* dans *Population in History : Essays in Historical Demography,* eds D. V. Glass and D. E. C. Eversley, Edward Arnold, Londres, 1965, p. 101-143.

18 David Herlihy, *Medieval Households,* Harvard University Press, Cambridge, Massachusetts, 1985, p. 107 ; voir aussi Anthony Molho, *Deception and Marriage Strategy in Renaissance Florence : The Case of Women's Ages,* Renaissance Studies, 61, 1988, p. 193-217.

19 Judith M. Bennett, *Medieval Peasant Marriages : An Examination of Marriage Licence Fines* in *Liber Gersumarum,* dans *Pathways to Peasants,* ed. T. Raftis, Pontifical Institute of Medieval Studies, Toronto, 1982, p. 214 ; Margaret W. Labarge, *Women in Medieval Life : A Small Sound of the Trumpet,* Beacon, Boston, 1986, p. 159-160.

20 Alan Macfarlane, *The Origins of English Individualism : The Family, Property and Social Transition,* Blackwell, Oxford, 1978, p. 134, 149, 158.

21 David Nicholas, *The Domestic Life of a Medieval City : Women, Children and the Family in Fourteenth Century Ghent,* University of Nebraska Press, Lincoln, Nebraska, 1985, p. 6-11.

22 Georges Duby, *Le Chevalier, la Femme et le Prêtre,* Hachette, Paris, 1981, p. 41-42.

23 Georges Duby, *op. cit.* p. 141. L'abandon était une source de conflits ; voir Juha Pentikainen, *The Nordic Dead-Child Tradition,* traduit par Antony Landon, Academia Scientiarum Fehnia, Helsinki, 1968, p. 57-69.

24 DAvid Herlihy, *Medieval Households,* p. 28.

25 Michel Rouche, *Haut Moyen Age occidental,* p. 444.

26 J. C. Russell, *The Consil of Late Ancient and Medieval Populations,* p. 143.

27 Elizabeth Ward Swain, My Excellent and Most Singular Lord : Marriage in a Noble Family of Fifteenth Century Italy, *Journal of Medieval and Renaissance Studies,* 16,1982, p. 195.

28 Craig Williamson, *A Feast of Creatures : Anglo-Saxon Riddle Songs,* University of Pennsylvania Press, Philadelphie, 1982, p. 104 ; Edith Whitehurst Williams, *What's So New About the Sexual Revolution ?,* Texas Quarterly, 18, 1975, p. 46-55 ; Robert Hellman et Richard O'Gorman, *Fabliaux : Ribald Tales from the Old French,* Cromwell, New York, 1965, p. 24-25.

29 James A. Brundage, *Law, Sex, and Christian Society in Medieval Europe,* University of Chicago Press, Chicago, 1987, p. 198.

30 Jack Goody, *The Development of the Family,* p. 68-72.

31 Wilfred Bonser, *The Medical Background of Anglo-Saxon England,* Wellcome, Londres, 1963, p. 265 ; Dr G. Storms, *Anglo-Saxon Magic,* Martinus Nijhof, La Haye, 1948, p. 83, 196-205 ; J.H.G. Grattan et Charles Singer, *Anglo-Saxon Magic and Medicine,* Princeton University Press, Princeton, New Jersey, 1952, p. 189-191.

32 Geoffrey Chaucer, *The Canterbury Tales,* édition établie par J. Halverson, Bobbs-Merrill, New York, 1971, 1807-1808. Chaucer toutefois condamnait la paillardise du *De Coitu* de Constantinus Africanus, avec ses énumérations d'aliments chauds et humides susceptibles de provoquer le désir et ses recettes d'huiles et d'onguents destinées à le prolonger. Voir Paul Delaney, Constantinus Africanus' De Coitu : A Translation, *Chaucer Review,* 4, 1969, p. 55-65.

33 Petrus Hispanus,John XXI, *The Treasury of Healthe*, traduit par Humfre Lloyd, Lloyd, Londres, 1558, DI-II, PII-III. Les « lapidarios » espagnols – livre de recettes sur l'utilisation magique des pierres – en citait trois qui amenaient les menstrues, neuf qui avaient des vertus aphrodisiaques et six des propriétés anaphrodisiaques, cinq qui prévenaient les fausses couches, cinq qui empêchaient la conception et quatre qui assuraient la grossesse ; voir J. Horace Nunemaker, Obstetrical and Genito-Urinary Remedies of Thirteenth-Century Spain, *Bulletin of the History of Medicine,* 15, 1944, p. 162-179.

34 Helen Rodnite Lemay, *Antonius Guainerius and Medical Gynecology, dans Women of the Medieval World : Essays in Honor of John H. Mundy,* eds Julius Kirshner and Suzanne F. Wemple, Blackwell, Oxford, 1985, p. 323-331.

35 Helen Rodnite Lemay, Some Thirteenth and Fourteenth Century Lectures on Female Sexuality, *International Journal of Women's Studies,* 1978, p. 391-400.

36 Lucile B. Pinto, The Folk Practice of Gynecology and Obstetrics in the Middle Ages, *Bulletin of the History of Medicine,* 47, 1973, p. 513-523 ; Grete Jacobsen, Pregnancy and Childbirth in the Medieval North : A Topology of Sources and a Preliminary Study, *Scandinavian Journal of History,* 9, 1984, p. 91-111.

37 Jane Bishop, *Bishops as Marital Advisors,* dans Kirshner and Wemple, Women, p. 67. Hincmar de Reims faisait fréquemment allusion à des exorcismes, des prières, des larmes et des pénitences pour lutter contre l'impuissance causés par des pratiques magiques. On pourra juger des connaissances médicales du temps en rappelant qu'il n'était pas sûr si une femme qui avait subi un avortement pouvait être encore vierge. Voir Jean Devisse, *Hincmar, archevêque de Reims, 845-882,* Droz, Genève, 1975, vol. I, p. 377-380 et 400.

38 Georges Duby, *op. cit.*, p. 153-154 et 216-217. Sur l'impuissance provoquée par des sorts, voir aussi Guy de Chauliac,1300-1368, *Le Guidon en français, corrigé par maître Canappe,* Hierosme, Paris, 1550, p. 264.

39 Guibert, *The Autobiography of Guibert, Abbot of Nogent-sous-Coucy,* traduit par C.C. Swinton Bland, Routledge, Londres, 1960, p. 123.

40 Charles T. Wood, *The Doctor's Dilemma : Sin, Salvation, and the Menstrual Cycle in Medieval Thought,* Speculum, 56, 1981, p. 710-727 ; Saul Nathaniel Brody, *The Disease of the Soul : Leprosy in Medieval Literature,* Cornell University Press, Ithaca, New York, 1977.

41 Georges Duby, *op. cit.*, p. 74.

42 A. G. Rigg, *Gawain on Marriage : The De coniuge non ducenda,* Pontifical Institute of Medieval Studies, Toronto, 1986, p. 73, 87-88.

43 Penny Schine Gold, *The Lady and the Virgin : Image, Attitude and Experience in Twelfth Century France,* University of Chicago Press, Chicago, 1985.

44 Henri Bresc, *L'Europe des villes et des campagnes : XIII*e*-XV*e *siècles,* in Burguière et al., *Histoire de la famille,* vol. I, p. 410.

45 Pierre Toubert, Le *moment carolingien,* dans Burguière et al., *Histoire de la famille,* vol. I, p. 340.

46 Barbara Hanawalt, *The Ties that Bound : Peasant Families in Medieval England,* Oxford University Press, Oxford, 1986, p. 67.

47 Constance B. Bouchard, The Bosonids or Rising to Power in the Late Carolingian Age, *French Historical Studies,* 15, 1988, p. 430.

48 K. J. Leyser, *Rule and Conflict in Early Medieval Society : Ottonian Saxony,* Edward Arnold, Londres, 1979, p. 55.

49 David Herlihy, *Medieval Households,* p. 146.

50 G. Chaucer, *Nun's Priest's Tale,* 3345 ; H. A. Kelly, *Love and Marriage in the Age of Chaucer,* Cornell University Press, Ithaca, New York, 1975, p. 285.

51 *On the Properties of Things,* traduit par John Trevisa du *De proprietatibus rerum* de Bartholomaeus Anglicus, Clarendon, Oxford, 1975, vol. I, p. 263.

52 Madeleine Jeay, Sexuality and Family in Fifteenth Century France : Are Literary Sources a Mask or Mirror ?, *Journal of Family History,* 4, 1979, p. 337-345.

53 David Herlihy et Christiane Klapisch-Zuber, *Les Toscans et leurs famille : Une étude du Catesto florentin de 1427,* EHESS, Paris, 1978. A propos d'un prédicateur français du XVe s., qui condamnait également les femmes qui avaient recours à l'avortement et à l'infanticide, voir Alexandre Samouillan, *Olivier Maillard : sa prédication et son temps,* Privat, Toulouse, 1891, p. 316-327.

54 Hostiensis, *Golden Summa,* 4 ; Palude, *Sentences,* 4.31.3 ; Nider, *De morali lepra ;* Trovamala, *Summa,* cité dans John Noonan, *Contraception : A History,* p. 220.

55 Etienne van de Walle, *Motivations and Technology in the Decline of French Fertility,* dans Family and Sexuality in French History, sous la direction de Tamara Hareven and Robert Wheaton, University of Pennsylvania Press, Philadelphie 1980, p. 163.

56 Mary McLaughlin, Survivors and Surrogates : Children and Parents from the Ninth to the Thirteenth Centuries, *The History of Childhood,* ed. Lloyd de Mause, Psychohistory Press, New York, 1976, p. 103-105.

57 Carolyn Walker Bynum, *Holy Feast and Holy Fast : The Religious Significance of Food to Medieval Women,* University of California, Berkeley, Californie, 1987, p. 167, 226, 301.

58 P.P.A. Biller, Birth-Control in the West in the Thirteenth and Early Fourteenth Centuries, *Past and Present,* 44, 1982, p.16.

59 Jean Verdon, Les sources de la femme en Occident aux Xe-XIIe siècles, *Cahiers de civilisation médiévale,* 20, 1977, p. 223.

60 *The Secrets of Albertus Magnus,* Jaggard, Londres, 1599 ; Luke Demaitre et Anthony A. Travill, *Human Embryology and Development in the Works of Albertus Magnus, dans Albertus Magnus and the Sciences : Commemorative Essays 1980,* Pontifical Institute of Medieval Studies, Toronto, 1980, p. 412. Les femmes, les traditionnelles guérisseuses, furent exclues de la profession médicale qui émergeait au XIIIe s., mais on conserva le souvenir de leur compétence tout comme on retrouve un certain malaise des praticiens masculins dans les textes gynécologiques attribués à Trotula, une femme qui pratiquait à Salerne au XIIe s. Même si des preuves montrent que ces ouvrages de gynécologie et d'obstétrique furent rédigés, lus et utilisés par des hommes, ceux-ci n'en affirmaient pas moins que les expériences personnelles des femmes étaient aussi importantes que les querelles scolastiques. Voir John F. Benton, *Trotula, Women's Problems, and the Professionalization of Medicine in the Middle Ages,* Bulletin of the History of Medicine, 39,1985, p. 30-53 ; Monica H. Green, *Essay Review : Toward a History of Women's Medical Practice and Medical Care in Medieval Europe,* Signs, 14, 1989, p. 434-473.

61 Ludwig Bieler, *The Irish Penitentials,* Dublin Institute for Advanced Studies, Dublin, 1963, p. 205.

62 Jean-Louis Flandrin, *Un temps pour embrasser : Aux origines de la morale sexuelle occidentale, VIe-XIe siècles,* Le Seuil, Paris, 1983, p. 41-58.

63 David Herlihy, *Medieval Households,* p. 215. La plus violente critique contre le mariage fut faite au XIIe s. par Peter Damian qui chantait les louanges de l'abeille et du vautour, persuadé qu'ils se reproduisaient sans acouplement. Voir Robert Bultot, *La doctrine du mépris du monde : Peter Damien, Nauwelaerts,* Louvain, 1963, p. 25-26 et 101-105.

64 *Hali Meidenhad,* F. J. Furnivall, Early English Text Society, Londres, 1922, p. 12 ; voir aussi John Bugge, *Virginitas : An Essay in the History of a Medieval Ideal,* Martinus Nijhoff, La Haye, 1975, p. 88-90.

65 R. W. Chambers,*The Book of Margery Kemp,* Devin-Adair, New York, 1944, p. 6. Pour assurer la continence, on pouvait recourir à des « régimes rafraîchissants ». Les écrits de Jean XXI et d'Arnold de Villanova, mort en 1313, suggèrent que le clergé médiéval s'intéressait autant que les premiers Pères de l'Eglise aux aliments susceptibles de refréner la luxure.

66 Jean Guyon, D'Auguste à Charlemagne : la montée des interdits, dans *Le fruit défendu : les chrétiens et la sexualité de l'antiquité à nos jours, sous la direction de* Marcel Bernos, Le Centurion, Paris, 1985, p. 27. Voir aussi Ole Jorgen Benedictow, The Milky Way in History : Breast Feeding, Antagonism Between the Sexes, and Infant Mortality in Medieval Norway, *Scandinavian Journal off History,* 10, 1985, p. l9-53.

67 James A. Brundage, *Law, Sex, and Christian Society in Medieval Europe,* University of Chicago Press, Chicago, 1987, p. l57.

68 Leah Lydia Otis, Prostitution and Repentance in Late Medieval Perpignan, dans *Kirshner and Wemple, Women,* p. 137-160 ; Leah Lydia Otis, *Prostitution in Medieval Society : The History of an Urban Institution in Languedoc,* University of Chicago Press, Chicago, 1985 ; Bronislaw Geremek, *Les Marginaux parisiens aux XIVe et XVe s.,* traduit par David Beauvais, Flammarion, coll. Champs, Paris, 1991.

69 Danielle Jacquart et Claude Thomasset, *Sexualité et savoir médical au Moyen Age,* Paris, Presses Universitaires de France, 1985, p. 37.

70 *Histoire de la famille,* vol. I, p. 410 ; voir aussi E. Pavan, *Police des mœurs, société et politique à Venise à la fin du Moyen Age,* Revue historique, 264, 1980, p.241-288.

71 G. Chaucer, *Parson's Tale,* 575-576.

72 Danielle Jacquart et Claude Thomasset, *op. cit.*

73 Pierre J. Payer, *Sex and the Penitentials : The Development of a Sexual Code,* 550-1150, University of Toronto Press, Toronto, 1984, p.57.

74 P.P.A. Biller, *Birth-Control,* p. 5-6. A propos de l' “Onanisme” comme masturbation, voir Peter Damian, *Book of Gomorrah : An Eleventh Century Treatise Against Clerical Homosexual Practices,* traduit par Pierre J. Payer, Wilfred Laurier University, Waterloo, Ontario, 1982, p. 33.

75 John Noonan, *Contraception : A History,* p. 28.

76 Georges Duby, *op. cit.*, p. 175 et 206.

77 Emmanuel Le Roy Ladurie, *Montaillou, village occitan de 1294 à 1324,* Paris, coll. « Folio », p. 545.

78 John Noonan, *Contraception : A History,* p. 191.

79 Betsy Bowden, The Art of Courtly Copulation, *Medievalia et humanistica,* 9, 1979, p. 67-85.

80 David Herlihy et Christiane Klapisch-Zuber, *Les Toscans et leurs familles* ; voir aussi Danielle Jacquart et Claude Thomasset, *Sexualité et savoir médical au Moyen Age,* PUF, coll. Les chemins de l'histoire, Paris, 1985.

81 James A. Brundage, Let Me Count the Ways : Canonists and Theologians Contemplate Coital Positions, *Journal of Medical History,* 10, 1984, p. 81-93.

82 Georges Duby, *op. cit.,* p. 147.

83 David Herlihy, *Medieval Households,* p. 39.

84 Georges Duby, *op. cit.*, p. 78.

85 John T. McNeil and Helena M. Gamer, *Medieval Handbooks of Penance,* Octagon, New York, 1965, p. 119, 166, 197, 237, 291, 304, 330, 340.

86 Guibert, *The Autobiography,* p.40-44.

87 David Herlihy, *Medieval Households,* p.31-32.

88 John Noonan, *Contraception : A History,* p. 146.

89 Emmanuel Le Roy Ladurie, *Montaillou, village occitan de 1294 à 1324,* Gallimard, coll. Folio, Paris, 1975, p. 248.

90 Brian Law, *The Salernitan Questions : An Introduction to the History of Medieval and Renaissance Problem Literature,* Clarendon, Oxford, 1963. Sainte Hildegard (1098-1179) abbesse de Rupertsberg, conformément aux arguments d'Aristote, fut la première femme en Occident à écrire un ouvrage d'embryologie. Voir Bernard W. Scholz, Hildegard von Bingen, *American Benedictine Review,* 31, 1980, p. 361-383.

91 Ibn Sina, *Canon,* 2.3, cité dans John Noonan, *Contraception : A History,* p. 201-202.

92 L'islam avait envers le contrôle de la fécondité une attitude beaucoup plus libérale que le christianisme. De nombreux textes arabes énuméraient des potions contraceptives, des tampons et des suppositoires. Le coït interrompu était reconnu, ou du moins toléré par le Prophète, si on y avait recours pour protéger les biens d'une famille ou la santé de la mère. On permettait l'avortement antérieur à la formation du fœtus, à cent jours. Voir B. F. Musallem, *Sex and Society in Islam : Birth Control Before the Nineteenth Century,* Cambridge University Press, Cambridge, 1983 ; Madeleine Farrah, *Marriage and Sexuality in Islam : A Translation of al-Ghazzali's Book on the Etiquette of Marriage from the Ihya,* University of Utah Press, Salt Lake City, 1984.

93 L. E. Demaitre and Travill, *Human Embryology,* p. 407-424 ; S. Belguedes, La collection hippocratique et l'embryologie coranique, *La collection hippocratique et son rôle dans l'histoire de la médecine,* Brill, Leiden, 1975, p. 324-328.

94 Luke E. Demaitre, *Doctor Bernard de Gordon : Professor and Practitioner,* Pontifical Institute of Medieval Studies, Toronto, 1980, p. 78-80 ; M. Antony Hewson, *Giles of Rome and the Medieval Theory of Conception,* Athlone Press, Londres, 1975, p. 48-54.

95 John Noonan, *Contraception : A History,* p. 207 ; sur ses théories humorales, voir aussi Arnolds de Villa Nova, *Here is a New Boke, called the Defence of Age and Recosery of Youth,* traduit par Jonas Drummond, Wyer, Londres, 1540.

96 Beryl Rowland, *Medieval Woman's Guide to Health : The First English Gynecological Handbook,* Kent State University Press, Kent, Ohio, 1981, p. 157-159 ; voir aussi Delaney, *Constantinus Africanus, De Coitu,* p. 62-63.

97 R. Nelli, *La vie quotidienne des Cathares de Languedoc au XIIIe siècle,* Hachette, Paris, 1969, p. 62

98 Helen Rodnite Lemay, Human Sexuality in 12th to 15th Century Scientific Writings, dans *Sexual Practices and the Medieval Church,* V. Bullough and J. Brundage, Prometheus Press, Buffalo, 1982, p. 200.

99 Lemay, *Human Sexuality,* p. 187-205.

100 Helen Rodnite Lemay, The Stars and Human Sexuality : Some Medieval Scientific Views, *Isis,* 76, 1980, p. 127-137.

101 Les juifs, comme les musulmans, croyaient que, lorsque la vie d'une femme était menacée, on pouvait légitimement interrompre une grossesse. Voir Fred Rosner, *Medicine in the Mishneh Torah of Maimonides,* Ktav, New York, 1984, p. 170-173. Voir aussi L. Rabinowitz, *The Social Life of the Jews of Northern France in the XII-XIV Centuries as Reflected in the Rabbinical Literature of the Period,* Goldston, Londres, 1938, p. 150-151 ; S. D. Goitein, *A Mediterranean Society : The Jewish Communities of the Arab World as Portrayed in the Documents of the Cairo Geniza,* University of California Press, Berkeley, Californie, 1978, vol. III, p. 168-170, 211, 230-231.

102 Claude Thomasset, *Placides et Timeo ou Li secres as philosophes,* Droz, Genève, 1980 ; *Une vision du monde à la fin du XIIIe siècle : Commentaire du dialogue du Placides et Timeo,* Droz, Genève, 1982. Les connaissances médicales étaient encore primitives. Galien fondait ses connaissances de l'anatomie sur la dissection des singes ; à Salerne, au Moyen Age, on utilisait des porcs. Les dissections de corps humains ne commencèrent qu'à Padoue en 1341, et l'on vit se perpétrer de vieilles croyances selon lesquelles la matrice était divisée en sept compartiments. On croyait aussi à la complémentarité des organes génitaux mâles et femelles. Voir George W. Corner, *Anatomical Texts of the Earlier Middle Ages,* Carnegie Institution, Washington, DC, 1927 ; M. C. Pouchelle, *Corps et chirurgie à l'apogée du Moyen Age,* Flammarion, Paris, 1983, p. 134, 223-229.

103 Barbara A. Hanawalt, *The Ties that Bound,* p. 101 ; voir aussi Y. B. Brissaud, L'Infanticide à la fin du Moyen Age, *Revue historique de droit français et étranger,* 50, 1972, p. 234-235.

104 David Herlihy, *Medieval Households,* p. 53.

105 Heath Dillard, *Daughters of the Reconquest : Women in Castilian Town Society,* 1100-1300, Cambridge University Press, Cambridge, 1988, p. 210-211.

106 John Noonan, *Contraception : A History,* p. 218.

107 John Noonan, *Contraception : A History,* p. 219.

108 Beryl Rowland, *Medieval Woman's Guide to Health,* p. 97. Sur la médecine humorale, voir aussi l'ouvrage de Lanfranc, mort en 1306, *A Most Excellent and Learned Work of Chirurgie,* traduit par John Halle, Marshe, Londres, 1565.

109 Gerson, *Opera,* 3, 1000, cité dans John Noonan, *Contraception : A History,* p. 273.

110 Joëlle Beaucamp, *La situation juridicaire de la femme à Byzance,* Cahiers de civilisation médiévale, 20, 1977, p. 164. A propos de la possibilité qu'on avait de pratiquer des avortements dans les xenones, hôpitaux, voirTimothy Miller, *The Birth of the Hospital in the Byzantine Empire,* Johns Hopkins, Baltimore, 1985, p. 213.

111 Rouche, *Haut Moyen Age occidental,* p. 444.

112 Corner, *Anatomical Texts,* p. 105-106.

113 Dante, *Chants 25,* 52-81 vol. II, 1314, écrivit qu'à quarante-cinq jours, le conceptus était terminé et qu'à quatre-vingt-dix jours, il s'animait. Dr A. Bos, *La chirurgie de maître Henri de Mondeville,* Firmin, Paris, 1897, vol. I, p. 114-115.

114 John T. John Noonan Jr., *An Almost Absolute Value in History, in The Morality of Abortion : Legal and Historical Perspectives,* ed. John T. John Noonan, Harvard University Press, Cambridge, Massachusetts, 1970, p. 20.

115 H. G. Richardson, *Fleta,* Seldon Society, London, 1955, LXXII, p. 60-61.

116 David Herlihy, *Medieval Households,* p. 53.

117 Barbara A. Hanawalt, Childrearing Among the Lower Classes of Late Medieval England, *Journal of Interdisciplinary History,* 8, 1977, p. 1-22 ; Peter Biller, Childbirth in the Middle Ages, *History Today,* 36, 1986, p. 42-49.

118 Emily Coleman, *Infanticide in the Early Middle Ages,* dans *Women in Medieval Society,* S. M. Stuard, University of Pennsylvania Press, Philadelphie, 1976, p. 47-71. Voir aussi Barbara A. Kellum, Infanticide in England in the Later Middle Ages, *History of Childhood Quarterly,* 1, 1974, p. 367-388.

119 Barbara A. Hanawalt, *The Ties that Bound,* p. 101-102.

120 A. Porteau Bitker, Criminalité et délinquance féminine dans le droit pénal des XIIIe et XIVe siècles, *Revue historique de droit français et étranger,* 58, 1980, p. 15 et 34.

121 John Boswell, Expositio and Oblatio ; The Abandonment of Children and the Ancient and Medieval Family, *American Historical Review,* 89, 1984, p. 10-33 ; John Boswell, *The Kindness of Strangers : The Abandonment of Children in Western Europe from Late Antiquity to the Renaissance,* Pantheon, New York, 1988, parts II-IV. Il ne faut pas confondre l'oblation formelle, pour ceux qui finiraient par être ordonnés et à qui les parents fournissaient une dot, avec l'accueil d'enfants pauvres qu'on élevait pour en faire des ouvriers.

122 Peter Biller, *Birth-Control,* p. 22-25.

123 Les marchands de Londres avaient des familles de taille étonnamment modeste. « Mais il est bien clair qu'à aucun moment de cette période le nombre moyen d'héritiers laissés par un marchand en ligne directe n'excédait deux. » Sylvia L. Thrupp, *The Merchant Class of Medieval London,* University of Chicago Press, Chicago, 1948, p. 199-200. Pour la campagne, voir Bruce M. S. Campbell, Population Pressure, Inheritance and the Land Market in a Fourteenth-Century Community, dans *Land, Kinship, and Life Cycle,* ed. R.M. Smith, Cambridge University Press, Cambridge, 1984, p. 128-129. Pour la faible fécondité des marchands, voir aussi Arlette Higounet-Nadal, *Familles patriciennes de Périgueux à la fin du Moyen Age,* CNRS, Paris, 1983, p. 25, 134, 141-142.

124 Dante, *Paradis XV,* II, 106-8 ; John Noonan, *Contraception : A History,* p. 227, n. 47.

125 John Noonan, *Contraception : A History,* p. 168.

126 Peter Biller, *Birth-Control,* p. 16.

127 John Noonan, *Contraception : A History,* p. 299-300.

128 John Noonan, *Contraception : A History,* p. 197.

5

UNE AFFAIRE D'ÉTAT

« Recettes pour accomplir leurs méchants desseins »
(Louise Bourgeois (1626), citée par John Pechey,
The Compleat Midwife's Practice Enlarged)

A l'aube de l'époque moderne, le discours sur la fécondité, jusque-là contrôlé par le clergé, se sécularisa. L'Etat se substitua progressivement aux prêtres pour réglementer la maternité : l'infanticide et l'avortement devinrent des crimes ; des hommes entamèrent un longue campagne pour conquérir l'obstétrique et mettre au monde les bébés à la place des sages-femmes ; des écrivains répandirent des libelles sur l'onanisme ; enfin des fabriquants de préservatifs lancèrent une véritable commercialisation de la contraception. Et la maternité changea. Au XVIIIe s., le nombre des couples mariés, s'employant méthodiquement à limiter la taille de leur famille, progressa jusqu'à atteindre des chiffres non négligeables. Les Européens continuaient à retarder et à espacer les naissances, comme ils l'avaient toujours fait; ils allaient également essayer d'éviter la conception.[1]

Ce changement dans les pratiques contraceptives reflétait-il un changement dans les structures familiales ? Les chercheurs ne s'accordent pas sur l'évolution de la famille de l'Europe occidentale entre le Moyen Age et les débuts de l'époque moderne. Dans ses aspects quantitatifs – mariages tardifs, célibat très répandu et fécondité basse – la famille restait tout à fait semblable à ce que nous a montré le chapitre précédent. Les hommes et les femmes ordinaires continuaient à manifester la plus grande prudence vis-à-vis du mariage et de la procréation. La règle médiévale, « pas de terre, pas de mariage », était toujours largement observée, bien qu'à partir du XVIe s., on commençât à passer outre. Jusqu'à 20% de la population restait célibataire à vie.(2) Les jeunes coqs de villages se chargeaient de censurer les unions qui violaient les coutumes locales, par des aubades cacophoniques et des charivaris. L'Eglise avait toujours son mot à dire, bien entendu, mais l'Etat commençait à se substituer à elle pour réglementer les comportements conjugaux. En 1556, pour éviter les « mariages hâtifs », il fut interdit aux apprentis de Londres de convoler avant vingt-quatre ans ; de semblables restrictions gagnèrent bientôt d'autres villes.(3) Chez les pairs anglais, la moyenne d'âge du mariage s'éleva de vingt-cinq à trente ans pour les hommes, et de vingt à vingt-trois ans pour les femmes, entre le XVIe et le XVIIIe s. Dans toute l'Europe du Nord-Ouest, les hommes se mariaient vers trente ans, les femmes vers vingt-cinq ans. Sur le continent, la doctrine austère, prêchée par la Contre-Réforme, en faveur des mariages tardifs et de la chasteté prénuptiale, renforçait en quelque sorte la détermination des laïcs à n'autoriser que des unions fondées sur des bases économiques assurées.(4)

Les fiançailles représentaient toujours une étape essentielle. On jetait ainsi les fondements d'une union qui rapprochait non seulement deux individus, mais deux familles ; les rapports sexuels précédaient fréquemment le mariage proprement dit. Environ un quart des mariées étaient enceintes quand on les menait à l'autel ; pourtant, les naissances illégitimes ne représentaient pas plus de 2% des accouchements, ce qui donne une idée du sérieux avec lequel on considérait la grossesse. Il importe peu qu'une telle prudence fût due à l'assimilation de l'éthique chrétienne ou à la crainte de l'ostracisme social. Le contrôle individuel de la sexualité était, de toute évidence, une forme bien ancrée de comportement rationnel.[5]

Le mariage tardif, l'espacement des naissances – résultat de l'allaitement prolongé, peut-être associé à la continence ou à une forme de contraception – et les taux élevés de mortalité infantile eurent une conséquence : jusqu'au milieu du XVIIIe s., les familles avaient tout juste assez d'enfants pour assurer le renouvellement de la population. Dans le petit village anglais de Kibworth Harcourt, par exemple, les femmes mettaient au monde, en moyenne, 4,87 enfants, dont un sixième mourait avant l'âge de vingt et un ans.[6] L'Amérique du Nord ne souffrait ni de pénurie de terres, ni de pression démographique ; aussi les familles comptaient-elles plus d'enfants. Au XVIIe s., dans la colonie de Plymouth, chaque famille avait en moyenne huit enfants.[7]

Il faut, bien entendu, distinguer foyers, ou feux, et familles. Les premiers étaient d'autant plus importants qu'on montait dans la hiérarchie sociale ; une grande maisonnée représentait un luxe inaccessible pour les pauvres. Un aristocrate pouvait avoir jusqu'à quarante personnes sous son toit, tandis qu'un ouvrier n'en avait que trois ou quatre.[8] Les artisans et les paysans, incapables d'entretenir leurs enfants, les envoyaient très jeunes servir comme domestiques ou ouvriers agricoles. Les riches profitaient de cette main-d'œuvre autant pour satisfaire leurs besoins économiques que pour démontrer leur puissance sociale; mais, le développement de l'économie de marché leur fit peu à peu considérer ces serviteurs comme des employés, et non plus comme des membres de la « famille ».

Quitter sa famille pour aller travailler dans un autre

foyer n'était pas un sort réservé aux indigents. Le placement des enfants comme domestiques ou apprentis était une caractéristique majeure du cycle existentiel de la famille occidentale, particulièrement en Angleterre et en Scandinavie. Cette coutume était en rapport avec le retard des mariages, mais elle jouait aussi un rôle dans l'indépendance des ménages. Les jeunes gens et jeunes filles placés représentaient environ 14% de la population totale de l'Angleterre, et 60% du groupe d'âge des 15-24 ans.(9) L'Europe préindustrielle, dont les enfants devaient partir gagner leur vie loin de chez eux, avait une mobilité bien plus grande qu'on ne l'imagine généralement. Cependant, la société gardait comme objectif l'établissement de ces jeunes gens. Leur déplacement répondait à un impératif précis : leur faire passer les dix et quelques années difficiles qui les séparaient du mariage. Si les gages étaient généreux, le fils avait alors la possibilité de fonder un nouveau foyer, avant même la mort de son père. Son épouse aurait, quant à elle, gagné ou hérité de sa dot. Seuls les pauvres dénués de tout pouvaient épouser n'importe qui n'importe quand, sans que cela leur portât préjudice.

La coutume de partir travailler au loin avait pour effet de prolonger l'adolescence et n'était pas sans effet sur la fécondité. Ann Kussmaul a considéré la période ancillaire du cycle existentiel comme une sorte de stratégie :

> « L'institution du service était une forme de planning familial rétroactif. Quand une famille se rendait compte qu'elle avait trop d'enfants vivants pour les entretenir ou les employer, elle pouvait envoyer l'excédent dans un foyer dont on savait qu'il manquait de bras. »(10)

Les mariages et, par conséquent les naissances, étaient ainsi retardés et l'équilibre entre l'offre et la demande d'emplois se trouvait rétabli dans la communauté. En outre, cette coutume initiait les jeunes gens à une vie à demi indépendante, et les préparait à exercer un certain contrôle sur le choix de leur conjoint. Il ne faut cependant pas surestimer l'« individualisme » des Européens de l'Ouest ; John R. Gillis a démontré que, quoiqu'en disent les démographes sur la nature « nucléaire » de la famille occidentale, les couples savaient qu'il leur était très difficile de contracter un mariage sans l'approbation de leur communauté, de leurs amis et de leurs parents.(11)

Dans l'Europe du Nord-Ouest, les liens de parenté étaient assez lâches ; les frères ne partageaient que rarement leur terre ou leur foyer, et les familles élargies étaient peu nombreuses. En France et en Allemagne, la « famille-souche » était la plus répandue : le fils aîné prenait la succession de son père, tandis que les fils cadets quittaient la maison ou y restaient sans se marier. Mais, même dans ce cas, étant donné la brièveté de l'espérance de vie, les générations adultes ne coexistaient que peu de temps. Plus au sud et à l'est, là où la terre était la plus pauvre et la demande de main-d'œuvre familiale la plus grande, le pourcentage de foyers abritant plusieurs familles ou de regroupements familiaux complexes était plus important.

En Europe méridionale et orientale, le placement des enfants n'était pas courant, parce qu'il n'y avait pas de marché du travail. Le mariage ou la fondation d'une nouvelle famille n'entraînaient pas obligatoirement la création d'un nouveau foyer. En Italie, par exemple, les familles élargies constituaient la norme. Les fils mariés installaient leur femme sous le toit familial. On recherchait surtout la solidarité familiale, et non pas l'indépendance, comme à l'Ouest. Cette solidarité exaltait la domination masculine. Dans les foyers élargis de l'Espagne et de la Sicile, toutes les femmes se mariaient tôt, habituellement entre dix-huit et vingt ans.(12) Dès l'époque de la Renaissance, les jeunes Italiennes quittaient la maison à sept ans pour entrer au couvent, ou à douze ans pour prendre époux. Il n'y avait rien de choquant à porter une robe de mariée avant d'avoir achevé sa croissance.[13] On considérait les femmes un peu comme des invitées dans la maison de leur mari, et quand elles se trouvaient veuves, elles retournaient fréquemment à leur « propre » famille. Les femmes d'Europe méridionale n'étaient pas aussi asservies qu'on l'a souvent prétendu, mais elles étaient sûrement moins libres que dans les régions occidentales.

Quant aux pauvres, leur mode de vie conjugale dépendait plus de la communauté que de la famille. On s'entraidait entre compagnons de travail ; les femmes se prêtaient mutuellement assistance, tout particulièrement pour les problèmes d'ordre sexuel. Bien que les conditions économiques se fussent grandement améliorées à partir du XVIe s., le nombre des indigents ne cessait de croître. Au début de l'époque moderne, l'Europe occidentale passa de l'économie de subsistance à l'agriculture de marché ; les petits lopins furent regroupés pour former de vastes domaines clos. Vers le XVIIe s., beaucoup de travailleurs agricoles ne possédaient aucune terre. Auparavant, ils ne se seraient pas mariés ; à présent, le travail gagé non seulement leur permettait de le faire, mais, à l'occasion, les poussait également à avoir une famille nombreuse. En revanche, selon Cicely Holder, les petits propriétaires, pour éviter de partager leur terre entre de trop nombreux héritiers, s'employaient toujours, par une sorte d'instinct de conservation, à limiter les naissances.[14] Dans l'Europe de l'Est et du Sud, on assista à un phénomène de « reféodalisation », au cours duquel les nantis dépossédèrent les paysans de leur terre. Là aussi, les paysans essayèrent de renforcer leur capacité de travail en agrandissant leur famille ; ils ne s'en trouvèrent que plus enfoncés dans la servilité.

Au cours des XVe et XVIe s., l'Europe se remit lentement

des désastreuses épidémies des années 1300, et au XVIIIe s., on enregistra un accroissement démographique sans précédent. Autrefois, les historiens expliquaient ce phénomène par la diminution de la mortalité – recul des famines et des maladies, endémiques dans l'Europe médiévale – ainsi que par les progrès de l'agriculture. Bien que ces explications conservent une certaine valeur pour le continent, de récentes recherches ont démontré qu'en Angleterre, l'accroissement de la population provenait bien plus de l'augmentation de la fécondité que de la diminution de la mortalité. Selon les termes de Wrigley et de Schofield, la population de ce pays était régie par un « système de basse pression conditionné par la fécondité ».(15) L'abaissement de l'âge nuptial, l'augmentation du nombre des mariages, l'élévation de la fécondité matrimoniale et l'accroissement de l'espérance de vie étaient autant de facteurs qui se combinaient pour pousser le taux de natalité à la hausse. Que l'Angleterre, le premier pays à s'industrialiser, traversât de tels changements n'était pas le fait du hasard. Selon David Levine, l'accroissement démographique fut en grande partie causé par la prolétarisation du travail. Traditionnellement, les enfants quittaient leur famille pour se placer, nous l'avons vu ; au XVIIIe s., le développement de l'industrie créa des emplois pour les enfants, et distribua des salaires qui leur permirent de se marier plus tôt. L'existence d'une demande de main-d'œuvre eut même un effet d'incitation au mariage et à la procréation; elle encouragea le « pouvoir de prolifération » habituellement contrôlé par les mécanismes sociaux.(16)

Tout cela n'allait pas sans dommage : si la prospérité économique favorisait les mariages précoces, tout renversement de conjoncture les interdisait, et l'on voyait fleurir les unions illégitimes. Au cours du XVIIIe s., les grossesses prénuptiales augmentèrent de 10 à 30 %, et le taux de naissances illégitimes grimpa de 2 à 8%, voire 16 %, à certains endroits.[17] Les classes supérieures étaient régulièrement saisies de panique devant ce qu'elles estimaient être la dépravation et l'immoralité des pauvres. En fait, le relâchement des mœurs n'était pas en cause; les responsables de l'accroissement de l'illégitimité étaient les conditions économiques, car c'étaient elles qui empêchaient ou retardaient les mariages.

L'augmentation du taux de natalité en Angleterre est un phénomène important; il peut sembler hors sujet dans une étude sur le contrôle de la fécondité, et pourtant il a sa place. Il démontre, en effet, que la maternité n'est pas un phénomène stable dans le temps, mais qu'elle est conditionnée par l'évolution des forces sociales. Les Européens en augmentant leur fécondité, ou en la réduisant, manifestaient leur souci d'adapter au mieux la dimension de leur famille.[18]

La population européenne croissait donc à un rythme sans précédent. Par un effet qui peut paraître paradoxal, ce phénomène joua un rôle dans le développement des pratiques de contrôle des naissances. Même les démographes les plus opposés à reconnaître que les générations passées aient pu ou voulu limiter les naissances, ont dû se rendre à l'évidence : dès le XVIIe s., les Européens ont essayé de contrôler leur fécondité, et ils y sont parvenus.

Wrigley découvrit, dans les archives paroissiales du village de Colyton, dans le Devon, de nombreuses preuves de limitation des naissances remontant au début du XVIIe s. Il est évident qu'on ne voulait pas de famille nombreuse. Les femmes de Colyton se mariaient généralement entre vingt-six et trente ans ; les hommes épousaient souvent des femmes plus âgées qu'eux. Les naissances étaient nettement espacées ; la fécondité chutait dans les années précédant la ménopause, et le délai entre l'avant-dernière et la dernière grossesse semble indiquer que le couple essayait de ne plus avoir d'enfant. Les femmes mariées avant trente ans entre 1647 et 1719 mettaient au monde leur dernier enfant en moyenne deux ans plus tôt que celles qui s'étaient mariées entre 1560 et 1646.[19] Wrigley découvrit également un bien curieux phénomène : à travers toute l'Angleterre, les naissances, chez les jeunes mariées, comme chez les autres femmes, se produisaient généralement au même moment de l'année. On peut en déduire qu'on employait certains moyens pour éviter que la femme n'accouchât dans les périodes défavorables.[20] A Colyton, le taux de fécondité remonta après 1720.

La noblesse anglaise semble avoir fait une même expérience sans lendemain de contrôle de sa fécondité; on constate, en effet, que la famille noble se réduisit à 3,6 enfants en 1747, pour remonter à 4,85 en 1824.[21] C'est surtout entre 1690 et 1720 que l'aristocratie, préoccupée de l'entretien des cadets et de la santé des mères, limita les naissances. Mais, après 1750, la situation se renversa. Plus riches, plus confiants dans les capacités des sages-femmes, poussés par un nouvel élan domestique, les nobles revinrent à la famille nombreuse.[22]

Sur le continent, la diminution de la natalité était plus homogène. Les études de Louis Henry montrèrent que la bourgeoisie genevoise avait 5,4 enfants par famille entre 1600 et 1649 ; 3,6 entre 1650 et 1699 ; et 2,9 entre 1700 et 1749. Au XVIIIe s., des schémas semblables apparaissent dans les familles de l'aristocratie française, à la cour comme à la campagne. A Besançon, le nombre d'enfants par famille du Parlement tomba de 6,8 en 1692 à 4,4 dans les années 1771-1790. Dans le petit village de Lourmarin, on passa de 4,9 vers 1726-1755 à 4,2 entre 1756 et 1785 et à 3,9 entre 1786 et 1815[23]. A la fin du XVIIIe s., la fécondité décrût dans les principales villes de France, dans les villages comme Meulan et dans les régions agricoles entourant Paris.[24]

Le compte rendu le plus complet sur le contrôle de la fécondité dans l'Europe préindustrielle nous est fourni par J.-P. Bardet, dans son étude sur Rouen. Le taux de fécondité de cette ville ne cessa de baisser de 1642 à 1792, avec une courte pause entre 1730 et 1759. Les naissances par famille chutèrent de huit en 1670 à quatre en 1800 ; l'âge du dernier accouchement s'abaissa de quarante à trente-sept ans, et la proportion des épouses sans enfant s'éleva de 5 à 10%. Les notables furent longtemps en tête pour la limitation des naissances. Pourtant, à la fin du XVIIIe s., ils furent dépassés par les membres de la petite bourgeoisie. Les naissances continuèrent à être espacées d'environ vingt mois, mais, fait nouveau, elles cessaient au bout de dix ans de mariage. Ainsi, un contrôle « artificiel » de la fécondité était-il pratiqué par les femmes mûres, pas par les jeunes épousées. Effectivement, les veuves qui se remariaient avaient moins d'enfants que les femmes du même âge en premières noces. J.-P. Bardet en conclut que « la contraception est à la fois une affaire de savoir et de maîtrise ».(25)

L'étude de la fécondité dans l'Europe du XVIIIe s. met donc à jour des clivages culturels et sociaux frappants. La prolétarisation fit monter le taux de fécondité des travailleurs en Angleterre et en France, tout comme la reféodalisation en Europe orientale ; quant à la bourgeoisie et à la paysannerie françaises, elles changèrent radicalement leurs habitudes pour adopter une politique de contrôle des naissances.

Nous avons passé en revue les données quantitatives que nous fournissent les démographes. Quelle interprétation pouvons-nous en donner ? Quels processus sociaux ont contribué à favoriser le contrôle des naissances ? Comment ces pratiques – dont la plupart des historiens estiment qu'elles étaient « nouvelles » – sont-elles liées à l'évolution de la famille ?

Récemment, beaucoup d'études sont parties du principe que les temps modernes ont été une période de transition pour la famille. Pour dire les choses simplement, on a émis la thèse suivante : la communauté familiale autoritaire et active du XVIe s., caractérisée par les mariages arrangés, la subordination des femmes, le traitement brutal des enfants, s'était peu à peu transformée pour devenir la famille sentimentale et égalitaire du XVIIIe s., définie par l'intimité des relations conjugales et la recherche du bien-être des enfants. Cette évolution, qui permettait aux familles de se libérer des contraintes communautaires et parentales, est attribuée par beaucoup à la diffusion d'une littérature d'inspiration biblique, à la rémunération du travail et à la mobilité sociale. Le protestantisme innovait en prônant le respect des conjoints entre eux, ouvrant ainsi la voie au mariage d'inclination. Le capitalisme encourageait l'individu à faire passer l'intérêt des membres de la famille avant celui des personnes extérieures. L'Etat moderne, désireux d'engager des bureaucrates efficaces et anonymes, se mit à récompenser ceux de ses commis qui faisaient passer leur loyauté à son égard avant leurs attaches familiales ou paroissiales. Quant à l'éthique familiale, elle se préoccupait avant tout du bien-être des enfants. Et, paradoxalement, l'importance grandissante des enfants explique que, dans certains cas, on ait essayé d'en limiter le nombre.

Lawrence Stone a soutenu que le contrôle des naissances ne devenait envisageable au XVIIIe s. qu'en raison de l'émergence d'un « individualisme possessif ». Le recours à la contraception indiquait avant tout un changement d'ordre moral : le principe de plaisir avait fini par être dissocié de la fonction de procréation. La religion perdait de son pouvoir et la sexualité, libérée des restrictions théologiques, pouvait s'épanouir en un érotisme épicurien. Les couples se reconnaissaient le droit et les capacités d'exercer des choix en matière de procréation. La médecine prouvait que l'on pouvait vaincre le fléau des maladies, et donnait des raisons de penser qu'un jour, il serait possible de maîtriser la nature. Le contrôle des naissances devenait donc possible dans cette situation nouvelle, où « il était acceptable sur le plan théologique et moral... de prévoir des choix plutôt que de s'en remettre à la volonté divine(26). »

Lawrence Stone fait indéniablement erreur en croyant qu'aucune tentative de contrôle sur la fécondité n'a été faite avant l'Age des Lumières. Il attribue au déclin religieux et au progrès de la médecine un rôle clef dans la pratique à grande échelle de méthodes contraceptives, explication non sans intérêt, mais trop simpliste. Pour reprendre l'argument des « restrictions de la théologie », il est exact que le clergé catholique cherchait à persuader les épouses chrétiennes qu'elles n'avaient pas le droit de contrôler leur procréation. Le christianisme prêchait l'idée que l'enfant était envoyé par Dieu et, à l'opposé des autres religions, faisait peu de concessions aux réalités sociales propres à justifier le refus de concevoir. Celui qui avait trop d'enfants devait considérer que c'était une croix à porter. Cette doctrine n'allait pas sans quelques curieux arrangements. On condamnait, par exemple, la masturbation masculine comme une sorte d'homicide, tandis que l'on autorisait la masturbation féminine si elle était pratiquée dans le but d'accomplir le rapport sexuel et de favoriser la production de l'indispensable semence.(27)

Mais l'Eglise elle-même changeait. Au XVIe s., le rituel du mariage catholique fut modifié, en réaction à la Réforme. La procréation était toujours présentée comme le but premier du mariage, mais l'Eglise catholique, au fur et à mesure qu'elle s'éloignait des enseignements augustiniens, devenait plus discrète et plus compréhensive à l'égard des manquements aux promesses de l'autel. Les confesseurs condamnaient moins sévèrement les rapports sexuels pendant les règles ou avant la communion. Le mariage bénéficiait d'un peu plus de considération, bien que le plaisir, même en tant que « remède » contre la fornication, fût toujours tenu en suspicion. Saint François de Sales donnait en exemple, à l'homme marié, l'éléphant monogame qui avait la décence de ne s'accoupler qu'une fois tous les trois ans, et qui, la chose faite, se retirait vers une rivière voisine pour se laver.[28]

Bien que l'Eglise restât sur ses positions en continuant d'affirmer que la procréation était la finalité du mariage, elle se déclara consciente du fardeau que représentaient les enfants. En 1550, de Soto recommandait l'abstention aux couples frappés par la misère, et en 1602, Thomas Sanchez reconnaissait la légitimité du *coitus reservatus,* en cas de pauvreté ou de risques pour la santé de la mère.[29] Cependant, il déclarait qu'une mère qui allaitait n'avait pas le droit de se refuser à son mari, même si cela devait mettre en danger la vie de son bébé. Au début du XVIIIe s., Germain Fromageau affirmait qu'elle en avait le droit. Le refus était aussi concédé aux femmes qui ne pouvaient concevoir sans mettre leur existence en péril.[30] Le clergé alla même jusqu'à autoriser les rapports pendant les règles. En revanche, saint Alphonsus Liguori (1697-1787), le plus influent des docteurs de l'Eglise, suggéra aux confesseurs d'user de discrétion à l'égard des problèmes conjugaux, afin d'éviter toute violation injustifiée de l'intimité.

Cela dit, aucun confesseur, aussi tolérant fût-il, n'aurait manqué de condamner l'utilisation de contraceptifs. A la fin du XVIe s., Jean Benedicti condamnait ceux qui n'hésitaient pas à s'opposer au cours naturel des choses ou à se livrer à des actes contre nature pour éviter que leur femme ne conçoive un enfant. La pauvreté n'était pas reconnue comme excuse :

> « Ceux qui par potions, breuvages ou autre manière que ce soit, empêchent la conception et la génération, affirmait-il, craignant d'avoir trop d'enfants pèchent mortellement ».[31]

Au XVIIe s., Jean Cordier déplorait le fait que les « meilleures familles » limitassent le nombre de leurs enfants ; Jacques Marchant parlait d'onanisme et de femmes utilisant « des herbes et autres poisons[32]. » On continuait à estimer que la contraception était un péché plus grave pour les couples mariés que pour les célibataires. Pourtant, l'Eglise, en reconnaissant que les familles nombreuses pouvaient représenter un fardeau, et en conseillant aux confesseurs de ne pas faire d'excès de zèle vis-à-vis de ceux qui évitaient d'avoir trop d'enfants, jouait inconsciemment un rôle dans la légitimation de telles pratiques. La fraction la plus conservatrice, inquisitoriale de l'Eglise, représentée par le Père Féline, exprima ses craintes envers ces arrangements, et réclama non pas moins, mais plus d'intervention cléricale dans les chambres à coucher.

Les prêtres catholiques, célibataires, exigeaient que le « devoir conjugal » fût exercé, mais ils conservaient une grande estime pour la virginité et ne portaient pas de véritable intérêt aux familles nombreuses. Paradoxalement, le clergé protestant, marié, se prononçait moins que ses homologues catholiques sur les problèmes sexuels. Luther critiqua néanmoins la misogynie des catholiques et leur idéal de célibat. Les protestants glorifiaient le mariage et le foyer. Ils déclaraient que les femmes devaient être soumises à leur mari, mais honorées en tant que mères. Les femmes protestantes, quand elles étaient mariées et fécondes, accédaient à un statut social ; mais elles n'avaient plus l'option des catholiques d'entrer au couvent et de mener une vie de continence.

Le protestantisme, en supprimant le rôle d'intercesseur du prêtre et en réduisant l'importance de la Vierge Marie, renforça les pouvoirs du patriarche. De nombreux historiens ont démontré que les puritains, par leur insistance sur le caractère individuel de la rédemption, avaient provoqué une « spiritualisation » des foyers. Les conjoints étaient encouragés à plaire à leur partenaire.[33] Calvin condamnait l'onanisme, mais recommandait une sexualité joyeuse. La procréation représentait toujours une des fonctions les plus importantes du mariage, mais plus importante encore, pour les protestants, était l'assistance mutuelle.[34] « L'amour » était encouragé par les puritains, et bientôt les jeunes gens s'en réclamèrent pour justifier les mariages auxquels leurs parents s'opposaient. Comme les catholiques, les protestants estimaient que les unions devaient être contractées librement ; mais ils recommandaient également aux enfants d'obéir à leurs parents.[35]

On a affirmé que, dans la France catholique, les jansénistes avaient suivi l'exemple des protestants en évitant de discuter de problèmes intimes tels que la procréation. En conséquence, la sexualité s'était « sécularisée » et le recours au contrôle des naissances dépendait davantage de la nature de la relation conjugale que des commandements religieux. Cependant, en théorie, les protestants étaient aussi opposés à la contraception que les catholiques. En 1522, Luther déclara, pratiquement dans les mêmes termes que saint Augustin, que la procréation représentait pour les femmes « le but de l'existence ». Plus tard, il attaqua celles qui « paraissent détester donner la vie, de peur que de porter et d'élever des enfants ne perturbe leur tranquillité ».[36] Evoquant les pratiques particulières, Luther déclara :

> « Onan devait être un scélérat, malicieux et sans repentir. Son péché est des plus horribles. Il est bien plus atroce que l'inceste et l'adultère. Nous l'appelons impudicité, oui, un péché de Sodome[37]. »

Calvin était du même avis. Au début du XVIIe s., Samuel Hieren condamnait comme « preuve évidente d'un esprit misérable et sans foi » le fait que certains « allaient jusqu'à indiquer au Seigneur le nombre (d'enfants) qu'Il devrait leur accorder et Lui fixer une limite à ne pas dépasser. »[38]

Même si les injonctions des prêtres avaient perdu beaucoup de leur force et n'intimidaient plus guère ceux qui envisageaient le recours à des pratiques contraceptives, il serait simpliste d'attribuer un tel changement aux seuls progrès de la science. La scolastique, avec son obéissance aveugle aux préceptes d'Aristote et de Galien, ne perdait que lentement de son autorité. André Vésale, le grand anatomiste de la Renaissance, décrivit les follicules en 1555, et son élève, Gabriel Fallope, poussa plus avant les recherches sur l'appareil génital féminin dans les années suivantes. La découverte des trompes de Fallope, l'étude de l'ovule par William Harvey et l'avancement des connaissances, aux XVIIe et XVIIIe s., à partir des dissections et des observations sous microscope de l'utérus et des testicules, semblaient annoncer une nouvelle compréhension des processus de reproduction. Pourtant, les choses n'évoluaient que de façon très parcellaire. Vers 1600, on parlait moins de parallélisme dans l'anatomie des deux sexes, mais les débats sur le rôle de la chaleur étaient aussi nombreux. Dans les *Observations sur la pratique des accouchements naturels* de Cosme Viardel (1674), par exemple, on retrouve les images familières remontant au temps des Grecs : l'utérus est un champ, les deux sexes produisent des graines, les entrailles sont un four, et ainsi de suite.[39]

Le perfectionnement des moyens d'observation ne mit pas terme aux confusions. William Harvey, fidèle à Aristote, continuait de croire que l'œuf était le produit de la conception, plutôt que sa cause. Il fallut attendre 1667 pour que l'évêque danois Niels Stensen avançât l'hypothèse que les « testicules féminins » contenaient des œufs avant le coït, et qu'on devait donc les appeler ovaires. Mais c'était le follicule, et non pas l'œuf lui-même, que Regnier de Graaf et Jan Swammerdam avaient observé. Leurs émules avancèrent la théorie « oviste » de la préformation, selon laquelle tous les êtres avaient été créés au commencement des temps et placés dans des œufs.[40] Leurs adversaires, membres de l'école des animalculistes, croyaient que la découverte des spermatozoïdes, par van Leeuwenhoek en 1678, prouvait que ces petits êtres avaient été placés dans l'organisme masculin, et que les mères n'étaient en conséquence pas grand-chose d'autre que des incubateurs. Ce que les deux écoles réfutaient, c'était la vieille théorie des « deux graines ». Cela revenait à condamner l'opinion traditionnelle selon laquelle hommes et femmes avaient des fonctions et des besoins sexuels similaires. On venait de produire une justification « naturelle » de l'asservissement des femmes.[41]

La nouvelle science n'avait que peu d'informations pratiques à offrir au public. En réalité, elle avait plutôt tendance à embrouiller le processus de procréation en l'éloignant de l'expérience des hommes et des femmes ordinaires. Alors que les femmes avaient été considérées comme des êtres lascifs et soumis aux passions – ce qui, somme toute, était une condition nécessaire à la procréation – on assistait à l'émergence d'une passivité féminine nouvelle. Que l'effervescence scientifique ait modifié l'image des femmes ou qu'une nouvelle vision des femmes ait mené à de telles découvertes, le résultat était le même : pour l'élite intellectuelle, l'idée ancienne de deux sexes qui remplissaient, en gros, des rôles complémentaires ne convenait plus.

Les embryologistes déclarèrent carrément que l'orgasme de la femme n'avait aucune nécessité. Il ne faut pas exagérer l'impact de telles opinions. Les textes populaires continuaient à représenter des femmes intéressées par les questions sexuelles et actives dans ce domaine. On croyait toujours à la vieille théorie des humeurs, qui imputait les échecs de la conception à la température de l'utérus, trop chaud ou trop froid, ou à la consistance de la semence, trop liquide ou trop épaisse. Des textes médicaux assez crus, tels que *Le Bastiment des receptes* (1665) et *Petit trésor de santé* (1639), contenaient toujours les mêmes recettes traditionnelles contre la stérilité. Jusque vers le milieu du XVIIIe s., les moins favorisés continuèrent à consommer des aphrodisiaques, à porter des talismans et des clefs d'église et à se rendre en pèlerinage dans les lieux saints ou païens, pour invoquer reliques, menhirs ou sources magiques.[42] On tenait beaucoup aux enfants qu'on n'élevait plus pour leur valeur économique. Le mariage, comme rite de passage, avait moins d'importance pour la femme que pour l'homme, pour lequel il représentait l'établissement social, en tant que chef d'un nouveau foyer ; c'est la maternité qui procurait à la femme son statut. J.-P. Demos a remarqué, dans les procès en sorcellerie de la Nouvelle-Angleterre au XVIIe s., l'expression réitérée de la même crainte que les femmes qui avaient peu d'enfants ne jalousent celles qui étaient plus favorisées.[43]

Ceux que tourmentait la peur de la stérilité se tournaient parfois vers les enseignements traditionnels d'embryologie, à travers des ouvrages de vulgarisation comme *Le Chef-d'œuvre* d'Aristote, les prétendues œuvres d'Albert le Grand, et le plus récent *Tableau de l'amour conjugal* de Nicolas Venette, (1686), ouvrages qui, à la fin du XVIIIe s., avaient tous été l'objet de dizaines d'éditions.[44] Ces textes transmettaient aux couches populaires le discours convenu sur les rôles masculin et féminin dans la reproduction, sur l'origine de la semence, la détermination du sexe et les remèdes contre l'impuissance et la stérilité. Les découvertes de l'embryologie n'avaient eu, en fin de compte, pratiquement aucun retentissement sur les attitudes populaires vis-à-vis de la procréation.

Quant à la pratique médicale, elle, non plus, n'avait subi aucune révolution. Sur la naissance, le médecin du XVIIIe s. n'avait pas grand-chose à dire de plus que ce que l'on trouvait dans les textes d'Hippocrate. La vie était toujours extrêmement fragile; les pratiques obstétricales primitives. Des correspondances privées nous révèlent que la bourgeoisie s'inquiétait en permanence pour sa santé.[45] Les femmes, menacées par des grossesses à répétition, étaient confrontées à une mortalité maternelle que l'on estimait à 25 pour mille naissances vivantes.[46]

L'arrivée de l'obstétricien du XVIIIe s. est-elle le signe d'un plus grand souci pour le bien-être des femmes et des enfants ? Les médecins remplacèrent les sages-femmes pour accoucher les femmes de la bourgeoisie. On en conclut habituellement que les femmes étaient favorables à ce changement, car elles « avaient de plus en plus le désir d'associer maternité et dignité, de vivre une vie libérée des fausses contraintes, et de réduire les douleurs de l'enfantement ainsi que les souffrances de leur existence[47]. » Il est bien difficile de prouver que les médecins étaient capables de leur rendre ces services. Et l'on ne doit pas oublier que le triomphe du praticien qualifié se fit aux dépens des sages-femmes. Les femmes qui eurent accès aux soins médicaux pourraient bien avoir souffert plus que les autres. Bien que l'utilisation du forceps fut devenue à la mode, les obstétriciens anglais de la fin du XVIIIe s. finirent par reconnaître que cette intervention, faite sans nécessité, présentait des risques. Mais les docteurs français, comme Baudelocque, étaient si convaincus de leur maîtrise chirurgicale qu'ils prêchaient infatigablement les vertus de la césarienne, pourtant meurtrière à l'époque.[48]

Au début des temps modernes, aucune idéologie nouvelle ne vint justifier le contrôle des naissances ; aucune technologie n'apparut pour en faciliter la pratique. La continence restait le moyen le plus simple d'empêcher la conception. Dans l'Europe catholique et protestante, les rapports sexuels restaient interdits à certaines époques du calendrier liturgique et agricole. Dans les classes supérieures, certains médecins donnaient certainement des excuses aux femmes pour éviter le devoir conjugal. Jean-Louis Flandrin se réfère à une « épidémie de migraines », invoquées à travers les siècles par les Françaises pour se refuser à leur mari, et estime qu'à l'époque des Lumières, même les confesseurs commençaient à reconnaître aux femmes le droit de refuser le devoir conjugal.

Les recettes destinées à empêcher les rapports sexuels,

potions à base de plantes, sédatifs du désir et lotions, dont beaucoup remontaient au temps des Grecs, gagnèrent un vaste public grâce à l'imprimerie. Elles firent l'objet d'une multitude d'éditions, sous forme de traités de botanique populaire ou de feuillets colportés. Jean Benedicti, à la fin du XVIe s., condamna les droguistes et les pharmaciens qui procuraient aux femmes des substances à boire ou à manger pour empêcher la conception. Ce n'était pas à proprement parler, disait-il, un homicide, mais tout de même un crime grave.(49) Edward Poeton décrivit, en 1630, un onguent spécial dont il assurait qu'« il empêchait l'acte de Vénus, si les parties génitales en étaient ointes ».(50) J'ai étudié en détails, dans *Reproductive Rituals,* les formes traditionnelles de contraception entre le XVIe et le XIXe s.(51) Il suffit de dire qu'à travers toute l'Europe, on trouvait grand nombre de tisanes, destinées à empêcher la conception. La croyance dans l'efficacité de telles potions, tout du moins à des fins contraceptives sinon abortives, s'était, semble-t-il, affaiblie dans les régions occidentales, dès les années 1700.

Au XVIIIe s., on trouve moins de références aux formes magiques de contrôle de la fertilité. Les nœuds magiques, si l'on en croit des témoins aussi éminents que le juriste Jean Bodin et le médecin suisse Thomas Platter, étaient utilisés sur le continent au XVIe s.(52) Les pratiques diaboliques invoquant l'impuissance et la stérilité furent condamnées dans l'Angleterre du XVIIe s. par les glossateurs médicaux Nicolas Culpeper et John Pechey.(53) Les voies de la procréation étaient trop mystérieuses pour être libérées de toute superstition, mais du moins les hommes instruits remettaient-ils en question les vieilles croyances, au siècle même où ils surmontaient leur peur de la sorcellerie.

Entre le XVIe et le XVIIIe s., alors que les discours sur les contraceptifs magiques ou pharmaceutiques se faisaient plus rares, les références à l'onanisme se multiplièrent. Il est pratiquement certain que les Européens comprenaient l'efficacité du coït interrompu; la question était de savoir s'il était permis dans le mariage. On parla beaucoup d'onanisme dans les histoires d'adultère. Brantôme, par exemple, décrivait des aristocrates infidèles du XVIe s. qui faisaient jurer à leurs amants « qu'on leur lasche rien dedans ».[54] Plus bas dans l'échelle sociale, Martin Ingram trouva, dans les archives des cours ecclésiastiques, des références à des pratiques apparemment semblables :

> « Edward Harper, homme marié de Hamilton, fut accusé en 1617 d'avoir "commerce avec des filles à son gré et il choisissait de leur faire don d'enfant ou non" ; quant à Jeremy Gibbons de Idmiston, reconnu coupable, en 1616, d'avoir engendré un bâtard, il aurait dit à un ami que "ce qu'il avait fait n'était vraiment rien[55]. »

Une enquête de la police vénitienne de 1457 nous apporte un témoignage plus explicite encore : il s'agit d'un père incestueux qui pratiquait le coït interrompu au cours de ses rapports avec sa fille :

> « Il... au lit avec elle, quand venait le moment d'émettre son sperme, retirait son membre et éjaculait sa semence entre les cuisses de ladite Antonia, parce qu'il disait qu'il ne voulait pas la féconder[56]. »

L'onanisme dans le mariage pouvait difficilement faire l'objet de rapports ou d'enquêtes. A Venise, la sodomie semble aussi avoir été pratiquée à des fins contraceptives. Certaines femmes malheureuses allèrent se plaindre au Conseil ; mais bien que les doges fissent la chasse aux homosexuels enclins à ces perversions, ils évitaient de se mêler des affaires des gens mariés.

La pratique de l'onanisme par les époux fut condamnée par les puritains comme Babington en 1596 et Gouge en 1626. J.F. Ostervald, pasteur de Neuchâtel, y fit allusion dans sa diatribe contre les abus dans le mariage.[57] Des catholiques comme saint François de Sales, évêque de Genève, laissèrent entendre que le coït interrompu avait des partisans déclarés : « Bien que quelques hérétiques de notre âge [...] aient voulu dire que c'était la perverse intention de ce méchant qui déplaisait à Dieu, l'Ecriture toutefois parle autrement, et assure en particulier que la chose même qu'il faisait était détestable et abominable devant Dieu[58]. » notait saint François, tout en reconnaissant qu'on avait de tout temps considéré la pratique d'Onan comme « infâme et exécrable ».

L'onanisme était devenu si courant au début du XVIIIe s. en Angleterre que des charlatans avaient exploité les problèmes soulevés par cette pratique pour se remplir les poches, en publiant une série de feuillets scandaleux intitulés *Onania.* Pas moins de dix-neuf éditions parurent au cours de la première moitié du siècle. On y trouvait tout d'abord des informations effrayantes sur le sort qui attendait les adeptes de la masturbation ; puis, la description du châtiment encouru par les hommes qui essayaient de spolier le mariage par « un retrait ultime criminel ». Mais cette vigoureuse censure n'empêchait pas certaines éditions d'*Onania* de comprendre la lettre d'un homme marié déclarant que sa pauvre femme et lui, déjà chargés de trois enfants, employaient consciencieusement le retrait pour éviter d'autres grossesses. « Ma conscience me paraît m'absoudre du crime d'Onan, car celui-ci agissait par dépit et mauvaise volonté, et en opposition au commandement formel de réserver sa semence pour son congénère, et en contradiction avec la méthode de notre rédemption ; tandis que j'agis par pure nécessité dans le respect du corps et de l'âme. » Cette lettre constitue, à ma connaissance, la première défense publique de la légitimité du coït interrompu.[59]

Sur le continent, des attaques contre l'onanisme furent lancées à Lausanne, dans les années 1760, par le piétiste

John P. Dutoit-Mabrini et, à Genève, par S.A.A.D. Tissot, auteur de ce qui devint l'étude classique sur la masturbation. Tous deux considéraient l'obsession de leurs contemporains pour la luxure comme le plus grand péché de l'époque. Tissot déplorait que le désir de protéger leur patrimoine ait poussé les chefs de famille à limiter le nombre de leurs enfants : « De là, peu de mariages quand on n'est pas riche; peu d'enfants quand on est marié ».[60]

Ceux qui voyaient dans l'onanisme un calcul économique attribuaient tout naturellement au mari la décision de le pratiquer. Ils passaient habituellement sous silence le fait que cette méthode le privait d'une partie de son plaisir ou que sa femme ait pu y trouver plus à gagner que lui. Certains témoignages indiquent pourtant que les hommes ne prenaient pas toujours l'initiative du retrait. Jane Sharp, sage-femme du XVIIe s., était bien placée pour savoir que certaines femmes cherchaient à éviter les grossesses; ses références à l'innocuité de la « graine d'Onan » laissent entendre que la méthode lui semblait bonne. Elle insistait sur le fait que la maternité représentait « le plus grand désir de la plupart des femmes, sinon de toutes ». Elle condamnait « les moyens qui assurent la stérilité en détruisant la santé », tout en reconnaissant que « certaines personnes avaient eu l'audace d'y recourir ».[61] Nicolas Venette faisait une constatation similaire quand il écrivait que les femmes s'intéressaient plus que les hommes aux positions interdites ; cela peut vouloir dire que certaines épouses usaient de leur pouvoir de séduction pour obtenir de leur conjoint le coït interrompu. Le Père Féline accusait sans équivoque les maris d'avoir causé, par leur soumission aux exigences de leur femme, la réduction de la dimension des familles :

> « Le premier vient de la trop grande complaisance des maris avec leurs femmes ; ils se rendent trop sensibles aux plaintes qu'elles leur adressent de tout ce qui leur coûte pour mettre des enfants au monde ».[62]

On peut ou non se ranger à l'idée qu'à l'origine, ce sont les femmes qui ont persuadé les hommes d'employer le coït interrompu au cours d'aventures extra-conjugales, et qu'elles ont, ensuite, introduit cet usage dans la couche matrimoniale. Il est cependant clair qu'on ne peut qualifier une telle pratique de « méthode masculine », sans courir le risque d'occulter arbitrairement le rôle actif des femmes dans le contrôle de leur fécondité.[63]

Des contraceptifs comme les éponges et les tampons ont une nature féminine plus évidente. G. Chaucer en a fait mention[64], et Mathurin Régnier, dans *Les Satyrs* (1609), décrivit la demeure d'une prostituée dans laquelle se trouvaient « la petite seringue, une éponge, une sonde ».[65] Les éponges étaient peut-être ce à quoi Henri Estienne faisait allusion en 1508, quand il parlait de « préservatifs » employés par les femmes pour se protéger de la grossesse.[66] La référence que l'on trouve dans *The Duchesse's of Portsmouth's Garland* (1690) est plus claire.[67] Le marquis de Sade parlait de condoms – un petit sac de peau de Venise – et d'éponges.[68] Eponges et tampons, ces récits n'en faisaient pas mystère, étaient associés habituellement aux aventures extra-conjugales. Jean-Louis Flandrin ne trouve aucune allusion à ce propos dans les questions que les confesseurs des XVIIe et XVIIIe s. adressaient aux femmes mariées. Mais comme Jeremy Bentham recommandait, dans *Situation et Relief of the Poor* (1797), l'usage des éponges pour enrayer le développement de la pauvreté, on peut en conclure qu'à cette époque, ces expédients avaient trouvé le chemin des foyers.

L'éponge n'a de véritable efficacité qu'à condition d'être associée à une douche vaginale. L'utilisation de solutions astringentes remonte à Soranus d'Ephèse, et sans doute encore plus loin dans le temps. Les Françaises paraissent avoir pratiqué les douches vaginales plus que les autres femmes d'Europe. Régnier évoque la « petite seringue » et Madame de Sévigné fait allusion, dans une de ses lettres, aux « restringents ». Ces ablutions étaient facilitées par l'usage du bidet qui est et était déjà, comme le souligne le réformateur agraire Arthur Young en 1790, une institution typiquement française.[69]

Le condom, le seul contraceptif nouveau de l'époque, et sans doute le plus efficace, joua paradoxalement un rôle modeste dans le déclin de la fécondité. Non que l'on n'appréciât pas son utilité. Lord Hervey annonça à Henry Fox en 1726 qu'il lui envoyait « une douzaine de préservatifs contre les chaudes-pisses et pour empêcher la procréation ».[70] La capote était avant tout utilisée pour éviter les maladies vénériennes. Gabriel Fallope décrivit en 1564 un petit capuchon de lin pour le gland, destiné à prévenir les infections. Vers les années 1700, les capotes était fabriquées avec des vessies ou des peaux d'animaux finement parées. A la même période, en Angleterre, les préservatifs étaient vantés par le pornographe John Marten, vendus par des patronnes de bordel comme Mrs Philips, acclamés par des poètes, comme Joseph Gay et utilisés par des roués comme James Boswell et Casanova. Les moralistes, et parmi eux Joseph Cam, leur faisaient la guerre, mais certains médecins réalistes comme Astruc, reconnaissaient à regret leur nécessité. A la fin du siècle, on pouvait se procurer des capotes dans les bordels non seulement de Londres, mais aussi de Paris, Berlin et Saint-Pétersbourg. Pourtant leur prix et leur lien avec les maladies vénériennes limitaient l'usage qu'en faisaient les couples mariés. On peut mesurer l'embarras qu'ils suscitaient au fait que les Anglais les nommaient « French letters » et que les Français les avaient baptisés « capotes anglaises[71]. »

L'invention du condom n'eut qu'un effet modeste sur la maîtrise de la procréation. Au début des temps modernes, le contrôle des femmes sur leur corps était plus assuré qu'il ne l'avait jamais été. Pourtant, bien que l'on associe habituellement le développement du contrôle des naissances à une amélioration du statut des femmes, cette période témoigna d'une apparente érosion de leurs droits. Le catholicisme de la Contre-Réforme, tout comme le protestantisme, prônaient une organisation domestique qui, à bien des égards, était défavorable aux femmes. La ligne qui séparait le domaine privé du domaine public était plus nette qu'à l'époque médiévale. Une femme, accusée par le Consistoire de Genève d'avoir couché avec son fiancé, déclara : « Paris appartient au roi et mon corps m'appartient à moi ».[72] Il ne faut certes par surestimer les droits des femmes au Moyen Age, mais les reines et les dames exerçaient alors une influence dont on ne retrouve que rarement l'équivalent entre le XVIe et le XXe s. Les femmes des débuts de l'époque moderne, du moins en théorie, furent de plus en plus consignées dans le domaine privé. En pratique, la plupart d'entre elles continuaient à exercer une activité, mais elles étaient tenues à l'écart des professions et des corporations nouvelles ; même le rôle d'épouse et de mère fut mis sous surveillance.

Dans l'Angleterre du XVIIe s., on assista à des tentatives réitérées de réglementation du mariage. Les rapports sexuels prénuptiaux furent condamnés. La fornication des femmes était punie du fouet et la grossesse prénuptiale devint un délit aux yeux de la loi. Dans les années 1620, même les couples mariés étaient poursuivis pour « actes contraires à la nature » par les cours ecclésiastiques. Les grossesses hors mariage semblent alors avoir diminué, mais les chiffres concernant les bâtards doivent être considérés avec prudence; cet abaissement des naissances illégitimes doit probablement plus aux carences administratives qu'à l'autorité des puritains. Au XVIIe s., la crainte de l'illégitimité était avant tout d'ordre moral; au siècle suivant, on s'inquiéterait surtout de ce que coûterait l'entretien d'un bâtard. On reconnaissait traditionnellement à la mère célibataire un droit à l'assistance, mais à la fin du XVIIIe s., ce droit fut fortement remis en cause. On peut d'ailleurs se demander s'il ne faut pas voir dans ce phénomène la cause de l'augmentation des infanticides.(73)

La multiplication des dénonciations pour sorcellerie ou infanticide montre que, dans l'Occident raisonneur, l'indiscipline des femmes faisait l'objet d'une inquiétude accrue. En réalité, on n'a pas de preuve formelle qu'il y ait eu plus d'abandons et d'infanticides à cette époque. Ce qui avait changé, c'étaient les façons dont on punissait l'infanticide. En 1557, Henri II déclara que toute grossesse cachée qui se terminait pas la mort de l'enfant serait tenue pour un meurtre. Un acte du Parlement anglais, voté en 1624, allait dans le même sens(74). Cette rigueur nouvelle s'explique peut-être par la poussée religieuse de la Réforme.(75) Dans le monde médiéval, l'Eglise punissait les deux parents, et désormais, les enquêtes étaient principalement dirigées sur la femme. Ces dispositions visaient surtout la femme célibataire « lubrique ». En réalité, des lois aussi injustes étaient impossibles à appliquer avec cohérence, parce que les jurys répugnaient à condamner des malheureuses réduites à de telles extrémités.(76) Au XVIIIe s., seuls les cas les plus flagrants étaient portés devant les cours anglaises.

On s'est demandé, à l'époque, si les lois contre l'infanticide ne poussaient pas purement et simplement les femmes à l'avortement. Au XVIIe s., dans le Lancashire, le taux de fausses couches variait entre 29 et 96 pour 1000 naissances d'enfants vivants, alors qu'au XXe s. il est plutôt de l'ordre de 10 à 20 pour 1000 ; on en a conclu que beaucoup de fausses couches étaient en fait des avortements provoqués.(77) Dans l'Essex de l'époque, les cinq fausses couches de Jane Josselin, survenues dans les années qui précédèrent sa ménopause, si l'on en croit le journal de son mari, ne furent pas entièrement dues à des causes naturelles.(78) La littérature de colportage sur la « médecine », comme *La médecine charitable* de Philibert Guybert (1630), proposait des recettes de potions et de pessaires « pour provoquer les menstrues ». Paul Dubé, l'auteur du *Médecin des pauvres* (1686), conseillait à ses lecteurs de ne pas enseigner aux femmes enceintes les façons de remédier à l'aménorrhée.[79] Louise Bourgeois, sage-femme à la cour de France au XVIIe s., recommande la même prudence à sa fille :

> « Je ne dis pas que tu doives refuser de donner des remèdes en certaines occasions : mais qu'il faut te garder d'être trompée par des personnes subtiles, qui te raconteront de beaux contes sur les maux de leur femme ou de leur fille, qu'elles diront peut-être que ce sont maux honnêtes, dans l'espoir d'obtenir de toi des recettes pour accomplir leurs méchants desseins[80]. »

Vers la fin du XVIIIe s., les étudiants en médecine recevaient les mêmes avertissements :

> « Nous sommes souvent trompés, reconnaissait James Gregory de Edinburgh, par des femmes grosses d'enfant qui, désirant se débarrasser de leur fardeau et provoquer une fausse couche, se plaignent d'un arrêt des règles dont elles ont l'astuce de prétendre qu'il dure depuis de nombreux mois[81]. »

Le philanthrope anglais du XVIIIe s., Jonas Hanway, estimait que l'avortement était l'ultime recours des désespérées et condamnait les classes supérieures qui empêchaient le mariage de leurs serviteurs :

> « Nous avons pour habitude de les renvoyer quand ils se marient, ce qui revient à les pousser à des artifices et autres actes sinistres pour cacher leur situation. »

Et il avertissait ses lecteurs que cela pouvait aller jusqu'au meurtre.[82] Mais les milieux favorisés eux-mêmes étaient contaminés. Guy Patin, chirurgien français du XVIIe s., laissa un rapport sur la mort de Mademoiselle de Guerchi, survenue en juin 1660 à la suite d'un avortement, et sur l'enquête qui s'ensuivit, au cours de laquelle des prêtres affirmèrent que, l'année précédente, plus de six cents femmes avaient avoué en confession « avoir tué et étouffé leur fruit ». Pierre Bayle estimait, quant à lui, que « si les confesseurs nous donnaient la liste de celles qui se précautionnent de meilleure heure et avant que l'âme soit arrivée, ils ne se borneraient pas à six cents par an dans une ville comme Paris. »[83]

Le public restait hostile à toutes les pratiques destinées à supprimer les preuves de la débauche, mais les femmes mariées s'en tenaient à la notion traditionnelle selon laquelle tant que le fœtus ne bougeait pas, elles étaient libres de provoquer le retour des règles. En Angleterre, ces idées étaient admises par le droit coutumier; l'avortement volontaire n'était un crime qu'après les premiers mouvements de l'enfant.[84] Les lois étaient moins libérales sur le continent. A Fribourg, une ordonnance de 1494 condamnait l'avortement volontaire et involontaire, et exigeait que les cas suspects soient soumis à l'examen d'une sage-femme.[85] En France, le serment des apothicaires comprenait la promesse de ne vendre de substances abortives qu'aux médecins réputés, et, en 1556, Henri II tenta de mettre un terme aux avortements et aux infanticides, en exigeant des femmes célibataires qu'elles déclarent publiquement leurs grossesses.[86] De telles lois n'avaient pas grand effet, parce que la population de l'Europe tant catholique que protestante n'avait encore aucun véritable jugement moral sur l'avortement précoce. En 1588, le pape Sixte V, dans le cadre d'une campagne contre les prostituées romaines, déclara, par la bulle *Effraenatam,* que la contraception et l'avortement, quel que soit le stade de développement fœtal, étaient deux actes homicides. Ce qui parut excessif. En 1591, Grégoire XIV corrigeait la bulle en annulant rétroactivement toutes les sanctions qui y étaient stipulées.[87] Thomas Sanchez et quelques autres théoriciens de l'Eglise continuèrent à faire une distinction selon que l'avortement était survenu avant ou après les premiers mouvements, et selon que l'acte représentait une manœuvre dirigée contre le fœtus ou le résultat indirect de mesures prises pour le bien de la mère.[88] Thomas Sanchez impliquait même que, sur le plan moral, l'avortement n'était pas aussi mauvais que la contraception, tant qu'il pouvait être justifié par l'argument de légitime défense; argument que l'on ne pouvait certes pas utiliser en faveur de la contraception.

Au XVIIIe s., c'est une condamnation plus sévère de l'avortement que réclama publiquement l'abbé Cangiamilla de Palerme. Il insistait sur la notion d'animation immédiate – l'embryon était doté d'une âme dès la conception – et déclarait que le débat sur les premiers mouvements ne servait qu'à justifier l'avortement précoce. Pour lui, même la volonté de sauver la mère d'une mort certaine ne pouvait légitimer une telle opération. Il estimait que, pour la mère, mieux valait renoncer à sa vie terrestre au profit de la vie spirituelle du fœtus, et sommait les autorités d'ignorer toute opposition familiale et de laisser pratiquer des césariennes sur des parturientes mourantes.[89] Les positions de Cangiamilla furent jugées excessives par la plupart des membres de l'Eglise; les attitudes « laxistes » des théoriciens comme Thomas Sanchez allaient prévaloir jusqu'au XIXe s.

Les références de Cangiamilla à la césarienne mettent en évidence, cependant, le rôle grandissant joué par les médecins dans ces discussions. M. de Jaucourt, qui fournit à l'Encyclopédie l'article « fausse couche », affirmait que les avortements étaient pratiqués par les femmes mariées pour empêcher le morcellement du domaine familial et par les célibataires pour protéger leur réputation. Les préparations traditionnelles à base de plantes étaient toujours utilisées, mais Jaucourt notait l'emploi croissant de divers instruments.[90] Au début du XVIIe s., Jean Benedicti avait condamné les mères qui dormaient avec leur bébé en risquant de l'étouffer, ainsi que celles qui prenaient des drogues ou des potions, ou encore qui se lançaient dans la pratique à outrance de la course, de la danse ou des rapports sexuels dans le but d'avorter.[91] Autour de 1750, l'Eglise s'inquiétait de voir les médecins utiliser des sondes pour ponctionner la poche amniotique et se reconnaître le droit d'effectuer des avortements « thérapeutiques ».

Au moment même où la médecine revendiquait l'exercice de l'avortement, les femmes perdaient leur droit *de facto,* sinon *de jure* de le pratiquer. En France, une loi de 1791 déclarait que les avorteuses criminelles seraient poursuivies et son amendement de 1810 étendait les poursuites aux patientes. En Angleterre, en 1803, l'avortement devint un crime ; mais deux principes étaient temporairement maintenus : pas de vie fœtale avant les premiers mouvements, et pas de poursuite sur une femme pour son propre avortement.

Jaucourt reconnut qu'en France, comme en Angleterre, ces lois si sévères restèrent lettre morte, et n'eurent pour effet que de pousser certaines femmes à faire passer elles-mêmes leur enfant. Selon lui, la meilleure façon de prévenir de telles pratiques était la création d'établissements où l'on pourrait déposer les enfants non désirés. La fondation des asiles d'« Enfants Trouvés », que l'on considérait comme le signe d'une attitude nouvelle envers l'enfance, fut marquée par des différences curieuses d'une région à l'autre. C'est en Toscane que l'on se soucia en premier de ce problème et que les premières maisons furent fondées, dès le XIVe s. L'Angleterre dut attendre 1740, pour que Coram ouvre le London Foundling Hospital ; à la même date, la France avait une cinquantaine de ces établissements. Entre 1670 et 1862, plus de soixante-cinq mille enfants furent abandonnés à Rouen, et à la fin du XVIIIe s., chaque année, quatre mille enfants se retrouvaient seuls à Paris. La plupart de ces enfants étaient illégitimes, mais pas tous ; à Nîmes, près d'un tiers avait des parents mariés.(92) On a supposé que le souci manifesté par les Français pour les enfants abandonnés n'était pas sans rapport avec l'emploi précoce de méthodes de contrôle des naissances : la logique voulait en effet que l'on se rendît compte qu'il valait mieux éviter de mettre au monde des enfants plutôt que s'en débarrasser. Mais, on constate que l'abandon était le fait des pauvres, tandis que l'usage des premiers contraceptifs concernait les plus favorisés, ce qui rend la théorie un peu hasardeuse.(93)

Une autre thèse, plus convaincante, avance que ce sont les attitudes vis-à-vis de l'allaitement qui ont influencé l'usage des contraceptifs. Depuis la Renaissance, les femmes pratiquaient l'allaitement prolongé pour garantir la santé de leurs bébés et pour espacer les naissances.(94) Mais, en dépit de ses nombreux avantages, cette habitude se relâcha et perdit de sa popularité. A Florence, dès le XVe s., la majorité des familles aisées confiaient les bébés à des nourrices, et c'étaient les pères qui se chargeaient habituellement de l'arrangement. Cette pratique démontre, de la part des hommes, un certain désintérêt pour leur progéniture. Christiane Klapisch-Zuber note qu'en Toscane, on laissait les filles plus longtemps en nourrice que les garçons.(95) Les mères, qui n'élevaient pas leurs bébés, disposaient d'un peu de temps libre entre deux grossesses, mais elles étaient plus souvent enceintes.

L'Eglise catholique joua dans ce domaine un rôle ambigu. D'un côté, les ecclésiastiques insistaient sur les devoirs de la maternité. En France, au XVIe s., Jean Benedicti déclara que les femmes qui refusaient d'allaiter étaient pires que des bêtes sauvages.(96) Mais, d'autre part, l'Eglise estima longtemps que les droits de l'homme à la reprise des rapports sexuels étaient si prépondérants qu'il fallait les satisfaire à tout prix, quitte à ce que la mère cessât d'allaiter, et quels que soient les risques pour la vie du nouveau-né.

Les mères de l'aristocratie anglaise mettaient souvent leur premier-né en nourrice, mais allaitaient elles-mêmes leurs cadets, apparemment dans le but de retarder d'éventuelles grossesses.(97) Au cours du XVIIIe s., médecins et philanthropes menèrent une campagne pour persuader les femmes de nourrir tous leurs enfants.(98) Le changement d'attitude envers la première sécrétion lactée (colostrum) que l'on conseilla alors de donner au bébé, plutôt que de l'éliminer, entraîna, selon Valérie Fildes, un recul net dans la mortalité infantile des vingt-huit premiers jours.(99)

Les habitudes opposées des Anglaises et des Françaises en matière d'allaitement semblent avoir joué un rôle important dans l'histoire de la contraception. On a en effet estimé que l'allaitement représentait la cause principale des variations du taux de fécondité matrimoniale.(100) Les Anglaises nourrissaient plus souvent leurs enfants que leurs congénères du continent, avec, pour résultat, un taux de mortalité infantile plus bas et des naissances plus espacées – environ vingt mois. Jusqu'à la fin du XVIIe s., les notables français mettaient leurs enfants en nourrice. Cela signifiait que les mères redevenaient rapidement enceintes, et que leurs familles étaient sensiblement plus nombreuses que celles des artisans. On constate également que les habitantes des villes recouraient plus volontiers aux services des nourrices, et donc qu'elles concevaient plus vite que les provinciales. Les enfants dont on se séparait étaient victimes d'un taux de mortalité important. A Rouen, 18,7% des bébés nourris par leur mère mouraient; le taux était au moins deux fois plus élevé pour ceux qui étaient envoyés en nourrice.(101) Ces faits nous donnent de bonnes raisons de croire que les notables français eurent recours, dès le XVIIIe s., à la contraception dans le but de protéger les mères contre un nombre excessif de grossesses, certes, mais aussi de sauver leurs enfants d'une mortalité aux taux tragiques.(102)

Philippe Ariès fut le premier à évoquer cette nouvelle attitude, cette « découverte » de l'enfance survenue au début de l'époque moderne. Au Moyen Age, les enfants étaient considérés comme des adultes en miniature. A partir des années 1500, on vit en eux une identité distincte, qui réclamait un traitement particulier. La vieille indifférence ou la distanciation émotionnelle des familles patriarcales s'effritait. De nouvelles attitudes émergeaient au sein de la bourgeoisie, qui découvrait les charmes de la vie privée et du foyer familial. Les progrès des soins donnés par les parents permirent de sauver plus de bébés ; mais le besoin de contrôler les naissances grandissait dès lors qu'on ne pouvait plus compter sur la mortalité pour éliminer les enfants en surnombre. L'idée que les enfants représentaient alors un accroissement des coûts et des investissements, à la fois sur le plan matériel et sur le plan psychologique, est reprise par Lawrence Stone, Edward Shorter et Randolph Trumbach. Ces auteurs opposent la brutalité des époques précédentes au XVIIIe s. où, selon eux, le déclin de certaines pratiques – notamment l'emploi des nourrices et l'emmaillotement – fut le signe qu'un intérêt nouveau pour la maternité se développait, intérêt que les classes moyennes finirent par transmettre aux classes inférieures.

On sait qu'au XVIIIe s., grand nombre d'éducateurs et de médecins appartenant à la classe moyenne pontifiaient sur la nécessité de réformer les méthodes d'éducation. On sait également, de source sûre, que le taux de mortalité des enfants de l'aristocratie baissait. On ne peut pas affirmer que ce soit la conséquence d'un plus grand attachement des mères envers leurs enfants. Linda Pollock estime qu'il serait abusif de parler de véritable transformation dans les attitudes parentales ; à leur façon, les parents avaient toujours aimé leurs enfants.(103) Mais certaines choses avaient effectivement changé, en particulier les schémas d'éducation et de loisirs des enfants favorisés. On ne peut nier l'apparition d'idées nouvelles, qui réclamaient une attitude différente vis-à-vis des enfants. Cependant, cela ne signifie pas forcément que les classes moyennes aimaient plus leurs enfants que leurs ancêtres, ni qu'elles avaient des leçons à donner aux populations laborieuses.[104]

La théorie – selon laquelle la baisse de la mortalité infantile, parce qu'elle entraînait le risque d'un accroissement excessif de la famille, entraîna un recours à la contraception – présente, elle aussi, certaines faiblesses. L'argument semble tenir pour la France, où dès la fin du XVIIe s., la fécondité et la mortalité infantile baissèrent de concert. Mais on peut considérer le phénomène à l'envers : la baisse de la fécondité peut avoir précédé et causé la baisse de la mortalité infantile. Moins elle avait d'enfants, mieux la mère pouvait s'en occuper.[105] C'est bien ce que supposait un contemporain, Sébastien Mercier, quand il déclarait :

> « Il y en a d'autres qui voudraient borner la fécondité. Faux calculateurs des biens de la Providence dont elles se méfient, ils osent craindre de mettre au monde un être pour lequel selon eux ne trouverait ni assez de place sur la terre, ni cette terre assez d'abondance pour les nourrir. »[106]

Les prêtres condamnaient les femmes pour de tels raisonnements. L'abbé Pierre Jaubert estimait que « les mères coquettes » lui en voudraient de s'opposer aux familles restreintes.[107] Le Père Féline reconnaissait, quant à lui, que les femmes recherchaient dans l'usage des contraceptifs une protection non seulement pour leur propre santé, mais aussi pour celle de leurs enfants déjà nés. Il évoquait « la crainte qu'ont les femmes de se trouver trop tôt enceintes après leurs couches. Elles ne veulent pas faire de tort aux enfants qu'elles allaitent ».[108] Il faut rappeler que, pour l'Eglise catholique, le mari pouvait obliger la femme à remplir son devoir conjugal, même si, ce faisant, elle courait le risque de tomber enceinte, de perdre son lait et de mettre en danger la vie de son bébé. Certains rabbins, dès le Ier s., avançaient que la contraception offrait une solution à de tels dilemmes. L'Eglise catholique condamna longtemps le recours à ces stratagèmes.

Il y a donc de bonnes raisons pour attribuer le développement de la contraception en France au désir de protéger les enfants de la mortalité dangereusement élevée qui les guettait. Dans ce pays, les exigences de l'économie domestique pesant lourdement sur l'emploi du temps des femmes, plus d'enfants étaient mis en nourrice ou déposés aux « Enfants Trouvés » qu'en Angleterre et, en conséquence, le taux de mortalité y était plus important.[109] En fait, c'était en France que l'on trouvait vraisemblablement les taux les plus élevés d'Europe. Pour y remédier, on eut recours au contrôle des naissances. En Angleterre, comme la mortalité était plus faible, on était moins tenté par les contraceptifs; de plus, l'industrialisation, plus précoce, s'accompagna d'une demande de main-d'œuvre qui motiva la population pour se marier et fonder des familles nombreuses.

La contraception servait donc non seulement à limiter le nombre des enfants, mais aussi à garantir leur santé. Ce qui explique qu'on l'ait utilisée davantage pour espacer les naissances que pour les éviter. Et même les couples, qui recouraient à ces pratiques pour arrêter définitivement toute conception, n'avaient pas eu tous leurs enfants dans les premières années de leur union, comme cela se pratiquera au XXe s. De plus en plus, on souhaitait non pas éviter d'envoyer à la mort les enfants en surnombre, mais prendre mieux soin de ceux qui naissaient. Les contemporains expliquaient la « dépopulation » par le désir des classes inférieures de copier les manières de la bourgeoisie.[110]

D'où venait cet intérêt pour les enfants ? La plupart des historiens ont souligné le rôle militant de médecins comme Smellie et Cadogan, et de philanthropes comme Rousseau et Condorcet. Certains ont insisté sur le rôle prépondérant de l'Eglise catholique qui, par le culte de la Sainte Famille, avait mis en vogue un nouveau sens des responsabilités à l'égard des enfants que l'on mettait au monde. Ces théories présentent une faiblesse évidente : elles méconnaissent la participation active des femmes dans les questions de procréation. Ce discours sur les « stratégies » familiales implique que mari et femme s'accordaient dans leurs attitudes vis-à-vis de la grossesse. Mais on doit reconnaître que l'un et l'autre n'y trouvaient ni les mêmes avantages, ni les mêmes inconvénients.(111) Giovanni Costeo faisait remarquer, en 1560, que la mauvaise santé des femmes n'était pas due aux humeurs, mais à un nombre excessif de grossesses : « Nous observons quotidiennement que celles d'entre elles qui sont les plus fécondes vieillissent plus rapidement et meurent plus jeunes ».(112) Il est vrai que parmi les classes inférieures, hommes et femmes partageaient la même inquiétude quant à leur survie. Beaucoup d'études ont avancé que le mariage et les taux de fécondité des artisans anglais du XVIIIe s. étaient directement liés aux variations économiques. Le problème de ces études, c'est de s'en tenir au principe que la demande de main-d'œuvre conditionne les décisions relatives à la fécondité, sans laisser le moindre espace pour différencier les attitudes masculines et féminines.

Il semblerait bien que la France ait été la première nation à faire l'expérience d'un contrôle des naissances sur une vaste échelle, et que cela ait été dû à la solidarité féminine. Les Françaises ne bénéficiaient pas des mêmes droits que les Anglaises sur le plan légal, mais elles se reconnaissaient sans la moindre hésitation un droit de contrôle sur leur corps. En témoignent les fameuses lettres de Madame de Sévigné à sa fille, en 1671 et 1672, la mettant en garde contre une nouvelle grossesse :

> « Je vous en prie, ma bonne, ne vous fiez point aux deux lits ; c'est un sujet de tentation : faites dormir quelqu'un dans votre chambre. Sérieusement, ayez pitié de vous, de votre santé et de la mienne[113]. »

Les Françaises s'employaient activement à éviter les grossesses, avec l'aide ou non de leur mari. Dans le Sud-Ouest, les femmes se mariaient généralement assez jeunes, mais n'avaient pas beaucoup d'enfants.[114] Fromageau évoque la femme qui « après avoir payé la dette conjugale, expulse tout ou partie de la semence virile », et Thomas Sanchez « la femme qui aussitôt après le coït, urine, ou se redresse ou fait toute autre chose par quoi elle expulse la semence ».[115] Au XVIIIe s., Moheau écrit :

> « Qu'on consulte ces hommes que la Religion a constitué dépositaires du secret des cœurs et des faiblesses de l'humanité, ou ceux qu'un goût pour des physiques importantes pour le bien de l'Etat, a rendus observateurs exacts des mœurs des gens de campagne et des pauvres; ils vous diront que les femmes riches, pour qui le plaisir est le plus grand intérêt et l'unique occupation, ne sont pas les seules qui regardent la propagation de l'espèce comme une duperie du vieux temps : déjà ces funestes secrets, inconnus à tout animal autre que l'homme, ces secrets ont pénétré dans les campagnes : on trompe la nature jusque dans les villages. »[116]

La comtesse de Sutherland, après la naissance de son troisième enfant à Paris, en 1792, écrivit à sa belle-mère : « Les dames françaises sont tout étonnées qu'on puisse être assez bête pour avoir trois enfants. Elles ont parfaitement raison et je ferai attention à ce qu'elles disent la prochaine fois ».[117]

L'émergence, dans la France du XVIIIe s., de cette nouvelle moralité justifiant le contrôle de la fécondité a été attribuée au fait que les maris se seraient davantage souciés de leur femme. On prétend que les mariages auraient acquis du raffinement et qu'on s'y comportait avec une galanterie jusqu'alors réservée aux liaisons. Les maris désiraient protéger leur femme, elle qui avait dix chances sur cent de mourir en couches.[118] Ce n'était pas le cas en Angleterre, car le recul des maladies infectieuses et les progrès de l'obstétrique avaient fait reculer la mortalité maternelle.[119] Mais, curieusement, toutes ces explications laissent complètement de côté l'intérêt des femmes. On peut tout aussi bien faire une autre analyse : les risques de mortalité en couches avaient diminué, mais loin de redonner confiance aux femmes, ce progrès aurait pu les raffermir dans leur résolution d'éviter autant que possible un événement aussi dangereux. De plus, les théories qui insistent sur la « galanterie » masculine, une fois de plus, refusent d'envisager que le contrôle de la fécondité ait pu être un sujet de querelles au sein du couple. Un texte d'origine ecclésiastique nous donne pourtant à imaginer de tels désaccords : il y est écrit que la femme devait obéir à son mari si celui-ci la pressait d'utiliser des moyens contre nature pour éviter d'avoir des enfants, mais qu'il lui était interdit de suggérer ces moyens elle-même.[120]

On a beaucoup insisté sur l'importance de la liberté dans le choix du conjoint, en prétendant qu'on tenait là l'explication de l'essor de la contraception, mais sans aucune preuve. Randolph Trumbach montre qu'en Angleterre, un « style de relations familiales plus égalitaire » dans les dernières années du XVIIIe s., avait, en fait, favorisé l'accroissement du nombre des enfants. Il est tout aussi curieux de constater que les « mariages romantiques » de l'aristocratie anglaise semblaient entraver la liberté des femmes. Ces unions, fondées sur le plaisir, rendaient plus difficile aux femmes la fréquentation des sociétés où les deux sexes se côtoyaient; les Françaises sortaient plus facilement.[(121)] Ce que Randolph Trumbach nous démontre, involontairement, c'est que la vie de famille, loin de constituer la base d'une relation égalitaire, limitait en fait les options des femmes.

L'idéologie familiale était de toute évidence mieux ancrée en Angleterre qu'en France. Mais le désir grandissant d'intimité dans la vie de couple ainsi que le déclin des rituels nuptiaux – coucher des mariés, faveurs pour les invités – ne signifiaient pas que les besoins des nouveaux époux étaient placés au-dessus de ceux de la famille. Cela voulait dire que les classes supérieures se coupaient de leurs attaches communautaires. En fait, on peut penser que cette évolution, loin de jeter les fondements d'une relation plus égalitaire, rendait la femme totalement dépendante de son mari. A la fin du XVIIIe s., les jeunes épouses des classes supérieures anglaises s'entraînaient pour ne manifester aucun intérêt pour la sexualité, se gardaient de prêter la moindre attention aux ragots des servantes et n'entretenaient aucune relation féminine en dehors du foyer. Ces femmes étaient sans doute beaucoup plus ignorantes sur les fonctions de leur corps que leurs grand-mères ne l'avaient jamais été.

Les Françaises ne bénéficiaient pas d'une relation aussi « aimante » avec leur mari, mais elles s'étaient forgées une vie moins étroitement domestique, moins dépendante. Le Père Féline reconnaissait que les maris français n'imposaient pas une méthode de contraception à leur femme, mais qu'ils s'en remettaient plutôt à leurs exigences. « Ils ménagent leur excessive délicatesse, ils consentent à leur épargner cette peine, sans, cependant, renoncer au droit qu'ils croient avoir de se satisfaire[(122)]. » Les historiens de la famille courent toujours le risque de confondre doctrines et pratiques. Un mariage « d'amour » était considéré comme une malencontreuse mésalliance au début du XVIIIe s. ; à la fin du siècle, les parents insistaient pour que leurs enfants se marient par « inclination ». Le vocabulaire avait changé, mais pas le désir des parents de réaliser une union assortie. De même, la glorification de la vie domestique montrait que les classes moyennes, en s'enrichissant, au cours d'un siècle prospère, ne devenaient pas des parents plus aimants, mais qu'ils avaient acquis les moyens de gâter leurs enfants. Le manque d'intérêt pour l'enfance et la négligence dans laquelle on semblait la tenir au cours des siècles précédents sont le résultat d'une carence économique. De même, les pratiques contraceptives des couples français ne signifient pas que les maris furent pris d'une soudaine galanterie. L'évolution qui eut lieu est plus complexe. Les hommes désiraient conserver leurs droits conjugaux et éviter la division de leur patrimoine entre de nombreux héritiers; les femmes voulaient ménager leur santé et celle de leurs enfants. On eut recours à la contraception en fonction de ces considérations pratiques, et non pas dans un bel élan romanesque.

Les querelles domestiques ont rarement laissé de traces. Mais la fin du XVIIIe s. vit l'arrivée d'une nouvelle génération de femmes de lettres, qui, les premières, osèrent critiquer les rôles sexuels tels qu'elles les vivaient. Paradoxalement, les premières féministes anglaises, comme Mary Wollstonecraft, qui revendiquaient le respect pour la maternité, mais craignaient qu'on y porte atteinte en insistant exagérément sur le plaisir des femmes, ces féministes défendaient le droit à l'égalité sexuelle en prônant une idéologie de « *passionlessness* » (impassibilité).[123] Les femmes avaient toujours été considérées comme plus lascives que les hommes. Ces avocates de la condition féminine se placèrent sur le terrain de la morale, insistèrent sur l'importance de la vie familiale et minimisèrent les questions sexuelles. Mary Wollstonecraft alla jusqu'à utiliser le raisonnement contre le contrôle des naissances, en proclamant qu'on ne devait pas séparer le plaisir de la procréation. « La nature n'a jamais voulu que les femmes satisfassent un appétit tout en le détournant de la finalité que la nature lui a assigné ».[124] Les arguments victoriens contre la contraception précédaient la reine Victoria de plusieurs décennies.

1 Les démographes reconnaissent que la fécondité de l'Europe occidentale a toujours été basse, mais selon eux, c'était une forme de « fécondité naturelle », dans la mesure où elle dépendait du mariage tardif et de l'allaitement prolongé qui espaçait largement les naissances. Eludant le fait que cette fécondité « naturelle » pouvait être un système social, ils affirment qu'on ne peut parler de restriction «artificielle» de la fécondité que lorsque la dimension de la famille fut réduite davantage encore.

2 Le mariage tardif et le nombre important des célibataires à vie entraînaient, aux yeux des contemporains, la création d'une demande de prostitution. Voir Erica-Marie Benabou, *La prostitution et la police des mœurs au XVIIIe s.,* Perrin, Paris, 1987, p. 463-469.

3 Ralph A. Houlbrooke, *The English Family : 1450-1700,* Longman, New York, 1984, p. 67.

4 R. B. Outhwaite, Marriage as Business : Opinions on the Rise in Aristocratic Bridal Portions in Early Modern England, dans *Business Life and Public Policy,* éd. R.B. Outhwaite and Neil McKendrick, Cambridge University Press, Cambridge, 1986, p. 30 ; Emmanuel Le Roy Ladurie, The French Peasantry, 1450-1660, Scolar Press, London, 1987, p. 280-284.

5 Peter Laslett, *Family Life and Illicit Love in Earlier Generations,* Cambridge University Press, Cambridge, 1977, p. 21-45.

6 Cicely Howell, *Land, Family and Inheritance in Transition : Kibworth Harcourt,* 1280-1700, Cambridge University Press, Cambridge, 1983, p. 204 ; David Levine, R*eproducing Families : The Political Economy of English Population History,* Cambridge University Press, Cambridge, 1987, p. 77-78.

7 John Demos, *Demography and Psychology in the Historical Study of Family Life : A Personal Report,* dans *Household and Family in Past Times,* éd. Peter Laslett and Richard Wall, Cambridge University Press, Cambridge, 1972, p. 552.

8 Jean-Louis Flandrin, *Familles, parenté, maison, sexualité dans l'ancienne société,* 1976, p. 56.

9 Ann Kussmaul, *Servants in Husbandry in Early Modern England,* Cambridge University Press, Cambridge, 1981.

10 Ann Kussmaul, op. cit., p. 26.

11 John R. Gillis, *For Better, For Worse : British Marriages, 1600 to the Present,* Oxford University Press, New York, 1985.

12 Richard Wall, éd. *Family Forms in Historic Europe,* Cambridge University Press, Cambridge, 1983.

13 Christiane Klapisch-Zuber, *Women, Family and Ritual in Renaissance Italy,* University of Chicago Press, Chicago, 1985, p. 112.

14 Cicely Howell, Stability and Change, 1300-1700, *Journal of Peasant Studies, 2,* 1975, p. 476.

15 E. A. Wrigley and Roger Schofield, *The Population History of England, 1541-1871 : A Reconstruction,* Cambridge University Press, Cambridge, 1981, p. 451.

16 David Levine, *Family Formation in an Age of Nascent Capitalism,* Academic Press, New York, 1977, p. 96.

17 David Levine, *Family Formation,* p. 139.

18 Pour l'étude d'une situation similaire dans un autre cadre géographique voir Susan B. Hanley, *The Influence of Economic and Social Variables on Marriage and Fertility in Eighteenth and Nineteenth Century Japanese Villages,* dans *Population Patterns in the Past,* éd. R. D. Lee, Academic Press, New York, 1977, p. 165-200.

19 E. A. Wrigley, Family Limitation in Pre-Industrial England, *Economic History Review,* 19, 1966, p. 82-109 ; cf aussi Richard B. Morrow, Family Limitation in Pre-Industrial England : A Reappraisal, *Economic History Review,* 31, 1978, p. 419-428 ; E. A. Wrigley, Marital Fertility in Seventeenth Century Colyton : *A Note, Economic History Review,* 31, 1978, p. 429-436.

20 Ronald Lee, *Short Term Variation : Vital Rates, Prices, and Weather,* dans *Wrigley and Schofield, The Population History of England,* p. 367-368, 400.

21 T. H. Hollingsworth, The Demography of the British Peerage, *Population Studies,* 18 supplément, 1965, p. 49-50.

22 Randolph Trumbach, *The Rise of the Egalitarian Family,* Academic Press, New York, 1978, p. 175.

23 Louis Henry, *Anciennes familles genevoises,* PUF, Paris, 1956, p. 71-110 ; Claude Levy et Louis Henry, Ducs et pairs sous l'Ancien Régime : caractéristiques démographiques d'une caste, *Population,* 15, 1960, p. 807-830 ; R. Gresset, *Le monde judiciaire à Besançon de la conquête à la révolution française,* PUL, Lille, 1975 ; Thomas F. Sheppard, *Lourmarin in the Eighteenth Century,* Johns Hopkins Press, Baltimore, 1971, p. 38.

24 Marcel Lachiver, *Fécondité légitime et contraception dans la région parisienne,* dans PUF, Paris, 1973, p. 383-401.

25 J. P. Bardet, *Rouen aux XVIIe et XVIIIe siècles : Les mutations d'un espace social,* Société d'Edition d'Enseignement Supérieur, Paris, 1983, p. 264-284.

26 Lawrence Stone, *The Family, Sex, and Marriage in England, 1500-1800,* Harper and Row, New York, 1977, p. 415.

27 Marcel Bernos, *Le temps des mises en ordre,* dans *Le fruit défendu : les chrétiens et la sexualité de l'antiquité à nos jours,* Le Centurion, Paris, 1985, p. 150.

28 Saint Francois de Sales, *Introduction à la vie dévote,* Mame-Tours, 1933, troisième partie, chap. 39, p. 301-302.

29 John T. Noonan, Jr., *Contraception : A History of its Treatment by Catholic Theologians and Canonists,* Harvard University Press, Cambridge, Massachusetts, 1965, p. 333.

30 Adrien de Bussy de Lamet et Germain Fromageau, *Le dictionnaire de cas de conscience,* Coignard, Paris, 1733, vol. 2, col. 1225.

31 Jean Benedicti, *La Somme des Péchés,* Paris, 1595, Livre 2, chap. 11, p. 152.

32 John Noonan, *Contraception : A History,* p. 344, 364.

33 Edmund Leites, The Duty to Desire : Love, Friendship, and Sexuality in some Puritan Theories of Marriage, *Journal of Social History,* 15, 1982, p. 383-408.

34 Rosemary Radford Ruether, *Religion and Sexism : Images of Women in the Jewish and Christian Traditions,* Simon and Schuster, New York, 1974, p. 300.

35 Thomas Max Safley, Let No Man Put Asunder : The Control of Marriage in the German Southwest : A Comparative Study, 1550-1600, *Sixteenth Century Journal,* Kirksville, 1984, p. 194.

36 Steven Ozment, *When Fathers Ruled : Family Life in Reformation Europe,* Harvard University Press, Cambridge, Massachusetts, 1983, p. 100, 216.

37 Jaroslav Pelikan, *Luther's Works,* Concordia, St Louis, 1965, vol. 7, p. 20.

38 Susan Cahn, *Industry of devotion : The Transformation of Women's Work in England, 1500-1660,* Columbia University Press, New York, 1987, p. 222, 105.

39 A propos du parallélisme, voir par exemple John Hall, *A Very Fruitful and Necessary Brief Worke of Anatomie,* Hall, London, 1565 ; Cosme Viardel, *Observations sur la pratique des accouchemens naturels,* L'Auteur, Paris, 1674, p. 1, 15.

40 R. V. Short, *The Discovery of the Ovaries,* in *The Ovary,* éd. Lord Zuckerman and Barbara J. Weir, Academic Press, New York, 1977, p. 1-25.

41 Ian Maclean, *The Renaissance Notion of Women: A Study of the Fortunes of Scholasticism and Medical Science in European Intellectual Life,* Cambridge University Press, Cambridge, 1980, p. 36-46 ; Yvonne Knibiehler et Catherine Fouquet, *La femme et les médecins : analyse historique,* Hachette, Paris, 1983.

42 *Petit trésor de santé,* Hughes Seneuze, Chalons, 1639 ; *Le Bastiment des receptes* traduit d'italien en français, Antoine de Raffle, Paris, 1665 ; Mireille Laget, *Naissances : l'accouchement avant l'âge de la clinique,* Seuil, Paris, 1982, p. 46-51 ; Jacques Gélis, *L'arbre et le fruit : la naissance dans l'Occident moderne, XVIe-XIXe siècle,* Fayard, Paris, 1984, p. 46, 52, 109.

43 John Putnam Demos, *Entertaining Satan : Witchcraft and Culture in Early New England,* Oxford University Press, New York, 1982, p. 72-73, 170.

44 *Aristotle's Masterpiece : or Secrets of Generation,* How, London, 1690 ; *Les admirables secrets d'Albert le Grand,* Cologne, 1722 ; Nicolas Venette, *La génération de l'homme ou tableau de l'amour conjugal,* Ryckhof, Amsterdam, 1778 ; Roy Porter, Spreading Carnal Knowledge or Selling Dirt Cheap ? Nicolas Venette's Tableau de l'amour conjugal in Eighteenth-Century England, *Journal of European Studies,* 14, 1984, p. 233-255.

45 Steven Ozment, *Magdalena and Balthazar : An Intimate Portrait of Life in Sixteenth-Century Europe Revealed* dans *The Letters of a Nuremberg Husband and Wife,* Simon and Schuster, New York, 1986.

46 Edward Shorter, *A History of Women's Bodies, Basic Books,* New York, 1982, p. 98-100; Audrey Eccles, *Obstetrics in the 17th and 18th Centuries and its Implication for Maternal and Infant Mortality,* Society for the Social History of Medicine, 20, 1977, p. 8-11.

47 Judith Schneid Lewis, *In the Family Way : Childbearing in the British Aristocracy, 1760-1860,* Rutgers University Press, New Brunswick, New Jersey, 1986, p. 231. Pour la France, voir Nicole Belmont, *Les signes de la naissance,* Plon, Paris, 1971.

48 Bernard This, *La requête des enfants à naître,* Seuil, Paris, 1982, p. 142-170.

49 Jean Benedicti, *La Somme des Péchés,* Paris, 1595, livre 2, chap. 4, p. 110.

50 Edward Pœton, *The Chyrurgians Closet,* Miller, London, 1630, p. 183.

51 Angus McLaren, *Reproductive Rituals : The Perception of Fertility in England from the Sixteenth to the Nineteenth Century,* Methuen, London, 1984.

52 Emmanuel Le Roy Ladurie, *Le Territoire de l'historien,* vol. II, Gallimard, 1973, Paris. Sur la paysannerie, voir aussi Jean-Louis Flandrin, *Les amours paysannes : amour et sexualité dans les campagnes de l'ancienne France,* Gallimard, Paris, 1975.

53 John Pechey, *The Compleat Midwife's Practice Enlarged,* Rhodes, Londres, 1698, p. 243. On continuait à croire qu'une femme pouvait s'empêcher de concevoir en urinant immédiatement après le rapport sexuel ; voir John Garfield, *The Wandering Whore,* nos 1-5, 1660-1661, University of Exeter, Exeter, 1977, p. 12-13.

54 Brantôme, *Les dames gallantes,* Hilsum, Paris, 1933, p. 51. La poésie érotique française du XVIIIe s. évoque des amants auxquels on demande de « décharger à la porte ». Georges Pillemet, *La poésie érotique,* Régine Desforges, Paris, 1970, p. 123.

55 Martin Ingram, *Church Courts : Sex and Marriage in England, 1570-1640,* Cambridge University Press, Cambridge, 1988, p. 159.

56 Guido Ruggiero, *The Boundaries of Eros : Sex Crime and Sexuality in Renaissance Venice,* Oxford University Press, New York, 1985, p. 42 et 118.

57 Gervais Babington, *Certaine Plaine, Briefe, and Comfortable Notes, Upon every Chapter of Genesis,* Charde, Londres, 1596, p. 278 ; William Gouge, *Of Domestical Duties,* John Beale, Londres, 1626, p. 12 ; J. F. Ostervald, *Traité contre l'impureté,* Lombrail, Amsterdam, 1707, p. 271-275.

58 Saint François de Sales, *Introduction à la vie dévote,* Mame-Tours, 1933, troisième partie, chap. 39, p. 301-302.

59 *Onania ; or the Heinous Sin of Self-Pollution and All its Frightful Consequences,* in *Both Sexes Considered,* Crouch, Londres, 1723, p. 101.

60 J. P. Dutoit-Mabrini, *L'Onanisme ou discours philosophique et moral sur la luxure artificielle sur tous les crimes relatifs,* Grasset, Lausanne, 1760, p. 59-60 ; S. A. A. D. Tissot, *Avis au Peuple sur la santé,* Paris, 1765, p. XXXVI.

61 Jane Sharp, *The Midwives Book or the Whole Art of Midwifery Discovered,* Simon Miller, Londres, 1671, p. 93, 99, 165.

62 Père Féline, *Catéchisme des Gens Mariés,* Rouen, 1880, [édition originale 1782], p. 7.

63 Nicolas Venette, *La génération de l'homme*, vol. 1, p. 305-308 ; Jean-Louis Flandrin, *FAMILLES parenté, maison, sexualité dans l'ancienne société*, 1976, p. 223-225. Le vicomte de Valmont se vantait d'avoir enseigné à la victime de sa séduction tout sur l'amour sauf « les précautions » ; Choderlos de Laclos, *Les Liaisons dangereuses*, Rocher, Monaco, 1948, vol. I, p. 272.

64 *Parson's Tale*, vers 575-576.

65 Mathurin Régnier, *Les Satyrs*, 1609, dans *Œuvres Complètes*, Les Belles Lettres, Paris, 1958, p. 160-161.

66 Henri Estienne, *Apologie d'Hérodote*, Vandellin, Antwerp, 1568, p. 226, cité dans Pierre Bayle, *Dictionnaire historique et critique*, Desœr, Paris, 1820, vol. 2, p. 458.

67 Clive Wood and Beryl Suitters, *The Fight for Acceptance : A History of Contraception*, MTP, Aylesbury, 1970.

68 Marquis de Sade, *La philosophie dans le boudoir* dans *Œuvres complètes*, Du livre précieux, Paris, 1966, vol. 3, p. 414 ; Etienne van de Walle, *Motivations and Technology in the Decline of French Fertility*, dans *Family and Sexuality in French History*, éd. Robert Wheaton and Tamara Hareven, University of Pennsylvania Press, Philadelphia, 1980, p. 135-178.

69 Arthur Young, *Travels in France and Italy During the Years 1787, 1788, and 1789*, Dutton, Londres, 1934, p. 324. Le bidet était associé à la prostitution, c'est pourquoi on surnommait les proxénètes « chevaliers de bidet ». Il n'est pas fait mention de l'usage des bidets et des seringues à des fins contraceptives dans Georges Vigarello, *Concepts of Cleanliness : Changing Attitudes in France Since the Middle Ages*, Cambridge University Press, Cambridge, 1988, p. 162-163.

70 Robert Halsband, *Lord Hervey : Eighteenth Century Courtier*, Clarendon, Oxford, 1973, p. 63.

71 Norman E. Himes, *A Medical History of Contraception*, Williams and Wilkins, Baltimore, 1936, p. 188-200. Himes affirme à tort que Mme de Sévigné aurait décrit le condom. Voir McLaren, *Reproductive Rituals*, p. 82-86.

72 Natalie Z. Davis, *Boundaries and Sense of Self in Sixteenth Century France*, dans *Reconstructing Individualism : Autonomy, Individuality, and the Self in Western Thought*, éd. Thomas C. Heller, Morton Sosna and David E. Welbery, Stanford University Press, Stanford, 1986, p. 63.

73 Lawrence Stone, *The Family,* p. 400-402 ; le fait que les catholiques aussi essayaient d'instaurer une rigueur et une austérité nouvelles est évident dans la France de la Contre-Réforme où, dès les années 1690, un nombre croissant d'hommes furent cités devant les tribunaux pour avoir forcé leur maîtresse à avorter. Cf Kathryn Norberg, *Rich and Poor in Grenoble, 1600-1814,* University of California Press, Berkeley, Californie, 1985, p. 38-39, 56, 99.

74 Peter C. Hoffer and N. E. H. Hull, *Murdering Mothers : Infanticide in England and New England,* 1558-1803, New York University Press, New York, 1981, p. 19-20.

75 Natalie Zemon Davis, *Fiction in the Archives : Pardon Tales and their Tellers,* Stanford University Press, Stanford, 1987, p. 85-87.

76 Susan Dwyer Amussen, *An Ordered Society : Gender and Class in Early Modern England,* Blackwell, Oxford, 1988, p. 111-115 ; John Beattie, *Crime and the Courts in England, 1660-1800,* Princeton University Press, Princeton, New Jersey, 1986, p. 113-124.

77 *Local Population Studies,* 1970, 11-16, cité dans *Houlbrooke, The English Family,* p. 128.

78 Alan Macfarlane, *The Family Life of Ralph Josselin : A Seventeenth Century Clergyman,* Cambridge University Press, Cambridge, 1970, p. 83.

79 Philibert Guybert, *La médecine charitable,* David Ferrand, Rouen, 1630, p. 24 ; Paul Dubé, *Le médecin des pauvres,* Edme Coterot, Paris, 1686, p. 231-232.

80 John Pechey, Compleat Midwife, p. 346. En 1709, une autre sage-femme attribua la naissance d'un enfant mal formé au fait que la mère « s'était jurée de ne pas avoir d'enfant, qu'elle était trop avertie pour cela. » Hilary Marland, éd., *Mother and Child were Saved', The Memoirs, 1693-1740, of the Frisian Midwife Catharina Schrader,* Rodopi, Amsterdam, 1987, p. 61-62.

81 G. B. Risse, Hysteria at the Edinburgh Infirmary : The Construction and Treatment of a Disease, 1770-1800, *Medical History,* 32, 1988, p. 18.

82 Randolph Trumbach, *Rise of the Egalitarian Family,* p. 147 ; voir aussi Claude Grimmer, *La femme et le bâtard : amours illégitimes et secrètes dans l'ancienne France,* Renaissance, Paris, 1983, p. 215-223.

83 Bayle, *Dictionnaire historique et critique,* Rotterdam, 1617, tome II, p. 743-745.

84 McLaren, *Reproductive Rituals,* p. 121-122.

85 Merry E. Weiner, *Working Women in Renaissance Germany, Rutgers* University Press, New Brunswick, New Jersey, 1986, p. 60-61 et 71.

86 L. Lewin, *Die Fruchtabtreibung durch Gifte und andere Mittel,* Springer, Berlin, 1922, p. 154-155.

87 John Noonan, *Contraception : A History,* p. 362.

88 *Avortement , Dictionnaire de droit canonique,* Letouzey, Paris, 1935, vol. 1, 1536-1540.

89 F. E. Cangiamilla, *Abrégé de l'embryologie sacrée,* ed. J. A. T. Dinouart, Nyon, Paris, 1762, p. 8, 12, 63, 110.

90 *Encyclopédie ou dictionnaire raisonné des sciences, des arts et des métiers,* Amsterdam, 1777, vol. 6, p. 450-453.

91 Jean Benedicti, *La Somme des Péchés,* Paris, 1595, Livre 2, chap. 4, p. 109-110.

92 Nicole and Yves Castan, *Vivre ensemble : ordre et désordre en Languedoc, XVIIe s.-XVIIIe s.,* Gallimard, Paris, 1981, p. 171.

93 Peter Laslett, *The World We Have Lost Further Explored,* Methuen, London, 1983, p. 118 ; J. P. Bardet, Rouen, p. 331.

94 Christiane Klapisch-Zuber, *Women,* p. 158 ; Patricia Crawford, *The Suckling Child : Adult Attitudes to Child Care in the First Year of Life in Seventeenth-Century England, Continuity and Change,* 1, 1986, p. 23-53.

95 Christiane Klapisch-Zuber, *Women,* p. 104.

96 Jean Benedicti, *La Somme des Péchés,* Paris, 1595, Livre 2, chap. 2, p. 95-96.

97 J. S. Lewis, *In the Family Way,* p. 212.

98 Voir, par exemple, Ambroise Ganne, *L'homme physique et moral,* Treuttel, Strasbourg, 1791, p. 9.

99 Valérie Fildes, Neonatal Feeding Practices and Infant Mortality During the Eighteenth Century, *Journal of the Biosocial Sciences,* 12, 1980, p. 313-324. Voir M. L. Saucerotte, *Examen de plusieurs préjugés et usages abusifs concernant les femmes enceintes,* Gay, Strasbourg, 1777, p. 49.

100 Valérie Fildes, Breasts, Bottles, and Babies : A History of Infant Feeding, Edinburgh University Press, Edinburgh, 1985, p. 107-109 ; Chris Wilson, The Determinants of Marital Fertility, dans The World We Have Gained : Histories of Population and Social Structure, Lloyd Bonfield, Richard M. Smith and Kelth Wrightson, Blackwell, Oxford, 1986, p. 224-228.

101 Jean-Louis Flandrin, *op. cit.*, p. 195-198.

102 J. P. Bardet, *Rouen*, p. 303.

103 Voir les différents ouvrages de Philippe Ariès ; Edward Shorter, *The Making of the Modern Family*, Basic Books, New York, 1975 ; Linda Pollock, *Forgotten Children : Parent-Child Relations, 1500 to 1900*, Cambridge University Press, Cambridge, 1983.

104 John R. Gillis, *For Better, For Worse* ; Alan Macfarlane, *Marriage and Love in England : Modes of Reproduction, 1300-1840*, Blackwell, Oxford, 1986.

105 Jean-Louis Flandrin, *op. cit.*, p. 192-195.

106 Louis-Sébastien Mercier, *Mon bonnet de nuit*, Imprimerie de la société typographique, Neuchâtel, 1784, p. 142-143.

107 Abbé Pierre Jaubert, *Des causes de la dépopulation et des moyens d'y remédier*, Dessain, Londres, 1767, p. VI.

108 Féline, *op. cit.*, p. 8.

109 Au XVIIe s., en Angleterre, la fécondité des pairs baissa quand la mortalité infantile augmenta; puis, après 1750, elle s'inversa et remonta à un niveau qui resta constant un siècle durant, malgré la baisse des taux de mortalité infantile. Les taux de mortalité infantile élevés jouèrent un rôle régulateur dans certains endroits, mais pas partout. S. Ryan Johannson, Centuries of Childhood / Centuries of Parenting, Journal of Family History, 12, 1987, p. 343-366.

110 Bernard Christophe Faust, *A l'Assemblée nationale sur un vêtement libre, uniforme et national, à l'usage des enfants*, L'Auteur, Paris, 1792, p. 5.

111 Miranda Chaytor, Household and Kinship : Ryton in the Late Sixteenth and Early Seventeenth Century, *History Workshop journal*, 10, 1980, p. 28 ; *Margaret George, Women in the First Capitalist Society: Experiences in Seventeenth-Century England*, University of Illinois Press, Urbana, 1988, p. 207-215.

112 Nancy G. Siraisi, *Avicenna in Renaissance Italy*, Princeton University Press, Princeton, New Jersey, 1988, p. 303.

113 M. Gérard-Gailly, éd. *Mme de Sévigné : lettres*, Gallimard, Paris, 1953, vol. 1, p. 437 ; voir aussi *Les caquets de l'accouchée* [1622], Marpen, Paris, 1890, p. 120-121.

114 Une brusque baisse des taux de natalité survint après 1789; Emmanuel Le Roy Ladurie, *Démographie et funestes secrets en Languedoc, Annales historiques de la Révolution Française,* 37, 1965, p. 385.

115 Jean-Louis Flandrin, *op. cit.,* p. 211 ; John Noonan, *Contraception : A History,* p. 368.

116 Moheau, attribué à A.J.B.R. Auget de Montyon, *Recherches et considérations sur la population de la France,* Moutard, Paris, 1778, vol. 2, p. 101-102.

117 J. S. Lewis, *In the Family Way,* p. 228-229.

118 Jean-Louis Flandrin, *op. cit.,* p. 209.

119 Roger Schofield, *Did Mothers Really Die? Three Centuries of Maternal Mortality in the World We Have Lost,* dans Bonfield, *The World,* p. 231-260.

120 J. M. Gouesse, *Le refus de l'enfant au tribunal de la pénitence,* Annales de démographie historique, 1973, p. 238.

121 Randolph Trumbach, *Rise of the Egalitarian Family,* p. 98.

122 Féline, *op. cit.,* p.8.

123 Katherine M. Rodgers, *Feminism in Eighteenth Century England,* University of Illinois Press, Urbana, 1983.

124 Mary Wollstonecraft, *A Vindication of the Rights of Women,* Dent, London, 1929, p. 152.

6

UNE TRANSITION DEMOGRAPHIQUE

« Permettez-nous sans concevoir de pécher »
(Alexandre Boutique, *Les Malthusiennes* (1894))

Au XIXe s., l'Amérique et l'Europe occidentale entrèrent dans un nouvel âge démographique. Ces sociétés n'avaient jamais atteint leur maximum démographique, mais les taux de fécondité étaient restés relativement stables depuis le XVIe s. Soudain, vers 1850, ils amorcèrent un déclin prononcé. A la veille de la Première Guerre mondiale, la famille était réduite de moitié. L'emploi généralisé de la contraception n'entraîna pas tant la raréfaction des familles nombreuses – phénomène explicable par l'allongement du temps d'allaitement et des périodes de continence – que l'abaissement continu de l'âge de la dernière grossesse.

Traditionnellement, les femmes occidentales entamaient leur carrière de mère assez tardivement, et espaçaient largement les naissances. Cependant en France, le XVIIIe s. fut le cadre d'une généralisation du contrôle des naissances, pratiqué pour réduire la taille de la famille. Vers 1830, le taux de natalité tomba au-dessous de trente pour mille, et le terme de « French family » était devenu, pour les Anglais, une allusion discrète à un foyer de deux enfants.[1] Les Etats-Unis, dont la fécondité avait dépassé tous les pays d'Europe au XVIIIe s., virent aussi leurs taux décroître régulièrement dès les premières décennies du XIXe s., allant jusqu'à enregistrer une baisse de 50% entre 1800 et 1900. Le Nord-Est fut en tête du mouvement; dans l'Etat de New York, par exemple, les femmes natives de la ville d'Utica et appartenant aux classes moyennes, avaient dans les années 1820 environ 5,8 enfants ; dix ans plus tard, les chiffres étaient passés à 3,6.[2]

Jusqu'aux années 1870, la plupart des nations européennes conservèrent des niveaux de fécondité nettement plus élevés. Ce que les démographes appellent la « transition démographique » fut la chute spectaculaire de ces taux qui se produisit entre 1870 et 1920. En Allemagne, la fécondité matrimoniale baissa d'environ 65% en l'espace de deux générations. En Angleterre, les couples mariés entre 1861 et 1869 avaient en moyenne 6,16 enfants ; entre 1890 et 1899 ils en avaient encore 4,13 ; entre 1920 et 1924, ils n'en eurent plus que 2,31.[3] L'âge du mariage, reculé aux époques défavorables, avancé aux époques favorables, était le principal moyen de contrôle de la fécondité dans l'Europe préindustrielle. A la fin du XIXe s, les taux de nuptialité restaient relativement stables. Ce qui changeait, par contre, c'est qu'à cette époque les époux exerçaient un contrôle évident sur leur fécondité. L'adoption généralisée des méthodes de contraception fit descendre la natalité à des niveaux très bas. La question est : pourquoi ?

Les démographes qui abordent la question au niveau macro-économique proposent une analyse plutôt mécanique du processus. Ils partent du principe que, dans les sociétés traditionnelles, la stabilité relative de la population était due à un équilibre entre des taux élevés de mortalité et de natalité. Au cours du XVIIIe s., les taux de mortalité commencèrent à baisser, sans que les taux de natalité varient. Le résultat fut « l'explosion démographique » des années 1750-1850. Une stabilité nouvelle s'ensuivit, due non pas aux calamités naturelles – guerres, épidémies – qui accompagnent généralement ces gonflements de population, mais à l'utilisation de méthodes artificielles de contrôle des naissances. Le recours à la contraception fut un phénomène spontané, lié à l'urbanisation et à la sécularisation de la société. Ce que l'on avance là est une théorie d'« adaptation » ; la famille moderne, limitant sa fécondité, serait le produit d'un changement des données du milieu, dont le principal fut un déclin de la mortalité.(4) Malheureusement, cette théorie n'explique pas pourquoi la baisse de la fécondité en France précéda d'un siècle celle des autres nations. Même dans l'Angleterre et la Belgique du XIXe s., en pleine industrialisation, la fécondité matrimoniale chuta bien avant la mortalité infantile. Mais la principale faiblesse de l'explication démographique est de ne pas prendre en compte les problèmes spécifiques que la reproduction posait aux générations passées.

Les théoriciens de l'innovation, contrairement à ceux de l'adaptation, se sont plus intéressés aux motivations et aux discours des hommes et des femmes du XIXe s., et moins à leurs comportements tels qu'ils nous apparaissent à travers les recensements. Un individu instruit, moderne, croyant à la possibilité de contrôler la nature, voilà, selon les tenants de l'innovation, le type d'homme qui allait essayer de limiter les naissances dans sa famille. Ces théoriciens pensaient qu'en étudiant la façon dont ont été adoptées les méthodes contraceptives, il était possible de déterminer *a priori* quels allaient être les précurseurs en la matière, et quels seraient les retardataires : en premier, les classes supérieures, les gens « éclairés », vers le milieu du siècle ; puis les classes moyennes, et enfin, sous l'influence de ces dernières, une ou deux générations plus tard, les classes laborieuses. On considère que le procès Bradlaugh-Besant, en 1877, fit une publicité sans précédent pour le contrôle des naissances et qu'il mit également fin à l'ignorance dans laquelle les ouvriers pouvaient encore se trouver. Ce procès joua sans doute un rôle déterminant dans les progrès de la contraception. On ne manqua pas alors d'affirmer que pouvoir choisir plus rationnellement, plus librement, revenait à choisir moins d'enfants. Vers 1880, les essaims d'enfants en haillons, mis au monde par les pauvres, témoignaient aux yeux de la bourgeoisie, si l'on en croit les romans de Zola, de l'ignorance et de la brutalité des classes inférieures.

En France, dès le XVIIIe s., on expliqua la réduction de la famille par la détermination de la paysannerie à ne pas morceler la terre, et par les efforts de la bourgeoisie pour sauvegarder sa qualité de vie. Vers le milieu du XIXe s., en Angleterre et en Allemagne, le taux de natalité des fonctionnaires et des artisans se mit à décroître ; moyenne et petite bourgeoisies avaient de bonnes raisons de réduire leur fécondité, et cela bien avant les ouvriers et les paysans. Les bureaucrates allemands, par exemple, devaient y réfléchir deux fois avant de se marier et de procréer, parce que des règlements les obligeaient à maintenir un style de vie approprié à leur rang.[5] Les classes moyennes anglaises, selon J.A. Banks dans *Prosperity and Parenthood,* continuèrent d'avoir des familles nombreuses jusqu'à la « grande dépression » des années 1870. Obligées de choisir entre une aisance d'un niveau jamais atteint auparavant et l'entretien d'un grand nombre d'enfants, elles optèrent pour la famille de petite dimension.[6] Les classes inférieures leur emboîtèrent le pas, une génération ou deux plus tard.

Certains historiens, dont J.A. Banks, s'appuyèrent sur le fait que les nantis avaient été les premiers à renoncer aux familles nombreuses, pour en déduire que la contraception avait été une innovation culturelle. Le XIXe s. a en effet apporté plus de bien-être et plus de satisfactions de toutes sortes. Ceux qui, les premiers, ont limité les naissances, ne l'ont pas fait pour échapper à la pauvreté, mais pour protéger la prospérité à laquelle ils venaient d'accéder. En fait, leur révolution se faisait pour garantir des exigences grandissantes. D'après les théories de l'innovation, ou « diffusion », les classes inférieures allaient suivre leur exemple dès qu'elles seraient devenues plus « rationnelles ». La modernisation et l'urbanisation signifiaient plus de mobilité et moins d'influence religieuse. Dans le milieu urbain, les structures professionnelles évoluaient ; les individus – et non plus les familles – étaient rémunérés pour leur travail, et les migrations permettaient d'échapper à « la main morte du passé ». La fécondité était en moyenne plus basse dans les villes que dans les campagnes, de même qu'elle était plus basse dans les classes élevées que dans les classes inférieures.

La théorie de la « diffusion » met en valeur le pouvoir des idées, mais au détriment de l'importance des conditions matérielles. Elle sous-entend que toutes les classes sociales, quelle que soit leur origine régionale, partageaient la même opinion que les classes moyennes, et qu'elles étaient prêtes à suivre la voie de la sagesse en adoptant le modèle de la famille réduite. Mais un tel consensus a-t-il vraiment existé ? La fécondité a effectivement décliné à travers les classes sociales et les régions, mais était-ce toujours pour les mêmes raisons ? Les hommes et les femmes n'ont-ils pas eu une opinion différente sur le contrôle des naissances, à l'instar de l'Eglise, du corps médical et de l'Etat ? Quand on examine la nature du discours en pleine évolution sur la population, l'apparition des nouvelles techniques contraceptives et les changements que les variations économiques et idéologiques entraînaient dans les mentalités des hommes et des femmes, on ne peut que remettre en question les théories de l'adaptation et celles de l'innovation.

Les partisans de l'innovation, partant du principe que, dans les périodes antérieures, beaucoup des conceptions avaient été involontaires, ont attribué aux avocats du contrôle des naissances un rôle prépondérant. Ils ont estimé, qu'étant donné le manque de motivation et d'instruction des masses, il fallait un « mouvement » pour rendre « envisageable » un contrôle de la fécondité. Une fois que l'on aurait montré la contraception comme une pratique légitime, elle ne pouvait que se répandre comme une traînée de poudre. Ce genre d'information avait toujours été disponible pour certains, mais comme le notait un médecin anglais en 1837, alors qu'auparavant la plupart des gens estimaient qu'ils n'avaient d'autre alternative que d'accepter stoïquement chaque grossesse, « de nos jours, une fausse philosophie moderne nous enseigne l'inverse, et nous a même suggéré des moyens contraires à la nature pour limiter le nombre de nos descendants ».(7)

L'histoire du contrôle des naissances remonte en général à la fin du XVIIIe s. en France, où, pour la première fois, on fit la promotion et l'éloge des pratiques contraceptives. Condorcet, l'un des rares philosophes à pouvoir être considéré comme un féministe, proposa de recourir à des moyens artificiels pour endiguer la misère, en limitant l'accroissement de la population. Au XIXe s., l'argument fut repris par Senancour, qui parla de la nécessité « d'une précaution, une réserve ».(8) Ces idées, bien que condamnées par les gens respectables, furent reprises et développées par les propagandistes anglais et américains.(9) Ce sont ces avocats du contrôle des naissances qui entrèrent dans l'histoire sous le nom de néo-malthusiens. Bien que Thomas Malthus se soit opposé à la contraception, son *Essay on Population* (1798) eut une énorme influence, parce qu'il attirait l'attention sur les répercussions sociales de la natalité.(10) Les Etats occidentaux étaient traditionnellement favorables à la croissance de leur population, persuadés que plus nombreux seraient leurs sujets, plus grande serait leur prospérité. Malthus avançait un argument radicalement nouveau, qui remettait tout en question. Il affirmait que la population faisait peser une contrainte sur les ressources, et qu'il ne pourrait donc y avoir aucun progrès social tant que les classes inférieures ne manifesteraient pas une « retenue morale » et n'auraient pas la prudence d'éviter les mariages trop précoces ou trop inconsidérés. Le message pessimiste de Malthus, bien accueilli par les nantis, disait brutalement que le problème de la pauvreté ne pouvait pas être résolu par les âmes charitables. C'était aux pauvres eux-mêmes de le prendre en charge.

Malthus donna ses lettres de noblesse au discours sur la reproduction et en fit un sujet de conversation respectable. Quand, au milieu des remous de la première moitié du XIXe s., les owéniens et les chartistes demandèrent comment aider les ouvriers à surmonter au mieux la misère causée par la révolution industrielle, ce sont les premiers avocats du contrôle des naissances qui leur répondirent. La plupart – Jeremy Bentham, Francis Place, Richard Carlile, Robert Dale Owen ainsi que George et Charles Drysdale – adhéraient à l'opinion de Malthus, selon laquelle la pression du nombre contribuait à la misère sociale. Ils s'inspiraient de l'exemple français pour proposer comme solution l'emploi des contraceptifs. Leur public se limitait aux lecteurs de brochures et de journaux radicaux.[11] Les Drysdale, pour répandre leur message, fondèrent en 1877 la première organisation néo-malthusienne, la Malthusian League. La même année, le procès de Charles Bradlaugh et d'Annie Besant, accusés d'avoir diffusé un tract sur le contrôle des naissances écrit par l'Américain Charles Knowlton, fit une énorme publicité au mouvement. A la fin du siècle, un nombre extraordinaire de publications sur le contrôle des naissances étaient en circulation. Annie Besant vendit 175 000 exemplaires de son livre

Law of Population entre 1877 et 1890 ; le pamphlet, obscur à l'origine, de Charles Knowlton, fut réimprimé et diffusé à plusieurs centaines de milliers d'exemplaires. Il existait indéniablement une demande pour ce genre de littérature.(12)

La propagande néo-malthusienne gagna bientôt le continent. Aletta Jacobs qui devint, en 1878, la première femme médecin des Pays-Bas, après avoir découvert le néo-malthusianisme au cours d'un séjour à Londres, ouvrit une clinique pour le contrôle des naissances à Amsterdam en 1882.(13) Paul Robin, libertaire français qui avait eu des contacts avec les néo-malthusiens lors de son exil en Angleterre au cours des années 1870, de retour en France, fonda en 1896 la Ligue française de la régénération humaine. Le message fut bientôt transmis en Espagne, par Bulfi ; à Barcelone, en 1904, une ligue pour la « Regeneracion humana » fut créée. En Italie, l'œuvre de George Drysdale circulait en traduction et les idées néo-malthusiennes furent adoptées par l'écrivain populaire Paulo Mantegazza.(14)

Bien que peu nombreux, les partisans du contrôle des naissances étaient extrêmement actifs. Il est difficile d'évaluer leur véritable influence. La plupart étaient malthusiens et considéraient la contraception comme la solution aux problèmes de pauvreté causés par la surpopulation, position qui n'était pas sans effet sur l'emploi. D'autres, comme Richard Carlile, s'étaient rangés sous la bannière de la contraception parce qu'ils étaient des libre-penseurs ou des libertaires, ce qui discrédita le mouvement aux yeux des gens respectables. La façon dont les charlatans exploitèrent l'intérêt pour ces questions effraya les médecins ; eux aussi restèrent sur la réserve. Les défenseurs de l'amour libre s'intéressaient bien entendu au problème, et, bien entendu, les respectables féministes gardèrent leurs distances. Le fait que la réduction de la famille ait été associée, dans l'esprit du public, avec les mœurs de la France révolutionnaire ne lui valait pas non plus les faveurs des conservateurs qui mettaient 1789 sur le compte des libre-penseurs et des débauchés.[15] Au XIXe s., le contrôle des naissances n'a jamais été présenté comme un simple moyen de limiter la taille de la famille ; on l'associait autant, sinon plus, à la pauvreté, à la politique et au dévergondage. Partisans et opposants contribuèrent autant les uns que les autres à embrouiller la question.

Mais, même s'il y avait une certaine confusion dans le message transmis par les partisans du contrôle des naissances, on ne peut nier que ces derniers firent connaître aux masses des méthodes de contraception nouvelles et efficaces. Si les innovations technologiques avaient joué un rôle important dans la réduction du taux de natalité, ces informations auraient été déterminantes. Cependant, les recherches n'apportent pas la preuve que les nouveaux contraceptifs aient véritablement contribué à réduire la fécondité.

En 1797, Jeremy Bentham déclarait que la population pouvait être contrôlée non pas par un « acte de prohibition » ou une « lettre de cachet », mais par une « éponge ». Cette référence montre que les lecteurs des *Annals of Agriculture,* membres de la classe moyenne, connaissaient, à la fin du XVIIIe s., toute une gamme de contraceptifs. Richard Carlile, dans le premier livre publié, en 1826, sur le contrôle des naissances en Angleterre *(Every Woman's Book : or, What is Love ?)* expliquait aux femmes comment se servir d'une éponge, et aux hommes comment utiliser une baudruche ou « gant », et comment pratiquer le retrait partiel ou complet.[16]

Dunglinson décrivait en 1816 des condoms faits de boyaux de mouton, et dont l'extrémité se fermait par un ruban. En Europe, on continua à fabriquer des préservatifs en peaux d'animaux et en soie jusqu'au XXe s. Les propagandistes français expliquèrent comment les maîtresses de maison pouvaient faire des condoms ou baudruches avec les boyaux vendus par les bouchers. En 1844, Goodyear et Hancock inventaient la vulcanisation du caoutchouc, et dès 1850, on pouvait se procurer aux Etats-Unis des condoms en caoutchouc relativement peu chers. A.M. Mauriceau proposait de les vendre cinq dollars la douzaine.

Mais, même en les lavant pour les réutiliser, les condoms étaient trop chers pour les classes inférieures, et leur usage était limité. Charles Knowlton les mentionnait, mais ne les recommandait pas ; George Drysdale trouvait qu'ils étaient inesthétiques et qu'ils émoussaient le plaisir. Un partisan du contrôle des naissances les décrivait dans les années 1870 comme « pas vraiment fiables et [...] gênants sur tous les plans ».[17] Le danger était celui de l'éclatement. Les plus prudents les testaient en soufflant dedans ou en les remplissant d'eau. Napheys, un médecin américain, conseillait de ne les utiliser qu'en cas d'affection vénérienne chez le mari. Toujours associés à la maladie et à la prostitution, les préservatifs ne pouvaient qu'avoir un usage limité dans les foyers du XIXe s.

Francis Place recommandait aux femmes d'utiliser une éponge pour absorber la semence dans ses fameux « diabolical handbills » (feuillets diaboliques) de 1823, écrits à l'intention des classes ouvrières. Richard Carlile affirmait que les éponges étaient largement employées, sur le continent, par les femmes des milieux favorisés. Robert Dale Owen, fils du socialiste anglais Robert Owen et auteur de *Moral Physiology ; or, A Brief and Plain Treatise on the Population Question,* publié à New York en 1831, estimait, comme R. Carlile, que l'éponge avait l'avantage de donner à la femme un certain contrôle sur la contraception, mais avertissait ses lectrices qu'elle n'était pas toujours efficace. Néanmoins, en Angleterre, les partisans de la contraception continuaient à recommander cette méthode, c'est-à-dire l'introduction d'une petite éponge humide, attachée à un ruban. En France, on estimait que c'était la meilleure des protections, à condition de l'accompagner d'une douche vaginale. Aux Etats-Unis, on retrouve l'éponge dans un manuel de 1839, attribué à Jean Du Bois.(18)

L'invention du diaphragme représenta une innovation d'une importance incontestable. Les médecins du XIXe s. vulgarisèrent l'usage du pessaire dans le traitement des prolapsus ; de là à l'employer comme obstacle à la conception, il n'y avait qu'un pas. Le docteur Edward B. Foote se réfère vraisemblablement à cet appareil quand il parle d'un « couvre-matrice » en caoutchouc des Indes.(19) Le médecin allemand W.P.J. Mensinga nous a laissé une description plus claire de ce diaphragme en 1882 : une sorte de bouclier protecteur en caoutchouc souple que la femme introduisait dans son vagin pour bloquer l'accès de l'utérus. W.P.J. Mensinga en recommandait explicitement l'usage pour protéger les femmes, à la santé déficiente, d'une grossesse non désirée. Le diaphragme, quand il était accompagné d'une douche vaginale, constituait un contraceptif féminin efficace ; malheureusement, son prix de revient et la nécessité de recourir au médecin pour le mettre en place en réservaient l'usage à une clientèle aisée.

Des entreprises commerciales commencèrent, au tournant du siècle, à produire des gelées et des poudres acides pour immobiliser et détruire les spermatozoïdes. Plus facile d'usage, le pessaire soluble ou suppositoire à la quinine fut mis au point par la compagnie Rendell en Angleterre dans les années 1880, et popularisé par le docteur Henry Arthur Allbutt. Des produits similaires, qui empêchaient la conception en constituant à la fois un obstacle et un spermicide, furent bientôt élaborés par des épouses inventives en Europe et aux Etats-Unis ; ces préparations maison étaient à base de beurre de cacao ou de glycérine.(20)

Diaphragmes et pessaires n'étaient vraiment efficaces qu'associés à une douche vaginale. Les lavages effectués à l'aide d'une seringue vaginale, pour détruire « les propriétés fécondantes du sperme par des agents chimiques », étaient recommandés par le docteur Charles Knowlton, du Massachusetts, dans ses *Fruits of Philosophy*, publiés en 1832. Charles Knowlton fut poursuivi pour obscénité, mais ses conseils furent repris par d'autres, comme Frederick Hollick en 1850, dans son *Marriage Guide.*(21) Certains suggéraient de n'employer que de l'eau froide pure ; Charles Knowlton insistait sur la nécessité d'y mêler un agent acide ou un astringent comme l'alun, le vinaigre ou un produit sulfaté. Les douches, comme les diaphragmes, permettaient aux femmes de pratiquer une contraception indépendante. Vers le milieu du siècle, on trouvait les liquides tout prêts dans les pharmacies et les bazars ; on pouvait les commander dans des catalogues de vente par correspondance tout à fait respectables, où ils étaient présentés comme des articles d'hygiène. C'est pour cette même raison qu'ils furent recommandés par le Programme allemand d'assurance maladie et distribués gratuitement aux membres des caisses locales.(22) Cela dit, les douches supposaient généralement l'achat d'un produit, donc des dépenses ; elles nécessitaient aussi de l'eau et un peu d'intimité, ce qui les rendaient impraticables pour beaucoup de ménages ouvriers. C'était peut-être aussi bien, car la douche vaginale seule était, en réalité, moins efficace que le retrait.(23)

Au cours des dernières décennies du XIXe s., contraceptifs et abortifs faisaient l'objet de réclames dans les journaux et les magazines ; ils étaient vendus chez les barbiers, dans les commerces d'objets en caoutchouc et les pharmacies. Ils étaient apportés dans les villages par des marchands ambulants, dans les quartiers ouvriers par des colporteurs. Des docteurs irlandais furent sidérés devant les vitrines des pharmaciens londoniens qui regorgeaient de « produits anticonceptionnels » et de « littérature vénérologique ».[24] Un charlatan comme Horace Goss faisait de la réclame pour un « mucilage préventif » – vraisemblablement un pessaire soluble – et pour des pilules abortives, et en cas d'échec, promettait que Mrs Goss et lui-même sauraient faire revenir les règles, « quelles que soient les causes qui en ont interrompu le cours ».[25] Etant donné l'abondance de ces réclames, on est tenté de croire, comme l'a affirmé un historien, que « la production massive et la publicité intensive » des condoms, diaphragmes, pessaires et autres seringues ont causé l'effondrement du taux de natalité dans les années 1870.[26] Mais on n'a pas la preuve que ces méthodes aient été largement utilisées. On a estimé que seulement 16% des couples anglais, mariés avant 1910, employaient des contraceptifs mécaniques.[27] De plus, les taux de natalité baissèrent dans des régions d'Europe où ces moyens n'étaient pas disponibles. Le progrès des techniques contraceptives a sans doute contribué au déclin brutal de la fertilité, mais ne l'a pas provoqué. Le coût des nouveaux contraceptifs n'était pas négligeable, leur offre limitée et l'aversion à leur égard – même chez ceux qui cherchaient à limiter la dimension de leur famille – largement répandue. Les réclames intempestives des soi-disant médecins, guérisseurs et charlatans sur l'efficacité de leurs nouveaux contraceptifs, prouvent surtout qu'un nombre très important de couples pratiquaient déjà le contrôle des naissances, sans le bénéfice d'aucune technique moderne.

Etant donné l'effondrement spectaculaire de la fécondité au XIXe s., il est logique qu'on ait cherché à l'expliquer par la découverte d'une nouvelle méthode de contraception. Mais pour les Européens de cette époque, comme pour leurs prédécesseurs, la première façon d'éviter les naissances était, purement et simplement, l'abstinence. La continence matrimoniale était plus que jamais prêchée par les Eglises, mais elle reçut une nouvelle impulsion dans les années 1800, quand les féministes firent campagne en faveur de la maîtrise de soi masculine. La même idéologie, qui combattait déjà la masturbation et la prostitution, fut invoquée pour réduire la fréquence des rapports conjugaux, et peut-être eut-elle des résultats. L'Europe de l'Ouest avait toujours eu beaucoup de célibataires; les hommes ne se mariaient pas avant la trentaine. En Angleterre, à la fin du XIXe s., les unions furent encore retardées, et le pourcentage de femmes célibataires monta de 12% en 1851 à 16% en 1911.[28] Sans doute la perspective de longues périodes de continence après le mariage pouvait-elle sembler envisageable à des couples déjà habitués à retarder la satisfaction de leurs appétits sexuels.[29] Il ne faut donc pas rejeter comme des divagations ces plaidoyers en faveur de la modération sexuelle, que l'on retrouve chez les féministes et chez les évangélistes. Dans ce but, les Français des classes favorisées avaient adopté les lits séparés, quand ils ne faisaient pas chambre à part. De toute évidence, ces mœurs policées n'étaient praticables que par un petit nombre. Certains partageaient peut-être la conviction d'un partisan du contrôle des naissances, William Thompson, qui recommandait aux couples de dormir séparément, pas tellement pour les aider à rester chastes, mais que parce qu'il croyait qu'en se levant immédiatement après les rapports sexuels pour retourner dans son propre lit, la femme éviterait peut-être de concevoir.[30]

Certains médecins, fidèles aux vieilles théories, mettaient en garde contre une continence prolongée qu'ils estimaient néfaste pour la santé. Mais d'autres prônaient une continence périodique et prouvaient à l'aide d'arguments scientifiques que les règles chez la femme, comme les chaleurs chez les animaux, précédaient sa période de plus grande fécondité. Et en conséquence, l'abstention pendant cette période, ou continence intermittente, permettait un contrôle naturel des naissances. La prétendue découverte de la date de l'ovulation par Bishoff, Pouchet et Raciborski – au cours de la semaine suivant les règles, fut saluée par les féministes et, parmi elles, le docteur Elizabeth Blackwell comme une juste confirmation du rôle « régulateur » des femmes en matière de sexualité. Le docteur John Cowan se rangeait à son avis quand il déclarait que « s'il y a un terrain privilégié où les Droits de la Femme devraient placer leurs revendications, c'est bien celui du choix du moment pour les rapports sexuels. »[31]

Le corps médical, dans son ensemble, était opposé au contrôle « artificiel » des naissances. Le fait que beaucoup de docteurs se soient publiquement intéressés à la méthode naturelle du « cycle » montre bien que leurs patientes devaient les presser de trouver une solution de remplacement. En Amérique, le Dr Augustus Gardner proposa d'attendre douze jours après les règles pour reprendre les rapports sexuels ; R.T. Trall recommandait dix à douze jours. En Angleterre, Henry Arthur Allbutt proposait huit jours.[32] Malheureusement le calcul était complètement faux. On sait maintenant que l'ovulation se produit en principe environ dix jours après le début des règles, au moment même où les médecins du XIXe s. affirmaient que les femmes entraient dans leur « période de sécurité ». Certains docteurs, par hasard, présentèrent un calendrier correct; certains couples s'en tinrent à un système qui marchait pour eux. Il n'est pas impossible qu'une certaine abstinence, quelle qu'en fût la justification sous-jacente, ait contribué à limiter les naissances.

L'allaitement prolongé, tout comme les mariages tardifs, restait le moyen principal pour empêcher une nouvelle grossesse.[33] En France, la relation est claire. Dans le Sud-Ouest, une région où les femmes avaient l'habitude d'allaiter plusieurs mois, on trouvait un plus grand espacement des naissances et un taux de mortalité infantile plus bas. Dans le Nord, on allaitait moins longtemps. Les taux de mortalité infantile étaient plus élevés, et on redoutait une accélération du rythme des naissances qui ne pouvait être contrôlé que par le recours à la contraception. Beaucoup de médecins se moquaient de cette vieille croyance et contestaient son efficacité, mais Charles Loudon recommanda ouvertement l'allongement de l'allaitement pour espacer les naissances de la classe ouvrière.(34) Les conditions de travail n'étaient pas favorables à la lactation. Le travail en usine empêchait les femmes d'allaiter, et contribuait à pousser vers le haut les taux de fécondité des pauvres dans les quartiers urbains. Dans les classes plus favorisées, où l'on avait les moyens d'acheter du lait de vache ainsi que les biberons et les tétines de fabrication nouvelle, on constata, dès 1890, la même désaffection pour l'allaitement maternel et une généralisation progressive de l'allaitement artificiel. Certains partisans du contrôle des naissances, comme Annie Besant et Henry Arthur Allbutt, reprochaient à l'allaitement d'être dangereux pour la santé des mères.(35) Leur position est sans doute tributaire du fait que certains de leurs adversaires prétendaient que l'allaitement rendait inutile toute contraception. Il est cependant possible que ces critiques, ajoutées aux réticences de certains médecins, aient effectivement fait douter la classe ouvrière d'une méthode qui offrait une protection non négligeable à la mère et à l'enfant.

La pratique contraceptive la plus répandue restait toujours le coït interrompu. En 1824, William Thompson, dans une allusion voilée au retrait, déclarait :

> « Un effort mental, dans le sens du raffinement et non de la bestialité, constitue tout le prix à payer, et par un seul des partenaires, dans les jeunes mariages et les tendres relations, là où les circons-

tances de la société ne permettent pas une augmentation de la population ».[36]

Richard Carlile était assez imprudent pour recommander le retrait partiel, une tactique dont Robert Dale Owen soulignait les dangers, en traitant du coït interrompu dans son ouvrage *Moral Physiology*. Certaines personnes paraissaient avoir besoin d'informations sur cette technique, la plus simple des méthodes anticonceptionnelles. En France, on trouvait des instructions écrites sur le procédé.[37] En Amérique, en 1849, une femme adressa à son mari ce compliment : « Je trouve que tu es vraiment un homme habile », et lui suggéra d'enseigner ses talents à un voisin dont la femme était écrasée par des grossesses à répétition.[38] John Noyes, dans la colonie Oneida de l'Etat de New York, prôna une variante du coït interrompu, le *coitus reservatus*, dans lequel l'homme se retenait complètement d'éjaculer.[39] Les deux méthodes étaient vraiment très risquées et exigeaient du couple une grande coopération.

On peut se faire une idée de la popularité de la méthode du retrait à partir du nombre d'attaques qu'elle a suscité. Les médecins s'y sont opposés comme à une forme dépravée de masturbation, entraînant des désordres physiques et mentaux. A la fin du siècle, Freud exprimait ses inquiétudes quant aux problèmes que cela pouvait poser au psychisme.[40] Mais ces avertissements ne devaient pas en impressionner beaucoup. Un fermier allemand de quarante ans, auquel on exposait les prétendus dangers, répliqua froidement : « Je n'en crois rien. Ou alors tout le monde serait malade ».[41]

L'échec de la contraception entraînait parfois le recours à l'avortement, et autrefois on faisait la confusion entre les deux procédés. Au XIXe s., les médecins et les néo-malthusiens s'employèrent à convaincre le public que les deux pratiques étaient radicalement différentes.

En 1827, l'existence de l'œuf humain était un fait scientifique, et l'idée de conception, au sens d'un événement instantané, d'une rencontre du sperme et de l'ovule, finit par s'imposer. Auparavant, la conception était considérée comme un processus évolutif, qui n'était achevé qu'au bout de plusieurs jours ; au Moyen Age, la conception avait parfois été assimilée à l'animation. Dès cette découverte, les médecins condamnèrent l'avortement à tous les stades, et tracèrent une ligne très nette entre contraception et manœuvres abortives. Mais pour l'ensemble des gens, la ligne était floue, et les femmes continuaient à recourir aux décoctions de plantes, aux purgatifs et aux suppositoires pour rester « réglées ». Beaucoup d'entre elles demeuraient convaincues que l'avortement volontaire n'était qu'une pratique contraceptive parmi d'autres. Les médecins constataient avec inquiétude qu'il y avait de pauvres femmes qui préféraient en fait l'avortement à la contraception. Certains catholiques estimaient que c'était moins immoral, sous prétexte que seule la femme y prenait part.(42) L'avortement restait pour la plupart une manœuvre de dernier recours, qui s'imposait quand toutes les méthodes de contraception avaient échoué. C'était indéniablement une forme féminine de régulation des naissances qui démontrait de la façon la plus tragique la détermination des femmes, même à l'encontre des souhaits de leur mari, à contrôler leur fécondité.

On sait que le nombre des avortements fit un bond dans tout l'Occident à partir du milieu du XIXe s., et on estima d'abord que c'était le signe d'une volonté croissante de réduire la dimension des familles. En Amérique, le docteur Hugh L. Hodge et le docteur Horatio Storer constatèrent un accroissement similaire dès 1840. En France, vers la fin du siècle, on avançait les chiffres de 100 000 à 500 000 avortements par an.(43) La plupart des pays occidentaux se dotèrent d'une législation nouvelle pour combattre ces pratiques. Les médecins entreprirent des campagnes contre l'avortement, autant pour éliminer des adversaires dans les professions paramédicales que pour protéger l'enfant à naître.[44] L'Eglise catholique s'engagea, à la suite des praticiens, dans une voie de grande sévérité. Que l'enfant ait bougé ou non, l'avortement fut déclaré passible d'excommunication par le pape Pie IX en 1869. Jusque-là, l'Eglise menaçait d'une telle sanction les *procurantes abortum fœtus animati* (ceux qui avaient pratiqué un avortement sur un fœtus animé) ; désormais, étaient visés les *procurantes abortum effectu secuto* (ceux qui avaient pratiqué un avortement suivi d'effet).[45]

Les médecins répétaient sans cesse qu'ils étaient choqués de voir des femmes respectables, pratiquantes recourir à l'avortement. L'auteur de *Satan in Society* citait avec indignation la lettre d'un pasteur qui avait l'audace de revendiquer le droit à l'avortement pour sa femme :

> « Si Mrs… se trouvait dans cet état, il serait tout à fait indiqué, avant le début de la vie (fœtale), avant les premiers mouvements, de faire en sorte que les règles reviennent. Nous souhaitons vivement tous les deux que cela soit fait, et dans son état présent il n'y aurait aucun mal à cela. »[46]

Les femmes refusaient tout particulièrement le nouveau discours médical selon lequel la vie était présente dès le moment de la conception, et restaient attachées à l'opinion traditionnelle que l'on pouvait agir à sa guise tant que le fœtus ne bougeait pas. « Mais, dit notre patiente, les premiers mouvements ne se produisent pas avant quatre mois et demi environ, et donc, se faire avorter avant ce moment n'est pas un péché. ».[47] La loi ne tint compte que peu à peu de la nouvelle théorie. Les premiers mouvements faisaient partie de la loi de 1803 sur l'avortement, et il fallut attendre 1867 pour préciser que toute manœuvre destinée à provoquer une fausse couche entraînerait des poursuites pour la femme qui s'y était livrée sur sa personne. En Amérique, la législation ne s'intéressa à l'avortement que vers le milieu du siècle; certains Etats attendirent même le XXe s. pour le faire passer sous juridiction criminelle.

La plupart des partisans du contrôle des naissances étaient eux aussi opposés à l'avortement, ne serait-ce que pour des raisons de sécurité. Un moyen de prévention bénin était mille fois préférable, selon les termes de Robert Dale Owen, aux « drogues dangereuses » qu'utilisaient les femmes mariées comme les célibataires.[48] En France, où l'avortement était apparemment plus répandu que partout ailleurs, des personnages comme Georges Hardy et Madeleine Pelletier prirent publiquement sa défense, dans les années 1890.[49] A.-M. Mauriceau, dont peu de gens savaient qu'il était le mari de la fameuse avorteuse new-yorkaise, Mme Restell, fut l'un des rares auteurs américains à affirmer que l'opération pouvait être effectuée en toute sécurité.[50]

Au début du XIXe s., les médecins imputaient les pratiques abortives aux femmes célibataires ; à la fin du siècle, aux femmes mariées. Mais dans quelle mesure agissaient-elles de façon indépendante, cela n'était pas précisé. Avaient-elles recours à l'avortement parce qu'elles considéraient que le contrôle des naissances leur revenait, ou parce que les méthodes contraceptives utilisées par le couple avaient échoué ? On a un témoignage sur la première hypothèse dans un cas de divorce jugé en Californie. On y découvre la déclaration d'une certaine Susan Gilbert, qui avoue avoir avorté quatre fois parce que son mari « ne pouvait ou ne voulait pas se retenir pour lui éviter de devenir enceinte. »[51] Il est important de ne pas donner dans le romanesque, l'avortement ayant toujours présenté de grands risques. Les séducteurs corses forçaient leurs maîtresses à prendre des abortifs, et les souteneurs anglais, selon la mise en garde d'une brochure moralisatrice de 1870, conseillaient également à leurs victimes « de prendre les mesures pour se débarrasser de l'enfant, avant ou après sa naissance. De telles choses se passent tous les jours ; les journaux en sont remplis. »[52]

Quelles que fussent les motivations des femmes, les charlatans et les avorteurs avaient recours à de nouveaux moyens de publicité pour colporter des produits destinés à répondre à la demande. On a une idée des profits réalisés dans ce domaine, en examinant les minutes du procès engagé à Exeter, en 1897, contre Louisa Fenn, qui vendait des pilules abortives sous le nom de Mme Douglas ; en l'espace de six mois, elle avait dépensé 600 livres (en gros, douze fois le salaire annuel d'un ouvrier) en publicité.[53] La plupart des femmes, avant de se lancer dans l'achat de ce genre de pilules, avaient généralement essayé les bains chauds, le gin et la marche intensive. Le plomb, sous forme de pilules de diachylon, était consommé en grande quantité en Angleterre, tandis qu'en Suède et en Allemagne on utilisait le phosphore des allumettes aux mêmes fins. Les femmes de la campagne continuaient à concocter leurs propres breuvages ou à chercher l'assistance des herboristes et des « officiers de santé ». Dans les villes, les spécialités pharmaceutiques qui assuraient guérir toute irrégularité du cycle menstruel firent peu à peu disparaître les remèdes traditionnels.[54] Mais les nouvelles préparations étaient élaborées à partir des mêmes emménagogues – aloès, fer, sabine, ergot de seigle, rue, tanaisie, quinine, huile de racine de coton (aux Etats-Unis) et pouliot. Les instruments bon marché, cathéters, sondes et bougies, furent de plus en plus faciles à se procurer ; douches et injections vaginales étaient également employées.[55]

On ne possède pas de statistiques fiables sur le nombre des avortements, mais les médecins affirmaient qu'un quart au moins de toutes les conceptions se terminaient de cette façon.[56] Une recrudescence d'avortements était fatale pour les pays dont la fécondité passait par une période de transition et dont la volonté de limitation des naissances n'était pas satisfaite par les techniques contraceptives. Ce fut le cas, au XXe s., du Japon et du Chili. De telles « épidémies d'avortement » avaient tendance à s'enrayer, une fois de véritables moyens de contraception mis à la disposition du plus grand nombre. Pourtant, notre siècle témoigne que, même dans les sociétés où l'on ne manque pas de contraceptifs efficaces, les demandes d'avortement restent nombreuses.

Quand tout avait échoué, les pauvres n'avaient parfois pas d'autre choix que d'abandonner leurs enfants. En France, les établissements d'« Enfants Trouvés » se dotèrent en 1811 de « tours », où les enfants pouvaient être discrètement déposés. Le nombre des abandons s'éleva de 63 000 à 127 000 vers 1833. L'argument selon lequel ces « tours » encourageaient les parents à se débarrasser de leurs enfants finit par convaincre le gouvernement de les fermer vers 1840.[57] Certaines personnes s'inquiétèrent de cette mesure et y virent la cause d'une recrudescence des avortements et des infanticides. Même dans l'opulente Angleterre des années 1860, des histoires scandaleuses sur les nourrices mercenaires et la mode du « baby-farming » firent surgir des craintes d'infanticides.[58]

Aucune découverte technologique importante ne peut expliquer le déclin général de la fécondité à la fin du XIXe s. Les méthodes contraceptives disponibles fonctionnaient aux dépens du plaisir (condoms, coït interrompu, allaitement prolongé et continence) ou présentaient de réels dangers (avortement). Le fait que de telles méthodes aient effectivement été employées avec succès montre la détermination des couples. Mais les causes de cette détermination variaient selon le sexe et l'appartenance sociale.

Comme l'industrialisation et l'urbanisation semblaient constituer une menace d'un genre nouveau à l'encontre des formes traditionnelles de vie familiale, hommes et femmes de la classe moyenne furent de plus en plus nombreux à chercher conseil auprès de professionnels, les questionnant sur la façon de tenir leur rôle au sein de la famille, en tant que mari, femme ou enfant. On comprend mieux les pamphlets sur le contrôle des naissances quand on les replace dans le contexte de la littérature sur le mariage qui inonda le XIXe s. Le bourgeois prospère y découvrait que sa respectabilité était fondée sur sa capacité à séparer vie privée et vie publique.(59) Effectivement, les épouses avaient de moins en moins l'occasion de se comporter en partenaires, étant donné que la production avait cessé d'être une affaire familiale et qu'elle était concentrée dans des bureaux ou des usines. Le « foyer » devenait avant tout un centre de consommation, et, souvent déplacé dans les faubourgs, il était éloigné de l'univers masculin du travail. On désirait en faire un « jardin privé », un refuge contre la sauvage compétition des sphères commerciales. La « châtelaine » bourgeoise était délibérément coupée du monde réel, et ses devoirs, sans véritable importance du moins apparemment, n'étaient ennoblis que par le dévouement avec lequel elle s'en acquittait.(60) Mais bien que la société s'employât à rendre la femme plus dépendante que jamais, la complète soumission restait un idéal. On oublie trop souvent que les succès de nombreux hommes d'affaires continuaient à dépendre étroitement de la contribution de leur femme : apport de capitaux ou collaboration non rémunérée.

Les femmes respectables du XIXe s., si l'on en croit la plupart des manuels sur le mariage, étaient aussi ignorantes sur le plan sexuel que sur celui des affaires :

> « La femme, comme on le sait, en son état naturel – non pervertie, non séduite et en bonne santé –

ne fait que rarement, pour ainsi dire jamais, de ces avances qui indiquent un désir sexuel; et cela pour la simple raison qu'elle ne le ressent pas. »[61]

Auparavant, on considérait que la femme était dotée d'une sexualité active, peut-être même plus exigeante que celle des hommes. A présent, la passivité était une preuve de bonne éducation et l'agressivité sexuelle dénotait des mœurs des classes inférieures. Les ouvriers étaient pauvres parce qu'ils étaient trop nombreux, pensait-on, mais également parce qu'ils vivaient dans la promiscuité, la débauche et l'illégitimité. Pourtant, l'idéologie sexuelle bourgeoise souffrait de tensions internes. Elle exaltait l'impassibilité de la femme, mais exigeait que les unions soient librement consenties, donc fondées sur l'amour; elle louait la continence masculine mais acceptait tacitement une double vie sexuelle, qui alimentait ses craintes des maladies vénériennes et de la prostitution.

La doctrine des sphères séparées, qui exaltait l'idéal de l'homme actif et de la femme « oisive », plaçait la dame des classes moyennes dans un curieux paradis. Elle était déchargée des tâches matérielles, assurées par les domestiques, mais coupée du monde des affaires, de la politique et de l'éducation. Dorlotée et consignée chez elle, elle était renvoyée à son « rôle » naturel de mère. Le XIXe s. eut le culte de la maternité à un point tel que la procréation devint un sujet sur lequel toute mère de famille consciencieuse devait chercher conseil auprès des docteurs et des enseignants. L'amélioration du niveau de l'éducation changea la façon de considérer les enfants. On pensait qu'il fallait les choyer, plutôt que les considérer comme des membres productifs du foyer bourgeois. On en vint à estimer qu'il était aussi important d'éduquer un enfant que de le mettre au monde.

L'idéal de l'impassibilité fut inculqué aux femmes au moment où, coupées du monde extérieur, celles-ci se concentraient, avec une attention toute narcissique, sur leur santé, leur corps, leurs grossesses.[62] L'intention des moralistes était de rendre chaste la procréation, en la dissociant de la sexualité. Il est quand même paradoxal que pour protéger de la sexualité les femmes des classes moyennes, on ait en fait exalté la procréation comme leur fonction la plus importante. L'éducation des filles n'avait donc pour but que de leur instiller cette morale de vie domestique bourgeoise.[63]

Hommes et femmes de la classe moyenne lisaient dans les ouvrages pratiques qu'ils atteindraient la félicité conjugale en se spécialisant, pour ainsi dire, dans leur rôle masculin ou féminin. On préparait les uns et les autres à se sacrifier pour assurer le bonheur d'une union fondée sur l'attachement mutuel. Mais une telle harmonie domestique était-elle réalisable en présence de nombreux enfants ? Les « raisons apparentes » évoquées par les couples américains pour justifier une limitation des naissances, furent considérées par un contemporain comme « des concessions à l'égard des sentiments et du confort mutuels ».[64] Dès les années 1850, les hommes des classes moyennes se demandaient s'ils pourraient investir les sommes nécessaires, et sans cesse croissantes, pour l'éducation de leurs enfants. Leurs épouses s'impliquaient de façon de plus en plus émotionnelle dans le bien-être de leurs rejetons. Le rôle d'épouse et de mère prit d'ailleurs un tour professionnel, car la femme soi-disant « oisive » était confrontée à des exigences sans cesse plus élevées. Chaque grossesse devenait l'objet de soins plus attentifs, et bientôt se posa, en toute logique, la question de savoir s'il ne fallait pas en restreindre le nombre. Pouvait-on utiliser la contraception, se demandèrent les hommes, non pour s'opposer à la maternité, mais dans le but de l'améliorer ? Cette attitude froidement calculatrice fut celle de Mabel Todd, femme d'un universitaire de la Nouvelle-Angleterre, qui confia en

1881 à son journal : « Je n'en aurai jamais d'autre tant que David n'aura pas un salaire d'au moins trois ou quatre mille ».[65]

Les ecclésiastiques avaient été les conseillers traditionnels des couples mariés. Dans les pays catholiques, comme dans les pays protestants, la religion avait un côté « féminisé », les hommes se tournant vers d'autres centres de sociabilité. Les prêtres qui se produisaient devant un public en majorité féminin, enseignaient une religion de plus en plus sentimentale et familiale.[66] L'Eglise catholique était particulièrement intéressée par les questions de fécondité, étant donné que la France fut le premier pays à pratiquer la conception sur une grande échelle. En Allemagne, les naissances étaient plus nombreuses chez les catholiques que chez les protestants, mais diminuaient elles aussi vers la fin du siècle.

Certains historiens avancent que les idées prêchées par les partisans du contrôle des naissances n'étaient pas autre chose qu'une nouvelle religion. Ainsi, Alexandre Boutique débuta son roman *Les Malthusiennes* (1894) par ce refrain :

> « Sainte Mère nous croyons
> Que vous conçûtes sans pécher
> Nous vous supplions d'empêcher
> Qu'en savourant le doux péché nous concevions. »[67]

Les églises chrétiennes du XIXe s. n'avaient pas grand-chose d'original à répliquer. Les tentatives faites pour laisser les filles dans l'ignorance et leur inculquer la peur de la sexualité, comme en France par exemple, où les jeunes filles des couvents devaient broder « Dieu le Veut » au-dessus des ouvertures des « chemises à trou » en préparant leur trousseau, tout cela pouvait tout autant éveiller la curiosité que l'inhiber.[68] Les cultes protestants préféraient rester en dehors des affaires familiales et évitaient toute discussion sur les questions sexuelles. Les femmes qui se trouvaient dans le camp social de la pureté s'opposaient à la contraception comme à un moyen supplémentaire de domination masculine. La « maternité volontaire » était revendiquée par les protestantes qui craignaient pourtant en même temps que la contraception masculine, toujours associée à la prostitution, ne soit une incitation à l'immoralité. L'Eglise catholique, pour sa part, évita longtemps de se mêler des questions de procréation, en se contentant d'affirmer qu'il n'y avait pas péché pour les femmes à accepter le coït interrompu, si leur mari le désirait. A partir des années 1870, l'opposition cléricale se fit de plus en plus véhémente; la contraception devint le symptôme des maux du monde moderne : matérialisme, socialisme et féminisme. Mais l'Eglise accepta tacitement la méthode du cycle à la place du coït interrompu, admettant, de fait, la légitimité d'un certain contrôle sur la fécondité.[(69)]

Signe des temps, les hommes d'Eglise avaient de plus en plus recours à des arguments médicaux, plutôt que moraux, quand ils s'attaquaient à la contraception. Au XIXe s., les médecins devinrent les autorités reconnues en matière de procréation. Ils avaient fait le rapport entre ovulation et menstruation, et fait connaître la méthode du rythme cyclique que l'Eglise acceptait, non sans mauvaise grâce. Mais les médecins répugnaient à aller plus loin dans l'information que leur réclamaient leurs patientes. On le voit bien à l'aspect « Aide-toi le ciel t'aidera » du mouvement de contrôle des naissances, et aux critiques explicites de l'attitude égoïstement corporatiste des médecins, que l'on trouve dans les œuvres de William Thompson et de Robert Dale Owen. Ce à quoi le corps médical ripostait en accusant publiquement le contrôle des naissances d'être le résultat des élucubrations des charlatans et des sages-femmes. Le médecin américain Augustus Gardner déclarait, en 1870, que toutes les formes de contrôle de la fécondité étaient dangereuses. D'autres se placèrent sur le terrain de la moralité pour affirmer que supprimer tout risque de grossesse entraînerait les pires excès sexuels.[70]

Les médecins conseillaient bien aux femmes à la santé fragile d'éviter les grossesses, mais ils leur disaient rarement comment faire. A l'époque, il était plus courant de soutenir que la maternité améliorait la santé et libérait l'« énergie » des femmes.[71] Certes l'accouchement présentait moins de risques : les sages-femmes recevaient une véritable formation, et, dans les années 1880, Lister avait fait connaître ses théories sur l'antisepsie. Néanmoins, les interventions médicales superflues comportaient encore de réels dangers. En vérité, les accouchements se passaient mieux à la maison qu'à l'hôpital, et les femmes des classes supérieures couraient plus de risques d'infection que les moins favorisées.[72]

Les médecins limitaient tous le nombre de leurs propres enfants, mais refusaient d'être officiellement associés à la contraception, sujet de discussion malséant pour des praticiens respectables, qui, en tant qu'hommes, ne pouvaient le dissocier des mystérieux savoirs qu'on prêtait aux prostituées et aux sages-femmes. En Angleterre, seuls quelques médecins, comme Henry Arthur Allbutt, se déclarèrent favorables à la réduction de la dimension des familles.[73] En Amérique, où la ligne entre médecine officielle et pratiques parallèles restait floue, il y eut plus de voix favorables. Le docteur Edward Bliss Foote voyait dans le contrôle des naissances une garantie contre l'épuisement des femmes et les anomalies des enfants; le docteur J. Soule prétendait qu'on mettrait ainsi un terme aux frayeurs des femmes devant les maladies et les souffrances liées à la grossesse.[74] Vers la fin des années 1880, les méthodes de contrôle des naissances commencèrent à faire l'objet de descriptions dans les publications médicales américaines. Mais le corps médical en général restait hostile à ce qu'il qualifiait de

« fraude sexuelle, d'onanisme conjugal » et d'« infanticide indirect », un comportement non seulement immoral, mais dangereux, car la débauche qui s'ensuivrait ne manquerait pas de provoquer cancers, leucorrhées, ovarites, sans compter les manies et la neurasthénie. En 1904 encore, John W. Taylor, le président de la British Gynaecological Society, déclarait que « les obstacles mécaniques » provoquaient des « vaginites purulentes » et que l'« onanisme sexuel » se soldait par le « surmenage intellectuel ».[75]

Beaucoup des féministes de premier plan, soucieuses du bien public, évitaient toute discussion sur la contraception, comme le soulignaient les Banks dans *Feminism and Family Planning*. Le premier mouvement féminin s'inquiétait, bien sûr, du sort difficile des femmes seules – les célibataires, les veuves, les femmes divorcées ou abandonnées. De plus, Linda Gordon estimait qu'il était légitime de douter du néo-malthusianisme masculin et de sa défense de la contraception, dans la mesure où la maternité apportait encore aux femmes un statut non négligeable.[76] Elle craignait que la contraception ne transforme les femmes en objets de plaisir, au lieu de les rendre moins dépendantes des hommes. Les féministes défendaient pourtant l'idée de « maternité volontaire ». Bien qu'au début elles n'aient pas pris position en faveur de la limitation artificielle des naissances, elles prônaient qu'aucune femme ne devait mettre au monde des enfants contre son gré. La défense du droit des femmes vis-à-vis de « leur propre personne » jetait les bases d'un éventuel ralliement aux principes du contrôle des naissances. On s'accordait sur les objectifs ; il restait à décider des moyens.[77] Dès le début du siècle, la prédiction de John Stuart Mill se réalisait : si les femmes obtenaient des droits plus importants sur le plan politique, elles allaient vouloir se libérer de leur fonction physiologique :

> « Des multitudes de femmes accueilleront avec bonheur la possibilité d'être libérées de ces contraintes [maternités trop rapprochées] alors qu'elles ne l'auraient jamais revendiqué si elles n'avaient pas senti le soutien moral de la communauté. »[78]

Certaines femmes du XIXe s. défendaient ouvertement le contrôle des naissances ; la plus connue, en Angleterre, fut Annie Besant. Aux Etats-Unis, Alice B. Stockham, bien qu'opposée au coït interrompu et au condom, défendait le *coitus reservatus*, ou ce qu'elle appelait « karezza ».[79] Les féministes les plus isolées adoptaient les positions les plus extrêmes. Ainsi Helene Stocker et Marie Stritt en Allemagne, Madeleine Pelletier en France, qui réclamaient le libre emploi des préservatifs et la légalisation de l'avortement.[80] Et même si la plupart des mouvements féministes condamnaient ouvertement la contraception, leurs adversaires masculins s'acharnaient à qualifier de féministes les femmes qui limitaient le nombre de leurs enfants. A l'Assemblée nationale, en France, on observa que les partisans de la contraception avançaient « cette thèse que la femme est maîtresse de son corps ». René Bérenger rapporta qu'une ouvrière lui avait déclaré :

> « Nous sommes maîtresses de nous !
> Alors, j'ai demandé : “Avez-vous lu ce petit tract (néo-malthusien) ?”
> Elle me dit : “Je l'ai lu, et je n'y ai rien compris. Dans les livres que l'on nous vend, il n'y a rien à comprendre ; c'est pour les illustrations et les adresses qui sont au dos que nous les achetons”. »[81]

L'assimilation entre contrôle des naissances et « femmes libérées » était telle que les premières femmes médecins découvrirent que collègues et patients attendaient surtout d'elles des conseils sur l'avortement et la contraception.[82]

Les classes moyennes n'étaient pas mieux disposées envers les enseignements natalistes officiels de l'Eglise et de la médecine. Pratiquement, à la fin du siècle, elles en vinrent à accepter les arguments explicites des partisans du contrôle et les arguments implicites des féministes, c'est-à-dire que seule la limitation des naissances pouvait leur assurer l'existence qui paraissait alors idéale, une vie familiale dans la prospérité et l'amour mutuel. A la fin du siècle, les nouveaux cols-blancs, petite bourgeoisie à l'ascension rapide, qui avaient les prétentions des classes moyennes sans en avoir les ressources, avaient des raisons encore plus grandes de réduire leur fécondité.[83]

La classe ouvrière emboîta-t-elle le pas en singeant les manières des classes moyennes ? Il faut d'abord rappeler que les ouvriers du XIXe s. contrôlaient déjà les naissances ; la véritable différence, c'est que la bourgeoisie à partir du milieu du siècle le fit aussi, de façon plus systématique. Le nouveau modèle de famille réduite fut-il copié ? Evidemment, les domestiques observaient et cherchaient à imiter les habitudes de leurs maîtres ; mais c'est sur la structure familiale prolétarienne que les changements économiques exercèrent le plus grand impact. En Angleterre, la mécanisation industrielle commença au XVIIIe s., mais il fallut attendre cent ans, pendant lesquels les sites de production restèrent dans leur majorité les unités familiales, pour que triomphe l'usine. L'augmentation du prolétariat industriel était une incitation aux mariages précoces et à la maternité, les enfants représentant un apport pour l'économie familiale. L'incertitude du lendemain poussait également les ouvriers à vivre dans des foyers plus complexes, où ils accueillaient parents éloignés et locataires.[84] La prolétarisation et la croissance de la population allaient ainsi de pair.[85]

L'Angleterre eut une politique particulièrement abominable à l'égard des enfants et des femmes qui étaient employés dans les mines et les minoteries, mais le « salaire familial » était chose courante dans toute l'Europe. Dans la première moitié du XIXe s., en Allemagne, la fécondité crut parallèlement à la mécanisation, et ce processus se poursuivit jusqu'aux débuts du siècle suivant, dans toute l'Europe orientale et méridionale. En Italie du centre et du sud, par exemple, on encourageait toujours la natalité dans la période de l'entre-deux-guerres parce qu'on manquait de main-d'œuvre non qualifiée.[86] Les observateurs des classes moyennes allèrent jusqu'à prétendre que les classes inférieures n'avaient d'enfants que pour augmenter leur réserve de main-d'œuvre bon marché. Ces analyses oublient que les ouvriers, bien conscients de l'apport financier essentiel représenté par chaque membre bien portant de la famille, éprouvaient eux-mêmes des sentiments ambivalents quant à la moralité du travail des enfants.[87]

Pourquoi la fécondité des classes ouvrières diminua-t-elle alors ? Il faut préciser qu'elle avait toujours été basse dans les régions de textile, où les femmes trouvaient un emploi hors de chez elles ; là où elles n'avaient pas ce genre d'option, comme dans les régions minières ou d'industrie lourde, la fécondité resta élevée jusque tard dans le XXe s. Le statut professionnel et le comportement des maris avaient une grande importance, plus grande que leur niveau de rémunération. Les ouvriers qualifiés, conscients, vers la fin du siècle, que les familles des classes moyennes étaient plus petites, avaient souvent l'impression qu'on les tenait dans l'ignorance des méthodes employées. Voici comment le journal de gauche *Le Père Peinard* raillait leurs tourments :

> « Plus il y a de prolétaires, moins ils sont chers à nourrir. Et chaque fois qu'une pauvre fille met au

monde un enfant qui n'est pas viable, on entend ces chameaux brailler qu'on les a escroqués. Ils vouent la mère aux gémonies et crient qu'ils ont été volés. Mais si vous lisez les journaux du grand ton, vous verrez aisément que leurs femmes méprisent la fidélité conjugale, et qu'elles ne sont souvent que des garces dont les enfants peuvent avoir trente-six pères... en général, elles ont deux rejetons, les autres on les évite. »[88]

Les différents partis socialistes furent opposés aux théories économiques néo-malthusiennes, mais divisés sur l'opportunité de défendre les droits du travailleur à l'information en matière de contraception.[89] Néanmoins, les ouvriers finirent par réduire la dimension de leur famille, non pour singer le comportement des classes supérieures, mais parce que les salaires des enfants et des femmes, qui avaient représenté jusqu'à la moitié du revenu familial aux débuts de l'industrialisation, avaient nettement baissé au fur et à mesure du développement économique. En Angleterre et en Allemagne, après 1870, seule la demande de main-d'œuvre masculine augmenta ; en ce qui concerne la main-d'œuvre féminine et enfantine, elle régressa. De plus, les ouvriers s'organisaient pour se protéger contre les hommes qui bradaient leur travail, et ils s'opposaient de plus en plus au travail des femmes et des enfants, exigeant pour eux-mêmes un salaire de chef de famille. L'Etat réagit par une législation « protectrice », qui réduisait les possibilités d'emploi pour les femmes et les jeunes.[90]

Un nouveau foyer ouvrier émergeait, avec la femme dans la position subalterne de maîtresse de maison à plein temps. C'était le résultat d'une lutte complexe du prolétariat contre l'exploitation économique et d'une aspiration à une vie domestique fondée sur la sécurité. Etant donné leurs difficultés, insécurité de l'emploi, fragilité de leur foyer, on comprend que les ouvriers aient rêvé d'une nouvelle division du travail, dans laquelle l'homme serait le seul soutien de famille et la femme se dévouerait en toute liberté à ses devoirs d'épouse et de mère. Le statut du premier devait se développer au-dehors, celui de la seconde au sein du foyer.(91) L'épouse, selon ce nouveau code de respectabilité ouvrière, n'était plus une partenaire économique, mais la gardienne de la maison et des enfants. Elle se devait d'acquérir de plus hautes compétences ménagères ; un véritable « foyer », selon la presse populaire et socialiste, n'était pas un centre de production, mais un havre de reproduction et de consommation au sein duquel la femme s'occupait de la famille.(92)

En réalité, rares étaient les femmes de la classe ouvrière qui pouvaient espérer vivre cette transition et accéder à la maternité à plein temps. En Angleterre, on souligna, à la fin des années 1880, que :

> « Il [faut] se rappeler qu'en fait, la majorité des hommes sont incapables de faire vivre leur femme et leur famille. La femme, déjà épuisée par ses propres devoirs, doit, en plus, travailler pour apporter sa contribution à la bourse commune, comme les enfants. »(93)

Et bien que le nombre de femmes employées hors de chez elles ait décliné à la fin du siècle, beaucoup continuaient à faire des tâches à la pièce ; elles jouaient un rôle clef dans la gestion du budget familial, car mari et enfants leur remettaient souvent leur salaire. Ces femmes connaissaient certainement mieux la situation financière de leur famille que les maîtresses de maison des classes moyennes. Et, étant donné le manque d'intimité des habitations ouvrières, il est peu probable que leurs filles soient restées aussi ignorantes de leur corps que les jeunes bourgeoises.

L'offre de travail agricole et non qualifié baissant, la famille nombreuse perdit sa raison d'être économique. Les enfants, dont l'économie n'avait plus besoin, étaient libres de s'instruire ; l'école n'avait pu s'imposer tant qu'il y avait eu des motivations financières à l'absentéisme. Les enfants cessaient d'apporter leur contribution économique à la famille ; ils devenaient des consommateurs de ressources. On les fit étudier plus longtemps et la législation sur le travail interdit de les employer. En France, dans la ville minière d'Anzin, 50% des garçons entre dix et quatorze ans travaillaient en 1872 ; ils n'étaient plus que 16% en 1906. L'instruction obligatoire accentua les différences d'âge, « infantilisa » les enfants, les rendant moins autonomes et plus dépendants.[94] Les ouvriers, tout en doutant que l'école puisse apporter une grande mobilité sociale, acceptaient néanmoins cette notion nouvelle. Les parents devaient travailler pour leurs enfants, et non le contraire. Même l'idée d'avoir des enfants pour assurer sa vieillesse fut remise en question, de façon fortuite, quand furent créés les asiles de vieillards et les programmes de santé publique.

Les enfants coûtant de plus en plus cher à éduquer, leur nombre se réduisit dans les foyers ouvriers.[95] Dans leur réévaluation des stratégies familiales, les parents cherchèrent non seulement à espacer les naissances, mais aussi à les limiter. Il est probable que les progrès de la stabilité de l'emploi, et que la création de quartiers ouvriers permanents permirent aux travailleurs de mieux planifier leur avenir. Dès qu'ils purent prévoir les éventualités de leur existence, ils se retrouvèrent mieux armés psychologiquement pour envisager de limiter les naissances. Mais beaucoup d'ouvriers semblent avoir considéré la limitation de la dimension de la famille comme un stratagème essentiellement défensif, une mesure de protection dans un monde menaçant ; ils n'avaient pas le sentiment d'en retirer personnellement grand avantage. On trouve vraisemblablement une telle combinaison de motivations à l'origine de la plupart des décisions sur la fécondité.

Les ouvriers avaient donc leurs propres raisons pour réduire les naissances. Ils n'ignoraient pas que les classes supérieures avaient adopté un nouveau type de famille, mais leurs propres soucis passaient en premier. Les idées des hautes sphères pénétraient pourtant les couches inférieures, où elles provoquaient des réactions à la fois d'assimilation et de résistance. L'adoption du contrôle des naissances par les ouvriers pourrait être considérée comme le signe d'une soif de respectabilité et d'un « embourgeoisement ». En réalité, cette décision ne témoignait pas du désir des ouvriers d'entrer dans la bourgeoisie, mais plutôt de celui de maintenir leur position au sein de leur propre classe.

Nous nous sommes attardés sur les considérations matérielles du prolétariat ; quand on étudie le déclin de la fécondité dans les classes moyennes et inférieures, on risque de tout attribuer à des calculs économiques. Le concept de « stratégies » de fécondité adoptées par les couples est une notion séduisante, mais qui peut déboucher sur l'idée, non fondée, que chaque naissance était décidée. En fait, l'ouvrière ne planifiait pas chacune de ses grossesses. Beaucoup de changements au sein de la famille proviennent sans doute de mutations dans l'environnement dont l'impact sur la fécondité a été fortuit. L'urbanisation a causé une augmentation imprévue des taux de mortalité infantile ; le travail salarié permettait de se marier tôt, ce que l'on désirait, mais entraînait un plus grand nombre de grossesses, ce que l'on ne désirait pas toujours. Celui qui ne cherche les causes du déclin de la fécondité que sur le terrain économique, et qui avance l'idée d'une « stratégie familiale », celui-là risque, une fois de plus, de tomber dans le piège d'un consensus *a priori* des motivations dans le couple, et d'oublier que mari et femme pouvaient fort bien être en désaccord.[96]

Si le taux de fécondité n'avait été dicté que par les conditions économiques, il aurait dû varier, monter dans les périodes favorables et decroître dans les autres. Mais, à partir du moment où les naissances ont commencé à baisser, elles ne sont jamais remontées à leur niveau antérieur; il est difficile de ne pas croire que les femmes ont joué un rôle de décision déterminant. Quand les femmes comprirent que les grossesses n'étaient pas inéluctables, elles changèrent radicalement d'attitude à l'égard de la maternité. Le stoïcisme dont elles avaient souvent fait preuve face à la grossesse, fut remplacé par la crainte et les soucis, en dépit du fait qu'elles se trouvaient confrontées à un nombre moindre de naissances. Bien entendu, l'accouchement ne cessa pas d'être dangereux du jour au lendemain; les risques subsistèrent jusque vers les années 1940, quand on disposa des sulfamides pour traiter les infections post-partum. En fait, la possibilité, de plus en plus grande, d'éviter les grossesses et les complications qu'elles entraînaient, suscitèrent chez les femmes une plus forte détermination à ne pas concevoir.

Carl Degler a attribué le développement du contrôle des naissances à l'individualisme croissant des femmes du XIXe s.[97] Ce phénomène a, sans aucun doute, joué un rôle. L'individualisme était encouragé par la littérature; les gens qui savaient lire ressentaient une plus grande envie de contrôler leur propre vie. L'instruction féminine eut une influence déterminante. Les études sur l'Amérique du XIXe s. montrent qu'au sein de la même classe sociale, les femmes qui savaient lire avaient moins d'enfants que les femmes analphabètes.[98] Officiellement, le néo-malthusianisme insistait sur la décision individuelle. Mais les femmes de la classe ouvrière accordaient une grande importance à la réciprocité des sentiments, à l'assistance entre voisins et à l'appartenance à une communauté. Elles avaient du mariage une vision pragmatique, prosaïque ; elles acceptaient sans broncher les différends domestiques, et ne considéraient sans doute pas leur mari comme leur principale source d'épanouissement personnel. Le soutien émotionnel, elles le trouvaient chez d'autres femmes, mères, sœurs, amies. L'information sur la contraception passait donc par ce genre de relais. La densité de la population fut souvent associée au contrôle des naissances, ce qu'on peut expliquer par le fait qu'une concentration de femmes favorisait la circulation de l'information. Et la diffusion rapide de cet idéal de fécondité modérée fut d'autant plus aisée que la culture féminine était plus uniforme que la culture masculine. La propagation de l'information sur le contrôle des naissances fut donc prise en charge par les anciens réseaux de sociabilité, qui réactualisèrent leurs objectifs ; elle suscita aussi la création de nouveaux réseaux.

Les discussions n'étaient pas toujours explicites. Bonnie Smith estime que les bavardages des Françaises sur le train-train quotidien et les tâches ménagères comportaient des réflexions quant au nombre raisonnable d'enfants et à la façon de ne pas le dépasser, mais sur le mode allusif. Les femmes n'étaient pas toujours aussi réservées. La plupart des épouses apprenaient tout des méthodes contraceptives de la bouche de leur mère, de leurs sœurs ou de leurs amies. Au cours de l'hiver 1877, Mary Hallock Foote, qui venait d'être mise au courant, écrivit de Californie à son amie Helena Gilder, à New York, pour lui transmettre l'information :

> « Bien sûr, je n'en savais pratiquement rien et je trouve tout cela abominable ; mais toutes les méthodes sont horribles, à part celle à laquelle on ne peut apparemment pas se fier. Mrs H. dit qu'Arthur doit aller chez le docteur pour se procurer certaines protections. On peut aussi les trouver chez quelques pharmaciens. Cela me semble

vraiment dégoûtant, mais tout vaut mieux que le résultat inévitable de la méthode nature. »[99]

Les réseaux d'information féminins ignoraient les frontières des classes sociales. Les domestiques échangeaient des renseignements avec leurs patronnes. En Angleterre, dans les années 1860, une femme de chambre du nom de Susan Harris se trouva dans la position d'informer sa maîtresse sur la meilleure façon de s'avorter.[100]

Quel était le rôle du mari ? Les deux sexes avaient souvent une vision différente sur le contrôle des naissances, dans la mesure où la procréation représentait un fardeau plus important pour la femme. Tout porte à croire que les femmes étaient plus préoccupées de limiter la dimension de leur famille que les hommes. On peut imaginer qu'il y avait des conflits, même si c'était pour aboutir à une décision commune. La question qui se posait d'abord était de savoir à quel sexe revenait la régulation des naissances. L'opinion la plus ancienne était que c'était une responsabilité féminine. George Drysdale déclarait que les femmes devaient prendre en charge la contraception (via l'éponge et la douche), étant donné que l'homme était trop impulsif pour qu'on puisse lui faire confiance, et que condom et coït interrompu n'étaient pas satisfaisants.[101] Annie Besant, la première femme à défendre la contraception, parlait du condom comme d'un moyen « utilisé par les hommes faibles de caractère pour éviter les maladies syphilitiques et parfois recommandé pour la prévention » ; elle préférait nettement l'éponge qui permettait à la femme de conserver la maîtrise sur le processus.[102] Au sein de la classe ouvrière, on estimait que la contraception était une affaire de femme. Nous avons une enquête, unique en son genre, sur les habitudes des femmes américaines de la classe moyenne en matière de contraception, enquête menée par le docteur Celia Mosher entre 1892 et 1920. Cette enquête révèle que trente-neuf des quarante-trois femmes de l'échantillon utilisaient un moyen de contraception. Elles étaient deux fois plus nombreuses à préférer la douche vaginale aux méthodes masculines, retrait ou préservatif.[103]

L'idée que c'était à l'homme que prendre la responsabilité de la contraception fut avancée par William Thompson dans les années 1820 ; ses arguments emportèrent l'adhésion d'un nombre croissant d'hommes au fil des années. Les ivrognes et les rustres qui semaient des enfants dans l'insouciance étaient la cible des tracts sur le contrôle des naissances et le symbole même de l'abjection. Beaucoup de femmes disaient qu'elles avaient un mari attentif. Une femme du Sussex écrivait en 1910 : « Mon mari fait tout ce qu'il faut, et je pense qu'un homme aime plus sa femme s'il doit se donner du mal pour elle. »[104] Si les femmes reconnaissaient le mérite de ceux qui « faisaient attention », c'est qu'ils n'étaient pas tous ainsi. Des études sur les ouvriers allemands à la veille de la Première Guerre mondiale jettent une lumière révélatrice sur la complexité des motivations, l'absence de contraceptifs et la différence entre la sexualité masculine et féminine. Une ouvrière berlinoise, à qui l'on demandait comment elle évitait les grossesses répondit : « "C'est mon mari qui s'occupe de ça." "Comment ?" "Je ne sais pas. Nous n'en parlons jamais. Il dit seulement que rien ne peut plus m'arriver." »[105]

Le contrôle des naissances était sans doute plus efficace dans les foyers où l'on coopérait. Il est possible que l'instruction générale ait eu pour conséquence, entre autres, de supprimer certaines des barrières qui séparaient les cultures masculine et féminine, et de favoriser la communication entre les hommes et les femmes. Mais ce n'était sûrement pas toujours le cas, comme le suggère le nombre frappant de réclames pour des contraceptifs féminins, précisant qu'ils pouvaient être utilisés sans que le mari n'en sache rien. Les historiens de la famille ont souvent affirmé que le développement de la contraception symbolisait l'émergence de relations familiales plus égalitaires, plus équitables. L'argument n'est pas sans valeur, mais on ne doit pas aller trop vite pour annoncer les valeurs du XXe s. Il est vraisemblable que pour limiter les naissances en employant des méthodes peu fiables, il fallait que les couples aient des intérêts communs, mais la question demeure : doit-on y voir une libération des femmes ou, au contraire, une aggravation de leur dépendance, ou encore un rééquilibrage des relations conjugales ? Chacun de ces trois phénomènes aurait pu amener le même résultat.

Au tournant du siècle, il était courant de penser que la réduction de la dimension de la famille représentait une tentative des femmes pour se libérer de leurs devoirs traditionnels. La réalité était plus complexe. Les rôles liés au sexe s'étaient radicalisés, plutôt qu'affaiblis. Un patriarcat d'un genre nouveau avait envahi la société, au fur et à mesure que les maris devenaient les seuls soutiens de famille et que les femmes des milieux ouvriers se trouvaient de plus en plus reléguées au foyer. Le prix que la société faisait payer aux filles-mères était plus élevé que dans le monde préindustriel, et les célibataires durent remettre dans la balance plaisirs et dangers de la sexualité. Les femmes mariées se trouvaient dans un monde où leur statut dépendait de plus en plus de leur qualité d'éducatrices et de moins en moins du nombre d'enfants qu'elles avaient mis au monde. La contraception servait donc à améliorer la maternité, et non pas à la détruire. Les hommes ne pouvaient pas réellement apprécier les angoisses des femmes devant les dangers que des grossesses supplémentaires présentaient pour leur santé et celle de leurs enfants ; mais ils parvinrent à partager avec leur femme un nouveau souci : l'impact des naissances sur le bien-être matériel de la famille. L'ouvrier respectable gagnait désormais l'estime de ses voisins en rapportant une « bonne paye », et non pas en procréant plus d'enfants qu'il ne pouvait en entretenir.

En 1910, le socialiste allemand Karl Kautsky remarqua que la classe ouvrière adoptait les « méthodes habiles » des classes moyennes pour restreindre sa fécondité. Le contrôle des naissances avait été brutal, répugnant et dangereux ; à présent, grâce aux progrès de la science et de la technologie, qui fournissait des moyens de prévention manufacturés, il assurait que c'était facile. Il prenait ses désirs pour la réalité.(106) Le développement économique, l'innovation technologique et les progrès du rationalisme ont tous joué un rôle dans la préparation de l'environnement favorable à une contraception de masse. Mais le contrôle des naissances n'est pas le résultat d'une simple combinaison de ces phénomènes. On comprend mieux le déclin de la fécondité quand on l'envisage, non pas comme le produit d'un consensus social progressif, mais comme la conséquence de l'affrontement entre les intérêts des hommes et des femmes, des individus et du groupe social.

Les élites, les premières à avoir réduit la dimension de leur famille, condamnaient ce genre d'entreprise quand il s'agissait des masses. On exprima les premières craintes de « dépopulation » en France, dans les années 1860.(107) Tout ce que les conservateurs détestaient – l'épicurisme, la fiscalité, le féminisme, l'égalité des chances, le socialisme, la laïcité, l'éducation – fut rendu responsable du déclin de la fécondité. On estimait que les femmes sans enfants avaient une dette envers la société. « La femme qui recule devant la maternité, déclara Theodore Roosevelt, ne vaut pas mieux que le soldat qui jette son fusil pour s'enfuir au milieu de la bataille ». Aux Etats-Unis, Anthony Comstock, employé de la poste et membre de la Society for Prevention of Vice, société subventionnée par l'Etat, réussit, en 1873, à faire passer une loi qui interdisait de diffuser par courrier toute information sur la contraception ou l'avortement ; au courant de l'année suivante, il confisqua plus de 60 000 « articles en caoutchouc » et 3 000 boîtes de pilules.(108) En Allemagne, le journal satirique *Simplicissimus* se moquait des angoisses des natalistes :

> « La femme moderne – prétentieuse pécore –
> Trouve qu'un enfant par an, c'est fatigant.
> Et l'homme allemand est si dégonflé
> Qu'il ne dit plus : Au lit ! Et au trot ! »

La révision du code pénal allemand de 1900 comprenait des dispositions contre l'obscénité dans la publicité; dans le même esprit, les ordonnances britanniques de 1857 limitaient la publicité sur les contraceptifs.(109)

En France, Jacques Bertillon fonda l'Alliance nationale contre la dépopulation, qui combattait la « propagande criminelle » des partisans du contrôle des naissances, chercha à réformer la fiscalité pour favoriser la natalité, et fit campagne en faveur des lois contre la contraception et l'avortement qui furent votées en 1920.(110) Ces lois, bien qu'elles aient dû compliquer la vie des familles pauvres qui cherchaient des moyens de contraception plus efficaces, n'ont eu aucun effet apparent sur le taux de natalité. Une telle législation – votée par les membres des classes moyennes et supérieures qui, eux, faisaient ce qu'il fallait pour limiter la taille de leur famille – avait pour unique fonction de rassurer la société sur le plan idéologique en renvoyant la responsabilité de la « dégénérescence » nationale aux propagandistes néo-malthusiens et à leurs activités impopulaires.

L'adoption des méthodes de contraception sur une grande échelle et la diminution soudaine de la dimension de la famille qui se produisirent en quelques générations, au tournant du siècle, apparaissent tout à fait révolutionnaires, quand on les considère avec un certain recul. On est tenté de trouver une explication simple à ce phénomène, en l'associant par exemple directement avec le développement économique ou social. On peut aussi recourir à un autre argument, tout aussi convaincant, et affirmer que les idées et les aspirations ont été les premières à changer, et que les changements économiques ont seulement renforcé les mutations qui avaient déjà touché la fécondité. Il n'y eut pas qu'une seule transition pour la fécondité ; chaque classe sociale, chaque région vécut la sienne. Au niveau des individus, le contrôle des naissances constitua sans aucun doute, pour la plupart des couples, une stratégie à court terme qu'ils adoptaient pour assurer la survie de leur foyer. Ils ne se considéraient que rarement comme les bénéficiaires d'une libération ou d'une liberté nouvelle. Les nouvelles structures familiales réduites furent rapidement assimilées. Ce qui ne doit pas nous faire perdre de vue que la fécondité déclina effectivement de façon notoire, et cela en l'absence de progrès majeurs des techniques contraceptives et face à l'hostilité publiquement déclarée du corps médical, des Eglises et de l'Etat. On peut affirmer que des millions d'hommes et de femmes ordinaires firent preuve d'une détermination farouche et surent s'imposer des contraintes considérables. L'important était leur volonté et leurs motivations ; c'est ce qui leur permit de triompher de toutes les insuffisances de moyens.

1 Etienne van de Walle, *The Female Population of France in the Nineteenth Century, A Reconstruction of Eighty-Two Departments,* Princeton University Press, Princeton, New Jersey, 1974. En France, les régions qui avaient gardé une fécondité élevée, comme la Bretagne, virent leurs taux de natalité chuter, comme dans le reste de l'Europe, au cours du dernier tiers du XIXe s.

2 Mary P. Ryan, *Cradle of the Middle-Class : The Family in Oneida County, New York 1790-1865,* Cambridge University Press, New York, 1981, p. 155 ; Mark J. Stern, *Society and Family Strategy in Erie County, New York, 1850-1920,* SUNY Press, Albany, 1987.

3 John Knodel, *The Decline of Fertility in Germany, 1871-1939,* Princeton University Press, Princeton, New Jersey, 1974, p. 246-247 ; E.A. Wrigley, *Population and History,* McGraw Hill, New York, 1969, p. 197.

4 Ansley J. Cole and S. C. Watkins, *The Decline of Fertility in Europe,* Princeton University Press, Princeton, New Jersey, 1986.

5 Reinhard Spree, *Health and Social Class in Imperial Germany : A Social History of Mortality, Morbidity, and Inequality,* Berg, New York, 1988, p. 84.

6 J. A. Banks, *Prosperity and Parenthood : A Study of Family Planning among the Victorian Middle Classes,* Routledge and Kegan Paul, Londres, 1954 ; pour les Etats-Unis, voir Richard Sennett, *Families Against the City : Middle Class Homes of Industrial Chicago, 1872-1890,* Harvard University Press, Cambridge, Massachusetts, 1970, p. 110-119.

7 Michael Ryan, *The Philosophy of Marriage, Baillière,* Londres, 1837, p. 119.

8 A. N. de Condorcet, *Esquisse d'un tableau historique des progrès de l'esprit humain,* éd. O.H. Prior, J. Vrin, Paris, 1933, p. 222-223 ; E. Pivert de Senancour, *De l'amour,* Ledoux, Paris, 1834, vol. I, p. 245 ; voir aussi l'édition 1808, p. 41, 145-149.

9 D. E. C. Eversley, *Social Theories of Fertility and the Malthusian Debate,* Oxford University Press, Oxford, 1959.

10 Thomas Malthus a clairement exprimé son hostilité aux doctrines optimistes en intitulant son œuvre *An Essay on the Principle of Population as it Affects the Future Improvement of Society with Remarks on the Speculations of Mr. Godwin,* M. Condorcet and Other Writers, Johnson, Londres, 1798.

11 Norman E. Himes, *The Birth Control Handbills of 1823,* Lancet, 2, 1927, p. 313-364.

12 Angus McLaren, *Birth Control in Nineteenth Century England,* Croom Helm, Londres, 1978.

13 Samuel van Houten, *Darwinisme en Nieuw-Malthusianisme,* Nieuw Malthusiaansche Bund, Amsterdam, 1883.

14 Angus McLaren, *Sexuality and Social Order : The Debate Over the Fertility of Women and Workers in France, 1770-1920,* Holmes and Meier, New York, 1983 ; Francis Ronsin, *La grève des ventres : propagande néo-malthusienne et baisse de la natalité en France, XIXe-XXe s.,* Aubier Montaigne, Paris, 1980 ; Paulo Mantegazza, *Igiene dell'amore,* Bemporad, Florence, 1903 [première édition, 1889], ch. XXI. Benito Mussolini, bien que devenu, une fois au pouvoir, un opposant enragé au contrôle des naissances, avait entrepris avec Angelica Balabanoff, dans sa période syndicaliste de l'avant-guerre, la traduction en italien d'un tract néo-malthusien suisse, et avait soutenu les activités du Dr Luigi Berta en faveur du contrôle des naissances jusqu'en 1913. Laura Fermi, *Mussolini,* University of Chicago Press, Chicago, 1961, p. 65.

15 Alexander Walker, *Woman Physiologically Considered,* Churchill, Londres, 1840, p. 99.

16 Norman Himes, Jeremy Bentham and the Genesis of English Neo-Malthusianism, *Economic Journal,* 3,1936, p. 267-276 ; Richard Carlile, *Every Woman's Book ; or What is Love ? Containing Most Important Instructions for the Prudent Regulation of the Principle of Love and Number of the Family,* Carlile, Londres, 1826.

17 Jno. Hy. Palmer, *Individual, Family and National Poverty,* Truelove, Londres, 1875, p. 15 ; George H. Napheys, *The Transmission of Life,* Fergus, Philadelphie, 1872, p. 108.

18 Robert Dale Owen, *Moral Physiology ; or, A Brief and Plain Treatise on the Population Question,* Wright and Owen, New York, 1831, p. 66-67 ; Carl Degler, *At Odds : Women and the Family in America from the Revolution to the Present,* Oxford University Press, New York, 190, p. 217.

19 James Reed, *From Private Vice to Public Virtue : The Birth Control Movement and American Society Since 1830,* Basic Books, New York, 1978, p 16. Le diaphragme de petite taille devait également être mis en place par le médecin ; voir Norman E. Himes, *A Medical History of Contraception,* Williams and Wilkins, Baltimore, 1936, p. 318-320.

20 Angus McLaren, *Sexuality and Social Order,* p. 166.

21 Charles Knowlton, *Fruits of Philosophy or, the Private Companion of Young Married People,* Watson, Londres, 1841, p. 34 ; Frederick Hollick, *The Marriage Guide or Natural History of Generation,* Excelsior, New York, 1883, p. 264.

22 James Woycke, *Birth Control in Germany, 1871-1933,* Routledge, Londres, 1988, p. 14.

23 James Reed, *From Private Vice to Public Virtue,* p. 11.

24 *The Chemist and Druggist,* 10. X. 1897, p. 64.

25 Horace Goss, *Man and Woman : Their Physiology, Functions, and Sexual Disorders,* Author, Londres, 1857, p. 37, 52, 70.

26 Patricia Branca, *Silent Sisterhood : Middle Class Women in the Victorian Home,* Croom Helm, Londres, 1975, p. 130 et 138. P. Branca affirme que les magazines féminins, destinés aux classes moyennes, firent paraître de la publicité pour le contrôle des naissances au cours des années 1880, mais ne donne aucun exemple.

27 *Royal Commission on Population, Papers,* 1949, I, et *Report on an Enquiry into Family Limitation,* p. 7-8, tables 2, 5, 7.

28 E. A. Wrigley and Roger Schofield, *The Population History of England, 1541-1871 : A Reconstruction,* Cambridge University Press, Cambridge, 1981, p. 437-438.

29 A propos de l'argument selon lequel la pruderie victorienne des classes moyennes était « instrumentale », dans la mesure où elle soutenait l'idéal de restriction, voir Paul A. David and Warren C. Sanderson, *Rudimentary Contraceptive Methods and the American Transition to Marital Fertility Control,* in *Long Term Factors in American Economic Growth,* éd. Stanley L. Engerman and Robert E. Gallman, University of Chicago Press, Chicago, 1986, p. 307-390 ; Paul Thompson, *The Edwardians : The Remaking of British Society,* Weidenfeld and Nicolson, Londres, 1975, p. 71-72.

30 William Thompson, *Practical Directions for the Speedy and Economical Establishment of Communities,* Strange, Londres, 1830, p. 239.

31 Angus McLaren, *Sexuality and Social Order,* p. 60-63 ; Elizabeth Blackwell, *Essays in Medical Sociology,* Bell, Londres, 1902, vol. 1, p. 77 ; John Cowan, *The Science of a New Life,* Cowan, New York, 1869, p. 109.

32 Augustus K. Gardner, *Conjugal Sins Against the Laws of Life and Health and Their Effects upon the Father, Mother, and Child,* Redfield, New York, 1870, p. 90-97 ; R.T. Trall, *Sexual Physiology : A Scientific and Popular Exposition of the Fundamental Problems in Sociology,* Holbrook, New York, 1881 ; H. Arthur Allbutt, *The Wife's Handbook,* W. J. Ramsey, n.d., p. 36 ; Anon, *Valuable Hints to Fathers Having Increasing Families But Limited Incomes,* Londres, 1866.

33 M. S. Pember Reeves, *Round About a Pound a Week,* Bell, Londres, 1913, p. 102 ; Agnès Fine-Sourlac, La limitation des naissances dans le Sud-Ouest de la France : fécondité, allaitement et contraception au Pays de Sault du milieu du XVIIIe s. à 1914, *Annales du Midi,* 90, 1978, p. 166-188.

34 Charles Loudon, *Solution du problème de la population,* Galignani, Paris, 1842.

35 Henry Arthur Allbutt, *Evils Produced by Over-Childbearing and Excessive Lactation,* Malthusian League, Londres, 1878 ; George Sussman, *Selling Mothers' Milk : The Wet Nursing Business in France, 1715-1914,* University of Illinois Press, Urbana, 1982, p. 11-12.

36 William Thompson, *An Inquiry Into the Principles of the Distribution of Wealth, Longman,* Londres, 1824, p. 549.

37 Jean Marestan, *L'éducation sexuelle,* Silvette, Paris, 1916, p. 165-166.

38 Carl Degler, *At Odds,* p. 211.

39 Alice Stockham, *Karezza : The Ethics of Marriage, Fenno, New York, 1896 ;* Lawrence Foster, *Religion and Sexuality ; Three American Communal Experiments of the Nineteenth Century,* Oxford University Press, New York, 1981 ; Louis Kern, *An Ordered Love : Sex Roles and Sexuality in Victorian Utopias,* University of North Carolina Press, Chapel Hill, 1981.

40 Angus McLaren, Contraception and Its Discontents : Freud on Birth Control, *Journal of Social History,* 12, 1979, p. 513-529.

41 R. P. Neuman, Working-Class Birth Control in Wilhelmine Germany, *Comparative Studies in Society and History,* 20, 1978, p. 419.

42 Malthusian, *December 1879,* p. 84.

43 Jacques Dupaquier, Combiens d'avortements en France avant 1914 ?, *Communications,* 44, 1986, p. 87-105.

44 James C. Mohr, *Abortion in America : The Origins and Evolution of a National Policy 1800-1900,* Oxford University Press, New York, 1978 ; John Keown, *Abortion, Doctors and the Law : Some Aspects of the Legal Regulation of Abortion in England from 1803 to 1982,* Cambridge University Press, Cambridge, 1988.

45 G. J. Witkowski, *Histoire des accouchements chez tous les peuples,* Steinheil, Paris, 1887, p. 135.

46 *A Physician, Satan in Society,* Vent, New York, 1872, p. 119.

47 Mrs R.B. Gleason, *Talks to My Patients ; Hints on Getting Well and Keeping Well,* Wood, New York, 1870, p. 159.

48 Robert Dale Owen, *Moral Physiology,* Brooks, Londres, 1832, p. 36-37.

49 G. Hardy [Gabriel Giroud], *Moyens d'éviter la grossesse,* L'auteur, Paris, 1908, p. 5.

50 A. M. Mauriceau [Charles Lohman], *The Married Woman's Private Medical Companion,* The Author, New York, 1847, p. 169, cité dans Carl Degler, *At Odds,* p. 243.

51 Robert T. Griswold, *Family and Divorce in California, 1850-1890,* SUNY Press, Albany, 1982, p. 137.

52 Stephen Wilson, Infanticide, Child Abandonment and Female Honor in Nineteenth Century Corsica, *Comparative Studies in Society and History,* 30, 1988, p. 772 ; Henry Butter, *Marriage for the Millions : For the Lads and Lasses of the Working Classes,* Guest, Londres, 1875, p. 11.

53 *The Chemist and Druggist,* 26 June 1897, p. 1004.

54 Agnès Fine, *Savoirs sur le corps et procédés abortifs au XIXe s.,* Communications, 44, 1986, p. 107-133 ; Hilary Marland, *Medicine and Society in Wakefield and Huddersfield, 1780-1870,* Cambridge University Press, Cambridge, 1987, p. 216, 240-241.

55 Edward Shorter, *A History of Women's Bodies, Basic,* New York, 1982, p. 177-224.

56 Norman Barnesby, *Medical Chaos and Crime,* Kennerley, Londres, 1910, p. 222-223 ; James C. Mohr, *Abortion in America,* p. 78-85.

57 Albert Dupoux, Sur les pas de Monsieur Vincent : trois cents ans d'histoire parisienne de l'enfance abandonnée, Revue de l'assistance publique, Paris, 1958, p. 187-201 ; Rachel Fuchs, Abandoned Children : Foundlings and Child Welfare in *Nineteenth Century, France,* SUNY, Albany, 1984. Pour la Russie, où l'abandon fut largement pratiqué jusqu'au XXe s., voir David L. Ransel, *Mothers of Misery : Child Abandonment in Russia,* Princeton University Press, Princeton, New Jersey, 1988.

58 Voir le *British Medical Journal,* 1, 1868, p. 127-128, 175-176, 197, 276-277, 301-302 ; Lionel Rose, *The Massacre of the Innocents : Infanticide in Britain, 1800-1939,* Routledge, Londres, 1986.

59 On a prétendu que l'idéalisation de la vie familiale était telle que le nombre des foyers américains et anglais abritant une famille élargie était passé de 10% en 1750 à environ 20% en 1900. Steven Ruggles, *Prolonged Connections : The Rise of the Extended Family in Nineteenth Century England and America,* University of Wisconsin Press, Madison, 1987.

60 Bonnie G. Smith, *Ladies of the Leisure Class : The Bourgeoises of Northern France in the Nineteenth Century,* Princeton University Press, Princeton, New Jersey, 1981 ; Leonore Davidoff and Catherine Hall, *Family Fortunes : Men and Women of the English Middle Class, 1780-1850,* University of Chicago Press, Chicago, 1987 ; Leonore Davidoff, *The Best Circles : Society Etiquette and the Season,* Croom Helm, Londres, 1973 ; Nancy F. Cott, *The Bonds of Womanhood : 'Women's Sphere' in New England, 1780-1815,* Yale University Press, New Haven, 1977.

61 William Allcott, *The Physiology of Marriage,* Jewett, Boston, 1856, p. 167.

62 Nancy F. Cott, Passionlessness : An Interpretation of Victorian Sexual Ideology, 1790-1850, *Signs,* 4, 1978, p. 219-236.

63 Luc Boltanski, *Prime éducation et morale de classe,* Mouton, Paris, 1969.

64 William Allcott, *The Physiology of Marriage,* p. 181 ; Peter Stearns, *Be a Man, Holmes and Meier,* New York, 1979, p. 88-89.

65 Peter Gay, *The Bourgeois Experience : Victoria to Freud,* Oxford University Press, New York, 1984, vol. 1, p. 258.

66 Ann Douglas, *The Feminization of American Culture,* Knopf, New York, 1977.

67 Alexandre Boutique, *Les Malthusiennes,* Dentu, Paris, 1894.

68 Françoise Loux, *Le corps dans la société traditionnelle,* Berger Levrault, Paris, 1979, p. 87.

69 John T. Noonan Jr., *Contraception : A History of Its Treatment by Catholic Theologians and Canonists,* Harvard University Press, Cambridge, Massachusetts, 1965, p. 439-446 ; J. L. Flandrin, *L'Eglise et le contrôle des naissances,* Flammarion, Paris, 1970.

70 A. K. Gardner, *Conjugal Sins ; George M. Beard, Sexual Neurasthenia,* Putnam, New York, 1884.

71 Pat Jalland, *Women, Marriage and Politics, 1860-1914,* Clarendon, Oxford, 1986, p. 175-177 ; William Woods Smith, *A Baneful Popular Delusion on the Subject of Motherhood,* Simpkin, Londres, 1895, p. 13.

72 Edward Shorter, *A History of Women's Bodies,* p. 129.

73 Dr Henry Arthur Allbutt, *Artificial Checks to Population,* 14th edition, Standring, Londres, 1909.

74 J. Soule, *Science of Reproduction and Reproductive Control,* Author, Cincinnati, 1856.

75 John W. Taylor, *On the Diminishing Birth Rate,* Baillière, Londres, 1904, p. 13 ; C. D. Routh, *The Moral and Physical Evils Likely to Follow if Practices Intended to Act as Checks to Population be not Strongly Discouraged and Condemned,* Baillière, Londres, 1879, p. 8-21.

76 J. A. et O. Banks, *Feminism and Family Planning in Victorian England,* Liverpool University Press, Liverpool, 1964 ; Linda Gordon, *Woman's Body, Woman's Right : A Social History of Birth Control in America,* Grossman, New York, 1976, p. 95-115.

77 Ethel Snowden, *The Feminist Movement,* Collins, Londres, 1911, p. 24 ; Cicely Hamilton, *Marriage as a Trade, Chapman and Hall,* Londres, 1912, p. 156-159.

78 John Stuart Mill, *Principles of Political Economy,* University of Toronto Press, Toronto, 1965, p. 372.

79 Alice B. Stockham, *Tokology : A Book for Every Woman,* Sanitary Publishing, Chicago, 1887.

80 Richard J. Evans, *The Feminists : Women's Emancipation Movements in Europe, America, and Australia, 1840-1920,* Croom Helm, Londres, 1977, p. 107-108.

81 René Bérenger, La propagande néo-malthusienne, La Réforme sociale, 1er août 1908, p. 170 ; René Bérenger, *Journal Officiel,* 25 novembre 1909, p. 2931.

82 Gloria Moldow, *Women Doctors in Gilded-Age Washington,* University of Illinois Press, Urbana, 1987, p. 104.

83 J. A. Banks, *Victorian Values : Secularism and the Size of Families,* Routledge, Londres, 1981.

84 Michael Anderson, *Family Structure in Nineteenth Century Lancashire,* Cambridge University Press, Cambridge, 1971.

85 David Levine, Production, Reproduction, and the Proletarian Family in England, 1500-1851, dans *Proletarianization and Family History,* éd. David Levine, Academic Press, New York, 1984, p.103 ; David Levine, Industrialization and the Proletarian Family in England, *Past and Present,* 107, 1985, p. 168-203.

86 David I. Kertzer, *Family Life in Central Italy, 1880-1910,* Rutgers University Press, New Brunswick, New Jersey, 1984, p. 58-60.

87 George Alter, *Family and Female Life Course : The Women of Verviers, Belgium, 1849-1880,* University of Wisconsin Press, Madison, 1988, p. 179-188.

88 Cité dans *Malthusian,* October 1893, p. 73.

89 R. P. Neuman, The Sexual Question and Social Democracy in Imperial Germany, *Journal of Social History,* 7, 1974, p. 280-286.

90 Mary Lynn Stewart, *Women, Work, and the French State : Labour Protection and Social Patriarchy, 1879-1919,* McGill-Queen's University Press, Montréal, 1989.

91 Voir John Gillis, *For Better, For Worse : British Marriages, 1600 to the Present,* Oxford University Press, New York, 1985, p. 242 ; John Gillis, *Peasant, Plebian, and Proletarian Marriages in Britain, 1600-1900,* dans David Levine, *Proletarianization and Family History,* p. 155-156.

92 Barbara Taylor, *Eve and the New Jerusalem,* Virago, Londres, 1983, p. 263, 272.

93 E. Fairfax Byrrne, Women and Their Sphere, *Our Corner,* February 1888, p. 71.

94 Joan Scott and Louise Tilly, *Women, Work and the Family,* Holt, Rinehart and Winston, New York, 1978, p. 171 ; Mary-Jo Maynes, *Schooling in Western Europe : A Social History,* SUNY, Albany, 1985, p. 136.

95 Gay L. Gullickson, *The Spinners and Weavers of Auffay : Rural Industry and Sexual Division of Labour in a French Village, 1750-1850,* Cambridge University Press, Cambridge, 1986, p. 154-160.

96 Diana Gittens, *Fair Sex : Family Size and Structure, 1900-1939,* Hutchinson, Londres, 1982.

97 Carl Degler, *At Odds,* p. 189-192.

98 Carl Degler, *At Odds,* p. 207.

99 Carl Degler, *At Odds,* p.224 ; John Mack Faragher, *Women and Men on the Overland Trail,* Yale University Press, New Haven, 1979, p. 123. Voir aussi Elizabeth Hampsten, *Read This Only to Yourself : The Private Writings of Midwestern Women, 1880-1910,* Indiana University Press, New York, 1982, p. 102-111.

100 W. Talley, *He, or Man Midwifery,* Caudwell, Londres, 1865, p. 12.

101 George Drysdale, *The Elements of Social Science,* Truelove, Londres, 1867, p. 349-350.

102 Annie Besant, *The Law of Population,* Freethought Publishing, Londres, 1877, p. 34.

103 Carl Degler, What Ought to Be and What Was: Women's Sexuality in the Nineteenth Century, *American Historical Review,* 79, 1974, p. 1467-1490 ; James Mahood and K. Wenbury, *The Mosher Survey,* Arno Press, New York, 1980.

104 *Malthusian,* May 1911, p. 42.

105 R. P. Neuman, *Birth Control in Wilhelmine Germany,* p. 421.

106 Karl Kautsky, *Vermehrung und Entwicklung in Natur und Gesellschaft,* Dietz, Stuttgart, 1910, p. 178, 193, 252.

107 Yves Charbit, *Du Malthusianisme au populationisme : les économistes français et la population, 1840-1870,* PUF, Paris, 1981, p. 34-41.

108 Clifford Browder, *The Wickedest Woman in New York : Madame Restell the Abortionist,* Archon, New York, 1988, p. 149.

109 Ann Taylor Allen, Sex and Satire in Wilhelmine Germany : Simplicissimus Looks at Family Life, *Journal of European Studies,* 7, 1977, p. 34 ; James Woycke, Birth Control in Germany, p. 49-50.

110 Roger H. Guerrand, *La libre maternité, 1869-1969,* Casterman, Paris, 1971, p. 83 ; Robert Talmy, *Histoire du mouvement familial en France, 1896-1939,* UNAF, Paris, 1962, p. 41-123.

7

Le triomphe du Planning familial

« Le contrôle des naissances est essentiellement un problème d'éducation féminine »
(Margaret Sanger, *The Pivot of Civilization* (1922))

Dans les années 1920, les Siciliens racontaient, pour rire, qu'un homme, informé par son curé que c'était un péché de répandre sa semence par terre, avait décidé de la mettre dans sa bourse. Les Italiens estimaient qu'ils n'avaient pas la maîtrise des Français pour employer le coït interrompu avec succès. « Ces gens, s'émerveillaient-ils, peuvent prendre un verre d'eau, en boire la moitié, et le reposer, contrairement aux Siciliens qui ne peuvent s'empêcher de le boire tout entier ».(1) Effectivement, le taux de natalité français était le plus bas au monde dans l'entre-deux-guerres. Pourtant, il n'existait en France aucun mouvement organisé pour le contrôle des naissances et tous les partis politiques se présentaient comme natalistes. On ne sait pas si Maurice Chevalier se moquait des natalistes ou s'il les encourageait quand il chantait :

« Ah ! Faites des enfants,
Faites des enfants,
Et ne cessez jamais d'en faire,
Oui, mais sans tricher,
Car ce serait un gros péché. »(2)

La réduction de la dimension de la famille était effective en Europe occidentale et dans l'Amérique du Nord à la fin du XIXe s. ; elle se poursuivit encore dans les régions orientales et méridionales de l'Europe au cours des premières décennies du XXe s. Mais, il est curieux de constater que les partisans du contrôle des naissances et les médecins – ceux-là mêmes auxquels on avait attribué les progrès spectaculaires de la contraception – s'opposaient les uns et les autres à beaucoup des méthodes traditionnelles, y compris celles qu'enviaient les Italiens, les accusant d'être inefficaces et dangereuses. Pendant une grande partie du XXe s., les hommes et les femmes ordinaires continuèrent à contrôler leur fécondité en dépit des experts, plutôt que grâce à leurs conseils.

Aux Etats-Unis, en 1910, l'anarchiste Emma Goldman, proclama publiquement la nécessité du contrôle des naissances, dans une perspective plutôt libertaire qu'économique au sens malthusien. Emma Goldman était trop radicale pour créer un mouvement de masse, mais elle réussit à gagner à ses idées une femme qui allait le faire, Margaret Sanger.(3) Au départ, Margaret Sanger (1879-1966) était une femme au foyer new-yorkaise, animée d'un vague désir de faire quelque chose de sa vie. Elle avait été élevée dans un environnement progressiste. Son père, ami de Henry George, était socialiste et féministe ; son mari était un architecte, qui avait des responsabilités au sein du parti socialiste. En 1911, elle s'installa à New York, devint infirmière et découvrit le calvaire des femmes pauvres, accablées par des séries de grossesses non désirées. Au même moment, elle quitta le parti socialiste pour le mouvement plus radical des Workers of the World, dont certains membres faisaient du contrôle systématique des naissances un credo révolutionnaire.

Plus tard, Margaret Sanger data sa conversion au contrôle des naissances non à l'époque de ses contacts avec Emma Goldman, qu'elle considérait comme une rivale, mais d'un voyage en France en 1913, où elle découvrit avec stupéfaction la subtilité du comportement sexuel des femmes les plus ordinaires. De retour en Amérique, elle forgea le terme « birth control » pour définir positivement la limitation des naissances familiales, et remplacer la sinistre étiquette économique de « néo-malthusianisme ». Elle mit ainsi fin aux associations entre la réduction de la fécondité et les débats politiques ou économiques datant du XIXe s. Ses premières tentatives pour gagner un soutien populaire ne rencontrèrent qu'un succès limité. Sa brochure, *Family Limitation*, qui décrivait, à l'intention des couples de la classe ouvrière, l'utilisation de la douche vaginale, des préservatifs et des pessaires, fut condamnée par le gouvernement fédéral. Elle quitta l'Amérique pour l'Angleterre, où elle rencontra une autre femme intéressée par les questions de sexualité, Marie Stopes. Ces deux personnes brillantes, mais égocentriques, qui ont toujours refusé de rendre justice aux talents de l'autre, se ressemblaient en bien des points. Toutes deux, par exemple, apprirent à utiliser le terrain de la justice pour répandre leurs doctrines.

Le procès de M. Sanger lui valut la surprise d'une publicité favorable et, à son retour aux Etats-Unis en 1916, le gouvernement l'acquitta. Son nom était devenu célèbre dans tout le pays, et par la suite, elle rechercha délibérément les confrontations avec la justice.[4] Elle entama sa première tournée de conférences en 1916, transformant la défense de la contraception en un sujet de discussion libre. Elle fonda alors une clinique de contrôle des naissances à Brooklyn, ce qui lui valut d'être arrêtée et jetée en prison. En réaction, elle créa l'American Birth Control League et entama une campagne pour une réforme de la législation, afin d'obtenir l'ouverture de cliniques médicales pour les pauvres. Elle-même n'en ouvrit pas d'autres avant 1923. Entre-temps, en 1921, Marie Stopes fondait sa clinique à Londres.

Marie Stopes (1880-1958) fut élevée dans une famille éclairée de la moyenne bourgeoisie. Elle fut la première femme à passer un doctorat en paléobotanique, et elle aimait assez que beaucoup de gens, induits en erreur par son titre de docteur, la prennent pour un médecin. En fait, ses connaissances médicales lui vinrent assez tard, du moins pour ce qui concerne le système reproducteur, et elle les acquit au cours d'un parcours initiatique tout personnel. En 1912, après une année de mariage avec un botaniste canadien, elle eut brusquement l'intuition que quelque chose n'allait pas. Il lui avait fallu tout ce temps pour se rendre compte que son mari était impuissant et que son mariage n'avait pas été consommé. Ce qui, entre parenthèses, en dit long sur l'ignorance sexuelle des femmes d'avant la Première Guerre mondiale, y compris celles qui avaient fait des études universitaires ! Elle n'entama la procédure d'annulation qu'en 1914. Mais, et c'est là le plus important, traumatisée par son propre aveuglement, elle se lança dans des études sérieuses sur la sexualité. Elle tira de ces recherches un livre, *Married Love,* qui parut en 1918, et eut un succès foudroyant, avec sept impressions et plus d'un million d'exemplaires vendus.

L'idée principale de *Married Love* était que la femme mariée avait autant droit au plaisir sexuel que son conjoint. Marie Stopes ne faisait qu'évoquer le problème de la contraception au passage, mais elle apprit bientôt par les milliers lettres de ses lectrices que la fatalité des grossesses était la cause d'une grande misère conjugale.[5]

En réponse, elle publia, fin 1918, un autre livre, *Wise Parenthood.* Dans ce deuxième texte, elle aborda directement la question du contrôle des naissances, avec les schémas des organes reproducteurs et la description de différents contraceptifs. Au bout d'un an environ, elle se rendit compte que, pour les mères pauvres, une description ne suffisait pas. Il fallait faire en sorte de rendre les méthodes accessibles. Les médecins, les personnels des dispensaires, les pharmaciens et les responsables de la santé publique déclarèrent sans ambages qu'ils ne se considéraient pas tenus de fournir des services bon marché à la classe ouvrière ; à la suite de quoi, Marie Stopes ouvrit sa Mothers'Clinic sur Holloway Road, à Londres. L'objectif de la clinique était de montrer aux responsables de la santé publique comment de tels services pouvaient être dispensés. La clinique devait avant tout servir de modèle ; en créant, la même année, la Society for Constructive Birth Control and Racial Progress, Marie Stopes entendait forcer le gouvernement à prendre ses responsabilités dans ce domaine.(6) Marie Stopes et Margaret Sanger partageaient les mêmes inquiétudes. Toutes deux s'alarmaient de la mortalité maternelle et infantile dans les familles nombreuses et exploitaient les idées eugénistes de l'époque sur la nécessité d'améliorer la « qualité » de la race. Sachant que les classes moyennes avaient réussi à réduire le nombre de leurs enfants, elles cherchèrent à rendre accessibles aux femmes défavorisées les contraceptifs réservés à l'usage des mieux loties. Toutes deux insistaient sur le besoin d'établissements de santé administrés par l'Etat et dirigés par des personnels qualifiés, qui enseigneraient au public l'usage de la contraception. Mais, et c'est là le plus important, elles s'employaient, d'une part à minimiser le pessimisme des vieux arguments de tradition néo-malthusienne, et d'autre part, à purger leur mouvement de toute ingérence de radicalisme politique ou sexuel. M. Stopes et

M. Sanger croyaient qu'il fallait montrer que la limitation des naissances n'était pas une entreprise fondée sur une simple nécessité économique, mais une croisade moralement acceptable. Elles employaient à ces fins un argument indéniablement positif : la contraception est non seulement compatible avec le plaisir, mais indispensable à la pleine expression des passions féminines.

M. Stopes et M. Sanger ne réduisaient néanmoins pas leur message à une sorte d'hymne au bonheur conjugal ; elles y mêlaient quand même une mise en garde sur les conséquences sociales directes d'une fécondité incontrôlée. Leurs activités militantes leur valurent un tel succès qu'on oublie souvent qu'au moment où elles entrèrent en scène la famille moyenne, en Amérique comme en Angleterre, n'était déjà plus que la moitié de ce qu'elle avait été au XIXe s. La plupart des couples de la classe ouvrière utilisaient déjà certains moyens de contraception ; M. Stopes et M. Sanger exprimaient, avant tout, les préoccupations eugéniques de leur époque en proclamant qu'il fallait réduire encore plus vite la fécondité des classes ouvrières.

Bien que la confusion fût grande quant aux causes du déclin de la fécondité, en 1914, tous les chercheurs sérieux s'accordaient à lui reconnaître un caractère volontaire, et non pas, comme le prétendaient certains esprits pessimistes, à en faire la conséquence d'une déchéance raciale. S'il n'était pas possible d'augmenter la population en quantité, les représentants du gouvernement concluaient qu'il fallait au moins tenter d'en améliorer la qualité. L'Etat s'inquiéta donc des taux élevés de mortalité infantile et maternelle et intervint en créant des programmes de visiteuses médicales, des pouponnières et des centres d'assistance sociale.(7) Les eugénistes s'alarmèrent de voir le concept de lutte pour la survie complètement inversé : la contraception étant utilisée par les plus favorisés, l'écart entre leur fécondité et celle des plus pauvres augmentait ; ces constatations les poussaient à s'opposer au contrôle des naissances. Mais à partir des années 1920, néo-malthusiens et eugénistes commencèrent à se rapprocher. Les progressistes anglais, comme le docteur C.P. Blacker, changèrent d'opinion et prirent la défense du contrôle des naissances. Etant donné que les plus « aptes » limitaient déjà le nombre de leurs enfants, les conséquences « dysgéniques » ne pouvaient être évitées qu'en persuadant les « ivrognes inaptes au travail » de suivre leur exemple. Dans un numéro spécial de 1923 du journal médical *The Practitioner*, qui traitait pour la première fois ouvertement de contraception, Lady Florence E. Barrett allait dans ce sens : « Essayer de réduire le nombre des gens compétents, écrivait-elle, alors que celui des incompétents se multiplie, c'est aller tout droit au désastre. »(8) En Amérique, la fécondité des noirs et des immigrants provoqua une clameur encore plus grande de « suicide racial » ; le lobby des eugénistes réussit à faire voter une loi sur la stérilisation des déficients mentaux et des dispositions fédérales limitèrent l'immigration. C'est dans ce contexte d'inquiétude sur l'inversion du rapport entre niveau social et taux de fécondité, et sur ses conséquences dysgéniques potentielles, que Margaret Sanger commença son travail.(9)

Marie Stopes exprima clairement ses préoccupations sociales dans le *Birth Control News*, dont les colonnes regorgeaient d'articles sur la nécessité nationale et raciale de contrôler les naissances. Marie Stopes, comme les néo-malthusiens, souhaitait autant faire remonter le taux de fécondité des classes supérieures que l'abaisser chez les ouvriers. Elle acceptait, comme M. Sanger, qui bientôt rompit avec la gauche américaine, l'argument eugéniste du renversement du concept de lutte pour la survie, les « inaptes » dépassant en nombre les « aptes », et la menace de « suicide racial » et de dégénérescence pour le pays.(10) Le contrôle des naissances permettait d'« améliorer » les ignorants et les incapables tout en limitant leur nombre. Il fallait l'enseigner à l'ouvrière, affirmait Marie Stopes, parce que c'était « non seulement nécessaire à son épanouissement personnel, mais indispensable à l'accomplissement de ses devoirs de citoyenne ».[11] « Le contrôle des naissances, acquiesçait M. Sanger, est essentiellement un problème d'éducation des femmes. »[12]

Bien que le public des livres sur la contraception fut sans doute principalement bourgeois, M. Stopes et M. Sanger écrivaient avant tout pour les ouvriers. M. Stopes parcourut l'Angleterre de long en large, pendant les années 1920, pour donner des conférences devant des publics ouvriers. Elle voulait leur permettre d'accéder aux méthodes rationnelles de contraception, utilisées par les couples riches et instruits. Elle était persuadée que la contraception améliorerait leur existence ; mais la limitation des naissances devait aussi avoir une incidence heureuse sur les classes moyennes qui étaient – selon ses propres termes – écrasées par les impôts. « La contraception est tout indiquée ; elle évite d'encombrer la société avec des enfants dont la valeur raciale est très douteuse », écrivait-elle.[13] Pourtant, aussi surprenant que cela soit, la base des partisans de la contraception venait plutôt du Parti radical aux Etats-Unis et du Parti ouvrier en Angleterre ; les déchaînements élitistes grotesques des deux femmes ne les affectaient apparemment pas. « Bientôt, prophétisait M. Stopes, seuls les idiots de différentes conditions, ceux que l'on désigne parfois comme "groupe social à problèmes" continueront à transmettre inconsidérément leurs tares physiques. »[14] Elle envisageait, pour les négligents, les inconscients et les déficients mentaux, qui refusaient d'appliquer les méthodes de contraception qu'on leur proposait une mesure plus radicale : la stérilisation. Ses imprécations réitérées contre « les imprévoyants, les indociles et les affreusement prolifiques », contre « les pourris irrécupérables et les races dégénérées » montraient bien son peu de sympathie pour l'existence des classes inférieures.[15] Ces préjugés furent déterminants pour le choix des méthodes qu'elle choisit de promouvoir.

Marie Stopes se souciait avant tout de la famille qu'elle considérait comme le fondement de la société et le garant de sa stabilité. Rares étaient ceux qui auraient remis en cause l'importance du bien-être matériel des familles ; elle se souciait de leur bien-être émotionnel. « De nos jours, la seule base de l'Etat, écrivait-elle, c'est le mariage ; mais, si les unions sont malheureuses, la base ne sera ni solide, ni sûre. »[16] L'objectif de Marie Stopes était le couple heureux sur le plan sexuel, avec un mari sensible et attentionné. Elle estimait que la sensibilité féminine était dominée par une « pulsion fondamentale » que l'homme devait découvrir. L'acte sexuel, selon ses vues romantiques, devait être « une affaire mutuelle, et non pas la simple satisfaction des instincts masculins ». Elle engagea ses lecteurs à rechercher l'orgasme partagé ou, selon ses termes, la « fonction coordonnée ». En ouvrant la porte aux passions, si l'on en croyait ses promesses, on allait changer le mariage : « mauvais traitements, désespoir et abrutissement » laisseraient la place à un univers de « ravissement, de spiritualité et de vitalité ». Le couple modèle, selon elle, était « jeune, heureux et en bonne condition physique ».[17]

Marie Stopes fut la première parmi les conseillers matrimoniaux modernes à rendre obligatoires pour les couples de s'« adorer », de se comporter en « amants mariés », de ne jamais cesser de « se faire la cour », sans parler des lectures en commun sur les techniques sexuelles. Au passage, elle condamnait les lesbiennes et la masturbation, non par moralité, mais parce que ces pratiques détournaient les femmes du désir d'une « véritable union ». Marie Stopes devint ainsi un des principaux fondateurs et défenseurs de l'hétérosexualité moderne.

Les lettres arrivèrent par milliers, et fournirent à Marie Stopes et à Margaret Sanger des témoignages de première main sur les motivations des femmes qui cherchaient à s'informer sur le contrôle des naissances. Ces femmes confessaient qu'elles vivaient chaque fin de mois dans la terreur, que leur vie sexuelle était gâchée par la crainte d'une grossesse, qu'elles évitaient l'orgasme dans l'espoir de ne pas concevoir. Ces confessions, apparemment candides, doivent être considérées avec méfiance, parce que ces correspondantes savaient inconsciemment ce qu'on attendait d'elles. M. Stopes et M. Sanger, ainsi que d'autres vulgarisateurs de la sexualité moderne, avaient en effet imprimé une sorte de lettre-type pour aider leurs correspondantes. La femme dont il était question était habituellement mariée et mère de plusieurs enfants. Elle affirmait que les autres femmes étaient informées sur la contraception, mais pas elle. Elle avait déjà utilisé certaines méthodes sans résultat. Si elle s'était adressée à un docteur, il n'avait pas accédé à ses requêtes. Quant aux pratiques spécifiques, elle demandait si les pessaires étaient efficaces, ou les préservatifs dangereux ; si les contraceptifs diminuaient le plaisir ; si on pouvait guérir l'éjaculation précoce. Son premier souci était de limiter la dimension de sa famille, pour éviter de mettre en danger sa santé, son bien-être et ceux de ses enfants. Le plus frappant c'est que ces femmes affirmaient toutes qu'elles désiraient une information sur la contraception, non dans leur propre intérêt, au plan matériel, mais pour devenir de meilleures épouses et de meilleures mères.

Ces femmes recherchaient aussi une certaine « idylle » dans le mariage. Elles acceptaient l'idée que « l'entretien de la passion [était] d'une importance primordiale dans l'adaptation au mariage ».(18) A l'évidence, on avait créé un nouveau modèle de femme sensuelle et de mère consciencieuse ; et la condition pour s'y conformer était de réduire la dimension de sa famille. Bien sûr, la famille se réduisant, le rôle d'épouse devenait plus important, celui de mère moins lourd. Mais, au moment même où le nombre des naissances déclinait, les sociétés occidentales vivaient une « sentimentalisation », sinon une « sacralisation » de l'enfance.

Au XXe s., la famille des classes moyennes avait abandonné à des institutions extérieures la plus grande partie de son autorité en matière d'instruction et de santé. Son logement était plus petit, avec moins d'enfants et sans la multitude de parents, de domestiques et parfois de locataires qu'il abritait jadis. Le « foyer » était l'endroit où l'on espérait simplement trouver le bonheur. Dans le passé, il n'était pas courant de rencontrer de si grands espoirs de félicité conjugale. Désormais, les médias proposaient une nouvelle image d'épouse sensuelle, mariée jeune, passionnément attachée à son époux et n'élevant pas plus de deux ou trois enfants. Sous-entendue, mais rarement précisée, était la certitude que seule la contraception permettait de résoudre les propositions intrinsèquement contradictoires de ce culte de la vie domestique. En réalité, la petite famille privée était déjà là. Les femmes des classes moyennes n'allaient plus chercher des informations sur la sexualité auprès de leurs voisines ou de leurs parentes, mais interrogeaient des manuels sur le mariage, des magazines, des médecins ou des étrangères comme Marie Stopes et Margaret Sanger, qui pouvaient se trouver à des milliers de kilomètres. Beaucoup des correspondantes confessaient ouvertement leur ignorance en matière de sexualité, en regrettant de ne pouvoir s'adresser à une mère ou à une confidente.

Si M. Stopes et M. Sanger ont vendu autant de livres et reçu autant de lettres, c'est qu'elles donnaient une réponse à la grande question de la femme du XXe s. : comment concilier les pressions conflictuelles auxquelles elle était soumise ? Dans tous les pays, la guerre avait mis en évidence la contribution des femmes à l'effort national, et il en était résulté un certain climat de libération. Certains esprits craintifs en profitèrent pour évoquer le risque de confusion des rôles entre hommes et femmes. La guerre contribua certainement à entamer la résistance du public à discuter des problèmes sexuels comme les maladies vénériennes ou le contrôle des naissances. Mais si le public des lecteurs était plus averti dans les années 1920, on ne doit pas exagérer l'impact du féminisme, de la psychanalyse ou de la sexologie sur les masses populaires. Il ne faut pas non plus penser que les rôles sexuels avaient radicalement changé parce que certaines femmes s'étaient fait couper les cheveux ou s'étaient mises à fumer.(19) En réalité, en réaction aux modestes concessions faites sur le plan politique et économique aux femmes (qu'on rendait responsables de l'augmentation des divorces et de la baisse des taux de fécondité), les observateurs se rangèrent derrière les psychanalystes, les sociologues et les sexologues pour affirmer que les différences sexuelles étaient inéluctables.

Au tournant du siècle, on élabora les nouveaux concepts de désir et de plaisir féminin, ainsi que la notion de comportement sexuel « normal ». Des « besoins biologiques » furent définis par des sexologues comme Havelock Ellis, qui fournirent des arguments pour la reconnaissance du droit de la femme au plaisir, tel qu'il avait été réclamé par les féministes Emma Goldman et Ellen Key.(20) Le contrôle des naissances joua un rôle clef dans ce genre de raisonnement, dans la mesure où il supprimait la crainte de la grossesse et détruisait les anciennes justifications de l'abstinence. Mais on n'entendait pas « libérer » les femmes de leurs responsabilités traditionnelles. Les contraceptifs n'étaient pas destinés aux célibataires ; leur usage ne se justifiait que pour renforcer une relation hétérosexuelle stable. La plupart des manuels sur le mariage et sur la sexualité cherchaient à définir plus étroitement les rôles féminin et masculin pour permettre aux parents d'être de meilleurs éducateurs. Dans un texte populaire comme *Ideal Marriage* de Théodore van de Velde, qui supposait une famille réduite, le docteur était présenté comme le guide, le mari comme l'initiateur, la femme comme l'élève. Dans un revirement inattendu qui remettait en question les mœurs victoriennes, les manuels déclarèrent que le plaisir sexuel n'était pas seulement un droit, mais un devoir pour la femme ; l'incapacité à atteindre l'orgasme était présentée comme une menace pour la stabilité de la famille, et donc pour la société.[21] Tout manque d'ardeur hétérosexuelle pouvait être pris pour un signe de frigidité ou d'homosexualité latente.[22]

Il est peu probable que ces appels à l'« idylle » aient eu beaucoup d'écho dans les quartiers ouvriers. Les femmes des classes inférieures, cependant, ne pouvaient pas totalement échapper aux nouveaux impératifs : l'efficacité tous azimuts, conjugale, maternelle, ménagère. Afin de compenser les pertes de la Première Guerre mondiale, des « sauveurs d'enfants » firent une propagande acharnée en faveur de la « puériculture » et des « pouponnières ».[23] Les mères des classes moyennes montraient le chemin en essayant de suivre les conseils de spécialistes de l'enfance comme le docteur Frederick Truby King, qui plaçait la barre très haut avec ses horaires d'allaitement stricts et compliqués. Les observateurs accusaient aussi les parents de la classe ouvrière de « gâter » leurs enfants, c'est-à-dire de les traiter de façon irrationnelle, et estimaient que ces parents avaient besoin d'être éduqués. Les habitants des maisons de rapport étaient obligés de subir les inspections des assistantes sociales et des visiteurs médicaux. Un de ces visiteurs, un Américain, dans un rapport bien typique, déclara que les immigrées italiennes n'aimaient pas leurs enfants « comme il fallait ».[24] Et comme elles étaient plus prolifiques, on jugeait que les femmes des milieux ouvriers n'aimaient pas non plus leur mari « comme il fallait ». Beaucoup d'ouvriers estimaient encore qu'ils avaient « droit » à des rapports sexuels « sans entrave ». Les épouses de ces milieux préféraient des hommes « prudents », convenables, sobres plutôt que des partenaires passionnés. Margaret Eyles rapporta avoir entendu des femmes s'exclamer qu'elles aimaient tout dans le mariage sauf le côté « lit ».[25] A sa stupéfaction, Marie Stopes découvrit que les femmes d'ouvriers désiraient savoir comment rendre leur mari non pas plus, mais moins passionné :

> « La demande de pilules ou de drogues pour résoudre ce problème est si répandue que j'en suis stupéfaite. Après mes conférences devant des publics ouvriers, quand j'invite mon auditoire à poser des questions, ou ensuite, quand j'engage la conversation avec des personnes particulières, je suis toujours surprise de constater combien de femmes sont persuadées qu'il existe des produits inoffensifs pour réduire la virilité de l'homme et qui n'agiraient que sur les organes sexuels. Il me semble légitime, même dans un livre adressé plus spécialement aux gens instruits, de dénoncer cette erreur populaire, et d'avertir chacun qu'il n'existe aucune drogue de cette nature. »[26]

L'existence des classes laborieuses changea pourtant dans la période de l'entre-deux-guerres. De nombreuses formes traditionnelles de travail féminin – particulièrement dans l'agriculture – se raréfiaient. Mais, dans les villes, le développement des emplois de bureau provoqua l'émergence d'une armée d'employées « respectables » qui, bien que cessant généralement de travailler après le mariage, goûtèrent à l'indépendance. Le désir de conserver une certaine marge de liberté apparaît à travers le ton « féministe » de certaines lettres adressées à Marie Stopes par des femmes qui revendiquaient le droit à contrôler leur propre corps. Linda Gordon remarque que « l'utilisation de la contraception a presque toujours représenté une valorisation de l'idée que les femmes se faisaient d'elles-mêmes comme éducatrices et un changement qui améliorait leur image en tant que travailleuses, même si leur activité n'était pas rémunérée ».[27] Mais Margaret Sanger et Marie Stopes recevaient aussi des lettres écrites par des hommes sensibilisés au problème, et dans la correspondance féminine, on trouvait de plus en plus de témoignages élogieux sur des maris « prudents » et « attentionnés ».[28] L'ancienne culture mâle, qui tournait autour de la mine ou de l'usine, du café et du club de football, disparaissait lentement. Au fur et à mesure que le travail masculin devenait plus réglementé et plus sédentaire, les hommes préféraient chercher auprès de leur famille leur épanouissement émotionnel. La réduction du temps de travail, les vacances, les améliorations de l'habitat aboutirent à la « domestication » des hommes qui passèrent plus de temps de loisir avec leur femme. Ils avaient de moins en moins d'enfants, mais ils s'y intéressaient davantage. Les familles ouvrières, reconnaissant la valeur de l'instruction et des diplômes, devinrent donc plus centrées sur leurs enfants. La pauvreté fut, plus que jamais, associée à la famille nombreuse.

Diana Gittens a émis l'hypothèse qu'en Angleterre, les couples de la classe ouvrière qui avaient le mieux réussi à limiter la taille de leur famille, étaient aussi ceux qui entretenaient une relation plus équilibrée, plus communicative, plus orientée vers le foyer.[29] Leur premier objectif était de protéger la santé de la mère, le second d'assurer les finances de la famille. Les femmes de la classe ouvrière, au moins jusqu'à la Deuxième Guerre mondiale, dépendaient des voisines pour les conseils, du pharmacien pour les contraceptifs. Elles étaient trop mal à l'aise pour discuter de leur fécondité avec les médecins ou les équipes d'une clinique de contrôle des naissances.[30]

Les couples de la classe moyenne adoptaient plus volontiers que ceux des milieux ouvriers les méthodes de contrôle, et les adoptaient tôt pour retarder ou espacer les naissances. Les femmes de la classe ouvrière choisissaient plutôt d'avoir le nombre d'enfants désirés, puis d'utiliser une méthode pour s'arrêter. Ce n'est pas qu'elles avaient une idée prédéterminée du nombre idéal ; elles décidaient simplement quand elles en avaient assez. La limitation des naissances chez ces femmes n'avait pas grand rapport avec la théorie malthusienne sur les salaires, comme le reconnut rapidement Edward Bernstein. Il fallait plutôt y voir un changement des styles et des conditions de vie, y compris de nouveaux types d'habitat, de mobilier, d'activités de loisir, de distractions et d'éducation.[31]

La Ligue malthusienne avait soutenu le contrôle de la fécondité pour des raisons économiques. Le contrôle des naissances, pour M. Stopes et M. Sanger, était essentiellement un moyen qui, en épargnant à la femme des grossesses non désirées, favoriserait l'émergence d'une unité familiale sensuelle et heureuse, au sein de laquelle la femme aurait le loisir de goûter les plaisirs de la maternité.[32] En conséquence, M. Stopes et M. Sanger ne pouvaient recommander que des contraceptifs compatibles avec cette image de couple, raisonnable et affectueux. Elles avaient fabriqué un mythe familial qui devait fatalement attirer l'attention des femmes de la classe ouvrière ; la vie de ces femmes ne pouvait que s'améliorer si leur mari devenait plus responsable. M. Stopes et M. Sanger s'employèrent alors à condamner la plupart des pratiques déjà utilisées par les ouvriers et leur femme. Elles condamnèrent la continence en accusant les lits jumeaux d'être les ennemis du mariage. L'allaitement prolongé, largement pratiqué pour espacer les naissances, fut également condamné comme affaiblissant la santé des mères.[33] Quant au coït interrompu, M. Stopes le déclarait peu fiable et dangereux sur le plan physique et psychologique ; selon M. Sanger, cette méthode empêchait « le bon accomplissement de l'acte de la communion physique et entraînait une réaction nerveuse fatale au bien-être des deux partenaires. »[34] Non seulement la femme demeurait tendue sur le plan psychologique, mais, selon M. Stopes, cela induisait des effets secondaires nuisibles sur le plan physique :

> « La femme est lésée sur un autre point – et je suis persuadée qu'on ne peut exagérer les avantages physiologiques – car elle est privée de l'absorption partielle des sécrétions de l'homme, absorption qui se fait par l'intermédiaire de la muqueuse avec laquelle elles entrent en contact. »[35]

De plus, toujours selon M. Stopes, la simplicité du retrait risquait d'entraîner les hommes à la dangereuse habitude de satisfaire seul leurs appétits. Elle s'opposait à la douche vaginale, considérant que cette méthode pouvait être nocive ; quant à la capote, elle lui reprochait d'être inesthétique et peu romantique.[36]

« Existe-t-il quelque chose de vraiment sûr pour éviter aux femmes d'avoir des enfants ? », écrivit une femme à Margaret Sanger.[37] Dans des lettres suppliantes, les femmes de toutes classes disaient clairement leur désir d'une contraception plus efficace. La question était : pouvaient-elles utiliser ce qui était disponible ? La méthode favorite de M. Stopes – méthode qui permettait l'absorption des « sécrétions masculines » – était le diaphragme. M. Sanger y était aussi favorable. Il est clair que leur préférence s'expliquait par des arguments féministes. Le préservatif et le coït interrompu, affirmait M. Sanger, « n'étaient pas vraiment avantageux pour l'épouse, dans la mesure où ils faisaient reposer la responsabilité sur l'homme ; et il est rare que l'homme assume ses responsabilités. Ce que cherche la femme, c'est une méthode d'autoprotection qu'elle puisse elle-même utiliser, et il n'y en a pas. »[38]

En effet, les préservatifs féminins devaient être ajustés par le médecin. En choisissant cette technique, M. Sanger et M. Stope se mettaient dans la position de revendiquer la création de cliniques où l'on proposerait ce genre de service aux femmes des milieux ouvriers. Elles espéraient que ces cliniques rempliraient en fait deux objectifs : sortir la contraception de l'univers louche des boutiques d'articles en caoutchouc, et lui attirer le soutien et l'intérêt du corps médical.[39] Cette stratégie se retourna contre elle-même. La plupart des médecins refusèrent d'être associés en aucune manière avec le contrôle des naissances, et les rares cliniques qui virent le jour avaient beaucoup de difficultés à attirer les femmes de la classe ouvrière, qui étaient intimidées, sinon rebutées par leur atmosphère médicale, masculine et bourgeoise. M. Stopes et M. Sanger condamnaient les moyens mêmes qui paraissaient les plus simples à utiliser pour la classe ouvrière, et elles recommandaient ceux qui, bien que très « efficaces », avaient le moins de chance d'être employés.[40] Et, paradoxalement, tout en souhaitant une plus grande responsabilité masculine, elles s'opposaient au coït interrompu, la méthode contraceptive qui réclamait la plus grande coopération de la part de l'homme.[41]

Les deux femmes s'opposaient aussi fermement à l'avortement. « J'ai travaillé en usine pendant onze ans, écrivit une ouvrière à Margaret Sanger, et la majorité des femmes que j'y ai connues utilisent l'avortement comme moyen de contrôle des naissances, sans se soucier des souffrances et des séquelles physiques. »[42] Les femmes continuaient à utiliser diverses drogues pour tenter de s'avorter. Alice Jenkins se souvient qu'enfant, en 1950, elle savait ce qu'on sous-entendait quand on disait d'une femme : « Elle prend ce qu'il faut. »[43]

En Allemagne, on estima que le nombre des avortements passa de 300 000 avant la guerre à un million dans les années 1920, et qu'il y avait entre 5 000 et 8 000 femmes qui en mouraient chaque année. Trois quarts des femmes concernées étaient mariées.[44] Au Canada, en 1922, une enquête effectuée sur 281 femmes qui avaient accouché au Toronto General Hospital révéla que 527 grossesses sur 1207 s'étaient terminées par un avortement.[45] En Angleterre, le docteur Janet Campbell provoqua un choc en révélant publiquement que les décès par avortement étaient si nombreux qu'ils avaient fait passer le taux de mortalité maternelle de 3,91 pour mille naissances en 1921 à 4,41 en 1934. En Angleterre, la mortalité liée à l'avortement qui représentait 10,5% de la mortalité maternelle en 1930, atteignit 20% en 1934.[46] Marie Stopes informa le *Times* en 1931, qu'en trois mois elle avait reçu 20 000 demandes d'avortement.[47] Les recherches de Kinsey révélèrent qu'une Américaine mariée sur cinq avait eu un avortement.[48]

A partir de 1930, il fallut bien reconnaître que l'avortement dans le premier trimestre ne présentait pas plus de danger (en fait même moins après l'arrivée des sulfamides) qu'un accouchement à terme. Dilatation et curetage étaient les méthodes utilisées le plus couramment. Le vieil argument qui défendait la législation en se fondant sur les risques encourus par la mère était donc désormais sans fondement. A présent c'était la loi elle-même qui mettait les femmes en danger, puisqu'en s'opposant à cette pratique, elle les envoyait dans les bras des avorteuses, avec leurs baumes vaginaux, leurs seringues utérines et tous leurs instruments. La Grande Dépression fit grimper le taux d'avortements à des hauteurs sans précédent. Le docteur W.D. Cronwall écrivait, au Canada :

> « Je pense que la plupart des généralistes reconnaîtront qu'ils se trouvent confrontés à des demandes

> d'interruption de grossesse de plus en plus fréquentes. La grossesse est considérée comme un désastre économique et social. Je note qu'en 1932, l'Angleterre a atteint le taux de natalité le plus faible depuis des dizaines d'années. Si l'on pouvait comparer des statistiques, on verrait que l'avortement a énormément progressé dans les milieux intellectuels. »[49]

Aux Etats-Unis, Frederick J. Taussig rapporta que pratiquement un cinquième de toutes les grossesses se terminaient par un avortement.[50]

L'idée qu'une femme enceinte de moins de trois mois ne puisse « s'arranger » sans commettre un crime était inadmissible pour une grande partie du public féminin. Havelock Ellis déclara clairement que les femmes n'éprouvaient aucun regret et qu'elles ne pouvaient comprendre l'opposition légale et médicale à l'avortement. Le Birkett Committee sur l'avortement rapporta, en 1937, que :

> « Beaucoup de mères semblaient ne pas comprendre que tout avortement, même pratiqué par elles et sur elles, était illégal. Elles pensaient que c'était légal avant le troisième mois, et illégal si pratiqué par un tiers. »[51]

Les femmes de la classe ouvrière restaient attachées à la tradition selon laquelle le fœtus n'était pas vivant avant les premiers mouvements. Elles prenaient des pilules non pas pour avorter, mais pour faire revenir leurs règles. Elles n'avaient aucune intention d'attenter à une nouvelle vie, puisqu'elles cessaient toute manœuvre dès qu'elles sentaient le fœtus bouger. Les avorteuses qui les aidaient étaient parfois des professionnelles peu fiables et très intéressées, mais souvent des femmes du voisinage qui offraient leur service autant par humanité que pour gagner un peu d'argent. Sur les quarante-quatre avorteuses interrogées à la prison d'Holloway en 1950 par Moya Woodside, toutes avaient été mariées, toutes sauf trois avaient des enfants, treize étaient grand-mères et vingt-deux avaient plus de soixante ans. Y a-t-il beaucoup de crimes dont on soupçonnerait un si grand nombre de femmes âgées ? Moya Woodside nota qu'elles considéraient leurs activités non pas comme des « crimes », mais comme des actes dictés par « la compassion et la solidarité féminine ».[52]

Pour certaines femmes, l'avortement représentait une véritable méthode de contraception, et non pas une issue de secours. Une étude sur les taudis de Liverpool révéla que les catholiques de Ship Street considéraient « le contrôle des naissances comme un péché, mais pas l'avortement qui leur paraît parfaitement légitime avant le troisième mois... Elles sont bien rares celles qui utilisent des contraceptifs, mais plus de la moitié a essayé, à un moment ou à un autre, de s'avorter. Jusqu'au troisième mois, on a le droit de prendre des pilules ou de sauter dans les escaliers ; après la femme s'arrête, de peur de faire du mal au bébé ».[53]

La légalisation de l'avortement en Russie, après la révolution de 1917, prouva l'innocuité de cette pratique, mais confirma, dans l'esprit de ses opposants, ses relations avec les forces subversives qui s'attaquaient à l'ordre social et aux relations sexuelles.[54] En Occident, les lois sur l'avortement reposaient sur la discrimination sociale, car une femme aisée pouvait toujours trouver un médecin pour lui prescrire un avortement thérapeutique. En fait, une telle intervention ne se justifiait que de plus en plus rarement sur le plan médical, car les progrès de l'obstétrique assuraient de bien meilleures perspectives pour l'accouchement. Le problème de l'avortement se déplaça sur le terrain des droits de la femme, et la campagne de dépénalisation trouva bientôt des avocates. Dorothy Dunbar Bromley soutint que l'Amérique pourrait éviter 8 000 décès maternels par an en légalisant l'avortement, du moins tant que l'on n'aurait pas de contraceptif fiable.(55) En Angleterre, F.W. Stella Browne déclara : « Le droit à la prévention de la conception doit logiquement et justement inclure le droit à l'évacuation de l'ovule fertilisé contre la volonté de la mère, que ce soit par accident ou non ».(56) En 1936, F.W. Stella Browne fonda avec Alice Jenkins et Janet Chance l'« Abortion Law Reform Society » afin de lutter pour la libéralisation de l'avortement.(57)

Dans les années 1920, il y eut aussi des médecins et des avocats pour prendre position contre la loi de 1861. Les statuts de cette loi posaient effectivement de grands problèmes à la police parce que la pratique était très répandue et les poursuites particulièrement impopulaires. Des juges un peu eugénistes demandèrent publiquement, dans les années 1930, pourquoi punir des mères sans ressources qui refusaient de mettre au monde des enfants tarés. Le corps médical en Grande-Bretagne et aux Etats-Unis – qui croyait, dans sa majorité, que l'avortement était un mal parfois nécessaire – craignait que la pression des patientes ou celle des cours de justice, s'il y était soumis, ne compromît leur liberté de prescrire ou de refuser un avortement thérapeutique.(58) Les médecins redoutaient l'insistance des femmes, tout en sachant que, s'ils ne fournissaient pas ces services, d'autres le feraient à leur place. Le contrôle professionnel fut maintenu en Angleterre et en Amérique par des médecins progressistes qui élargissaient sans cesse la définition de la « santé » – en particulier par l'adjonction d'indications psychiatriques – pour que l'avortement thérapeutique soit toujours justifié par des raisons médicales et non sociales.

Une femme qui avait un retard de trois jours écrivit à

M. Stopes, en août 1923, pour se plaindre que Wise Parenthood ne traitât que de « préconception », et alla jusqu'à proférer des menaces : « Si aucune des personnes [qui savent] ne veulent m'aider, alors j'emploierai d'autres moyens, car je sens que je deviendrais folle si je devais repasser par tout cela. »(59) M. Stopes exigea du personnel de sa clinique de la rue Holloway le serment de ne jamais fournir aucune information sur la façon de provoquer une fausse couche. C'est dans *A Letter to Working Mothers,* de 1923, qu'elle réunit ses arguments contre l'avortement. Elle imaginait que la femme était « prise au piège » : « Alors vous faites, ou vous essayez de faire, un geste désespéré ; vous tentez de vous débarrasser du bébé avant qu'il ne soit trop tard. » Voilà ce qu'on appelle un avortement, continuait-elle, une pratique contraire à la loi et à la nature. Certaines peuvent penser que la loi a tort, concédait-elle : « Je sais que plusieurs milliers d'entre vous trouvent la loi cruelle et injuste, mais je tiens à vous dire qu'elle n'est ni l'un ni l'autre ».(60)

Margaret Sanger recevait tant de demandes d'information sur l'avortement qu'elle avait fait une lettre-type pour expliquer qu'elle ne répondait pas à ce genre de questions. On a prétendu qu'elle se présentait comme une militante contre l'avortement uniquement pour donner une assise morale à son œuvre ; il est certain qu'elle et Marie Stopes avaient décidé d'établir une distinction nette entre contraception et avortement, pour des raisons tactiques.(61) Mais les femmes de la classe ouvrière expliquèrent franchement qu'il n'était pas question pour elles, et bien que l'avortement leur fît peur, d'accepter l'idée que l'emploi d'une méthode supposait le sacrifice de l'autre ; elles les voyaient plutôt comme deux pôles d'une même fonction.

Les femmes de la classe ouvrière désiraient en fait s'assurer la plus grande marge de manœuvre, et on en trouve le témoignage dans leur discours. Elles n'utilisaient habituellement pas le terme d'« avortement » , parce qu'il était associé avec l'image d'un médecin pratiquant une opération. Il s'agissait de « faire revenir ses règles » ou de « retrouver son cycle ». De même, on évitait de dire « J'ai conçu un enfant », ce qui semblait irréparable ; les femmes disaient : « Ça y est », ou « Je suis bonne », ou « C'est reparti », « J'ai dix jours de retard », « Ça fait un mois », « Je suis dans mon quatrième mois », autant d'expressions impliquant qu'il s'agissait d'un processus auquel on pouvait, ou non, mettre fin.[62]

Les efforts de M. Stopes et de M. Sanger pour convertir les femmes des milieux ouvriers à des méthodes de contraception compliquées ne donnaient que peu de résultats.[63] Les partisans du contrôle des naissances interprétaient parfois cette résistance comme un signe d'« ignorance » . Eux-mêmes, ils ignoraient que les méthodes contraceptives bourgeoises étaient souvent chargées d'une idéologie qui les rendaient difficilement acceptables par les ouvriers. Les familles prolétaires désiraient, certes, des contraceptifs plus efficaces, mais il aurait fallu qu'elles changent complètement de mentalité pour utiliser ce qu'on leur proposait. M. Stopes et M. Sanger envisageaient un modèle familial où un mari prudent et prévoyant utiliserait ou aiderait sa femme à utiliser des moyens de contraception mécaniques pour assurer l'ascension sociale de la famille. L'épouse, une femme raisonnable, ne travaillerait pas à l'extérieur pour se consacrer avec compétence à ses devoirs de génitrice et de mère. Le couple chercherait conseil auprès d'un médecin éclairé et amical, pour choisir la méthode de contraception la mieux adaptée. Ce dernier leur démontrerait non seulement l'efficacité du diaphragme – objet d'une manipulation médicale – mais aussi les dangers des autres méthodes et l'immoralité de l'avortement.

Les partisans du contrôle des naissances voyaient, dans l'avortement comme dans le retrait, des risques autant sur le plan social que sur le plan physique. Ces pratiques n'étaient pas fondées sur l'harmonie du couple, elles faisaient plutôt apparaître deux cultures sexuelles séparées, avec un homme qui exigeait ses « droits » et une femme qui cherchait de l'aide auprès de ses amies. Elles ne donnaient pas l'image d'une classe moyenne de consommateurs potentiels, raisonnables et prévoyants, mais plutôt celle d'ouvriers bornés et irresponsables. L'avortement évoquait non pas le médecin, mais la voisine « avertie ». M. Stopes et M. Sanger avaient pour ambition de changer non seulement le choix de la contraception, mais aussi la famille qui l'avait fait. Pour les partisans de la contraception – comme pour les progressistes qui militaient en faveur de l'éducation sexuelle et du divorce –, le mariage moderne ne pouvait être sauvé que s'il évoluait en direction du modèle égalitaire.[64]

M. Stopes et M. Sanger avaient « médicalisé » la contraception, en partie pour obtenir le soutien des praticiens et conférer une certaine légitimité à leur mouvement. En 1922, M. Stopes fonda, dans ce but, le Medical Research Committee. Les cliniques parvinrent à attirer quelques docteurs, mais pas beaucoup de patientes. En 1930, les seize cliniques et les deux consultations privées avaient vu seulement 21 000 femmes, et malgré les protestations de succès de M. Stopes, leur taux d'échec était élevé.[65] L'usage des diaphragmes était trop astreignant pour être régulier. La grande majorité de la population continuait à se fier aux méthodes traditionnelles.

Le plus grand mérite des cliniques pour le contrôle des naissances fut de répertorier les risques que les tentatives d'avortement réitérées faisaient peser sur la santé des femmes ainsi que les infirmités liées à la grossesse et à l'accouchement, et de publier ces informations. Sur ses 10 000 premières patientes, M. Stopes diagnostiqua 1 321 béances du col, 335 prolapsus graves et 1 508 déviations de l'utérus.[66] Les médecins concernés par la santé maternelle pouvaient difficilement ignorer des chiffres aussi choquants. Mais ces derniers esquivaient le débat sur la contraception en affirmant que les taux de mortalité et de morbidité maternels pouvaient être abaissés par la surveillance médicale de la grossesse. Ils firent, sur ce thème, une campagne couronnée de succès. En Angleterre, les accouchements à l'hôpital passèrent de 15% en 1927 à 54% en 1954 ; en Amérique, la progression fut encore plus importante. On disait aux femmes que ces institutions offraient de meilleurs soins, et naturellement elles s'y dirigèrent. Les docteurs croyaient qu'ils pouvaient minimiser les risques de la maternité en la transportant dans cet environnement ; en fait, vu le nombre d'interventions instrumentales, il est peu probable que l'accouchement ait présenté moins de risques à l'hôpital qu'à la maison.[67]

Les partisans du contrôle conseillaient sans relâche aux femmes d'éviter les conseils des commères locales mal informées, et de s'adresser à de véritables professionnels de la santé. Mais les médecins anglais, dont le recensement de 1911 révéla qu'ils avaient les familles les plus réduites de toutes les catégories sociales, s'opposèrent longtemps à toute discussion des techniques contraceptives. Dans les années 1920, d'éminents praticiens britanniques décrivaient encore la contraception comme un sujet « particulièrement nauséabond » , et qui n'attirait que les « esprits mal tournés ». Les femmes qui utilisaient des contraceptifs étaient accusées d'égoïsme et de vanité. Les contraceptifs mécaniques étaient condamnés par des gynécologues soi-disant bien formés comme des objets « sordides et contre nature », qui présentaient des « risques pour la santé ».[68] « Les professions libérales et les nantis l'utilisent [la contraception], écrivait en 1923 un correspondant au Saskatchewan de l'American Birth Control League, comme dans toutes les villes des Etats-Unis. De plus en plus de gens vont chez le médecin pour s'informer sur le contrôle des naissances ».[69] Le problème était que les médecins ne voulaient pas répondre. Ils conseillaient éventuellement d'espacer les naissances, mais rares étaient ceux qui disaient comment y parvenir.

Certains médecins étaient simplement opposés au contrôle des naissances pour des raisons de moralité ; mais, en Angleterre et aux Etats-Unis, la profession dans son ensemble craignait manifestement de perdre sa respectabilité en s'associant avec M. Stopes et M. Sanger. Elle s'inquiétait de la confusion entre avortement et contraception et ignorait tout bonnement les techniques contraceptives. Les femmes médecins issues de la London School of Medicine for Women étaient aussi mal informées que leurs homologues masculins :

> « Une jeune femme médecin, au cours d'un entretien pour son premier poste d'assistante, fut interrogée sur le contrôle des naissances. Elle répondit, avec une certaine hésitation, qu'elle avait toujours trouvé les familles nombreuses plutôt sympathiques, et fut soulagée de constater que c'était apparemment la bonne réponse. »[70]

Même quand les centres britanniques d'assistance sociale commencèrent à diffuser l'information, dans les années 1930, les médecins n'avaient pas grand-chose à dire et n'abordaient pas ces sujets spontanément avec leurs patients. En Angleterre, les premiers cours magistraux sur la contraception débutèrent en 1936, mais la plupart des facultés ne les dispensèrent pas avant les années 1950.[71]

En Amérique, le corps médical fut encore plus long à encourager le contrôle des naissances. Le fait qu'il existât des cliniques, créées par M. Sanger et d'autres, permettait aux médecins d'y envoyer leurs patientes pour des diaphragmes plutôt que de se prêter personnellement à des activités aussi peu prestigieuses. Les médecins se présentaient comme des défenseurs de la moralité publique et ne voulaient pas être soupçonnés de critiquer la société, de peur que leurs universités ne perdent le soutien des riches philanthropes. M. Sanger continuait néanmoins à courtiser le corps médical en lui proposant les services de son Clinical Research Bureau, qui avait rassemblé sur l'histoire médicale de ses patientes des données très intéressantes. En 1937, le docteur Robert Latou Dickinson finit par obtenir de l'American Medical Association l'adoption d'une résolution, reconnaissant l'importance de la contraception et proposant son enseignement dans les facultés médicales. Cela ne signifiait pas que les médecins étaient devenus d'ardents défenseurs de la contraception. La Grande Dépression les avait seulement obligés à reconnaître à contrecœur l'importance de la question. La plupart continuèrent jusque dans les années 1960 à prétendre qu'une femme saine était une femme enceinte.[72]

Néanmoins, dans les années 1930, la reconnaissance publique du contrôle des naissances effectua un bond en avant, ou quelque chose qui pouvait passer pour tel. Ce changement a généralement été attribué au remarquable travail de propagande de Marie Stopes et de Margaret Sanger. Elles avaient en effet réussi à présenter le contrôle des naissances comme une force positive susceptible de servir les intérêts des couples, en améliorant leur santé et leur bonheur, ainsi que les intérêts de l'Etat en améliorant scientifiquement la qualité de la race. Ces arguments permirent aux partisans du contrôle des naissances de désarmer un grand nombre de leurs adversaires au sein des Eglises protestantes et du corps médical.

En vérité, vers les années 1930, les Eglises n'avaient plus grand-chose à dire sur la contraception. En 1908, à la conférence de Lambeth, les évêques anglicans avaient qualifié la contraception d'« avortement préventif » ;

mais le clergé, de tendance eugéniste, fut gagné par les arguments des partisans du contrôle des naissances, et, en particulier, convaincu que la contraception permettrait de réduire les dépenses sociales.[73] M. Stopes et M. Sanger reçurent bon nombre de demandes d'information de la part de pasteurs protestants et de leur femme qui pratiquaient eux-mêmes la contraception et qui contribuaient à l'enseigner dans les communautés éloignées.[74] L'encyclique de Pie XI, *Casti connubi,* qui répondait aux protestants et à leur reconnaissance tiède de la contraception à la conférence de Lambeth, cristallisa l'opposition catholique à la régulation « artificielle » des naissances. Mais au même moment, la nouvelle méthode cyclique, élaborée par Knaus et Ogino en 1929, fut propagée par l'Eglise et approuvée par le Vatican : « La connaissance des cycles de la femme, écrivit Leo J. Latz dans un texte qui reçut l'imprimatur de l'Eglise, permet aux couples mariés de savoir quand, en accomplissant l'acte du mariage, ils coopèrent avec Dieu pour la procréation d'un nouvel être humain. »[75] L'utilisation de cette méthode permettait une régulation « naturelle » de la dimension des familles, et pouvait, comme Leo J. Latz l'espérait, rallier les catholiques trop nombreux à utiliser les services des cliniques de contrôle des naissances.

En Angleterre, les centres sociaux pour la protection de la mère ou de l'enfant reçurent l'autorisation de fournir une information sur la contraception, à condition qu'elle fût justifiée sur le plan médical ; ce changement intervint à la suite de la victoire des Travaillistes en 1929 et grâce à une énergique campagne des féministes et des associations pour le contrôle des naissances. En 1937, au Canada, un jugement du tribunal condamna la diffusion d'informations sur la contraception faite pour « le bien public ».[76] Aux Etats-Unis, la saisie par les douanes d'un chargement de diaphragmes entraîna un jugement en cour de cassation et l'annulation par le juge Augustus Hand des dispositions de la loi Comstock de 1873, qui interdisait les services de la poste aux contraceptifs et aux informations sur la contraception.[77]

M. Stopes et M. Sanger avançaient encore de nouveaux arguments en faveur de la limitation des naissances ; elles faisaient toujours dans le sentimental, avec un vocabulaire particulier qui donnait à leur raisonnement un caractère émotionnel. Elles utilisaient avec succès les livres, les conférences publiques et les tribunes des cours de justice pour répandre leur message. Mais toutes les cliniques pour le contrôle des naissances mises ensemble ne procuraient de nouvelles méthodes de contraception qu'à une fraction minime de la population, et les motivations restaient ancrées dans les vieilles idées de survie économique. Les natalistes continuaient à condamner l'immoralité du contrôle des naissances ; ils ne pouvaient cependant pas aller jusqu'à s'en prendre aux injustices sociales et aux inégalités de revenus qui poussaient à la misère les familles nombreuses des ouvriers.[78] La crainte de la pauvreté fit chuter le taux de fécondité jusqu'à un seuil record au moment de la Grande Dépression ; le simple constat de ces réalités sociales expliquait que le public finît par accepter le contrôle des naissances. Les conservateurs et les eugénistes furent, eux aussi, entraînés par la force des choses à soutenir la contraception, au moins dans l'espoir de réduire les dépenses sociales.

Dans le Royaume-Uni, le taux de naissance brut (nombre de naissances pour 1 000 habitants) ne cessait de baisser : de 34,1 pour 1 000 en 1870 ; 2 à 24,5 en 1910 ; 12, à 15,8 en 1930.[79] En Amérique, le groupe de femmes qui se marièrent en 1920 eut moins d'enfants qu'aucun autre groupe entre 1880 et 1950.[80] La fécondité de la classe ouvrière chuta plus vite que celle des classes moyennes, mais des facteurs différentiels subsistèrent quant au nombre d'enfants par famille et aux méthodes contraceptives employées. Les témoignages recueillis dans les cliniques révélèrent que le coït interrompu restait la première méthode de contraception pour la majorité de la population. En Angleterre, le pourcentage des couples des classes moyennes utilisant des contraceptifs passa de 9 à 40% entre 1910 et 1930, tandis que, parmi les ouvriers, la progression n'était que de 1 à 28%.(81) En fait, on peut constater, dans les années 1920, un usage très répandu des méthodes naturelles, et seulement une évolution vers les autres formes de contraception. Dans les années 1930, les méthodes les plus populaires en Angleterre étaient, dans l'ordre, le retrait, la capote, l'abstinence (périodes non fertiles) et le diaphragme. C'est à ce moment que l'on commença à fabriquer des préservatifs en latex, plus confortable que le caoutchouc. L'usage des capotes s'était généralisé au cours de la Première Guerre mondiale, surtout pour éviter les maladies vénériennes. Leur association à la prostitution, par opposition au mariage, avait été, de ce fait, renforcée.

Les méthodes féminines supplantèrent lentement les méthodes masculines. Ce processus se développa d'abord aux Etats-Unis, où dès les années 1930 on utilisait déjà beaucoup le diaphragme, la douche vaginale et la méthode du cycle.(82) C'est Marie Stopes qui, dans les années 1920, fit la promotion du diaphragme, inventé depuis 1830. On pouvait le garder un mois durant, mais il devait être mis en place par un médecin. Le diaphragme et la crème spermicide étaient surtout utilisés par les classes moyennes. On estime qu'en 1950, une épouse américaine sur trois employait cette méthode. Mais l'intervention du médecin rebutait la plupart des femmes des milieux ouvriers, et le succès de cette méthode restait médiocre.(83)

En Belgique, Fernand Mascaux affirmait que l'essentiel, pour le prolétariat, était la simplicité et la modicité ;

du coton hygiénique trempé dans du vinaigre ou du jus de citron pouvait, selon lui, assurer une protection satisfaisante.[84] On apprécie mieux le poids des forces sociales qui s'opposaient à l'usage des contraceptifs en étudiant le cas de A.R. Kaufman. Ce Canadien débuta son travail dans le domaine du contrôle des naissances en 1930, en créant des dispensaires pour la mise en place des diaphragmes. Il se rendit bientôt compte que la médicalisation du processus était un obstacle au succès. Il se désengagea des dispensaires, et fonda le Parents' Information Bureau, d'où il expédiait des colis de capotes et de crèmes spermicides. Il proclamait qu'une méthode moins efficace était toujours plus efficace que rien.[85] Aux Etats-Unis, Clarence James Gamble (de la dynastie des fabricants de savon) suivit le même chemin en produisant massivement des contraceptifs simples comme la gelée à l'acide lactique.[86] A.R. Kaufman et C. J. Gamble étaient, sur le plan social, des conservateurs, sensibles donc à l'argument selon lequel les dépenses sociales pouvaient être maîtrisées par la réduction des familles ouvrières. La question, pour eux, ne concernait pas les droits des femmes, mais l'équilibre social.

Certaines méthodes nouvelles apparurent au début du XXe s. ; mais aucune ne se révéla satisfaisante. La stérilisation des hommes et des femmes devint techniquement possible dès les années 1890, mais elle fut réservée aux déficients mentaux, pour des raisons d'eugénisme. Le repérage précis de la date d'ovulation par Ogino et Knaus, dans les année 1920, aboutit à l'élaboration d'une nouvelle méthode, fondée sur le cycle. Bien que supérieure à son équivalent du XIXe s., elle avait un taux d'échec si élevé qu'on la surnomma « la roulette du Vatican ». Les chercheurs allemands qui, avant 1914, avaient travaillé sur des dispositifs intra-utérins, destinés à empêcher l'implantation de l'œuf fertilisé, subirent des déconvenues semblables. Le premier appareil était en soie, mais en 1920 Grafenbert annonça l'invention d'un anneau en or et argent. M. Stopes fournit à certaines patientes un appareil du même genre qu'elle nommait « épingle d'or ». Ces méthodes causèrent des irritations internes dangereuses et quantité de problèmes médicaux qui en limitèrent l'utilisation.(87)

Là où les scientifiques échouaient, les hommes d'affaires intervinrent. Profitant de la demande pour une protection efficace, les maisons de commerce fabriquèrent un large choix de crèmes et de gelées spermicides. De vastes campagnes publicitaires vantèrent la sécurité des produits Rendell, Norform, Sanitab, Zonite et Zonitor aux Etats-Unis. Mais, vu la nature des marchandises, les marques n'étaient pas déposées, et ne faisaient l'objet d'aucune réglementation de la part du gouvernement. Les utilisateurs n'avaient donc aucune garantie sur l'efficacité des produits. Certains liquides, dont les fabricants assuraient qu'ils protégeaient « le bonheur conjugal », contenaient peut-être quelques agents spermicides, mais n'étaient souvent rien de plus que des déodorants vaginaux. Les désinfectants comme le Lysol et le Dettol qui pouvaient, d'après les indications discrètes de l'étiquette, servir aux mêmes fins, se révélèrent dangereusement irritants. En dépit de ces imperfections, l'industrie de l'« hygiène féminine » qui comprenait les contraceptifs, devint extrêmement prospère. On estime qu'elle rapportait plus de 250 millions de dollars par an aux Etats-Unis, dans les années 1930.(88)

Vingt ans plus tard, la situation n'avait pas tellement évolué. Le corps médical continuait à se reconnaître un rôle de gardien des mœurs. En Angleterre, jusqu'en 1970, la Medical Defense Union recommandait aux praticiens de ne pas mettre en place un dispositif intra-utérin sans la permission du mari.(89) En Amérique, la Grande Dépression avait freiné le développement des cliniques de contrôle des naissances, mais celles-ci fournissaient toujours des services limités sans proposer aucun contraceptif nouveau. La plupart des gens s'informaient auprès de leur entourage, et non pas chez les docteurs, ce qui permettait à ces derniers d'affirmer que la demande dans ce domaine était faible.

La guerre avait, bien sûr, arrêté tout mouvement en faveur du contrôle des naissances sur le continent européen. En Union soviétique, Staline avait, dans les années 1930, limité l'accès à l'avortement. Les régimes fascistes étaient farouchement opposés à toute tentative de contrôle des naissances – contraception comme avortement – par des gens « compétents ». Mussolini, bien que partisans du néo-malthusianisme en 1913, instaura des lois contre le contrôle des naissances en 1926.[90] Les nazis lui emboîtèrent le pas. Tout en raillant les droits de la femme et en se posant comme les défenseurs de la famille, ces derniers poussèrent les théories eugénistes à leur aboutissement logique en pratiquant 56 000 stérilisations sur les « inaptes » dès leur première année de pouvoir, et 250 000 par la suite. Les avorteurs étaient exécutés ; l'information sur la contraception interdite. Si les nazis réussirent à limiter l'accès à l'avortement thérapeutique, ils furent aussi impuissants que les autres régimes à empêcher les opérations clandestines.[91] Le taux de natalité s'éleva après 1933, et non pas à cause de la politique nataliste des nazis ; la fécondité remontait dans tous les pays (sauf en France) après la fin de la Grande Dépression.[92]

Les démocraties d'après-guerre, bien que conscientes du besoin d'une politique de repopulation et généralement natalistes, refusèrent de condamner la contraception de crainte d'être assimilées aux régimes fascistes. En Grande-Bretagne, le « planning familial » faisait partie du National Health Service. Ce qui est curieux, c'est qu'au moment où se créait une foule de nouvelles cliniques, les taux de fécondité se mirent à augmenter. Le

« baby-boom » de l'après-guerre fut une surprise. Bien que ce fut plutôt un petit boom sur le continent européen et en Grande-Bretagne, les taux de natalité restèrent très élevés en Amérique du Nord et en Australie pendant les années 1950 et une bonne partie des années 1960. En Angleterre, les taux passèrent de 15,8 pour mille en 1931 à un maximum de 20,5 en 1947, et déclinèrent ensuite ; aux Etats-Unis, ils grimpèrent jusqu'à 24,5 en 1951. La famille de trois enfants remplaça celle de deux enfants. Les anciens facteurs différentiels entre les classes sociales avaient en grande partie disparu ; la natalité avait à présent tendance à suivre une courbe en U : les familles des classes les plus élevées et les plus basses ayant un peu plus d'enfants que les familles des classes moyennes. Le « baby-boom » démentissait l'argument avancé par les conservateurs en 1930, selon lequel la prise en charge par l'Etat de la santé, de l'éducation et de l'entretien des personnes âgées, entraînerait obligatoirement la réduction de la dimension des familles. C'est l'amélioration des salaires dans les années prospères de l'après-guerre qui rendit possible cette reprise de la natalité.

Le taux de nuptialité monta à son maximum et le grand mariage religieux redevint à la mode. Les femmes se mariaient plus jeunes et avaient leurs enfants plus tôt. Beaucoup de couples se rattrapaient délibérément des sacrifices endurés par leurs parents au cours de la Grande Dépression et de la guerre. D'autres faisaient tout simplement moins attention.(93) Les gouvernements, qui redoutaient les conséquences sociales de l'instabilité familiale instaurée par la guerre, acclamèrent ce qu'ils percevaient comme un retour aux valeurs traditionnelles. Les femmes, réquisitionnées un ou deux ans plus tôt pour travailler dans les usines d'armement tandis que leurs enfants étaient pris en charge par l'Etat, découvraient qu'il n'y avait plus ni travail, ni crèche. Elles étaient assaillies par la publicité nataliste, et faute de mieux, succombèrent en grand nombre aux charmes de la vie domestique et de la féminité, à ce qu'on appela par la suite « la mystique féminine ». L'American Birth Control League de Margaret Sanger elle-même, pour se dissocier du concept dérangeant des droits individuels de la femme et exploiter ce sentiment familial, se rebaptisa Planned Parenthood Federation of America.(94)

Le « baby-boom » domestique fut bien accueilli par les gouvernements occidentaux ; en revanche, le développement rapide de la population du Tiers-monde, entraîné par le déclin de la mortalité, fut considéré comme une menace pour l'équilibre social mondial. Les Rockefeller, qui, entre autres dirigeants de sociétés moins connues, soutenaient financièrement le Population Council, craignaient que l'Asie, l'Afrique et l'Amérique du Sud, ruinées par la surpopulation, ne tombent aux mains des communistes. Dans les années 1950, les idées eugénistes réapparurent dans des études qui annonçaient un déferlement des races jaune et noire sur les nations blanches. Les conservateurs se mirent à présenter la famille restreinte comme une preuve du « sens des responsabilités » des parents. Les nouveaux malthusiens déclarèrent qu'il y avait un « problème de population », qui ne pourrait être résolu que par un contraceptif bon marché et totalement fiable. Dès que l'on reconnut que la natalité représentait un véritable danger, médecins et bureaucrates se sentirent libres de mobiliser toute leur énergie pour s'attaquer au problème.(95)

Margaret Sanger, bien qu'elle se fût éloignée du feu des projecteurs depuis la fin des années 1930, continuait à travailler sur le projet d'un contraceptif qui, comme la vaccination, protégerait également la santé de la patiente. Elle était motivée par le désir de simplifier la vie des femmes, de dissocier le plus possible la vie sexuelle du processus contraceptif, et d'abaisser efficacement la fécondité des « inaptes ». Elle faisait confiance à la science pour une découverte aussi sensationnelle. Les premières recherches hormonales furent entreprises en Autriche par le docteur Haberlandt, grâce à l'aide des fonds Rockefeller, et montrèrent qu'on pouvait bloquer l'ovulation chez l'animal par des injections d'œstrogènes.[96] Des expériences sur l'interférence des stéroïdes furent également faites par le docteur B. P. Wiesner à Edimbourg dans les années 1920, également grâce à l'argent américain.[97] Aux Etats-Unis, une dizaine d'années plus tard, Gregory Pincus commença à travailler sur les hormones synthétiques, dans le cadre de la Worcester Foundation for Experimental Biology. Partant du principe que l'ovulation était contrôlée par l'hypophyse et par l'hypothalamus, il découvrit qu'on pouvait bloquer le processus en stimulant l'activité de ces glandes par un médicament. Il faut préciser que ces recherches n'avaient pas été entreprises dans le but de trouver un meilleur contraceptif.

Margaret Sanger rencontra Gregory Pincus en 1950 et entrevit les applications pratiques de ses travaux. Elle se tourna alors vers Katharine MacCormick, une féministe riche et entreprenante, favorable depuis longtemps au contrôle des naissances, et obtint d'elle qu'elle subventionnât Gregory Pincus. Dès 1951, celui-ci prouva que la progestérone inhibait l'ovulation, et entreprit des recherches sur les hormones synthétiques. John Rock accepta de tester les nouveaux produits sur des femmes de Boston ; des essais cliniques à grande échelle furent menés à Porto Rico en 1956. John Rock, gynécologue de Harvard et catholique convaincu, ancien adversaire de la contraception, qui s'inquiétait alors des menaces posées par la surpopulation, déclara que la « pilule » était un contraceptif « naturel », et que les catholiques pouvaient l'utiliser en leur âme et conscience. En 1960, la Food and Drug Administration accepta un inhibiteur de l'ovulation de la société Searle comme contraceptif oral ;

d'autres laboratoires pharmaceutiques fabriquèrent bientôt des produits similaires. En 1969, quand l'Eglise condamna catégoriquement la pilule, les catholiques, rassurés par John Rock et habitués à l'utiliser, ne se rendirent pas aux arguments du pape.[98]

Ni John Rock ni Margaret Sanger n'avaient eu l'intention de provoquer une révolution morale. Ils étaient conservateurs, soucieux de la stabilité familiale et de l'ordre mondial. Ils croyaient que la contraception orale pouvait assurer cette stabilité. C'est l'apparition de la pilule – et non une soudaine conversion aux théories eugénistes, néo-malthusiennes ou féministes – qui amena le corps médical à approuver le contrôle des naissances. La contraception biochimique et hormonale correspondait à leurs idéaux : c'était un « véritable » acte médical qui mettait la naissance sous le contrôle d'experts, chose indispensable selon eux. Les embryologistes ne faisaient pas mystère, dans leurs publications, de leur ambition : « hygiéniser » la procréation ; les métaphores utilisées pour décrire la conception et le développement de l'embryon étaient auparavant empruntées au vocabulaire courant (un œuf est pondu, il fait son nid), mais à présent, les médecins refusaient des associations aussi terre à terre, et puisaient leurs images dans le langage des ingénieurs. Ils semblaient plus à leur aise en parlant de « plancher pelvien », de « paroi utérine », de « canaux », de « stockage et de transport de l'ovule » – ce qui apparentait davantage l'utérus à un site architectural qu'à un organe humain. De même les médecins, qui avaient toujours eu des difficultés avec les diaphragmes – crèmes salissantes, caoutchoucs glissants – étaient enchantés de la pilule, un « médicament de prévention », qui émanait de la recherche scientifique et qui n'exigeait qu'une simple prescription.[99]

Les femmes qui prenaient la pilule souffraient de nombreux effets secondaires, mais la plupart étaient ravies de ce contraceptif apparemment tout à fait efficace et affranchi de toutes les manipulations sordides et déprimantes des méthodes antérieures. Les hommes, naturellement, étaient contents d'être définitivement délivrés de toute responsabilité dans le contrôle des naissances. Médecins et patientes décidèrent donc que la pilule était une panacée. En fait, elle n'était pas supérieure aux méthodes « d'obstacle » utilisées de façon systématique. Comme tout autre contraceptif, la pilule pouvait être oubliée ou mal prise. L'efficacité dépendait toujours du bon emploi.

La foi dans le miracle pharmaceutique, qui procurait un moyen simple et efficace de contrôler les naissances, ne dura pas longtemps. A peine la pilule avait-elle été adoptée massivement que la thalidomide (un sédatif qui fut prescrit à des femmes enceintes) causait une épidémie tragique de naissances anormales et que le public s'effrayait des effets secondaires de toutes les substances biochimiques. Mais le désastre de la thalidomide fournit aussi des arguments aux réformateurs pour prôner l'avortement quand la « qualité de la vie » était en jeu. Une vague s'était déjà élevée en faveur de la réforme de la loi sur l'avortement. Les médecins s'inquiétaient de voir encore des femmes mourir à la suite d'avortements clandestins, même si leur nombre était nettement en recul par rapport à la situation des années 1930. Les avocats se plaignaient de voir la loi bafouée par la multiplicité de ces pratiques criminelles. Les partisans de l'avortement s'élevaient contre la loi actuelle parce qu'elle ignorait la définition de la santé selon l'O.M.S. qui devait inclure « le bien-être physique, mental et social ». A partir de ce principe, les lois sur l'avortement furent donc réformées dans tout le monde occidental à la fin des années 1960 et au début des années 1970. En 1973, la Cour suprême des Etats-Unis défendit le droit de la femme au secret pour annuler toutes les lois des Etats contre l'avortement précoce. L'assouplissement de la loi entraîna un abaissement de la mortalité et de la morbidité maternelle liées à l'avortement clandestin.[100]

L'avortement était libéralisé, mais le contrôle du processus restait dans les mains fermes du corps médical qui voyait confirmées ses prérogatives, liberté de décision et droit de réserve. Le « droit » de la femme à contrôler son corps n'était pas reconnu. Les avortements restaient des services sous la surveillance et la stricte autorité des médecins ; les femmes qui désiraient y recourir (des célibataires de plus en plus jeunes, en Amérique du Nord) étaient toujours culpabilisées et rabaissées.

Il avait fallu attendre la fin des années 1960 pour que l'avortement soit libéralisé et pour que pilule et stérilet soient prescrits sur une grande échelle. Pourtant, dès 1964-1965, journalistes et universitaires y virent la cause d'un nouveau recul de la fécondité. En 1975, le taux de natalité en Angleterre était tombé à 12,2 pour mille, plus bas encore qu'en 1933.[101] Les médias déploraient qu'il y eut un nombre croissant de « femmes sans enfant », tout en ignorant que si la dimension de la famille s'était en effet réduite, le pourcentage de femmes « avec enfant » avait augmenté. En Amérique, 20% des femmes nées entre 1901 et 1910 n'avaient pas eu d'enfant ; elles n'étaient plus que 7,3% dans le groupe né entre 1931 et 1935. En Grande-Bretagne, en 1921, 83 % des femmes atteignant l'âge de quarante-cinq ans étaient mariées ; 96% dans les années 1960. [102] En bref, le XXe s. vécut une transition entre un monde où il était courant pour certains d'avoir une famille nombreuse, tandis que d'autres restaient célibataires, et un monde dans lequel presque tout le monde se mariait et avait une petite famille. En fait, le flot continuel de propagande lancée par les sexologues, les médecins et les éducateurs pour promouvoir l'« efficacité » de la sexualité, de la maternité et de l'éducation, qui débuta dès 1900 et se poursuivit sans répit, réussit à implanter la notion qu'une femme qui n'enfantait pas restait d'une certaine façon incomplète. M. Sanger et M. Stopes auraient été satisfaites de constater que le contrôle des naissances, au lieu de miner l'idéologie de la maternité, était devenu son plus grand soutien.

Le contrôle des naissances fut à la fois cause et effet d'un nombre important de changements spectaculaires qui intervinrent, en un peu plus d'un siècle, dans l'existence de la femme. La dimension de la famille passa d'environ cinq enfants au milieu du XIXe s. à environ deux à partir des années 1920. Auparavant, les mères continuaient à avoir des enfants tout au long de la trentaine, et parfois même dans la quarantaine. Dans le monde moderne, les grossesses s'étaient tellement rapprochées que vers vingt-huit ans les femmes en avaient terminé. Avec une espérance de vie plus longue, elles pouvaient donc prévoir de vivre une cinquantaine d'années encore après leur dernier accouchement, alors qu'au XIXe s., elles passaient la plus grande partie de leur vie à mettre au monde et à nourrir des bébés. La plupart des femmes d'après-guerre envisageaient donc le mariage et une carrière. En Grande-Bretagne, seules 10% des mères étaient actives en 1900 ; elles étaient 50% en 1976. Le mariage, qui ne durait autrefois que trente ans tout au plus, pouvait dorénavant atteindre au moins quarante-cinq ans. Il devenait normal de connaître ses petits enfants. Ce n'est qu'en 1970 que l'augmentation des divorces « compensa » la diminution des décès conjugaux, comme cause de dissolution familiale.[103] Au XIXe s., la famille monoparentale était la conséquence du veuvage ; au XXe s., elle était la conséquence du divorce.

Ceux qui déploraient le « déclin de la famille » oubliaient que les enfants des siècles précédents étaient renvoyés très jeunes du foyer pour servir comme domestiques ou comme apprentis, et qu'ils se mariaient tard.

Dans le monde d'après-guerre, les enfants restaient à l'école et vivaient à la maison jusqu'à la fin de leur adolescence et se mariaient vers vingt et quelques années. La crainte du « fossé entre les générations » et de la « délinquance juvénile » fournit un thème inépuisable aux journalistes ; en réalité, une vie plus dépendante ne pouvait que mener à des formes nouvelles et contestataires de culture adolescente. Autrefois, les générations se succédaient ; désormais elles se chevauchaient. La recherche de l'« amour » devenait la seule façon pour les jeunes de s'affranchir de toute dépendance émotionnelle vis-à-vis de leurs parents. La sexualité pré-conjugale dont l'augmentation fut rapportée par Kinsey, entre autres, et favorisée par l'usage croissant de la contraception, conduisait normalement au mariage. On ne pouvait pas vraiment parler d'« émancipation ». (104)

Les chercheurs en sciences sociales des années 1970 saluèrent la montée de la « famille symétrique », quand les derniers vestiges des traditions ouvrières de cultures sexuelles séparées parurent s'effacer.(105) Les facteurs démographiques différentiels d'origine sociale et régionale ne disparurent pas, mais un modèle général de mariage précoce et de famille réduite était désormais applicable à tous les groupes sociaux. La vieille plaisanterie qui prétendait que la famille s'était réduite au nombre de quatre pour pouvoir entrer dans la Ford à quatre places n'était pas si loin de la vérité. Le symbole le plus spectaculaire de cette « homogénéisation de l'expérience » (106) fut sans doute le contrôle de la menstruation résultant de l'usage des contraceptifs oraux. Chaque utilisatrice avait désormais un cycle d'exactement vingt-huit jours.

Dès les années 1960, la production en masse de vêtements et de produits alimentaires bon marché sapait à la base le concept de la femme au foyer « à plein temps ». Non seulement les femmes mariées, mais dès la fin des années 1970, les mères de famille, s'engouffrèrent dans le monde du travail. Toutes, elles réclamaient le contrôle de leur fécondité, et ce fut cette demande générale qui entraîna la libéralisation de l'avortement et la fabrication de contraceptifs oraux. Ces mesures, en retour, assurèrent aux femmes une plus grande liberté, pour leur formation et pour leur carrière. Beaucoup d'entre elles embrassèrent la cause féministe qui dirigea bientôt son regard inquisiteur sur la médecine.

On se rendit compte que les femmes avaient effectivement obtenu des méthodes plus efficaces de contrôle des naissances, mais à un certain prix : assumer la responsabilité totale des inconvénients et des risques. Personne ne voulait plus s'en remettre au coït interrompu, mais on pouvait reconnaître à cette méthode le mérite d'exiger un haut niveau d'implication de la part des hommes. De plus, la sophistication croissante des contraceptifs ne diminuait pas la crainte d'une grossesse non désirée. Au contraire, devenir enceinte sans l'avoir prévu était bien plus terrifiant pour celles auxquelles la médecine avait donné l'espoir d'une reproduction parfaitement régulée. Le corps médical, bien entendu, ne s'était jamais tellement soucié d'éviter aux femmes les grossesses non désirées ; il s'était plutôt trouvé dans l'obligation de répondre à l'arrivée de la pilule et à la libéralisation de l'avortement. Ne pouvant empêcher ni l'une ni l'autre, il avait simplement tenté de les contrôler. La responsabilité médicale restait le souci principal de la profession, et non l'autonomie de la femme. La nouvelle vague des féministes posait en fait la question suivante – que Marie Stopes et Margaret Sanger, si elles avaient encore été vivantes, auraient probablement considérée comme un recul pervers à l'époque victorienne : ces contraceptifs, plus efficaces, parce qu'ils étaient dispensés par des médecins, ne privaient-ils pas en fait les femmes du contrôle de leur corps ?[107]

1 Jane et Peter Schneider, Demographic Transitions in a Sicilian Town, *Journal of Family History*, 9, 1984, p. 258. En Italie du Nord, la fécondité baissa rapidement dans l'entre-deux-guerres ; dans le sud du pays, elle ne baissa qu'après la Seconde Guerre mondiale. Massimo Livi-Bacci, *A History of Italian Fertility During the Last Two Centuries,* Princeton University Press, Princeton, New Jersey, 1977 .

2 Marie-Monique Huss, Pronatalism in the Inter-War Period in France, *Journal of Contemporary History, 1990,* p. 52 ; Colin Dyer, *Population and Society in Twentieth Century France,* Hodder and Stoughton, Londres, 1978, p. 78-81.

3 Margaret Sanger, *An Autobiography,* Norton, New York, 1938.

4 Mary Ware Dennett, *Birth Control Laws : Shall We Keep Them, Change Them or Abolish Them ?,* Hitchcock, New York, 1926 .

5 Ruth Hall, *Passionate Crusader : The Life of Marie Stopes,* Harcourt Brace Jovanovich, New York, 1977 ; Ellen Holtzman, The Pursuit of Married Love : Women's Attitudes Towards Sexuality and Marriage in Great Britain, 1918-1939, *Journal of Social History,* 16, 1982, p. 39-52.

6 Marie Stopes, *The First Five Thousand, Being the First Report of the First Birth Control Clinic in the British Empire,* John Bale, Londres, 1925.

7 Havelock Ellis, *The Task of Social Hygiene,* Constable, Londres, 1912

8 C. P. Blacker, *Birth Control and the State : A Plea and Forecast,* Kegan Paul, Londres, 1926, p. 34 ; *The Practitioner,* 111, July 1923, p. 24.

9 Les préoccupations eugéniques furent à l'origine des premiers travaux sérieux sur la sexualité : c'est grâce à l'aide financière de John D. Rockefeller que furent fondés, en 1913, l'American Social Hygiene Association, et son département de recherches, le Bureau of Social Hygiene. Cependant, on ne travailla que peu sur la sexualité humaine « normale » avant Alfred Kinsey, dont les recherches débutèrent dans les années 1940. Vern L. Bullough, The Rockefellers and Sex Research, *The Journal of Sex Research,* 21, 1985, p. 113-125.

10 Margaret Sanger, *The Pivot of Civilization,* Brentano, New York, 1922, p. 86.

11 Marie Stopes, *Radiant Motherhood,* Putnam's, Londres, 1928, p. 207.

12 Margaret Sanger, *The Pivot of Civilization,* p. 254.

13 Marie Stopes, *Contraception, Birth Control : Its Theory, History and Practice,* Putnam's, Londres, 1923, p. 37.

14 Marie Stopes, *Marriage in My Time,* Rich and Cowan, Londres, 1935, p. 116.

15 Marie Stopes, *Radiant Motherhood,* p. 116.

16 Marie Stopes, *Married Love,* Fifield, Londres, 1918, p. XI.

17 Marie Stopes, *Married Love,* p. 43-44 ; *Marriage,* p. 64 ; *Enduring Passion,* Hogarth, Londres, 1928, p. 90 ; *Radiant Motherhood,* p. 3.

18 Dorothy Dunbar Bromley, *Birth Control : Its Use and Misuse,* Harper, New York, 1934, p. XIV.

19 R.H. Higonnet, J. Jenson, S. Michel and M. C. Weitz, *Behind the Lines : Gender and the Two World Wars,* Yale University Press, New Haven, 1987.

20 Havelock Ellis, *Studies in the Psychology of Sex,* Random House, New York, 1936 [première édition 1906], vol. 11, ch. 12 ; Paul Robinson, *The Modernization of Sex,* Harper and Row, New York, 1976 .

21 Theodore H. van de Velde, *Ideal Marriage : Its Physiology and Technique,* traduit par Stella Browne, Random House, New York, 1926. Les études récentes soutenant que les femmes ont été « enrôlées » dans l'hétérosexualité ont curieusement sous-estimé le rôle joué par les partisans du contrôle des naissances. Voir Margaret Jackson, *Sexual Liberation or Social Control, Women's Studies International Forum,* 6, 1983, p. 1-18 ; Sheila Jeffreys, *The Spinster and Her Enemies : Feminism and Sexuality, 1880-1930,* Pandora, Londres, 1985.

22 Jackson, *Sexual Liberation or Social Control,* p. 1-18 ; Robert A. Nye, Sex Difference and Male Homosexuality in French Medical Discourse, *Bulletin of the History of Medicine,* 63, 1989, p. 32-51.

23 Jane Lewis, *The Politics of Motherhood,* Croom Helm, Londres, 1980, p. 96-98 ; Luc Boltanski, *Prime éducation et morale de classe,* Mouton, Paris, 1969, p. 57-70.

24 V. A. Zelizer, *Pricing the Priceless Child : The Changing Social Value of Children,* Basic Books, New York, 1985, p. 90.

25 Margaret Leonora Eyles, *The Woman in the Little House,* Grant Richards, Londres, 1922, p. 129.

26 Marie Stopes, *Enduring Passion,* p. 28. Cf aussi Elizabeth Roberts, *Working Wives and Their Families,* dans *Population and Society in Britain, 1850-1980,* éd. Theo Baker and Michael Drake, Batsford, Londres, 1982, p. 154-155.

27 Linda Gordon, *Woman's Body, Woman's Right : A Social History of Birth Control in America,* Grossman, New York, 1976, p. 324.

28 Lesley A. Hall, Somehow Very Distasteful : Doctors, Men, and Sexual Problems Between the Wars, *Journal of Contemporary History,* 20, 1985, p. 553-574.

29 Diana Gittens, *Fair Sex : Family Size and Structure, 1900-1939,* Hutchinson, Londres, 1982.

30 Margery Spring Rice, *Working-Class Wives : Their Health and Conditions,* Penguin, Londres, 1939.

31 Edward Bernstein, *Decline in the Birth-Rate, Nationality, and Civilization,* dans *Population and Birth Control,* éd. Eden and Cedar Paul, Critic and Guide, New York, 1917, p. 164.

32 La Woman's Cooperative Guild prit position en faveur du contrôle des naissances en 1923, et, en 1924, le Workers' Birth Control Group fut fondé après que le Parti travailliste eut décidé, à son congrès annuel, que les établissements de santé sociaux devaient fournir aux mères des informations sur la contraception. Marie Stopes était stupéfaite que la plupart des féministes évitent le sujet tout au long des années 1920. En Amérique du Nord également, il fallut attendre la Grande Dépression pour que les instances dirigeantes des mouvements féministes prennent ouvertement position en faveur de la limitation des naissances. Jane Lewis, *The Politics of Motherhood,* p. 197-198 ; Brian Harrison, *Prudent Revolutionaries : Portraits of Feminists Between the Wars,* Clarendon, Oxford, 1987, p. 63, 78, 110, 282.

33 Marie Stopes, *A Letter to Working Mothers, Mothers' Clinic,* Londres, 1923, p. 6.

34 Margaret Sanger, *Motherhood in Bondage,* Brentano, New York, 1928, p. 294.

35 Marie Stopes, *Married Love,* p. 71.

36 Marie Stopes, *Contraception,* p. 70.

37 Margaret Sanger, *Motherhood in Bondage,* p. 302.

38 Margaret Sanger, *An Autobiography,* p. 87.

39 Marie Stopes, convaincue qu'elle en connaissait plus sur la contraception qu'aucun médecin, employait certes des médecins, mais forma surtout des infirmières et des sages-femmes pour travailler dans ses cliniques ; elle ne rechercha pas aussi ardemment que M. Sanger les faveurs du corps médical. M. Sanger, quant à elle, devait tenir compte de Mary Ware Dennett, qui essayait de prendre le contrôle de l'American birth-control Mouvement et qui était opposée au monopole médical. *American Birth Control League Papers,* 110.2, Houghton Library, Harvard University.

40 Margaret Sanger, *Motherhood in Bondage,* p. 294-297.

41 Un Américain décrivait ainsi le retrait : le rôle du mari était de garder toute sa tête ; le rôle de la femme de perdre la tête. H.W. Long, *Sane Sex and Sane Sex Living,* Eugenics Publishing Company, New York, 1919, p. 117-122.

42 Margaret Sanger, *Motherhood in Bondage,* p. 410.

43 Alice Jenkins, *Law for the Rich,* Skilton, Londres, 1960, p. 21.

44 James Woycke, *Birth Control in Germany, 1871-1933,* Routledge, Londres, 1988, p. 68-76.

45 W. G. Crosbie, Syphilis in Relation to Abortion, Stillbirths, and Infant Mortality, *American Journal of Obstetrics and Gynaecology,* 1922, p. 42-44.

46 Janet Campbell, *Maternal Mortality,* HMSO, Londres, 1924 ; Janet Campbell, *Protection of Motherhood,* HMSO, Londres, 1927 ; Barbara Brookes, *Abortion in England, 1900-1967,* Croom Helm, Londres, 1988, p. 43.

47 Madeleine Simms and Keith Hindell, *Abortion Law Reformed,* Owen, Londres, 1971, p. 67.

48 John Peel and Malcolm Potts, *Textbook of Contraceptive Practice,* Cambridge University Press, Cambridge, 1969, p. 173.

49 *Canadian Medical Association Journal,* 29, 1933, p. 445.

50 Frederick J. Taussig, Abortion, *Spontaneous and Induced : Medical and Social Aspects,* Mosby, St Louis, 1936, p. 368.

51 Havelock Ellis, *Studies in the Psychology of Sex,* p. 601-610 ; Madeleine Simms, Midwives and Abortion in the 1930, *Midwife and Health Visitor,* 10, 1974, p. 114-116.

52 Moya Woodside, Attitude of Women Abortionists, *The Howard Journal,* 11, 1963, p. 93-112.

53 Madeleine Kerr, *The People of Ship Street,* Routledge, Londres, 1958, p. 137, 174.

54 Helmut Gruber, Sexuality in "Red Vienna" : Socialist Party Conceptions and Programs and Working-Class Life, 1920-1934, *International Labor and Working-Class History,* 31, 1987, p. 37-68.

55 Dorothy Dunbar Bromley, *Birth Control : Its Use and Misuse,* p. 3-4.

56 F. W. Stella Browne, *Women and Birth Control,* dans *Paul and Paul,* Population, p. 254.

57 Alice Jenkins, *Conscript Parenthood : The Problem of Secret Abortions,* Standring, Londres, 1940 ; Barbara Brookes, Abortion, p. 79-104.

58 John Keown, *Abortion, Doctors and the Law : Some Aspects of the Legal Regulation of Abortion in England from 1803 to 1982,* Cambridge University Press, Cambridge, 1988, p. 49-108.

59 *Birth Control News,* August 1923, p. 4.

60 Marie Stopes, *A Letter to Working Mothers,* p. 5, 6, 8.

61 *American Birth Control League Papers,* 110.5, Houghton Library, Harvard University ; Margaret Sanger, *An Autobiography,* p. 88-92, 216, 285, 449 ; David M. Kennedy, *Birth Control in America : The Career of Margaret Sanger,* Yale University Press, New Haven, 1970, p. 16-17.

62 *Birth Control News,* June 1926, p. 2 ; October 1923, p. 2 ; May 1924, p.2 ; September 1925, p. 1 ; February 1927, p. 2 ; May 1928, p. 2.

63 Plus de trois quarts des patientes des cliniques anglaises et américaines utilisaient déjà, avec un bon pourcentage de succès, les méthodes traditionnelles de contraception – retrait, préservatif et douche. Une étude portant sur 10 000 cas de patientes américaines révéla que seules 4% utilisaient le diaphragme. L'auteur note que la moitié des femmes déclarent ne s'être jamais fait avorter ; l'autre moitié reconnaît avoir subi en moyenne deux avortements chacune. Marie E. Kopp, *Birth Control in Practice : Analysis of Ten Thousand Case Histories of the Birth Control Clinical Research Bureau,* McBride, New York, 1934, p. 55, 109-110, 121-126.

64 Steven Mintz and Susan Kellogg, *Domestic Revolutions : A Social History of American Family Life,* Free Press, New York, 1988, p. 111-115.

65 R. A. Soloway, *Birth Control and the Population Question in England, 1877-1930,* University of North Carolina Press, Chapel Hill, 1982, p. 277. Pendant la Grande Dépression, Marie Stopes a effectivement décrit un contraceptif simple consistant en une éponge imbibée d'huile ; voir Marie Stopes, *Preliminary Notes... From 10,000 Cases Attending the Pioneer Mothers' Clinic, Mothers' Clinic for Constructive Birth Control,* Londres, 1930, p. 12-13.

66 Marie Stopes, *Preliminary Notes,* p. 20-21.

67 Jane Lewis, *The Politics of Motherhood,* p. 126 ; Margarete Sandelowski *Pain, Pleasure, and American Childbirth : From the Twilight Sleep to the Read Method, 1924-1960,* Greenwood Press, Westport, Connecticut, 1984.

68 Sir James Marchant, *Medical Views on Birth Control,* Hopkinson, Londres, 1926, p. x, 63, 94-95.

69 F. H. Rodin to Anna Kennedy, 29 April 1923, *American Birth Control League Papers,* Houghton Library, Harvard University.

70 Jo Manton, *Elizabeth Garrett Anderson,* Methuen, Londres, 1965, p. 284.

71 John Peel, Contraception and the Medical Profession, *Population Studies,* 18, 1964, p. 144.

72 Le projet Schlesinger-Rockefeller d'*Histoire orale du Planning familial*, déposé au Radcliffe College, contient un compte-rendu passionnant sur le développement d'un réseau d'activistes, situés en marge de la médecine respectable, comme Alan Guttmacher, Alfred Kinsey, Robert Dickinson et Mary Calderone, qui s'occupèrent, à partir de 1930, de santé maternelle, de contraception, de conseil conjugal et de recherches sur la sexualité.

73 Barbara Brookes, *Abortion in England,* p. 2.

74 Robert H. to Marie Stopes, 1 July 1921 ; Winnifred R. to Marie Stopes, 20 March 1923 ; Mary W. to Marie Stopes, 25 September 1924 ; A. C. M. to Marie Stopes, 19 January 1933 ; *Stopes Papers,* British Library.

75 Leo J. Latz, *The Rhythm of Sterility and Fertility in Women,* Latz Foundation, Chicago, 1932, p. 60-61.

76 Angus McLaren et Arlene Tigar McLaren, *The Bedroom and the State : The Changing Practices and Politics of Contraception and Abortion in Canada, 1880-1980,* McClelland and Stewart, Toronto, 1986, p. 116-120.

77 James Reed, *From Private Vice to Public Virtue : The Birth Control Movement and American Society Since 1830,* Basic Books, New York, 1978, p. 121.

78 Enid Charles, *The Twilight of Parenthood,* Norton, New York, 1934 ; Joseph J. Spengler, *France Faces Depopulation,* Duke University Press, Durham, NC, 1938 ; D. V. Glass, *The Struggle for Population,* Clarendon, Oxford, 1936, p. 87 ; Michael S. Teitelbaum and Jay M. Winter, *The Fear of Population Decline,* Academic Press, New York, 1985, p. 45-62.

79 Jane Lewis, *The Politics of Motherhood,* p. 199.

80 Nancy Cott, *The Grounding of Modern Feminism,* Basic Books, New York, 1987, p. 165.

81 E. Lewis-Faning, *Report on an Inquiry into Family Limitation and Its Influence on Human Fertility During the Past Fifty Years,* HMSO, Londres, 1949, p. 8-11 ; Diana Gittens, *Fair Sex,* p. 162.

82 Griselda Rowntree and Rachel M. Pierce, Birth Control in Britain, *Population Studies,* 15, 1961, p. 128.

83 On trouve une description classique du médecin en blouse blanche faisant la leçon à une patiente sur l'usage du diaphragme dans le roman de Mary McCarthy, *The Group,* Harcourt Brace, New York, 1954, p. 66-69.

84 Margaret Sanger and Hannah M. Stone, éd., *The Practice of Contraception,* Baillière, Londres, 1931, p. 17, 29. Dans son premier pamphlet, *Family Limitation,* 1914, écrit dans sa période radicale, Margaret Sanger, avait, elle aussi, donné des recettes d'astringents simples pour les douches et de pessaires au beurre de cacao ; elle y faisait également l'éloge de l'éponge et du préservatif. Par la suite, comme elle était à la recherche d'une légitimation médicale, elle accorda son soutien au diaphragme.

85 McLaren and McLaren, *The Bedroom and the Sate,* p. 92-115.

86 On trouve un récit non critique de sa vie dans Doone Williams and Greer Williams, *Every Child a Wanted Child : Clarence James Gamble, M. D., and His Work in the Birth Control Movement,* Countway Library, Boston, 1978 ; plus utile, l'ouvrage de James Reed, *From Private Vice,* p. 225-277.

87 La nouvelle génération de D.I.U. en plastique, produits dans les années 1960, bien que plus efficaces que tous les autres contraceptifs, se sont révélés causes des mêmes sortes d'infections.

88 James Reed, *From Private Vice,* p. 239.

89 Barbara Brookes, *Women and Reproduction,* dans Jane Lewis, *Labour and Love : Women's Experience of Home and Family, 1850-1940,* Blackwell, Oxford, 1986, p. 165.

90 Janet Evans, The Communist Party of the Soviet Union and the Woman's Question : The Case of the 1936 Decree in Defense of Mother and Child, *Journal of Contemporary History,* 16, 1981, p. 758-762 ; Denise Detragiache, *Un aspect de la politique démographique de l'Italie fasciste : la répression de l'avortement,* Mélanges de l'école française de Rome, 92, 1980, p. 691-735.

91 D. V. Glass, *Population : Policies and Movements in Europe,* Cass, Londres, 1967 ; R. Bridenthal, A. Grossman and Marion Kaplan, When Biology Became Destiny, *Monthly Review Press,* New York, 1984 ; sur la France de Vichy, cf C. Watson, Birth Control and Abortion in France Since 1939, *Population Studies,* 5, 1951-1952, p. 261-286 ; Roger H. Guerrand, *La libre maternité, 1869-1969,* Casterman, Paris, 1971 ; Francis Ronsin, *La grève des ventres : propagande néo-malthusienne et baisse de la natalité en France, XIXe-XXe siècles,* Aubier Montaigne, Paris, 1980, p. 193-232.

92 La Seconde Guerre mondiale donna à beaucoup de conscrits une éducation imprévue en matière de contraception, dans la mesure où des millions de préservatifs furent distribués comme protection contre les maladies vénériennes. Mais les affirmations de la firme Blanchard – selon lesquelles l'Apiol, un abortif populaire de leur production, aurait été fourni aux forces féminines – relèvent sans aucun doute de la mystification. Voir Wellcome Institute, *Contemporary Medical History Archives,* MCS/B 23.

93 Des enquêtes ont montré qu'un tiers des bébés nés en France entre 1959 et 1962 n'avaient pas été désirés. Colin Dyer, *Population and Society,* p. 143.

94 J. M. Winter, *The Demographic Consequences of the War,* dans *War and Social Change,* éd. Harold L. Smith, Manchester University Press, Manchester, 1986, p. 156-170 ; Gordon, *Woman's Body, Woman's Right,* p. 341-391. Sur les premières expressions du malaise des féministes américaines de l'après-guerre, causé par la glorification de la femme au foyer, voir Betty Friedan, *The Feminine Mystique,* Norton, New York, 1963, et Wini Breinis, *Domineering Mothers in the 1950s : Image and Reality,* Women's Studies International Forum, 8, 1985, p. 604-608.

95 Aux Etats-Unis, la contraception devint un problème fondamental pour le Millbank Memorial Fund, la Scripps Foundation et la Rockefeller Foundation ; voir James Reed, Public Policy on Human Reproduction, *Journal of Social History,* 18, 1985, p. 392-395.

96 Hans Simmer, On The History of Hormonal Contraception, *Contraception,* 1, 1970, p. 3-27 ; 3, 1971, p. 1-19.

97 B. P. Wiesner, The Hormones and Their Control of the Reproductive System, *Eugenics Review,* 22, 1930, p. 19-26 ; Peel, *Contraception,* p. 142 ; Merriley Borell, Organotherapy and the Emergence of Reproductive Endocrinology, *Journal of the History of Biology,* 18, 1985, p. 1-30.

98 R. Christian Johnson, Feminism, Philanthropy and Science in the Development of the Oral Contraceptive Pill, *Pharmacy in History,* 19, 1977, p. 63-77 ; James Reed, *From Private Vice,* p. 317-366.

99 James Reed, *From Private Vice,* p. 352-353 ; J. B. Thomas, *Introduction to Human Embryology,* Lea and Febiger, Philadelphie, 1968, p. 45-46.

100 Simms and Hindell, *Abortion Law Reformed.* Les nations du Bloc de l'Est, apparemment dans le but de se donner un pouvoir plus direct pour imposer leur politique de natalité, avaient tendance à autoriser l'avortement, mais à limiter l'accès à la contraception.

101 Harold Silver and Judith Ryder, *Modern English Society,* Methuen, Londres, 1985, p. 149.

102 Mary-Jo Bane, *Here to Stay : American Families in the Twentieth Century,* Basic Books, New York, 1976 ; Silver and Ryder, *Modern English Society,* p. 297.

103 Michael Anderson, The Emergence of the Modern Life Cycle in Britain, *Social History,* 10, 1985, p. 69-88.

104 Martine Segalen, *Historical Anthropology of the Family,* Cambridge University Press, Cambridge, 1986, p. 139-150 ; Ellene K. Rothman, *Hands and Hearts : A History of Courtship in America,* Basic Books, New York, 1984.

105 Michael Young and Peter Willmott, *The Symmetrical Family : A Study of Work and Leisure in the Londres Region,* Routledge, Londres, 1973.

106 Anderson, *The Emergence of the Modern Life Cycle.*

107 Les audiences de la sous-commission du Sénat des Etats-Unis sur la sécurité de la pilule eurent lieu en 1970. Sur les craintes populaires, voir Barbara Seaman, *The Doctors' Case Against the Pill,* Wyden, New York, 1969.

Conclusion

Dans les années 1980, dans la plupart des pays occidentaux, 90% des couples mariés employaient des contraceptifs. Une étude internationale portant sur les utilisateurs de contraceptifs a montré que 33% d'entre eux avaient été stérilisés, 20% employaient un contraceptif oral, 15% des stérilets et 10% un préservatif. Il faut bien préciser toutefois que cette évolution vers une limitation de la fécondité est très récente. Dans des pays comme la France et la Tchécoslovaquie, par exemple, le retrait était encore, jusqu'à la commercialisation de la pilule dans les années 1970, le moyen le plus communément pratiqué afin de contrôler les naissances.[1] Pourtant en Amérique du Nord, vers le milieu des années 1970, le contraceptif oral était déjà considéré avec de plus en plus de méfiance par les couples mariés : on l'associait avec des taux de cancer croissants, et la formation de caillots sanguins. Les jeunes femmes continuaient à trouver irrésistibles son efficacité et sa commodité. Certaines, inquiètes à la lecture des rapports sur ses effets secondaires, adoptèrent, dans les années 1970, les stérilets. Ceux-ci, en effet, avaient fini par paraître sûrs, grâce au développement de plastique inerte et d'antibiotiques susceptibles de contrôler les infections locales que leur usage pouvait provoquer. En fait, comme il ne s'agissait pas de produits pharmaceutiques, les stérilets ne furent soumis au début à aucune enquête ni à aucun règlement par la Food and Drug Administration des Etats-Unis. La distribution de quatre millions de stérilets Dalkon Schield entre 1971 et 1975 provoqua une épidémie mondiale d'infections pelviennes, de fausses couches, de défauts congénitaux et de décès lors de l'accouchement : cela jeta une ombre sur tous les contraceptifs de haute technologie.[2] En Amérique du Nord, où les femmes furent les premières à employer la pilule et le stérilet, un recours aux méthodes de barrière comme le préservatif et le diaphragme s'opéra à la fin des années 1970. La protection que les préservatifs offrent contre la transmission du virus du sida a contribué à accroître de façon spectaculaire leur popularité parmi les célibataires.

Aujourd'hui, les gens mariés, une fois qu'ils ont constitué une famille de la taille qu'ils souhaitent, acceptent de plus en plus la stérilisation comme la méthode la plus simple et la plus sûre d'éviter les grossesses. Plus d'un tiers des hommes d'Amérique du Nord ont subi une vasectomie. Le pourcentage de couples qui comptent sur la stérilisation pour le contrôle de la fécondité n'est toutefois pas vraiment comparable à celui des couples recourant à des méthodes qu'on peut employer puis abandonner : les opérations pour annihiler la stérilisation ont un taux de réussite de 50 à 75%, mais elles impliquent des procédures médicales coûteuses. La stérilisation a d'autres inconvénients : le fait, par exemple, qu'on la considère comme une menace pour la virilité. La vasectomie est une opération assurément plus sûre et plus simple que la ligature des trompes mais, dans la plupart des pays, cette dernière opération est plus communément pratiquée et donne à penser que les femmes paient un prix plus élevé pour le contrôle de leur fécondité.[3] Même en Amérique du Nord, les témoignages ont montré qu'on a imposé la stérilisation à des femmes dont les responsables médicaux considéraient la fécondité comme un danger pour la société. On a commencé par imposer ces opérations dans les asiles d'aliénés, au début du XXe s., afin de limiter la reproduction des « inaptes ». Ce sont manifestement des préoccupations analogues qui ont poussé les médecins quand, dans les années 1970, certains d'entre eux ont contraint à la stérilisation de pauvres femmes appartenant à des groupes ethniques minoritaires et qui réclamaient un avortement ou nécessitaient des césariennes.[4] Selon des rapports analogues, dans les années 1980 en Australie, des organismes de santé gouvernementaux ont fait injecter à leur insu et sans leur consentement, le produit contraceptif Depo-Provera à des jeunes filles aborigènes afin de diminuer le taux de natalité des noirs.[5] On a eu recours à des méthodes tout aussi coercitives tant en Inde qu'en Chine, mais les responsables du contrôle des naissances reconnaissent de plus en plus qu'un contrôle efficace de la fécondité doit avoir des bases sociales. Quand les taux de fécondité ont commencé à diminuer dans le Tiers-monde, au cours des années 1970, ce n'était pas seulement dû à l'adoption par les pays du Tiers-Monde de contraceptifs modernes. Depuis les années 1950, on leur en fournissait, sans grand résultat apparent. C'est le recours à la contraception ainsi qu'un retardement de l'âge du mariage qui furent décisifs. Coale a noté que dans des pays comme la Corée du Sud, Taïwan et le Sri Lanka quand , au cours du XXe s., l'âge moyen auquel les femmes se mariaient est passé de dix-sept à vingt-quatre ans, cela a joué un rôle plus significatif dans la baisse de la fécondité que le contrôle des naissances.[6] L'adoption d'un système familial dans lequel on ne s'attend plus à voir un grand nombre d'enfants apporter richesse et statut social a dû précéder l'acceptation des méthodes modernes de contraception.[7] Bref, on peut prédire à coup sûr que les contraceptifs auront des effets dans une société où les taux de fécondité sont déjà en baisse.[8] Mais ils peuvent aussi saper les succès obtenus par les méthodes traditionnelles du contrôle de la fécondité. Ainsi, l'allaitement prolongé qui, dans les pays en voie de développement, permet plus que toute autre méthode de contrôle des naissances d'éviter de nouvelles grossesses, peut se trouver menacé par des contraceptifs hormonaux. [9]

Il faut applaudir un grand nombre des activités des responsables du Planning familial. Mais on met de plus en plus en doute l'idée que les changements progressifs dans les attitudes envers la procréation doivent venir de l'extérieur de la communauté sous forme d'« éducation ». Le succès des responsables du Planning familial pour « coloniser » la culture procréatrice des masses est assez limité. On considère surtout le lent développement des pratiques contraceptives modernes comme un processus compliqué d'acceptation, de résistance et d'adaptation. Tous les spécialistes de ces problèmes ne partagent pas, évidemment, les mêmes opinions. A mesure que les services de contrôle des naissances sont devenus plus professionnels et bureaucratiques, leurs dirigeants n'ont cessé de se préoccuper d'entretenir le contrôle par la société. Mais leurs cliniciens et ceux qui travaillent sur le terrain, dont la vocation a des motivations d'ordre féministe ou politique, ont souvent une opinion radicalement différente de celle de la direction, pour ce qui est de leurs relations avec la clientèle.(10)

Les premiers responsables du contrôle des naissances affirmaient que le développement de la contraception aboutirait à l'élimination de l'avortement. En retournant l'argument, on pourrait dire que la faible diminution des taux d'avortement a fourni la preuve que bien des femmes ne pouvaient pas recourir à des stratégies contraceptives « rationnelles », mais qu'elles devaient « prendre des risques » avec l'avortement.(11) L'Amérique a un des taux d'avortement les plus élevés ; il approche 40% des conceptions. On arrive à un chiffre plus près de 20% dans la plupart des autres pays occidentaux. En Amérique du Nord et en Grande-Bretagne, la majorité des femmes réclamant un avortement ont aujourd'hui moins de dix-neuf ans et plus de la moitié d'entre elles ne sont pas mariées.(12)

Les grossesses chez les adolescentes sont devenues un

grand sujet de préoccupation aux Etats-Unis où leur taux est plus élevé que dans la plupart des pays industrialisés. A dix-huit ans, 25% des femmes américaines noires et 10% des blanches sont mères ; 90% des enfants d'adolescentes noires et 40% de ceux des adolescentes blanches sont illégitimes.[13] Malgré l'évidente augmentation de l'activité sexuelle, le taux global des grossesses chez les adolescentes a diminué depuis la pointe atteinte dans les années 1950 : et ce parce qu'on a plus facilement accès à la contraception et à l'avortement. La Nouvelle Droite, qui se dit choquée du taux élevé d'enfants naturels, s'oppose en même temps aux programmes d'éducation sexuelle et de Planning familial qui jouent un rôle clé dans la limitation de ces naissances. L'administration Reagan, afin d'empêcher les adolescents d'avoir accès aux contraceptifs oraux, a délibérément exagéré les risques qu'ils présentent pour la santé.[14]

Les conservateurs rendent souvent les femmes responsables du taux élevé d'avortements. En vérité, les femmes ne « veulent » pas d'avortement : elles en ont besoin.[15] Le recours aux fausses couches provoquées a augmenté, mais cette pratique reste encore solidement entre les mains des médecins. On peut « solliciter » un avortement, jamais « l'exiger ». La mise au point de pilules abortives, comme le fameux RU 486 du professeur Beaulieu ou le Mitepristone, permettent aux femmes d'envisager de ne plus être obligées de compter sur les cliniques et les hôpitaux. En France et ailleurs, les protestations soulevées en 1989 par l'annonce de distributions de pilules abortives rappellent toutefois que, dans le succès de ces produits, la politique jouera nécessairement un rôle de premier plan.

Les maternités d'adolescentes ont posé des problèmes dans les années 1980, tout comme l'augmentation du chiffre des primipares chez les femmes plus âgées. Celles qui tenaient à assurer leur carrière devaient remettre à plus tard l'idée d'avoir des enfants. Dans les années 1970, un quart des femmes mariées frôlant la trentaine étaient encore sans enfant.[16] La demande de technologies de reproduction a été alimentée en partie par le nombre croissant de ces femmes qui reculaient leur maternité jusque vers la trentaine. Celles qui se retrouvaient enceintes acceptaient la nécessité d'examens aux ultrasons et d'amniocentèses pour détecter des difformités du fœtus, comme le syndrome de Down (trisomie 21), susceptible d'accompagner des maternités tardives. Celles qui constataient qu'elles étaient stériles et qui ne voulaient pas recourir à l'adoption – rendue plus difficile puisque « l'approvisionnement » en bébés se trouvait limité par les mères adolescentes qui ou bien avortaient ou bien gardaient leur bébé – se sont adressées à des cliniques pour femmes stériles.

La facilité avec laquelle aussi bien les adolescentes que les femmes qui faisaient carrière pouvaient obtenir l'assistance des médecins pour les libérer de leurs problèmes de maternité a provoqué le courroux des conservateurs. En Europe et en Amérique du Nord, la Nouvelle Droite a tenté une révolution morale au milieu des années 1970 contre l'« accès trop facile » à la contraception et à l'avortement. Certains conservateurs faisaient l'éloge des méthodes de contraception « naturelles ». Au Québec, par exemple, la méthode des rythmes « sympto-thermiques » était très populaire auprès des couples catholiques, espérant limiter la taille de leur famille tout en restant fidèles à l'enseignement de l'Eglise.[17] Les fondamentalistes américains se déclarèrent également prêts à sacrifier l'efficacité au « caractère naturel ».[18]

Comme les contraceptifs sont très largement acceptés – les catholiques se révélant aussi susceptibles de les utiliser que les protestants – la Droite a concentré ses attaques sur l'avortement. Mais, comme l'a affirmé cet ouvrage, et comme les spécialistes du Droit le reconnaissent aujourd'hui, il est difficile dans la pratique d'établir une démarcation nette entre les stratégies du contrôle de la fécondité. Si on mettait hors-la-loi l'avortement, les stérilets et les pilules à faible dose qui empêchent l'œuf fertilisé de se loger dans la paroi utérine devraient logiquement être considérés aussi comme des pratiques criminelles.[19] Quoi qu'il en soit, l'expérience roumaine montre que, si l'on peut interdire l'avortement, on ne peut pas l'empêcher. Le gouvernement roumain, choqué par des statistiques révélant qu'il y avait quatre fois plus d'avortements que de naissances, mit l'avortement hors-la-loi en 1966. Le taux de natalité connut une pointe provisoire, mais au bout de quelques années, il recommença à chuter : les femmes avaient trouvé des moyens de contourner la loi.

La véritable importance des campagnes menées contre la reproduction à la carte en Amérique du Nord et en Europe est de concentrer l'attention sur ce que la société considère comme le rôle que les femmes doivent jouer en son sein. Comme l'a fait remarquer Kristin Luker, l'hostilité à l'avortement vient en grande partie de ceux qui croient que c'est là une méthode permettant aux femmes de la bourgeoisie et des professions libérales de violer les normes traditionnelles du sexe. Les prêtres catholiques et les pasteurs fondamentalistes fournissent les dirigeants aux mouvements de « défense de la vie ». Mais les ménagères à plein temps qui ne travaillent pas en dehors de chez elles et qui estiment que leurs efforts pour la procréation sont dévalués par une société qui estompe les rôles respectifs des sexes fournissent en grande partie le soutien de base de la campagne. Il y a une certaine logique dans le raisonnement de ces femmes. Leur structure familiale se fonde sur un accord entre un mari, qui assure le soutien financier, et une femme, qui en retour donne la sexualité et veille sur les enfants. En facilitant l'accès à la contraception et à l'avortement, craignentelles, on va saper l'argument selon lequel une femme ne peut se risquer à prodiguer ses faveurs que si on lui garantit la protection d'un mariage traditionnel.[20]

Ceux qui sont hostiles à la contraception et à l'avortement affirment depuis longtemps que les méthodes de contrôle des naissances servent en fait à inciter à la promiscuité sexuelle. Les femmes ne resteront chastes, affirment-ils, que si elles ont de bonnes raisons de craindre d'être enceintes. On n'a guère de preuves à l'appui de ces affirmations.[21] Assurément, les défenseurs aussi bien du contrôle des naissances que de l'avortement sont traditionnellement recrutés parmi ces éléments de la société, soucieux de renforcer plutôt que de ternir l'image de la famille traditionnelle. Néanmoins les conservateurs ont certainement raison de penser que les formes modernes de contrôle de la fécondité offrent en effet des options et laissent les individus susceptibles de faire des choix. Ce que la Nouvelle Droite ne parvient pas à expliquer, c'est pourquoi, comme les partisans de la libre entreprise qui défendent avec acharnement le droit de prendre librement des décisions économiques, elle ne reconnaît pas l'aspect moral du choix de se reproduire ou non. Les plus véhéments de ces partisans ne sont que trop heureux d'accepter de telles contradictions. Ils veulent chasser l'Etat des conseils d'administration mais le faire revenir dans les chambres à coucher. Il faut tout bonnement, reconnaissent-ils, limiter les libertés des femmes [22]. Mais – et la chose est intéressante – certaines féministes partagent l'opinion des fondamentalistes religieux selon lesquels les femmes devraient revenir à des méthodes plus « naturelles » de maternité.

La seconde vague du féminisme mit quelque temps à réagir à la révolution contraceptive d'après 1960. Les féministes du XIXe s. craignaient de voir le contrôle des naissances priver les femmes de l'identité et du statut dont elles jouissaient en tant que mères. Dans la période d'entre-deux-guerres, le Mouvement des Femmes s'est lentement orienté vers l'idée défendue par Marie Stopes et Margaret Sanger qu'il fallait libérer les femmes de grossesses non-souhaitées. Même si les féministes étaient rares jusque dans les années 1960, ce fut dans cet état d'esprit qu'on accueillit volontiers les contraceptifs oraux et les stérilets. Simone de Beauvoir, Sherry Ortner et Betty Friedan soulignèrent toutes l'idée qu'on s'était servi de la maternité pour rabaisser les femmes.[23] Shulamith Firestone alla jusqu'à saluer la perspective de « matrices artificielles », qui finiraient par libérer les femmes de l'asservissement à la reproduction. Le livre de S. Firestone sortit au mauvais moment : en 1970, alors que s'exprimaient les premières critiques contre le contraceptif oral. [24]

A la fin des années 1970, une nouvelle génération de féministes, inspirées par une sensibilité écologique qui exaltait les processus naturels, et en réaction à une médicalisation accrue de l'accouchement ainsi qu'aux rapports sur les dangers cachés des nouveaux contraceptifs, firent machine arrière : elles soutinrent que la reproduction était quelque chose qui donnait du pouvoir aux femmes et non pas une corvée dont il fallait les libérer. On vit apparaître de nombreux groupes d'automédication, le plus célèbre étant le Women's Health Collective de Boston, dans lequel les femmes cherchaient à se libérer de leur dépendance vis-à-vis des médecins.[25] On chanta les louanges de « l'accouchement naturel » par contraste avec les accouchements médicalisés. On accusait ces derniers d'augmenter les proportions de naissances provoquées, d'épisiotomies et de césariennes qui ne faisaient de la femme guère plus qu'une observatrice passive de son propre accouchement.[26]

Le désir de faire échapper la maternité à une surveillance médicale exagérée et le retour à une maternité « naturelle » correspondaient en Amérique du Nord à une demande pour le rétablissement et la légitimation des sages-femmes, au succès de la Ligue de La Leche qui insistait sur la nourriture au sein et sur l'apparition du « lit familial » avec son désir de faire tomber les barrières entre parents et enfants.[27] Ces campagnes avaient d'ailleurs leurs adversaires : en 1972, une femme de Los Angeles qui posait des diaphragmes fut accusée d'exercice illégal de la médecine et la profession médicale ne cessait de harceler les sages-femmes.[28]

Par une ironie du sort, ce retour à des méthodes « naturelles » trouva le plus fervent de ses partisans dans les rangs de la bourgeoisie urbaine, capable de supporter des dépenses de temps et d'énergie que d'autres ne pouvaient pas se permettre. Ce serait toutefois une erreur de réduire la critique de la médicalisation de l'accouchement à rien de plus qu'« une rébellion des consommateurs ».

Au printemps 1989, un procureur de Rockford, dans l'Illinois, chercha à faire condamner une femme accusée d'avoir provoqué la mort de son bébé nouveau-né en ayant pris de la cocaïne pendant sa grossesse.[29] Jusqu'à une époque récente, on supposait en général que nous avions échappé à la réglementation de la reproduction qui, dans le monde traditionnel, était aux mains de l'Eglise, de la famille et de la communauté. La médicalisation et la professionnalisation du contrôle de la fécondité ont fait naître à ce sujet quelques doutes. Les féministes s'inquiètent notamment de voir les nouvelles techniques médicales détourner l'attention des médecins de la mère sur le fœtus en tant que patient. On peut faire remonter ce phénomène au moins aux années 1920, quand on pratiqua de plus en plus d'accouchements en milieu hospitalier afin de produire « des bébés sains et roses »[30]. A partir des années 1930, on se mit à multiplier les césariennes, non pas pour sauver la mère, mais pour sauver l'enfant. Plus récemment, des gouvernements et des individus ont cherché à obtenir des décisions judiciaires pour intervenir en faveur du fœtus contre la mère dans tous les domaines : depuis les tentatives pour empêcher des avortements jusqu'aux accusations portées contre des mères pour blessures subies dans la matrice.[31] Ce genre de geste montre le désir de soustraire la reproduction à la mère, d'isoler celle-ci et de suggérer que ses choix concernant la fécondité ne sont pas le produit de ses besoins socio-culturels ni sexuels.

L'idée que la procréation serait simplifiée si l'on pouvait ne pas tenir compte de l'intérêt de la mère n'est pas neuve. Hippolyte déplorait : « Si seulement on pouvait avoir des enfants en se passant des femmes ! » Deux mille ans après cette extraordinaire doléance, les docteurs Patrick Steptoe et Robert Edwards pouvaient se féliciter d'avoir fait progresser de façon spectaculaire une telle possibilité. En 1978, ils annonçaient au monde la naissance, grâce à leurs soins, d'Elizabeth Brown, le premier « bébé-éprouvette ». Nous avons commencé cette étude en décrivant la façon dont les Grecs s'efforçaient tout à la fois de favoriser et de restreindre la fécondité ; il me semble opportun de conclure en examinant le lien qui existe entre les techniques contemporaines de reproduction et les méthodes modernes de contrôle de la fécondité.

Par une ironie du sort, il n'y a qu'un pas entre les descriptions à vous briser le cœur que donnent Marie Stopes et Margaret Sanger des femmes des années 1920, qui ne cessaient d'avoir des enfants, et les portraits tout aussi bouleversants qu'ils font des femmes des années 1980 qui n'arrivent pas à en avoir. Les deux cas posent des problèmes analogues et ont souvent attiré les mêmes chercheurs. Des savants comme Gregory Pincus et Rock, même s'ils sont plus connus pour leur œuvre de pionniers sur la pilule contraceptive, ont commencé leurs recherches dans le but d'employer des hormones pour soigner la stérilité. Bien sûr, certaines choses ont changé entre les années 1920 et les années 1980. Tout au long du XIXe s. et pour la plus grande part du XXe s., la profession médicale s'est opposée publiquement au contrôle des naissances. Son attitude aujourd'hui, à l'égard de la recherche dans le domaine de la biologie embryonnaire, est plus « libérale » que celle du grand public. Le contrôle de la fécondité était jadis un phénomène non médical pour lequel on sollicitait parfois l'aide des médecins. La fournir menaçait alors de réduire au niveau de commerçants les gens qui souhaitaient devenir des professionnels. Aujourd'hui, aussi bien le contrôle de la fécondité que la reproduction artificielle sont des processus médicalisés qui servent à démontrer de la façon la plus spectaculaire le pouvoir de vie et de mort des médecins.

La médicalisation de la procréation a de toute évidence changé la nature de la maternité. Mais dans quelle mesure ? D'aucuns craignent que les médecins aujourd'hui jouent un rôle plus important dans la décision de procréer que les parents. Barbara Katz Rothman souligne un aspect de cette préoccupation en évoquant l'apparition de ce qu'elle appelle la « grossesse à l'essai »[32]. Grâce à l'amniocentèse, l'emploi des scanners et d'autres méthodes permettant de déceler les anomalies du fœtus, les femmes sont aujourd'hui en mesure de décider, sur la base d'un conseil médical, s'il faut interrompre une grossesse ou la mener à son terme. Ces techniques ont une énorme valeur potentielle, mais posent des problèmes troublants. D'un côté, elles permettent aux parents de recourir à des avortements thérapeutiques précoces et de s'épargner ainsi la naissance tragique d'enfants gravement handicapés. L'éventuelle progéniture n'est pas forcée de supporter des années de souffrances inutiles. D'un autre côté, la question se pose de savoir si les décisions des femmes de mettre un terme à ces grossesses ou de les poursuivre se font « librement ». Les conseillers en génétique se contentent-ils de fournir les « faits » ou bien influencent-ils la décision ? Ce sont les médecins qui disposent des merveilleuses méthodes nouvelles d'observation de la vie du fœtus : le moins qu'on puisse dire, c'est que cela diminue pour les femmes la portée du témoignage de l'expérience de la grossesse.[33] La possibilité de n'avoir que des bébés « parfaits » confère une certaine perversité à la mère qui décide de poursuivre une grossesse tout en sachant que le fœtus est handicapé. On risque de voir plus fortement stigmatisés ceux qui souffrent d'incapacités congénitales, quand la question se pose de savoir si on aurait même dû les mettre au monde. « L'approche éliminative » menace de porter même un coup aux programmes actuels de recherche sur les thérapies consacrées à leurs besoins.[34] En dépit de leurs protestations, les savants ont éveillé le spectre d'un retour à la pensée eugénique.

Outre qu'ils permettent de déceler des anomalies, les diagnostics prénataux sont utilisés pour déterminer le sexe du fœtus. On poursuit ces recherches pour d'autres raisons que la simple curiosité. Parmi les applications envisagées à partir de ces découvertes, il y a notamment la possibilité de limiter les naissances de garçons atteints de maladies liées au sexe, comme l'hémophilie ou la dystrophie musculaire de Duchesne. On a suggéré que la détermination du sexe pourrait aussi aboutir à une chute des taux généraux de natalité dans les pays du Tiers-monde où les efforts persistants pour avoir au moins un fils conduisent à des grossesses répétées. Mais les féministes ont exprimé une autre inquiétude : tout comme les bébés du sexe féminin risquaient par tradition d'être davantage les victimes d'infanticides, de même les fœtus femelles risqueront d'être trop nombreux parmi les victimes d'avortement si on permet la sélection du sexe.[35]

Si l'on se tourne vers des techniques plus avancées de reproduction, on est confronté à des problèmes analogues. Il est un peu simpliste de suggérer que ces percées intellectuelles nuisent inévitablement aux femmes, qu'on les a conçues pour saper leur pouvoir procréateur.[36] Bien des femmes pourraient profiter de ce genre de traitements. Il est tout aussi simpliste d'avancer que ces techniques ne présentent aucun intérêt. Ce sont les techniques elles-mêmes qui provoquent en partie la « demande » de ces guérisons de la stérilité. Les femmes stériles apprennent qu'elles ont une « affection » que la médecine peut « soigner ». Les femmes sans enfant qui éprouvent le besoin de se conformer au rôle maternel que leur attribue normalement notre société sont en fait contraintes d'avoir recours à ce genre de traitements. La culture occidentale est fortement pro nataliste. Même si les taux de fécondité ont décliné, le pourcentage de femmes qui ont des enfants a augmenté. Dans les années 1920, plus de 20% des femmes blanches américaines n'avaient pas d'enfant à quarante ans : vers les années 1980, le chiffre est tombé à 10%.[37] On ne s'attend peut-être plus à voir une femme mettre au monde un grand nombre d'enfants, mais les gouvernements, les Eglises et la culture populaire exercent une énorme pression sur les femmes pour qu'elles « s'accomplissent » en ayant au moins un enfant. Avant l'arrivée des techniques de reproduction, les femmes sans enfant acceptaient tout simplement leur sort dans la mesure où elles ne pouvaient guère faire plus que de le supporter avec stoïcisme. Elles se sentent aujourd'hui poussées à tenter les nouvelles options qui s'ouvrent à elles.[38] Les techniques de reproduction, en fait, « guérissent » rarement la stérilité : au mieux, elles contournent le problème. Aider la femme stérile à se reproduire – du moins pour celles qui transmettent des affections ayant un rapport génétique avec leur stérilité – peut avoir le résultat pervers d'augmenter tout bonnement l'incidence de la stérilité.

Ce n'est pas le lieu d'aborder une discussion sur les techniques de reproduction : elles vont de la simple insémination artificielle (la semence est injectée au moyen d'un simple tube) jusqu'au transfert d'embryon (l'œuf est extrait, fécondé et restitué à la mère), et à la technique des mères porteuses où une femme mène à terme un enfant pour une autre femme, son œuf ayant été inséminé par le partenaire de l'autre. A moins qu'elle n'ait reçu l'œuf fécondé de l'autre par transfert d'embryon.[39] Il convient de le noter dans le cadre de cet ouvrage, un grand nombre des problèmes moraux que posent ces techniques sophistiquées remontent à bien plus longtemps que ne le croient la plupart de ceux qui participent à cette discussion.

Par tradition, les femmes ont vu leur statut grandement amélioré par la maternité. La stérilité, on l'a noté dans le chapitre précédent, était presque toujours considérée comme un problème et partout les femmes ont tenté, par diverses méthodes, de parvenir à concevoir, de déterminer le sexe de leur enfant et de se protéger des fausses couches. Si elles ne pouvaient pas avoir leurs propres enfants, elles se tournaient vers ceux des autres. Les maternités de substitution ont une longue histoire. Il y a le célèbre exemple de Cicéron prêtant son épouse à Caton. Des documents montrent qu'il n'était pas rare pour des femmes de porter des enfants à la place de leurs sœurs stériles. En outre, c'était beaucoup plus courant de procéder à des « échanges » d'enfants, si bien que des familles accablées d'un trop grand nombre d'enfants pouvaient envoyer leur progéniture dans des foyers où il n'y en avait pas assez. On commentait rarement ce genre d'arrangements. L'adoption officielle, pratiquée dans le monde antique, disparut dans l'Occident chrétien et refit surface au siècle dernier. Quel que fût le nombre d'enfants auquel on parvenait, ce qui compte, c'est que, dans le passé, l'importance sociale d'être parent comptait beaucoup plus que l'acte physiologique de la maternité. Par une ironie du sort, le monde du XXe s. semble devenir plus « mécanique » : on voit apparaître en même temps la préoccupation compensatrice d'exalter la primauté biologique. L'évolution des mentalités explique l'acharnement désespéré des couples stériles à devenir parents.[40]

Les médecins, évidemment, ont toujours conseillé des couples sans enfant, mais un changement qualitatif s'est produit quand les médecins ont commencé à intervenir pour agir en intermédiaire dans le processus de la naissance. Leur intervention directe remonte au moins au XVIIIe s. En 1776, le chirurgien écossais John Hunter surveilla la première tentative réussie d'insémination artificielle humaine. Il conseilla à un drapier qui souffrait d'hypospadias d'utiliser une seringue tiède pour engrosser sa femme.[41] La surveillance médicale du fœtus débuta en 1918 quand un chirurgien, collant son oreille contre le corset d'une femme, entendit pour la première fois les battements de cœur du fœtus.[42] On signala la probabilité de la reproduction artificielle humaine quand, en 1890, le savant antiféministe de Cambridge, Walter Heape, procéda au premier transfert réussi d'embryon de lapin.

Les techniques de reproduction qui apparurent par la suite présentent des possibilités tout à la fois libératrices et coercitives. Les médecins soucieux de « médicaliser » le problème de la stérilité insistent naturellement sur les problèmes individuels, en ignorant les facteurs liés à la société et à l'environnement. Ils répugnent notamment à reconnaître que dans bien des cas c'est la médecine elle-même qui est responsable de la stérilité : qu'elle soit provoquée par des infections pelviennes dues à l'utilisation de stérilet, par des césariennes ou par d'autres formes d'intervention. Même si les pauvres ont moins tendance que les nantis à souffrir de stérilité, ce sont ces derniers qui sont les principaux bénéficiaires des nouvelles thérapies. Les bébés du Tiers-monde sont vendus à des clients de l'Occident industrialisé. Les hommes deviennent des pères, mais c'est sur les femmes qu'on expérimente des méthodes souvent pénibles et humiliantes, qui n'ont encore que des taux de réussite incroyablement bas.[43] Et, on a beau compatir avec les malheurs des femmes stériles, il semblerait qu'on ne se préoccupe pas tant d'aider les enfants – car l'adoption ou la famille d'accueil offrirait une solution évidente – que de s'aider soi-même.[44]

La plupart des docteurs affirment – et ils le croient sans doute – que leurs techniques sont neutres sur le plan social. Mais de nombreux critiques ont fort raisonnablement souligné le fait que les techniques de reproduction ont manifestement un but social en renforçant les rôles existants de chaque sexe. Ce n'est qu'à des couples hétérosexuels, dans des familles dirigées par l'homme, qu'on propose la fertilisation *in vitro* et la maternité de substitution. Ces solutions ne sont pas à la portée des pauvres, des minorités raciales, des homosexuels ou des lesbiennes. Mais, si l'on emploie les nouvelles techniques pour renforcer les structures familiales traditionnelles, elles ne sont que les symptômes, et non pas les causes, des relations de pouvoir sur le plan social ou sexuel qui existent déjà. Les chercheuses féministes, conscientes du risque d'être qualifiées de Luddites scientifiques, reconnaissent qu'on ne peut nier l'existence des techniques nouvelles. Selon elles, le défi est de comprendre comment on pourrait répondre aux véritables besoins des femmes. A la fin du XIXe s., il convient de ne pas l'oublier, certains adversaires féministes du contrôle des naissances affirmaient que des contraceptifs réduiraient au niveau d'esclaves sexuelles des femmes respectables qui ne se mariaient que pour avoir des enfants. On a entendu exprimer les mêmes sinistres mises en garde sur les effets immanquablement nuisibles des techniques de reproduction.[45] Mais les femmes ne sont ni plus ni moins victimes des nouvelles techniques de reproduction qu'elles ne l'étaient des anciennes.[46] La question est de savoir ce qu'on en fait. L'insémination artificielle a permis à des lesbiennes de concevoir sans l'intervention directe d'un homme.[47] Des femmes qui s'étaient jusqu'à près de quarante ans consacrées à leur carrière et puis qui n'avaient songé à la maternité que pour se découvrir stériles ont maintenant la possibilité de chercher une assistance médicale.

Les Anciens liaient explicitement la reproduction aux besoins de la famille et de l'économie. On pourrait avancer que le monde victorien avait une attitude anormale en tentant de privatiser la sexualité et de l'enrober dans des tabous. Aujourd'hui, nous vivons une fois de plus dans un monde où conception, fausses couches, avortement et naissance sont des sujets de discussion tout à fait admis. Dans l'ensemble, ce n'est pas un mal. Il serait vain de souhaiter qu'on puisse jamais revenir à un âge plus simple, où contrôle de la fécondité et reproduction étaient des phénomènes « naturels » : ils ont toujours été l'objet de combats politiques.

L'étude des problèmes soulevés par les nouvelles techniques de reproduction nous ramènent à l'argument avancé dans l'introduction de cet ouvrage. On pourrait écrire une histoire du contrôle de la fécondité en se contentant de tenir la chronique des progrès réalisés par la théorie et la pratique de la contraception. Mais il faudrait pour cela fermer les yeux sur les diverses façons dont la signification de ces activités n'a cessé d'être remodelée par des préoccupations de classe, de culture et de sexe. Cynthia Fuchs Epstein, qui a étudié les différences entre les sexes, a noté :

> « Malgré la croyance communément répandue que le désir d'enfant est une caractéristique soit innée, soit acquise très tôt, la communauté et l'Etat laissent rarement aux individus le droit de décider s'ils vont procréer ou non : de la même façon que la

société n'abandonne pas au hasard les distinctions entre les sexes ni la division du travail. »[48]

On ne saurait isoler du mariage ou des rapports entre les sexes le problème du contrôle de la fécondité. On n'a tout bonnement jamais accepté avec stoïcisme la venue des enfants. Leur intérêt a toujours fait l'objet de débats. La question de la taille de la famille a toujours été un sujet de marchandages et de négociations entre époux.

Le contrôle de la fécondité a rarement été « impensable ». Il y a toujours eu, à certaines époques, des groupes qui croyaient ces contrôles possibles. Je ne veux pas suggérer que les décès dus à la famine et aux maladies infectieuses n'étaient pas chose courante dans le monde préindustriel, ni que le contrôle de la fécondité était garant en soi du maintien de l'équilibre du chiffre de la population et du montant des ressources. Il ne faudrait pas nier non plus qu'un changement capital s'est opéré à partir du XIXe s., avec l'utilisation en masse de la contraception et de l'avortement pour limiter de façon spectaculaire la taille des familles. Mais on est parvenu à cette « transition dans la fécondité » par l'emploi de méthodes traditionnelles de contrôle de la fécondité. Et, alors même que les taux de natalité dans chaque pays chutaient, on continuait à observer des différences marquées dans les attitudes et les pratiques liées à la classe et au sexe.

La signification accordée au contrôle de la fécondité différait suivant le contexte. Il a toujours été un moyen plutôt qu'une fin. Mais, même si le contrôle de la fécondité est avant tout le produit, et non pas la cause du changement dans les relations sociales et culturelles, on ne saurait nier qu'il y a bel et bien une réaction. La structure moderne de la famille crée une demande pour des formes extrêmement efficaces de contraception : ces contraceptifs et les techniques de reproduction auxquels ils sont liés suffisent aux besoins présents mais créent aussi des options pour l'avenir. Les futures formes familiales et le rôle que joueront à l'avenir les deux sexes reflèteront leur influence.

1 D. J. van de Kaa, *Europe's Second Demographic Transition,* Population Bulletin, 42, 1987, p. 3-57 ; Alena Heitlinger, *Reproduction, Medicine and the State,* Macmillan, Londres, 1987, p. 136-137.

2 Morton Mintz, *At Any Cost : Corporate Greed, Women, and the Dalton Shield,* Pantheon, New York, 1985 ; Kathleen McDonnell, *Adverse Effects : Women and the Pharmaceutical Industry,* Women's Press, Toronto, 1986.

3 Philip M. Alderman et Ellen M. Gee, *Sterilization : Canadian Choices,* Canadian Medical Association Journal, 140, 1989, p. 645-649.

4 Thomas M. Shapiro, *Population Control Politics : Women, Sterilization and Reproductive Choice,* Temple University Press, Philadelphie, 1985 ; Jeanne M. Simonelli, *Two Boys, a Girl, and Enough ! Reproductive and Economic Decisionmaking on the Mexican Periphery,* Westview, Boulder, 1986, p. 163.

5 *The Guardian,* 2 September 1987, p. 7. Le Depo-Provera, un contraceptif hormonal à long terme, interdit en Amérique du Nord à cause d'effets secondaires douloureux, était pourtant distribué dans les pays du Tiers-monde par des organismes humanitaires. Voir aussi Stephen Trombley, *The Right to Reproduce,* Weidenfeld and Nicolson, Londres, 1988.

6 Alan Macfarlane, *Marriage and Lose in England : Modes of Reproduction, 1300-1840,* Blackwell, Oxford, 1986, p. 43.

7 John Caldwell, *Toward a Restatement of Demographic Transition Theory, Population and Development Review,* 2, 1976, p. 321-366. Pour des informations plus récentes, voir John E. Knodel, *Apichet Chamratrithirong and Nibhon Debavalya, Thailand's Reproductive Revolution,* University of Wisconsin Press, Madison, 1987.

8 Malcolm Potts and Pouru Bhiwandiwala, eds, *Birth Control ; An International Assessment,* MTP, Lancaster, 1979.

9 Malcolm Potts, Shyam Thapa and M. A. Herbertson, *Breast Feeding and Fertility, Journal of Biosocial Science Supplement n°. 9,* Galton Foundation, Cambridge, 1985.

10 Carol Joffe, *The Regulation of Sexuality : Experiences of Family Planning Wokers,* Temple University Press, Philadelphie, 1986.

11 Kristin Luker, *Taking Chances : Abortion and the Decision Not to Contracept,* University of California Press, Berkeley, Californie, 1975.

12 Heitlinger, Reproduction, p. 154-155.

13 Kristin Moore, Margaret C. Simms and Charles L. Betsey, *Choice and Circumstance : Racial Differences in Adolescent Sexuality and Fertility,* Transaction, Oxford, 1986, p. 127 ; Cheryl D. Hayes, *Risking the Future : Adolescent Sexuality, Pregnancy and Childbearing,* National Academy Press, New York, 1987 ; Maris A. Vinovskis, *An « Epidemic » of Adolescent Pregnancy ? Some Historical and Policy Considerations,* Oxford University Press, Oxford, 1988.

14 Maris A. Vinovskis, *An « Epidemic» of Adolescent Pregnancy ?*

15 Caroline Whitebeck, *The Moral Implications of Regarding Women as People : New Perspectives on Pregnancy and Personhood,* in *Abortion and the Status of the Fetus,* eds William Bondeson and H. Tristram Engelhardt, D. Reidel, Dordrecht, 1983, p. 247-272.

16 John D'Emilio and Estelle B. Freedman, *Intimate Matters : A History of Sexuality in America,* Harper and Row, New York, 1988, p. 331.

17 Benjamin Schlesinger, ed., *Family Planning in Canada,* University of Toronto Press, Toronto, 1974, p. 150-155.

18 Kristin Luker, *Abortion,* p. 168-170.

19 Ronald Dworkin, *The Great Abortion Case,* New York Review of *Books,* 36, 11, 29 June 1989, p. 49-53.

20 Kristin Luker, *Abortion and the Politics of Motherhood,* University of California Press, Berkeley, Californie, 1984.

21 Kajsa Sundstrom-Feigenberg, *Reproductive Health and Reproductive Freedom : Maternal Health Care and Family Planning in the Swedish Health System,* Women and Health, 13, 1988, p. 45-48.

22 Daniel Maguire, *The New Subversives : Anti-Americanism of the Religious Right,* Continuum, New York, 1982.

23 Simone de Beauvoir, *Le Deuxième Sexe,* Gallimard, Paris, 1949 ; Betty Friedan, *The Feminine Mystique,* Norton, New York, 1963 ; Sherry Ortner, *Is Female to Male as Nature is to Culture ?,* in *Woman, Culture and Society,* eds Michelle Rosaldo and L. Lamphere, Stanford University Press, Stanford, 1974.

24 Shulamith Firestone, *The Dialectic of Sex : The Case for Feminist Revolution,* Morrow, New York, 1970, p. 224-227. Voir aussi N. Birdsall and L.A. Chester, *Contraception and the Status of Women : What is the Link ?,* Family Planning Perspectives, 19, 1987, p. 1418.

25 *Boston Women's Health Book Collective, Our Bodies, Ourselves,* Simon and

25 Schuster, New York, 1973 ; Nancy Kleiber and Linda Light, *Caring for Ourselves : An Alternative Structure for Health Care,* University of British Columbia School of Nursing, Vancouver, 1978 ; Claudia Dreifus, *Seizing Our Bodies : The Politics of Women's Health,* Vintage, New York, 1978.

26 Ann Oakley, *Women Confined : Toward a Sociology of Childbirth,* Martin Robertson, Oxford, 1980 ; Barbara Katz Rothman, *In Labor : Women and Power in the Birthplace,* Norton, New York, 1982.

27 A propos de La Leche League, voir Rima D. Apple, *Mothers and Medicine : A Social History of Infant Feeding, 1890-1950,* University of Wisconsin Press, Madison, 1987, p. 177-179.

28 Sheryl Burt Ruzek, *The Woman's Health Movement : Feminist Alternatives to Medical Control,* Praeger, New York, 1978, p. 57.

29 *New York Times,* 27 May 1989, p. 10.

30 Edward Shorter, *A History of Women's Bodies,* Basic Books, New York, 1982, p. 140.

31 Barbara Katz Rothman, Recreating *Motherhood : Ideology and Technology in a Patriarchal Society,* Norton, New York, 1988, p. 159-168.

32 Barbara Katz Rothman, *The Tentative Pregnancy : Prenatal Diagnosis and the Future of Motherhood,* Viking, New York, 1986.

33 Emily Martin, *The Woman in the Body : A Cultural Analysis of Reproduction,* Beacon, Boston, 1987, p. 84.

34 E. Peter Volpe, *Patient in the Womb,* Mercer, Macon, 1984, p. 7.

35 On peut choisir le sexe avant la conception en séparant les spermatozoïdes et en procédant à une insémination artificielle. Voir Mary Anne Warren, *Gendercide : The Implications of Sex Selection,* Rowman and Allanhold, Totawa, New Jersey, 1985, p. 11, 160-166.

36 Gena Corea, *The Mother Machine : Reproductive Technologies from Artificial Insemination to Artificial Wombs,* Harper and Row, New York, 1979.

37 Ronald R. Rindfuss, S. Philip Morgan and Gray Swicegood, *First Births in America : Changes in the Timing of Parenthood,* University of California Press, Berkeley, Californie, 1988, p. 62.

38 Rona Achilles, *New Age Procreation,* Healthsharing, Fall, 1985, p. 10-14 ; Michelle Stanworth, *Reproductive Technologies : Gender, Motherhood, and Medicine,* University of Minnesota Press, Minneapolis, 1987.

39 Voir le numéro spécial consacré à « Embryos, Ethics, and Women's Rights : Exploring the New Reproductive Technologies », de Women and Health, 13, 1987.

40 Par une ironie du sort, les défenseurs du contrôle des naissances ont mis en avant cette récente exaltation des joies de la maternité, qui a si souvent fasciné les femmes stériles, en y voyant un moyen de défendre la nécessité de limiter l'ampleur des familles. L'Eglise catholique a toujours vu d'un mauvais œil aussi bien la reproduction artificielle que la contraception.

41 F. N. L. Poynter, *Hunter, Spallanzani, and the History of Artificial Insemination,* dans *Medicine, Science and Culture : Historical Essays in Honor of Oswei Temkin,* sous la direction deL. G. Stevenson and R. P. Multhauf, Johns Hopkins University Press, Baltimore, 1968.

42 Ann Oakley, *The Captured Womb : A History of the Medical Care of Pregnant Women,* Blackwell, Oxford, 1984, p. 25.

43 Gregory Pincus a observé qu'on a fait peu de travaux sur les problèmes sexuels masculins, car peu d'hommes ont accepté de faire l'objet d'une étude. Ceux qui l'ont bien voulu s'intéressaient à la stérilité, et non pas à l'excès de fécondité. Voir Gregory Pincus, *The Control of Fertility,* Academic Press, New York, 1965, p. 194.

44 R. Snowden, G. D. Mitchell and E. M. Snowden, *Artificial Reproduction : A Social Investigation,* Allen and Unwin, Boston, 1983, p. 68ff.

45 Patricia Spallone, *Beyond Conception : The New Politics of Reproduction,* Macmillan, Londres, 1989.

46 Un débat du même ordre s'est ouvert sur le recours à l'anesthésie. Dans les années 1920, les femmes réclamaient un « demi sommeil » ; dans les années 1970, elles en sont revenues à l'« accouchement naturel ».

47 Hilary Homans, *The Sexual Politics of Reproduction,* Gower, Londres, 1985, p. 11.

48 Cynthia Fuchs Epstein, *Deceptive Distinctions : Sex, Gender and the Social Order,* Yale University Press, New Haven, Connecticut, 1988, p. 201 ; voir aussi Kathleen Gerson, *Hard Choices : How Women Decide About Work,* Career and Motherhood, University of California Press, Berkeley, Californie, 1985.

POSTFACE

En juin 1995, Jacques Chirac fut élu Président de la République. La tradition veut que, sur recommandation de l'Assemblée nationale, le nouveau Président fasse voter une loi amnistiant tous ceux reconnus coupables de délits mineurs, comme les excès de vitesse et les stationnements illicites. Pour tous ceux, nombreux, qui croyaient que, dans les années 1990 on pouvait tenir pour acquis le droit des femmes à l'interruption volontaire de grossesse, ce fut un choc de découvrir que le premier réflexe d'Alain Juppé, le Premier ministre nouvellement désigné par Jacques Chirac, fut de profiter de cette tradition pour faire bénéficier de l'amnistie les membres des nombreux commandos anti-avortement qui, l'année précédente, avaient repris leurs opérations d'intimidation dans les cliniques et les hôpitaux. Nombre de citoyens respectueux des lois voulaient déjà savoir pourquoi on avait si longtemps laissés impunis les agissements provocateurs de ces militants. Certes, on avait à maintes reprises traduit en justice et condamné pour menaces et voies de fait les chefs de ces expéditions punitives – parmi lesquels on trouvait des hommes d'Eglise et d'anciens officiers; mais jamais, jusqu'en 1995, les tribunaux n'avaient infligé plus que des peines assortie de sursis. Le désir avoué du gouvernement de droite d'effacer tout cela, de manifester même par l'amnistie une expression plus grande encore de son indulgence à l'égard des activités criminelles des adversaires de l'avortement provoqua un tollé général. Des groupes de femmes, soutenues par des syndicalistes, la Ligue des Droits de l'Homme ainsi que SOS Racisme, déclarèrent énergiquement que faire bénéficier les extrémistes d'une telle loi et aussitôt après une élection où tous les partis respectables, y compris le RPR de Jacques Chirac avaient attaqué les manœuvres tout aussi violentes et peu démocratiques du Front National – allait être considéré comme un signal annonçant que le gouvernement cherchait à encourager plutôt qu'à réprimer la désobéissance civile. Les forces favorables à la liberté de choix ne tardèrent pas à remporter la victoire auprès de l'opinion. En quelques jours, elles parvinrent à exercer une pression suffisante aussi bien dans la rue que dans la presse pour obliger Alain Juppé à faire machine arrière et à renoncer finalement à l'idée de faire bénéficier du projet d'amnistie(1) les commandos anti-avortement. Pour beaucoup, une belle semaine d'été à Paris fut un peu gâchée par la perspective déprimante qu'il allait peut-être falloir reprendre le combat pour la liberté de reproduction, qui s'éternisait en France depuis plus de trois quarts de siècle. Dans cette courte postface, on ne peut qu'évoquer certaines des étapes clés de cette longue lutte.

Au début du XXe s., les conservateurs français mettaient sur le compte de son faible taux de fécondité les piètres performances économiques et les faiblesses militaires de la France. Après la saignée de la Première Guerre mondiale, la Chambre des députés en 1920, comme on l'a vu au chapitre six, déclara illégale la contraception. Cette législation ne fit pourtant rien pour augmenter le nombre des enfants. En fait, la France, durant la période de l'entre-deux guerres, avait le taux de natalité le plus bas d'Europe sans posséder pour autant de mouvement légal de contrôle des naissances. A l'exception de l'Irlande, la croissance de la population française était la plus lente d'Europe. Entre 1900 et 1939, elle s'accrut de 3 % contre 30 % en Allemagne, 33 % en Italie et 33 % au Royaume-Uni. Et encore cette croissance résultait-elle, comme l'avaient affirmé bien des sombres prédictions, de l'immigration étrangère. La population totale passa de 40 millions en 1914 à 42 millions en 1939, mais le nombre d'étrangers – avec en tête les Italiens, les Belges et les Espagnols – dépassait 2 millions. Un « baby-boom » modeste de 1920 à 1925 fit remonter le taux de natalité au niveau d'avant-guerre à 19,7 pour mille habitants. Mais en 1926-1930, il retomba à 14,8 pour mille, laissant la France avec le taux de fertilité le plus bas du monde(2).

Les nationalistes sautèrent sur l'occasion : la dépopulation était pour eux un mot de code pour signifier décadence(3). Jouant brièvement sur les tensions, les angoisses et les craintes de ceux qui croyaient le statu quo social en péril, la Droite accusa les défenseurs du contrôle des naissances d'être responsables d'un grand nombre de graves problèmes, allant de l'émergence de la femme indépendante à l'incapacité croissante pour le pays d'assurer sa défense(4). C'était essentiellement l'hypocrisie qui alimentait cette campagne contre le contrôle des naissances. Les politiciens bourgeois, qui se lamentaient sur la faible natalité de la nation, avaient pour la plupart d'entre eux des familles peu nombreuses. Et la loi de 1920 ne faisait aucune allusion aux deux principales formes masculines de contraception, le coït interrompu et le préservatif. Les nombreux députés qui votèrent pour la répression légale de toute information sur la contraception savaient pourtant qu'une telle législation ne pouvait guère avoir d'impact sur l'accroissement de la population. Ils ne pouvaient que se contenter de l'idée que ce genre de texte réduirait au moins au silence les séditieux du sexe. La préoccupation du gouvernement après la Première Guerre mondiale concernant le taux de natalité déclencha ce qui pour une bonne partie du XXe s. allait devenir une obsession nationale[5].

Aux Etats-Unis et en Grande-Bretagne, dans la période de l'entre-deux guerres, des mouvements pour le contrôle des naissances gagnèrent le soutien de riches philanthropes qui tenaient à préserver l'ordre social : en France, les néo-malthusiens se trouvèrent marginalisés. Paul Robin, le plus célèbre défenseur en France de la contraception, s'était suicidé juste avant la Première Guerre mondiale[6]. Ses principaux disciples, Eugène et Jeanne Humbert, qui défendirent publiquement le contrôle des naissances dans les années 1920 à 1930 furent littéralement chassés de la vie publique par les autorités[7]. Madeleine Pelletier, une des rares à défendre l'avortement, fut réduite au silence et jetée en prison[8]. Certains partisans discrets de la contraception, dont le docteur Jean Dalsace et Bertie Albrecht s'inscrivirent à l'Association d'études sexologiques, mais leurs communications universitaires n'eurent que peu d'impact sur le grand public. Les eugénistes n'étaient pas nombreux en France et, contrairement à leurs homologues des pays voisins, ils n'apportèrent pas leur soutien aux doctrines néo-malthusiennes[9].

Pourtant, étant donné le faible taux de natalité dans les années 1920 à 1930, nul ne pouvait ignorer que la majorité des couples français s'efforçait, souvent par des méthodes dangereuses, de restreindre la taille de leur famille[10]. Même l'Eglise catholique estima impossible de rester indifférente à ce genre de souhait. Dans l'Angleterre conservatrice, dès les années 1920, on parlait ouvertement de coït interrompu : un mari prévenant, disait-on, « savait s'essuyer le nez ». Les hommes d'Eglise espéraient qu'en proclamant la légitimité d'une forme « naturelle » de contraception, comme la méthode des rythmes, ils allaient garder dans le giron de l'Eglise des catholiques dont la foi était à d'autres égards sans défaillance[11]. Les politiciens progressistes eux aussi se crurent obligés de réagir. Les lois interdisant la diffusion d'informations sur le contrôle des naissances étaient si ouvertement discriminatoires à l'égard des couples de travailleurs que les socialistes, malgré leur répugnance à entrer dans la bataille, proposèrent en 1933 l'abolition de la législation punitive de 1920. Ils eurent au début l'appui des communistes, mais ceux-ci revinrent sur leur position en 1938. L'hostilité du parti à discuter du contrôle des naissances devait se poursuivre dans les années suivant la Seconde Guerre mondiale. Tout en soutenant la réforme de l'avortement, les porte-parole communistes restaient hostiles à la propagande en faveur du contrôle des naissances, qu'ils associaient aux arguments socialement conservateurs des néo-malthusiens. Maurice Thorez déclarait, dans les années 1950, que ceux qui parlaient sans cesse de l'importance du contrôle des naissances cherchaient tout simplement un moyen de dissimuler la responsabilité du capitalisme en matière de pauvreté(12).

Etant donné le silence imposé aux avocats du contrôle des naissances, il n'était guère surprenant que dans les années 1920-1930 on signalât chaque année en France des centaines de milliers d'avortements(13). Des jurys compatissants se refusaient à condamner 80 % de ceux qu'on accusait aux termes de la loi draconienne de 1920 contre l'avortement. Le gouvernement fit alors voter en 1923 une loi qui déclarait que ce crime était un acte délictueux qui devait simplement être jugé par un magistrat. Par la suite, 19 % des quatre ou cinq cents femmes inculpées chaque année étaient acquittées(14). Dans la période de l'entre-deux-guerres, les discussions publiques du problème étaient dominées par des auteurs pro-natalistes comme Fernand Boverat, un médecin, ainsi que par des propagandistes de longue date de l'Alliance nationale pour l'accroissement de la population française. Avant la Première Guerre mondiale, Fernand Boverat présenta le dépeuplement comme une cause de la pauvreté du pays, de son manque de religion et de vertu morale : il exigea qu'on fît de la paternité un « devoir » comme le service militaire[15]. Trente ans plus tard, pendant la Seconde Guerre mondiale, on insistait pour faire inculquer aux enfants des écoles l'idée que c'était leur mission de se reproduire. Le fait que tant d'enseignants eussent peu, voire pas du tout d'enfants, voilà un état de choses qu'il condamnait comme une trahison de leur vocation[16]. Fernand Boverat avait salué le vote de la loi punitive de 1920 contre l'avortement et, dans des ouvrages aux titres sensationnels comme *Le Massacre des innocents* (1944), assimilait les femmes qui avortaient à des traîtres à la nation[17]. Déclarant que la France était ravagée par 300 000 avortements par an, il continuait à affirmer que ceux qui acceptaient le principe moral d'interrompre une grossesse finiraient bien un jour par défendre le droit de tuer les malades et les vieillards[18]. Etrange accusation, car c'étaient en fait les nazis, les adversaires les plus violents du droit à l'avortement des femmes, qui appliquaient ces politiques meurtrières. Dans la France de Pétain, les collaborateurs infligeaient aux avorteurs de très sévères châtiments. En 1941 et 1942, de nouvelles lois françaises assimilèrent l'avortement à la trahison : cela eut pour résultat l'exécution d'une avorteuse en 1943.

Le régime de Vichy parvint à lier étroitement à la politique collaborationniste[19] hostilité à l'avortement et à la contraception. Beaucoup espéraient voir une France libérée jouir de mœurs sexuelles plus libres. Après la Seconde Guerre mondiale, un mini baby-boom fit monter le taux de natalité à des sommets qui n'avaient pas été atteints depuis 1902. Les optimistes en tirèrent argument pour affirmer qu'une société démocratique pouvait en fait mieux réussir à encourager les naissances qu'un régime autoritaire. Il est vrai qu'aux Etats-Unis l'accès au contrôle des naissances était bien plus libre qu'en France et que le taux de fertilité était bien supérieur[20]. Même les pro-natalistes commencèrent donc à accepter l'idée que la France n'avait pas tant à redouter si elle suivait ses voisins démocratiques et qu'elle diminuait à son tour les restrictions sur la distribution de renseignements concernant la contraception. En même temps, des médecins progressistes réclamèrent le droit de traiter un problème qu'ils en étaient venus à considérer, avec certains de leurs collègues étrangers, comme étant avant tout un problème de santé. Le docteur Weill-Hallé visita des cliniques aux Etats-Unis vers le milieu des années 1950, et la presse quotidienne commença à se pencher sur le problème. Pierre Simon, membre du Groupe Littré fondé en 1953, devint un chaud défenseur de l'information contraceptive[21]. Ce furent ces médecins-là et les Francs-Maçons qui soutinrent « La Maternité heureuse » d'Evelyne Sullerot, qui devait se transformer pour devenir le Mouvement français pour le Planning familial.

Les partisans du contrôle des naissances en France avançaient des arguments bien connus : il fallait « libérer » les médecins d'une loi restrictive, la contraception permettait de mettre un terme au fléau des avortements pratiqués par de véritables bouchers, des couples mariés qui, grâce à des méthodes contraceptives fiables cessaient d'être hantés par la crainte de grossesses non-souhaitées, auraient une vie sexuelle meilleure et donc des relations conjugales plus stables[22]. Ce n'étaient pas les arguments des radicaux de la sexualité. Dans *La contraception au service de l'amour*, par exemple, le docteur Weill-Hallé fournissait simplement une documentation de base sur une gamme de contraceptifs comme les diaphragmes. Elle affirmait que l'usage consciencieux des contraceptifs était comparable à l'habitude de « se brosser les dents » et que c'était une pratique qui favorisait le romanesque[23].

En 1961, le premier " Centre de Planning familial "

de France fut fondé à Grenoble par le docteur Henri Fabre. Le second ouvrit peu après à Paris. Pour tourner la loi contre « la propagande » contraceptive, il fallait pour obtenir des informations, devenir membre de l'organisation. Malgré une clientèle relativement peu nombreuse, l'ouverture de ces cliniques permit de recueillir des informations fiables sur les pratiques sexuelles contraceptives des Français[24]. Pierre Simon, préoccupé par les problèmes de Planning familial, persuadé aussi que si l'on vainquait l'ignorance, la sexualité pourrait devenir un élément de cohésion sociale, exploita des découvertes pour fournir les premiers rapports scientifiques sur toute une gamme de pratiques sexuelles en France[25].

Dans le climat moral plus détendu des années 1960, l'Eglise catholique trouvait de plus en plus difficile de concilier la sensibilité qu'elle proclamait aux besoins de ses jeunes fidèles tout en maintenant ses traditionnelles protestations d'hostilité contre la contraception[26]. L'Eglise fit savoir qu'elle tolérait la méthode des rythmes. Elle considéra comme admise l'idée qu'une famille ne voulût qu'un nombre « raisonnable » d'enfants. L'arrivée de la pilule anticonceptionnelle dans les années 1960 apporta encore une nouvelle solution. Certains catholiques déclarèrent que sa fonction principale était de réguler le cycle d'ovulation et que le contrôle des naissances n'était qu'une conséquence indirecte. Le pape Paul VI tenta de mettre un terme à la position ambiguë de l'Eglise avec son encyclique de 1968, *Humanae Vitae* : elle condamnait vigoureusement toutes les formes artificielles de contraception. Mais de nombreux prêtres choisirent tout simplement d'ignorer les enseignements du Vatican.

Il y eut un signe éclair de la tolérance croissante du public devant le contrôle des naissances. Quand, durant la campagne présidentielle de 1965, le prudent François

Mitterrand se prononça en faveur de l'adoucissement de la loi sur la contraception, il se heurta à l'opposition des nationalistes gaullistes comme Michel Debré. Le général de Gaulle lui-même avait évoqué l'image grandiose d'une France ayant un jour cent millions de citoyens. Mais même la droite nationaliste pro-nataliste était divisée sur l'opportunité de s'opposer à la diffusion d'informations sur la contraception, que souhaitait manifestement la majorité de la population. L'argument selon lequel la possibilité de se procurer des contraceptifs allait diminuer le taux inquiétant des avortements impressionna de toute évidence les indécis. De Gaulle lui-même renonça à son opposition et la contraception finit par être dépénalisée en décembre 1987 grâce à une loi proposée par le député Lucien Neuwirth(27).

L'avortement ne disparut pas pour autant. Ce n'était pas, comme bien des gens le supposaient, le dernier recours pour les séduites et les abandonnées. Une étude de 1947 révéla que 73 % des femmes qui se faisaient avorter étaient mariées. Paris abritait quatorze cliniques illégales et chaque département au moins une(28). Beaucoup des partisans de la contraception avaient affirmé que la possibilité de recourir au contrôle des naissances allait mettre un terme à la plaie des opérations de bouchers. Il s'avéra donc plus difficile de passer aussitôt à la réforme de la loi sur l'avortement. La réussite de la campagne suivante fut essentiellement due à la force du mouvement féministe. Même si la législation de 1955 permettait aux médecins de pratiquer des avortements thérapeutiques, des opérations illicites pouvaient être punies de peines de trois à cinq ans de prison. On n'a aucun moyen de connaître le chiffre exact des avortements pratiqués en France au cours des deux décennies suivant la Seconde Guerre mondiale. Mais des sources autorisées les situaient entre 250 000 et 850 000 par an. En 1966, le Planning familial lança l'Association nationale pour l'étude de l'avortement, et le problème fut abordé ensuite par le Mouvement de libération des femmes dans les années 1970. Le public prit soudain conscience du problème quand, le 5 avril 1971, trois cent quarante-trois Françaises éminentes – dont Simone de Beauvoir, Catherine Deneuve, Marguerite Duras, Gisèle Halimi, Jeanne Moreau, Bulle Ogier et Françoise Sagan – proclamèrent dans un article du *Nouvel Observateur* qu'elles avaient subi une interruption volontaire de grossesse. Pour les défendre, Gisèle Halimi fonda un mouvement pro-avortement intitulé « Choisir », qui se gagna rapidement l'appui de féministes, de médecins et de membres du Parti communiste. En 1972, Gisèle Halimi lança un appel passionné pour une réforme de la loi tout en tirant parti du procès, à Bobigny, d'une jeune femme de seize ans dont l'avortement avait été dénoncé à la police par l'homme même qui l'avait mise enceinte[29]. Il n'y avait pas de doute sur le parti que prenait le public : les poursuites cessèrent. En 1973, Valéry Giscard d'Estaing, le nouveau président qui avait auparavant exprimé son soutien à une réforme de la loi sur l'avortement, créa un Secrétariat d'Etat à la Condition féminine sous la houlette de Françoise Giroud et confia à Simone Veil, ministre de la Santé, la tâche de mettre sur pied la législation nécessaire[30]. Des politiciens de toutes tendances se lancèrent dans le débat. Parmi les adversaires de la réformes figuraient Jean-Marie Le Pen, Jacques Médecin, Michel Debré et quelques autres. Il y avait même des médecins hostiles à la libéralisation. Le texte définitif de la loi Veil du 17 janvier 1975 permettait à une femme qui n'était pas enceinte de plus de dix semaines et qui pouvait fournir la preuve du « désarroi » que cela provoquait chez elle, de faire interrompre sa grossesse dans un établissement médical autorisé. La loi était plus restrictive que celle qui fut votée dans de nombreux Etats voisins, puisqu'elle limitait l'intervention aux dix premières semaines de gestation. En Grande-Bretagne, l'intervention était autorisée jusqu'à la vingt-quatrième semaine.

Pour l'essentiel du XXe s., les habitudes contraceptives des Français évoluèrent lentement. En 1970, 18 % des couples français pratiquaient encore la méthode du rapport interrompu[31]. En 1970, seulement 6 % des Françaises prenaient la pilule. Les réformes de 1974 autorisèrent la distribution de la pilule aux mineures et, en 1975, la proportion des Françaises qui l'employaient atteignait 25 %. De nombreux commentateurs se mirent à proclamer que les contraceptifs chimiques étaient responsables d'une nouvelle « révolution sexuelle[32]. » On entendit des déclarations analogues quand on publia la découverte du RU 486, le produit déclenchant l'avortement du Laboratoire Roussel-Uclaf dont on annonçait en 1988 qu'il promettait d'assurer des interruptions de grossesse moins traumatisantes en même temps qu'il apportait une solution à l'encombrement des cliniques d'avortement. Des conservateurs scandalisés parvinrent un moment à faire pression sur le laboratoire pour qu'il retire le produit : mais le gouvernement socialiste obligea Roussel-Uclaf à le remettre sur le marché, faute de quoi il risquait la perte de son brevet[33]. A la fin des années 1980, certaines féministes francophones exprimaient leur inquiétude sur les effets secondaires de formes aussi sophistiquées de contraception et d'avortement. Elles insistaient pour que les femmes ne puissent pas seulement décider comment, en tant que consommatrices, réguler leur fertilité, mais pour qu'elles participent aussi pleinement aux services qui en fin de compte contrôlent et gèrent leur fertilité[34].

Malgré l'acceptation quasi unanime par le public français du contrôle de la fertilité, la droite restait persuadée que, dans les dernières décennies du XXe s., une attitude pro-nataliste pourrait rapporter des voix. Qu'un politicien d'extrême droite comme Jean-Marie Le Pen s'oppose au droit des femmes à contrôler leur reproduction, on pouvait s'y attendre. Mais même un gaulliste comme Jacques Chirac s'exprimait bizarrement en 1984 sur le risque pour la France de « disparaître » sur le plan démographique, en raison de ce qu'il appelait « la banalisation de l'avortement. » Il ne fallait donc pas s'étonner si le premier texte législatif à être débattu sous la présidence de Jacques Chirac apportait un soutien aux forces anti-avortement.

La brève escarmouche sur l'amnistie présidentielle en 1995 rappela à bien des spectateurs endormis sur leurs lauriers que la lutte des femmes françaises pour leur liberté de reproduction était loin d'être terminée. La plupart des citoyens de la Ve République supposaient à n'en pas douter que le débat sur l'avortement s'était terminé vingt ans plus tôt avec le vote de la loi Veil. Dans les années 1990, la France, contrairement au Canada et aux Etats-Unis, n'avait pas, il est vrai, de fanatiques du « Droit à la Vie » qui tiraient sur des médecins pratiquant des avortements en clinique ; de même, l'accès à ces établissements n'était pas aussi menacé qu'il l'était en Pologne et dans l'Allemagne réunifiée. Mais d'un bout à l'autre du spectre politique, les activistes des deux extrémismes étaient hostiles à la loi Veil. D'un côté, bien des membres de la droite française se déclaraient prêts à recourir à toutes les formes nécessaires d'intimidation et de coercition pour obtenir la fermeture des cliniques d'avortement. Ils y étaient invités par des prêtres catholiques, menés par le pape Jean-Paul lui-même, qui ne cessait de clamer que l'avortement était un « meurtre » et la contraception un péché. Sous sa direction, les adversaires français de l'avortement réclamaient au gouvernement non seulement la fermeture des cliniques mais la suppression de tout appui aux services de Planning familial. D'un autre côté, bien des féministes françaises étaient furieuses du caractère discriminatoire de la loi en vigueur sur l'avortement. Elles se plaignaient que le public dans l'ensemble ignorât les restrictions à la liberté des femmes que préservait la loi Veil. Les femmes françaises n'avaient pas de loi leur accordant un « droit » à l'avortement; les autorités le considéraient toujours comme un acte criminel qui n'était autorisé que si une femme réussissait à prouver aux autres la détresse particulière que provoquerait pour elle une naissance non désirée.

En outre, une femme française, contrairement à ses sœurs de bien des pays voisins, voyait ses chances d'obtenir dans son pays un avortement sûr et légal disparaître après seulement dix semaines. Les féministes françaises des années 1990 ont recherché un assouplissement de leurs lois, permettant d'étendre la période au cours de laquelle on pourrait pratiquer un avortement. Augmenter simplement le temps durant lequel l'autorisation pouvait être légalement accordée jusqu'à la douzième semaine après la contraception, couvrirait, estimait-on, le cas de 70 % des milliers de femmes qui chaque année avaient dû aller chercher secours dans des pays comme les Pays-Bas.

En 1995, l'escarmouche sur le droit à l'amnistie des commandos anti-avortements rappela de façon spectaculaire que, malgré tous les progrès réalisés dans les techniques contraceptives, la liberté du contrôle de fertilité demeurait une victoire fragile. Les notions de domaine séparé entre hommes et femmes ont toujours eu la vie dure en France. Ici, comme partout, le contrôle de la fertilité a toujours été un symbole et un symptôme des changements dans les relations entre hommes et femmes, entre la famille et la communauté. Il est donc normal de s'attendre à voir ces relations suivre une évolution inévitable, et en même temps, les méthodes de contrôle de la fertilité et l'attitude du public à leur égard.

1 *Libération*, 28 juin 1995, 1-5.

2 Colin Dyer, *Population and Society in Twentieh-Century France,* Londres, 1978.

3 Karen Offen, *Depopulation, Nationalim and Feminism in Fin-de-siècle France,* American Historical Review, 89, juin 1884, p 649-651.

4 Mary Louise Roberts, *Civilization Without Sexes : Reconstructing Gender in Postwar France, 1917-1927,* Chicago, University of Chicago Press, 1994, p 93-121; Françoise Thébaud, *The Great War,* dans Françoise Thébaud, *A History of Women in the West, V. Toward a Cultural Identity in the Twentieth Century,* Cambridge, Massachusetts, Belknap Press, 1994, p 51.

5 Hervé le Bras, *Marianne et les Lapins : L'obsession démographique,* Paris, Orban, 1991; Jay Winter et Michael Teitelbaum, *The Fear of Population decline,* New York, Academy Press, 1985; Marie-Monique Huss, *Pronatalism and the popular ideology of the child in wartime France : the evidence of the picture postcard,* dans Richard Wall and J.M Winter, eds, *The Upheaval of War Family, Work and Welfare in Europe, 1914-1918,* Cambridge, Cambridge University Press, 1989, p 329-367.

6 Christiane Demeulenaere-Douyère, *Paul Robin (1837-1912) : un militant de la liberté et du bonheur,* Paris, Publisud, 1994.

7 Roger-Henry Guerrand et Francis Ronsin, *Le Sexe apprivoisé. Jeanne Humbert et la lutte pour le contrôle des naissances,* Paris, La Découverte, 1990.

8 Christine Bard, *Madeleine Pelletier : logique et infortunes d'un combat pour l'égalité,* Paris, Côtés-femmes, 1992; Charles Sowerine et Claude Maignien, *Madeleine Pelletier : une féministe dans l'arène politique,* Paris, Les Editions ouvrières, 1992.

9 William Schneider, *Quality and Quantity : The Quest for Biological Regeneration in Twentieth-Century France,* Cambridge, Cambridge University Press, 1990.

10 Sur la lutte des femmes moyennes pour limiter la fécondité, cf. Françoise Thébaud, *Quand nos grand-mères donnaient la vie : la maternité en France dans l'entre-deux-guerres,* Lyon, Presses Universitaires de Lyon, 1986. Sur la façon dont les féministes françaises ont évité le problème dans l'entre-deux-guerres, cf. Christine Bard, *Les filles de Marianne : histoire des féminismes, 1914-1940,* Paris, Fayard, 1995, p. 366-374.

11 Martine Sevegrand, « Limiter les naissances : le cas de conscience des catholiques français (1880-1939) », *XXe siècle : Revue Historique*, 30, 1991, p. 40-54, « La méthode Ogino et la morale catholique : une convenance théologique autour de la limitation des naissances (1930-1951) », *Histoire de l'Eglise de France*, 78, 1992, p. 77-99.

12 Renée Rousseau, L*es femmes rouges : Chronique des années Vermeersch*, Paris, Albin Michel, 1983.

13 James M. Donovan, « Abortion, the law and the juries in France, 1825-1923 », *Criminal Justice History*, 9, 1988, p. 157-188.

14 Anne-Marie Sohn, « Between the wars in France and England » in Thébaud, *A History of women in the West*, p. 11-12.

15 *Revue de l'alliance nationale pour l'accroissement de la population française*, jan. 1922, p. 6-7. La publication a pris par la suite le nom de *Revue de l'alliance nationale contre la dépopulation.*

16 Fernand Boverat, *L'Enseignement de la démographie et de la morale familiale: la révision des manuels scolaires*, Paris, ANCD, 1942, p. 4.

17 *Revue de l'alliance nationale pour l'accroissement de la population française*, jan. 1922, p. 6-7.

18 Fernand Boverat, *Le Massacre des innocents*, Paris, ANCP, 1944, voir aussi *Avortement légal en URSS et ses conséquences*, Paris, Centre Dominicain d'études russes, 1935.

19 Joseph Spengler, *France Faces Depopulation, Postlude Edition, 1936-1976*, Durham, Duke University Press, 1979.

20 Francis Ronsin, *La grève des ventres : Propagande néo-malthusienne et baisse de la natalité française*, Poitiers, Aubier Montaigne, 1980, p. 207.

21 Dr. Pierre Simon, *De la vie avant toute chose*, Paris, Mazarine, 1979 ; *Le Contrôle des naissances : histoire, philosophie, morale*, Paris, Payot, 1966.

22 Janine Mossuz-Lavau, *Les Lois de l'amour : les politiques de la sexualité en France (1950-1990)*, Paris, Payot, 1991, p. 47.

23 Dr. Marie-Andrée Weill-Hallé, *La Contraception au service de l'amour*, Paris, Editions Guy de Monceau, 1966, p. 47.

24 Dr. Marie-Andrée Lagroua Weill-Hallé, *La Contraception et les Français, Etude de 7600 couples (1956-1966)*, Paris, Maloine, 1967.

25 Dr. Pierre Simon, *Rapport Simon sur le comportement sexuel des français*, Paris, Julliard, 1972.

26 Martine Segalen, « Généreuse et raisonnable : L'Eglise et le contrôle de la fécondité dans les années 1950 », *Population et cultures. Etudes réunies en l'honneur de François Lebrun,* Rennes, Université de Rennes, 1989, p. 127-136.

27 Jeanine Mossuz-Lavau, *Les Lois de l'amour,* 49. La loi ne fut pleinement appliquée qu'en 1972.

28 Théodore Zeldin, *France 1848-1945,* Oxford, Clarendon Press, vol. I, p. 359-360.

29 Jeanine Mossuz-Lavau, *Les Lois de l'amour,* 83.

30 Laure Adler, *Les femmes politiques,* Paris, Seuil, 1993, p. 172.

31 Gigi Santow, « Coitus interruptus in the twentieth century », *Population and Development Review,* 19, 1993, p. 767-792.

32 Henri Leridon, *La seconde révolution contraceptive, la régulation des naissances en France de 1950 à 1985,* Paris, PUF, 1987 ; François A . Isambert, Paul Ladrière et Danièle Hervieu-Léger, *Contraception et avortement : dix ans de débat dans la presse (1965-1974),* Paris, Editions du Centre National de la Recherche Scientifique, 1979.

33 Jeanine Mossuz-Lavau, *Les Lois de l'amour,* 132.

34 Louise Vandelac et al., *Du côté des femmes,* Paris, Tierce, 1983, p. 22-23.

35 Jeanine Mossuz-Lavau, *Les Lois de l'amour,* 128.

R E M E R C I E M E N T S

Virginia Murphy, de Blackwell Publishers m'a suggéré d'écrire ce livre. Je fus d'abord réticent à entreprendre le projet ambitieux et peut-être déraisonnable de retracer sur trois mille ans les motivations changeantes de ceux qui ont cherché à contrôler la fertilité. Mais une fois la recherche et la rédaction commencées, j'ai trouvé la tâche beaucoup plus agréable et stimulante que je ne l'avais initialement imaginé. Les lecteurs qui ont des formations et des perspectives très différentes, partageront, je pense, l'excitation que j'ai ressentie en découvrant que même les plus récentes innovations dans les techniques de la reproduction sont profondément enraçinées dans les traditions culturelles occidentales.

Mes travaux sur l'assistance généreuse de beaucoup de savants. Ma dette est particulièrement large vis-à-vis de Arlene Tigar, Lesley Biggs, Barbara Brookes, Catherine Crawford, Donna Dippie, Ellen Gee, Diana Gittins, John Gillis, Deborah Gorham, Ludmilla Jordanova, Jean L'Esperance, Ralph Houlbrouke, Andrée Lévesque, David Levine, Jane Lewis, James Mohr, Wendy Mitchinson, Geoffrey Quaife, James Reed, Ellen Ross, Joan Sangster, Chiara Saraceno, Veronica Strong-Boag, Judith Walkowitz et Adrian Wilson.

En écrivant ce livre, j'ai dû m'aventurer dans des domaines où mes connaissances étaient très limitées. Pour leur lecture critique du manuscrit et leurs conseils autorisés, je dois remercier Keith Bradley, Brian Dippie, Tim Haskett, Michele Mulchahey, Mary Lynn Stewart et Wally Seccombe. Peter Laslett m'a aimablement fait bénéficier d'une lecture critique de la version finale du livre.

Ils m'ont tous épargné bien des erreurs embarrassantes; ils auraient tous souhaité que je fasse d'autres modifications. Je suis responsable des erreurs qui subsistent.

Une aide amicale m'a été apportée dans les archives et bibliothèques dans lesquelles j'ai travaillé au Canada, aux Etat-Unis, en Grande-Bretagne et en France. Des documents particulièrement utiles sont conservés dans la Sophia Smith Collection du Smith College, la Houghton Library de l'Université d'Harvard, la Countway Library of medecine de Boston, la British Library, le Wellcome Institute for the History of Medecine de Londres, et la Library of Congress.

Les éditeurs de Blackwell Publishers avec qui j'ai travaillé ont fait de la publication de ce livre une tâche agréable.

J'ai été en mesure de travailler sur ce projet grâce à un don du Social Sciences and Humanitarian Research Council du Canada. Je remercie le Council pour sa générosité.

Achevé d'imprimer le 29 mars 1996 sur les presses
de Bussière Camedan Imprimeries à Saint-Amand (Cher)
pour le compte des Éditions Noêsis.
Dépôt légal : avril 1996. — N° d'impression : 1/718.
ISBN 2-911606-00-0